北京高等教育精品教材
BEIJING GAODENG JIAOYU JINGPIN JIAOCAI

U0861733

会计学专业系列教材

会计学基础

KUAIJIXUE JICHU

（第四版）

主审/董力为 主编/刘文辉 李 刚

首都经济贸易大学出版社
Capital University of Economics and Business Press
·北 京·

图书在版编目(CIP)数据

会计学基础/刘文辉,李刚主编. —4版. —北京:首都经济贸易大学出版社,2015.8
(会计学专业系列教材)
ISBN 978-7-5638-2347-5

Ⅰ.①会… Ⅱ.①刘… ②李… Ⅲ.①会计学—教材 Ⅳ.①F230

中国版本图书馆CIP数据核字(2015)第064762号

会计学基础(第四版)
主审　董力为　　主编　刘文辉　李刚

出版发行	首都经济贸易大学出版社
地　　址	北京市朝阳区红庙(邮编100026)
电　　话	(010)65976483　65065761　65071505(传真)
网　　址	http://www.sjmcb.com
E-mail	publish@cueb.edu.cn
经　　销	全国新华书店
照　　排	北京砚祥志远激光照排技术有限公司
印　　刷	北京九州迅驰传媒文化有限公司
开　　本	787毫米×980毫米　1/16
字　　数	576千字
印　　张	30.25
版　　次	2007年4月第1版　2008年1月第2版　2011年6月第3版 **2015年8月第4版**　2021年9月总第8次印刷
书　　号	ISBN 978-7-5638-2347-5
定　　价	45.00元

总　序

本套书是首都经济贸易大学会计学院编写的会计学专业系列教材的第四版。首都经济贸易大学会计学专业系列教材的第一版出版于1989年,第二版出版于1995年,第三版出版于2001年。多年来,为了培养更多更好的会计人才,我们本着对学生负责、对社会负责的精神,紧密结合会计制度改革的新形势、新变化,不断地对教材加以修订,力争为学生提供满意的学习用书。我们的努力得到了广大读者的肯定:在同类教材中,本系列教材保持着较高的发行总量;不仅几十所院校将本系列教材选作教学用书,更有大量在职人员将本套教材作为系统学习会计知识的良好读物。同时,本系列教材还获得了诸多荣誉,如:第一版中的《企业财务管理》(王又庄教授主编)被国家教育部评为全国优秀教材;第二版中的《现代企业财务管理》(沈小凤教授主编)被国家教育部确定为全国高等财经院校推荐用书;第三版中的《审计学》(刘大贤教授主编)被评为北京高等教育精品教材;第三版全套教材获北京市教育教学(高等教育)一等奖。

本套书第四版在继承前三版成就的基础上,有了进一步的完善,其中有两个突出的特点:

1. 在内容上,本套教材充分反映2006年财政部颁布的企业会计准则、中国注册会计师执业准则的精神和做法,体现最新的会计、审计改革成果,同时着力说明各种会计处理方法的道理,并适当介绍其他国家和地区类似会计活动的处理,以开阔读者的视野,深化对会计、审计的认识。

2. 在编写体例上,增加了较大篇幅的教学辅导资料,其内容大致包括教师参考资料(教学目标、教学内容)、学生学习资料(专业术语、思考题、练习题)、练习题参考答案几部分。这样安排，是为了更好地体现本系列教材一贯遵循的“方便教师教学，方便学生自学”的原则。

虽然我们尽了最大的努力，但肯定地说，本套教材还会存在很多不足，恳切地请读者提出批评、建议，以便我们进一步修订，使之更加完善适用。

《会计学专业系列教材》编委会

2007 年 1 月

修订第四版前言

本书是在《会计学基础》第三版(2011 年)的基础上,结合我国会计发展的最新动态及研究成果修订而成。

《会计学基础》自 2007 年 4 月出版以来,得到广大读者、兄弟院校的各方好评。2008 年获得北京市高等教育精品教材称号。

为方便读者学习,本次修订在保持原书框架、风格的基础上,对财务报告、财产清查、会计规范与会计组织三章进行了修改和完善,增加了与综合收益有关的内容。结合 2012 年财政部修订的《会计从业资格管理办法》,对会计人员从业资格的取得、管理等进行了更新。同时结合教学工作实践,对财产清查部分内容进行了完善。

本次修订工作由刘文辉、李刚老师完成。

编　者

2015 年 7 月

前　言

本书是会计学专业系列教材之一，是会计学的入门教材。顾名思义，会计学基础是为会计专业的学习打基础的，其作用就像建高楼打地基一样重要。首先，作为一本会计学的入门教材，到底应该讲授哪些内容，如何使初学者易于接受，这都是值得研究的问题。我们认为，作为会计学的基础教材，首先应立意阐述会计的基本理论、基本方法和基础知识，为进一步学习会计专业知识奠定基础。其次，要本着由浅入深、先易后难的原则，逐步地介绍各种会计方法，使学生易于接受。

本书在内容和结构上具有以下特点：

第一，力求体现会计理论和会计实务发展的最新内容，如将2006年发布的《企业会计准则——基本准则》和具体会计准则的有关内容写入了相关章节中，使读者了解最新的知识。

第二，以会计循环为主线，具体介绍各种会计方法的应用，同时在内容编排上作了一些新的尝试。我们认为，这样安排有助于初学者对会计循环、会计方法一体化的理解。此外，在会计循环的写作中，分别涉及服务业、商业和制造业的业务，用意在于使学生了解不同业务类型企业中会计基本方法的应用，有利于扩大学生的知识面，并可为后续课程打下必要的基础。

第三，将会计基本假设和会计信息质量要求等会计基本理论放到最后一章讲授，其目的是使学生在了解和掌握会计基本方法的基础上，加深对会计基本理论的理解和运用，以便使基本理论的学习不至于太抽象、空泛。

第四，为了便于教师和学生使用，每章前面设有结构框图，目的在于明确每章的知识结构。教学辅导资料部分包括教师参考资料和学生学习资料。教师参考资料部分包括教学大纲和课时安排；学生学习资料部分包括专业术语、思考题、练习题、案例、参考书目和参考答案。

高等院校会计学专业本科生是本书的主要读者对象，同时本书也可供财经类其他专业本科和专科学生使用，还可作为会计、审计、经济管理人员和其他人员的学习参考用书。

本书由刘文辉、李刚担任主编，并担任全书总撰。各章撰稿情况如下：

刘文辉执笔第一、五、七章；

李刚执笔第二章的一、二、三、四节，第四、六章；

王淑梅执笔第二章第五节、第三章。

本书由董力为教授担任主审，他对全书的结构与内容进行了指导，提出了宝贵的意见。

本书在编写过程中，自始至终得到付磊教授的关心与指导，在此表示谢意。

由于我们的水平有限，书中难免存在不妥之处，衷心希望广大读者批评指正。

编　者

2007 年 3 月

目 录

第一章

总 论

导读

总 论

什么是会计	会计的对象	会计的职能和目标	会计核算的工作内容和会计的方法	会计学和会计学科体系
·会计的产生和发展 ·古代会计阶段 ·近代会计阶段 ·现代会计阶段 ·会计的定义 ·管理活动论 ·信息系统论	·会计的一般对象 ·会计的具体对象——会计要素 ·反映财务状况的会计要素：资产、负债、所有者权益 ·反映经营成果的会计要素：收入、费用、利润	会计的职能 ·会计的反映职能 ·会计的监督职能 会计的目标 ·向哪些人提供会计信息 ·使用者需要哪些会计信息 ·如何提供这些会计信息	会计核算的工作内容 ·会计的确认、计量、记录和报告 会计的方法 ·会计核算的方法：设置会计科目和账户、复式记账、填制和审核凭证、登记账簿、成本计算、财产清查、编制会计报表	会计学 ·研究会计理论和方法的一门经济管理科学 会计学科体系 ·会计学基础主要阐述会计的原理性知识

说明：

本章主要介绍会计学的一些最基本的概念和知识，这些内容是学习会计学的基础。本章要求了解会计的历史发展过程，对会计学科的形成有一个总体的印象；理解并掌握会计的定义、会计的对象、会计的职能和目标以及会计的基本程序和方法。

第一节　什么是会计

一、会计的产生和发展

会计是在社会生产实践中由于管理经济的需要而产生并发展的。生产活动是人类最基本的实践活动，人类为了生存和发展，必须有一定的物质资料，进行物质资料的生产。生产活动一方面创造社会产品，另一方面发生劳动耗费，为了以较少的劳动耗费获取较多的劳动成果，人们就要对劳动耗费和劳动成果进行计量、记录和比较，这样便产生了最早的会计。

无论在中国还是在外国，会计都有着悠久的历史。会计发展的历史可以分为古代会计、近代会计和现代会计三个阶段。

（一）古代会计阶段

从时间上看，古代会计阶段是从会计的产生到复式簿记应用这一时期，大约从旧石器时代的中、晚期到封建社会末期。在会计发展史上，古代会计经历了漫长的发展过程。在人类社会发展初期，由于生产力水平低、生产过程简单，人们对生产活动数量方面的记录仅凭记忆或“结绳记事”“刻木记事”。

据记载，在我国，会计一职最早出现于西周，当时称为司会，掌管王朝的财务收支，以此为滥觞，以后历代王朝都设有会计一职，并逐步发展到民间。当时的会计既有日常的零星核算，又有岁终的整合计算，通过日常零星核算到岁终的核算，达到正确考核王朝财政经济收支的目的。我国古代，宫廷会计所用的记账方法是单式记账法，到了唐朝，出现了“四柱清算”，使我国会计技术提高到了一个新的水平。所谓“四柱”，是指旧管、新收、开除、实在，相当于现在的期初结存、本期收入、本期支出、期末结存。四柱之间存在着数量上的平衡关系，旧管（期初结存）+新收（本期收入）=开除（本期支出）+实在（期末结存）。按照这种平衡关系编制的报告就称为“四柱清册”。四柱清算法不仅用于宫廷会计，后来也传入民间，这在当时处于世界会计发展的前列。

明清两代，我国商业、手工业有了较大规模的发展，并且产生了资本主义萌芽。为适应这一发展，当时出现了“龙门账”和“四脚账”，已显现出复式簿记的雏形。“龙门账”把工商企业经济活动反映的账项划分为“进、缴、该、存”四大类，相当于现在的收入、支出、资产、资本及各项负债，进缴与存该之间的关系为“进 - 缴 = 存 - 该”。运用这一公式计算盈亏，分别编制“进缴表”（相当于损益表）“存该表”（相当于资产负债表），两表上计算的盈亏数应当相等，即“合龙门”。“龙门账”反映了中式簿记的特点，同时表明，生产和交换的进一步发展已使我国传统的会计记账方法出现了复式记账的端倪。

在国外，古巴比伦、古希腊和古罗马都留存有商业合同、“农庄庄园的不动产账目”等有关会计的记录。在原始的印度公社里已经有了专门的记账员，负责登记农业账目，登记和记录与此有关的一切事项。

早期的会计是由生产者在“生产时间之外，附带地把收入、支付等记载下来”，只是“生产职能的附带部分”。随着社会生产力发展到一定水平，出现了剩余产品，特别是出现了商品生产以后，会计才逐渐从生产职能中分离出来，成为一种专门的工作。

（二）近代会计阶段

从时间上看，近代会计可以从 1494 年意大利传教士卢卡 · 巴其阿勒（Luca Pacioli）的著作《算术、几何、比及比例概要》的出版开始至 20 世纪 40 年代末。

1494 年，卢卡 · 巴其阿勒的著作《算术、几何、比及比例概要》一书问世，标志着近代会计的开始。十字军东征促进了欧洲与东方的贸易往来，影响了意大利的经济。资本主义的萌芽、较发达的商品经济以及金融业的发展对簿记的方法提出了新的要求，要求其能够反映商业、银行业比较复杂的业务，于是便产生了复式簿记方法。

美国会计学家利特尔顿（A. C. Littleton）总结了复式簿记产生的七个因素，即书写艺术（the Art of Writing）、算术（Arithmetic）、私有财产（Private Property）、货币（Money）、信用（Credit）、商业（Commerce）、资本（Capital）。他认为，缺少其中任何一个因素，复式簿记也不会产生。地中海沿岸的某些城市具备了这七个因素，便产生了复式簿记。15 世纪末到 18 世纪，随着商业在欧洲其他城市的发展，意大利记账法不断地传播并继续得到完善。18 世纪末和 19 世纪初的产业革命产生了机器大生产的资本主义工厂制度，促进了生产力的发展，出现了股份有限公司这种新的经济组织形式。这种经济组织形式的主要特点是资本的所有权和经营权分离，这对会计提出了新的要求。为了保护外部股东及债权人的利益，要求股份有限公司的财务报表必须经过审计，以核查管理层履行职责的情况。为适应这一要求，出现了以查账为职业的注册会计师或特许会计师。1720 年，英国南海（South Sea）公司事件的发生，使人们认识到公司账目审计的重要性，英国政府委托会计师审查该公司及与该公司有关商会的账目，这是英国注册会计师职业的开端，其后，英国的注册会计师职业迅速发展。1853年，英国苏格兰的注册会计师成立了第一个会计师协会——爱丁堡会计师公会，这标志着会计师从此成了一个专门的职业，服务于股份有限公司这种资本经营形式，为经济和财务活动进行公证，这样就扩大了会计的服务对象，扩展了会计的内容。

资本主义的机器大工业代替了家庭手工业，促使会计成为工业企业管理的一个重要工具。在这一时期，欧美的工业企业对固定资产普遍开始计提折旧，产生了折旧会计。另外，由于工业制造过程日益复杂，大型设备增加，也促进了成本会计的产生和发展。

19世纪末20世纪初，世界经济发展的中心由英国转移到了美国，会计发展的中心也转移到了美国。这一时期产生了一些具有代表性的会计方法和理论，其中，影响最大的是"公认会计原则"。当时，世界范围内的经济萧条和金融市场的崩溃使许多公司破产，政府和社会公众迫切要求公司的财务报表能够真实地反映其财务状况。为了改进会计实务，提高会计报表的可靠性，美国会计师协会开始制定"公认会计原则"。"公认会计原则"的确立，标志着传统会计已经发展成为财务会计。

会计工作除了向股东、债权人提供相关信息以外，也日益向企业的基层单位、管理部门和生产技术部门渗透。会计领域引进了泰勒制和科学管理理论后，产生了标准成本控制等方法，以管理当局为服务对象的管理会计也逐渐形成。

（三）现代会计阶段

从时间上看，现代会计是从20世纪50年代开始至现在。在这个阶段，会计有两个重要的变化：一是为适应经济发展对会计的需要，会计分化为两个领域，即财务会计和管理会计；二是电子计算机在会计上的应用，使会计由传统的手工操作逐渐发展为电子数据处理系统。

20世纪20年代，由于引进了泰勒制和科学管理理论，会计领域出现了标准成本、预算控制、差异分析等专门方法，这些实际上是管理会计的雏形。第二次世界大战以后，资本主义企业规模日益扩大，市场竞争激烈，失业率增加，经济危机频繁发生，客观上要求加强企业管理，增强企业竞争力，这时便出现了配合职能管理与科学管理的责任会计。20世纪50年代，一方面，科学技术日益进步，生产力得到了巨大发展，企业规模不断扩大，出现了很多跨国公司；另一方面，市场竞争也更加激烈。经济环境的变化使企业管理开始重视经济预测和决策工作，在广泛推行职能管理和行为科学管理的基础上，对企业生产经营活动采用数量管理中的一些专门方法加强事前的规划与日常的控制，以提高企业的经济效益。这时，管理会计从财务会计中分离出来，形成了一门为企业加强内部管理、提高经济效益服务的独立学科。1952年，世界会计学会年会正式通过了“管理会计”这一名词，由此，传统会计分化为财务会计和管理会计。管理会计是经济发展的必然结果，它与现代管理科学紧密地联系在一起。管理会计的形成与发展丰富了会计的内容，使会计发展进入到高级阶段。

1946年，美国诞生了第一台电子计算机，从此开创了在会计领域应用电子计算机的新时代。电子计算机在会计上的应用大致可以分为三个阶段：第一阶段为1953～1965年，电子计算机主要用来计算工资和银行存款利息等，这些业务数据量大、计算简单、重复性强，电子计算机的使用可以大大减少人的工作量，加快计算速度；第二阶段为1965～1970年，电子计算机主要是综合处理各个独立的会计数据，进行信息反馈，把会计数据处理作为一个单独的信息系统，为管理提供有用的经济信息；第三阶段大约从1970年至今，由于通信技术和电子技术的结合，形成了电子计算机网络和软件方面的数据库，有些企业实现了管理信息系统的综合化和系统化，在企业管理信息系统中，会计信息系统成为一个子系统。电子计算机在会计工作中的应用提高了会计工作的及时性和准确性，为充分发挥会计的职能和作用创造了一个有利的条件。电子计算机在会计中的普遍应用可与复式簿记的应用相比拟，成为会计发展史上的一个飞跃。

我国的会计产生得比较早，也曾经有过辉煌的历史，但在经济不发达的封建社会却发展缓慢，逐渐拉大了与世界先进水平的距离。自19世纪中叶起，我国沦为半殖民地半封建社会，与这种社会经济状况相适应，会计领域出现了“中式会计”和“西式会计”并存的情况，在由外国人把持的海关、铁路和邮政等部门采用西式会计，宫廷会计和民间会计仍采用传统的中式会计。中华人民共和国成立后，我国的社会制度发生了根本的变化，社会主义制度取代了半殖民地半封建社会制度，为了适应国家有计划进行社会主义建设的需要，我国会计主管部门先后制定了多种统一的会计制度，对国民经济的恢复和发展起到了积极的作用。

十一届三中全会以后，我国进入了一个新的历史时期，对内搞活、对外开放，国民经济得到了飞速发展。20世纪90年代初提出建立社会主义市场经济体制以来，会计在经济生活中的地位和作用日益重要和突出。1985年，我国颁布了新中国第一部《中华人民共和国会计法》（以下简称《会计法》），这标志着我国会计工作进入了法制化的新时期。1992年，我国颁布了《企业会计准则》和《企业财务通则》，并从1993年7月1日起开始施行，这是我国会计工作工作与国际惯例接轨的一个重大措施，标志着我国会计工作逐步走向国际化。随着经济和会计工作的发展，为保证会计更好地为发展社会主义市场经济发挥作用，我国对《会计法》进行了第二次修订，2000年7月1日，第二次修订后的《会计法》正式实施。这次修订对规范会计行为、提高会计信息质量、发挥会计作用具有十分重要的意义，标志着我国会计事业进入了一个新的发展阶段。

随着我国经济体制改革的进一步深化，特别是我国加入世界贸易组织（WTO）以后,会计准则的国际化趋同需要日益迫切。2006 年 2 月,我国发布了涵盖各类企业(小企业除外)各项经济业务、独立实施的会计准则体系。该会计准则体系既与中国国情相适应,又与国际财务报告准则趋同。新会计准则体系的颁布和实施进一步证明,我国的会计理论和会计实务在不断地发展并日臻完善。

从会计的产生和发展过程可以看出,经济的发展直接决定了会计的发展。会计主要是适应一定时期经济的需要,特别是商品经济的需要而产生发展起来的。15 世纪末,意大利沿海地区经济、贸易的发展孕育了第一本复式簿记著作,标志着复式簿记的产生;18 世纪末 19 世纪初,英国的工业革命促进了成本会计的发展;美国 1929 ~ 1933 年的经济危机产生了"公认会计原则"。会计是与商品经济联系在一起的,在商品经济中,货币充当了价值尺度,一切商品都可以用货币加以计量,会计的产生和发展依存于商品经济这个外在环境。

同社会生产的发展一样,会计的发展也经历了一个由简单到复杂、从低级到高级的过程。从会计的任务来说,由最初简单记载钱粮收支,发展到对经济活动全过程的反映和监督;从会计的方法和工具来说,由传统的手工记账和用算盘计算,发展到科学的记账方法和用电子计算机处理数据。科学技术的发展和运用使会计正经历着一场革命,现代会计理论和方法也逐渐形成。

二、会计的定义

会计的定义就是回答会计本质上是什么这个问题。如今,会计的作用日益显著,任何一个国家、任何一个企业事业单位都不可能没有会计。但是迄今为止,人们对会计还没有一个统一的定义。会计本身是一个不断发展的概念,在不同的时期,会计的内涵和外延不尽相同,人们对会计的认识也是逐步发展并加深的。

新中国成立以后,我国会计学界对会计定义进行过多次讨论,特别是 20 世纪 80 年代,我国会计学界对会计定义的讨论达到高潮。在各种观点中,最具代表性的有两种,一种为"管理活动论",另一种为"信息系统论"。

"管理活动论"认为,"会计是人们管理生产过程的一种社会活动,会计不仅是管理经济的工具,它本身就具有管理职能,是人们从事管理的一种活动"。这种观点强调会计工作是一种管理工作,因此会计的本质是一种管理活动。这种管理工作是随着经济的发展和企业规模的扩大,逐渐从综合管理中分离出来的。

"信息系统论"认为,"会计是指为提高企业和各单位活动的经济效益、加强经济管理而建立的一个以提供财务信息为主的经济信息系统"。会计是一个信息系统是近代美国会计学界的最新提法,其基本点起源于系统论。我国会计学者从国外引进并发展了这一观点,强调在商品经济条件下,会计必然以提供财务信息为主这一特点。

以上两种观点并不是对立的,它们在认识上有接近的趋势。会计在本质上具有双重性,它既是一个经济信息系统,不断地将企业和单位的会计信息提供给信息使用者,同时也是一种经济管理活动,是一项经济管理工作。只是管理活动论从一个侧面出发,强调会计的主要职能是控制和监督,不是信息提供;而信息系统论则从另一个侧面考虑,强调会计的主要职能是提供信息,为决策和咨询服务,对管理起支持作用。

现代企业制度的代表形式是公司制,公司会计必须及时向投资人、债权人、政府部门及有关各方提供企业财务状况和经营成果等方面的信息,同时,会计也是企业管理的一个重要组成部分。在现代企业制度下,会计的这种双重性更加显著。

综上所述,会计定义可表述为:会计是以货币为主要计量单位,采用一系列专门方法,对企业、事业、机关、团体等单位的经济活动进行全面、系统、连续地记录、计算和分析,向有关各方提供会计信息,促使单位提高经济效益的一种经济管理活动。会计定义包含了以下内容:

第一,会计范围包括企业、事业、机关团体等单位,这些单位是会计的主体。

第二,会计是对这些单位的经济活动进行记录、计算和分析,经济活动是会计的客体,即会计的对象。

第三,会计对经济活动进行记录、计算和分析,要采用会计所特有的一系列专门方法。

第四,会计的计量尺度主要是货币。

第五,会计的任务是向有关各方提供财务信息,并参与单位的经营管理。

如上所述,现代会计有财务会计和管理会计之分,本书以下的论述主要围绕财务会计展开,有关管理会计的详细情况将在其他教材中加以介绍。

第二节　会计的对象

一、会计对象概述

会计的对象是指会计所反映和监督的内容。如上所述,会计需要以货币为主要计量单位,对一定主体的经济活动进行反映与监督。也就是说,凡是特定对象能够以货币表现的经济活动都是会计反映和监督的内容,即会计对象。能够用货币表现的经济活动通常又称为资金运动或价值运动。因此,会计的对象就是特定主体的资金运动或价值运动。

资金运动包括各特定对象的资金投入、资金运用(即资金的循环与周转)和资金退出等过程，而具体到企业、行政和事业单位又有较大差异。不同的企业，如工业、农业、商业、交通运输业、建筑业及金融业等有各自资金运动的特点，其中，工业企业最具有代表性。下面就以工业企业为例，说明企业会计的具体对象。

工业企业是从事产品生产和销售的营利性经济组织。为了从事产品的生产和销售活动，工业企业必须拥有一定数量的资金，用于建造厂房、购买机器设备、购买原材料、支付职工的工资、支付经营管理中必要的开支等，生产出的产品经过销售后，收回的货款还要补偿生产中的垫付资金、偿还有关债务、交纳有关税金等。由此可见，工业企业的资金运动包括资金的投入、资金的循环与周转（包括供应过程、生产过程、销售过程三个阶段）以及资金的退出三部分，既有一定时期内的显著运动状态（表现为收入、费用、利润等），又有一定日期的相对静止状态（表现为资产、负债及所有者权益的恒等关系）。

资金的投入包括企业所有者投入的资金和债权人投入的资金两部分，所有者投入的资金属于企业的所有者权益，债权人投入的资金属于债权人权益——企业的负债。投入企业的资金一部分构成流动资产，另一部分构成非流动资产。

资金的循环和周转分为供应、生产、销售三个阶段。在供应阶段，企业要购买原材料等劳动对象，发生材料的买价、运输费、装卸费等材料采购成本，与供应单位发生货款结算关系。在生产阶段，劳动者要借助劳动手段将劳动对象加工成特定的产品，发生原材料消耗的材料费、固定资产磨损的折旧费、生产工人劳动耗费的人工费等，构成产品使用价值与价值的统一体，同时，企业还会发生与职工之间的工资结算关系、与有关单位之间的劳务结算关系等。在销售阶段，要将生产的产品销售出去，发生有关销售费用、收回货款、缴纳税金等业务活动，并同购货单位发生货款结算关系、同税务机关发生税务结算关系等。企业获得的销售收入扣除各项费用成本后形成利润，企业要提取盈余公积并向投资者分配利润。

资金的退出包括偿还各项债务、上缴各项税金、向所有者分配利润等，这部分资金离开了本企业，退出本企业的资金循环与周转。

上述资金运动的三个阶段构成了开放式的运动形式，是相互支撑、相互制约的统一体。没有资金的投入，就不会有资金的循环与周转；没有资金的循环与周转，就不会有债务的偿还、税金的上缴和利润的分配等；没有这类资金的退出，就不会有新一轮的资金投入，也就不会有企业的进一步发展。

上述资金运动既呈现出显著的运动状态，同时也具有某一时点上的相对静止状态。仍以工业企业为例。为了维持生产经营活动，一方面，工业企业必须拥有一定数量的经济资源（即资产），它们分布在企业生产经营过程的不同阶段（供应、生产、销售等阶段）和不同方面（表现为厂房、机器设备、原材料、在产品、库存商品及货币资金等），我们称之为资金占有。另一方面，这些经济资源的取得需要通过一定的途径，包括来自投资者投入的资金或者债权人提供的借款等，我们称之为资金的来源。从任一时点上看，资金运动总处于相对静止的状态，即企业的资金在任何一个时点上均表现为资金占用和资金来源两个方面，这两个方面既相互联系，又相互制约。

二、会计要素

会计要素是对会计对象进行的基本分类，是会计对象的具体化。

前已述及，资金运动由资金投入、资金循环与周转和资金退出三部分构成，呈现出显著的运动状态，同时也具有某一时点上的相对静止状态。资金投入包括所有者投入的资金和债权人提供的资金两类，形成企业的资产总额。债权人投入资产后形成对所投入资产及其报酬的求偿权，通常称为债权人权益，表现为企业的负债；企业所有者投入的资金形成对企业净资产（资产减负债）的要求权，通常称为所有者权益。从相对静止状态来看，资产总额与负债及所有者权益总额必然相等，由此分离出资产、负债及所有者权益三项表现资金运动处于相对静止状态的会计要素。从运动状态来看，企业的各项资产经过一定时期的营运将发生一定的耗费，生产出一定种类和数量的产品，产品销售后取得货币资金收入，收支相抵后确认出当期损益，由此分离出收入、费用和利润三项表现资金运动显著变动状态的会计要素。资产、负债及所有者权益构成资产负债表的基本框架，收入、费用和利润构成利润表的基本框架，因此，这六个会计要素又称为会计报表要素。

（一）反映财务状况的会计要素

财务状况是指企业一定日期的资产及权益情况，是资金运动相对静止状态时的表现。反映财务状况的会计要素包括资产、负债和所有者权益。

1. 资产

资产是指企业过去的交易或者事项形成的、由企业拥有或者控制的、预期会给企业带来经济利益的资源。由企业拥有或者控制是指企业享有某项资源的所有权，或者虽然不享有某项资源的所有权，但该资源能被企业所控制。预期会给企业带来经济利益是指直接或者间接导致现金和现金等价物流入企业的潜力。

具体来讲，企业从事生产经营活动必须具备一定的物质资源，如货币资金、厂房、场地、机器设备、原材料等，这些都是企业从事生产经营的物质基础，都属于企业的资产。此外，像专利权、商标权等不具有实物形态但却有助于生产经营活动进行的无形资产，以及企业对其他单位的投资等也属于资产。

资产具有以下基本特征：

(1)资产应当是由企业过去的交易和事项所形成的,预计在未来发生的交易或者事项不形成资产。也就是说,资产是过去已经发生的交易或事项所产生的结果,资产必须是现实的资产,而不能是预期的资产。未来交易或事项可能产生的结果不能作为资产确认。例如,企业计划购买一批材料,7 月份与销售方签订了购买合同,但实际购买行为发生在 10 月份,则企业不能在 7 月份就将该批材料确认为资产。

(2)资产必须由企业拥有或控制。通常情况下,资产是为企业所拥有的,企业可以按照自己的意愿使用或处置资产。但某项资产即使不由企业拥有,如果能被企业控制,也符合资产的定义。一些特殊方式形成的资产,企业虽然对其不拥有所有权,却能够实际控制,如融资租入的固定资产,也应当确认为企业的资产。

(3)资产能够直接或间接地在未来给企业带来经济利益。所谓经济利益,是指直接或间接地流入企业的现金或现金等价物。资产都应能够为企业带来经济利益,例如,企业通过收回应收账款、出售库存商品等直接获得经济利益。企业也可通过对外投资以获得股利或参与分配利润的方式间接获得经济利益。按照这一特征,那些已经没有经济价值、不能给企业带来经济利益的项目,就不能继续确认为企业的资产。例如,企业原有的机器设备已经被淘汰或长期闲置不用,不能给企业带来经济利益,就不应该再作为资产反映在资产负债表中。

资产按其流动性不同,可分为流动资产和非流动资产。

流动资产是指预计在一个正常营业周期中变现、出售或耗用,或者主要为交易目的而持有,或者预计在资产负债表日起一年内(含一年)变现的资产以及自资产负债表日起一年内交换其他资产或清偿负债的能力不受限制的现金或现金等价物。流动资产主要包括货币资金、交易性金融资产、应收票据、应收账款、预付款项、应收利息、应收股利、其他应收款、存货等。

非流动资产是指流动资产以外的资产,主要包括长期股权投资、固定资产、在建工程、工程物资、无形资产、开发支出等。长期股权投资是指企业持有的对其子公司、合营企业及联营企业的权益性投资以及企业持有的对被投资单位不具有控制或重大影响,并且在活跃市场中没有报价、公允价值不能可靠计量的权益性投资。固定资产是指为生产商品、提供劳务、出租或经营管理而持有的,使用年限超过一年,单位价值较高的有形资产。无形资产是指企业为生产商品或者提供劳务、出租给他人,或为管理目的而持有的、没有实物形态的可辨认非货币性资产。

2. 负债

负债是指企业过去的交易或者事项形成的、预期会导致经济利益流出企业的现时义务。现时义务是指企业在现行条件下已承担的义务。未来发生的交易或者事项形成的义务不属于现时义务，不应当确认为负债。

负债具有以下基本特征：

（1）负债的清偿预期会导致经济利益流出企业。负债通常是在未来某一时日通过交付资产（包括现金和其他资产）或提供劳务来清偿。有时，企业可以通过承诺新的负债或转化为所有者权益来了结一项现有的负债，但一般都会导致企业经济利益的流出。

（2）负债是由过去的交易或事项形成的。也就是说，导致负债的交易或事项必须已经发生，例如，购买商品或使用劳务会产生应付账款（已经预付或是在交货时支付的款项除外），从银行借款会产生偿还贷款的义务。只有源于已经发生的交易或事项，会计上才有可能确认为负债。对于企业正在筹划的未来交易或事项，如企业的业务计划等，并不构成企业的负债。

负债按流动性，可分为流动负债和非流动负债。流动负债是指预计在一个正常营业周期中清偿，或者主要为交易目的而持有，或者自资产负债表日起一年内（含一年）到期应予以清偿，或者企业无权自主地将清偿推迟至资产负债表日后一年以上的负债。流动负债主要包括短期借款、应付票据、应付账款、预收账款、应付职工薪酬、应交税费、应付利息、应付股利、其他应付款等。非流动负债是指流动负债以外的负债，主要包括长期借款、应付债券等。

3. 所有者权益

对于任何一个企业，其资产形成的资金来源有两个：一是由债权人提供的，二是由所有者提供的。债权人对企业资产的要求权形成企业负债，所有者对企业资产的要求权形成企业的所有者权益。因此，所有者权益是企业资产扣除负债后，由所有者享有的剩余权益。公司的所有者权益又称为股东权益。所有者权益的来源包括所有者投入的资本、直接计入所有者权益的利得和损失、留存收益等。

所有者投入的资本，是指所有者投入企业的资本部分，它既包括构成企业注册资本或者股本部分的金额，也包括投入资本超过注册资本或者股本部分的金额，即资本溢价或者股本溢价。

直接计入所有者权益的利得和损失，是指不应计入当期损益，会导致所有者权益发生增减变动的，与所有者投入资本或者向所有者分配利润无关的利得或者损失。其中，利得是指由企业非日常活动所形成的、会导致所有者权益增加的、与所有者投入资本无关的经济利益的流入；损失是指由企业非日常活动所发生的、会导致所有者权益减少的、与向所有者分配利润无关的经济利益的流出。

留存收益，是企业历年实现的净利润留存于企业的部分，主要包括计提的盈余公积和未分配利润。

所有者权益取决于资产和负债的计量，其金额为资产减去负债后的余额。

所有者权益具有以下特征：

(1)除非发生减资、清算或分派现金股利，企业不需要偿还所有者权益。

(2)企业清算时，只有在清偿所有的负债后，所有者权益才返还给所有者。

(3)所有者凭借所有者权益能够参与企业利润的分配。

所有者权益包括实收资本(或股本)、资本公积、盈余公积和未分配利润等。一般来说，实收资本(或股本)和资本公积是由企业所有者直接投入的，如投入资本和资本溢价等。盈余公积和未分配利润则是企业在生产经营过程中所实现的利润留存企业所形成的部分，因而又统称为留存收益。

企业应当将所有者权益与负债进行严格区分，不得相互混淆。

(二)反映经营成果的会计要素

经营成果是企业在一定时期内从事生产经营活动所取得的最终成果，是资金运动显著变动状态的主要体现。反映经营成果的会计要素包括收入、费用和利润。

1. 收入

收入是指企业在日常活动中形成的、会导致所有者权益增加的、与所有者投入资本无关的经济利益的总流入。这种总流入主要表现为资产的增加或债务的清偿。收入是企业持续经营的基本条件，企业要实现持续经营，必须在销售商品或者提供劳务等经营业务中取得收入，以便补偿经营活动中的耗费，重新购买商品或原材料，支付工资和费用，从而保证生产经营活动不间断地进行。收入是企业获得利润、实现盈利的前提条件。企业只有取得收入，并补偿在生产经营活动中已消耗的各种支出，才能形成利润。

收入具有以下特征：

(1)收入是从企业的日常活动中产生的，而不是从偶发的交易或事项中产生的，如工商企业销售商品、提供劳务的收入等。有些交易或事项也能为企业带来经济利益，但不属于企业的日常活动，其流入的经济利益是利得，而不是收入，如出售固定资产，因固定资产是为使用而不是为出售而购入的，将固定资产出售并不是企业的经营目标，也不属于企业的日常活动，因此出售固定资产取得的收益不作为收入核算。

(2)收入可能表现为企业资产的增加，如增加银行存款、应收账款等；也可能表现为企业负债的减少，如以商品或劳务抵偿债务；或者二者兼而有之，如商品销售的货款中部分抵偿债务，部分收取现金。

(3)收入能导致企业所有者权益的增加。如上所述，收入能增加资产或减少负债或二者兼而有之，因此，企业取得收入一定能增加所有者权益。但收入扣除相关成本费用后的净额，则可能增加所有者权益，也可能减少所有者权益。这里仅指收入本身导致的所有者权益的增加，而不是指收入扣除相关成本费用后的毛利对所有者权益的影响。

(4)收入只包括本企业经济利益的流入,不包括为第三方或客户代收的款项,如增值税、代收利息等。代收的款项,一方面增加企业的资产,另一方面增加企业的负债。因此,不增加企业的所有者权益也不属于本企业的经济利益,不能作为本企业的收入。

收入可以有不同的分类,按照收入的性质,可以分为商品销售收入、劳务收入和提供他人使用本企业的资产而取得的收入等;按照企业经营业务的主次,可以分为主营业务收入和其他业务收入。

2. 费用

费用是指企业在日常活动中发生的,会导致所有者权益减少的,与向所有者分配利润无关的经济利益的总流出。费用按其归属与配比方式的不同,可分为直接费用、间接费用和期间费用。

直接费用是指为某一成本计算对象而发生的费用,在费用发生时,可以根据原始凭证直接计入这一成本计算对象的成本项目中。

间接费用则是指为几个成本计算对象而共同发生的费用,这种费用不能根据原始凭证直接计入某一成本计算对象的成本项目中,而是需要用适当的分配方法在各有关成本计算对象之间分配后计入。

期间费用是指企业当期发生的不能直接归属于某种特定产品,必须从当期收入中得到补偿的费用。期间费用容易确定其发生的期间,但难以判别其所应归属的产品,因此,在发生的当期便从当期的损益中扣除。期间费用主要包括销售费用、管理费用和财务费用。

费用具有以下特征:

(1)费用最终会导致企业资源的减少。这种减少具体表现为企业资金的支出或资产的耗费。从这个意义上说,费用本质是一种企业资源的流出,它与企业资源流入的收入相反。具体地说,支付工资、发生费用、消耗材料和机器设备等,最终都会使企业资源流出。

(2)费用最终会减少企业的所有者权益。一般来说,企业所有者权益会随着收入的增加而增加;相反,费用的增加会减少企业的所有者权益。费用与支出的含义不同。企业一般有两类支出不应归入费用:一是企业的偿债性支出,如以银行存款归还前期所欠债务,这只是一项资产和一项负债的等额减少,并不会影响所有者权益。二是企业向所有者分配利润。虽然向所有者分配利润减少了企业的所有者权益,但其实质是利润的分配,而不是费用。

3. 利润

利润是指企业在一定会计期间的经营成果。利润包括收入减去费用后的净额、直接计入当期利润的利得和损失等。利润是衡量企业经营业绩的重要指标,也是投资人、债权人做出决策的重要参考指标。

收入减去费用后的净额反映的是企业日常活动的业绩，直接计入当期利润的利得和损失。

直接计入当期利润的利得和损失是指应当计入当期损益、会导致所有者权益发生增减变动的、与所有者投入资本或者向所有者分配利润无关的利得或者损失。

企业生产经营的最终目的是要努力扩大收入，尽可能地降低成本和费用，努力提高企业盈利水平，增强获利能力。企业只有最大限度地获取利润，才能为投资者提供尽可能高的投资报酬，为社会创造尽可能多的财富，从而促进社会生产的不断发展，更好地满足人们日益增长的物质和文化生活的需要。

利润的主要特征为：利润表示企业最终的经营成果，由收入与费用的差额确定，与收入和费用密切相关。

会计主体的资产、负债、所有者权益、收入、费用和利润构成了会计所反映和监督的内容，会计要素是会计对象的具体化。会计要素的划分在会计核算中具有重要的作用，它是对会计对象进行科学分类和设置会计科目的基本依据，并构成了会计报表的基本框架。

第三节　会计的职能和目标

一、会计的职能

职能是指某一事物本身所固有的功能，会计的职能就是指会计在经济管理中所具有的功能。会计的职能是会计的本质属性之一。马克思在《资本论》中指出：过程越是按社会的规模进行，越是失去纯粹个人的性质，作为对过程的控制和观念总结的簿记就越是必要。簿记对资本主义生产比对手工业和农业的分散生产更为必要，对公有生产比对资本主义生产更为必要。这里讲的簿记指的就是会计，过程指的是再生产过程，观念总结可理解为反映，控制可理解为监督。会计的基本职能就是对再生产过程的控制和观念总结。所谓观念总结，就是利用观念上的货币对再生产过程所发生的经济活动进行综合反映。

生产力发展水平和经营管理水平的高低对会计的职能具有决定性的影响：当生产力发展水平较低时，会计的主要功能是简单的计量、记录，以反映为主；当生产力水平较高，管理水平也比较高时，简单的计量、记录已不能满足经济管理的需要，发挥会计的经济监督作用就成为会计的一项重要功能。会计的基本职能包括反映和监督。随着经济的发展和会计内容、作用的不断扩大，会计的职能也有所发展，与传统会计相比，现代会计随着市场经济的发展和科技水平的提高,具有了新的特点。

(一)会计的反映职能

会计的反映职能又称核算职能,是指会计以货币为主要计量单位,通过确认、计量、记录、报告等环节,从数量上反映企业和行政事业单位已经发生或完成的经济活动,为经营管理提供信息的功能。

会计的反映职能具有以下三个特点:

第一,会计主要是利用货币量度综合反映各单位的经济活动情况,为经营管理提供可靠的会计信息。从数量方面反映经济活动可以采用三种量度:实物量度、劳动量度和货币量度。主要利用货币量度从数量方面综合反映各单位的经济活动情况,是现代会计的一个重要特点。主要利用货币计量,也就是说其他的计量单位也用,但主要还是货币量度,因为它的特点是综合反映企业的经济活动。

第二,会计反映不仅记录已发生的经济业务,还应面向未来为各单位的经营决策和管理控制提供依据。这一特点是从现代会计与传统会计相比较的角度而言的。传统会计的反映职能主要是对已发生的经济业务进行事后的反映,现代会计不仅要进行事后的反映,还要为各单位的经营决策和管理控制提供依据,因此还包括事前的反映和事中的反映。

第三,会计反映具有完整性、连续性和系统性。会计要反映经济活动的整个过程,会计反映所提供的数据资料不是简单的记录,而是对初始资料进行分类、分析和汇总,使之转换成有条理而不是杂乱无章的、成系统而不是支离破碎的会计信息。特别要注意的是,会计反映的内容要完整,不能有所遗漏。

(二)会计的监督职能

会计的监督职能又称控制职能,是指会计按照一定的目的和要求,利用核算所提供的会计信息,对单位的经济活动进行控制,以达到预期目标的功能。

会计的监督职能具有以下两个特点:

第一,会计监督主要是利用会计反映职能提供的各种价值指标进行的货币监督。反映职能主要是通过货币计量,提供一系列综合反映企业经济活动的价值指标,如资产、负债、收入、成本费用等,监督就是依据这些价值指标进行。例如,利用费用指标可以了解企业在一定时期内费用及其构成情况,对费用支出的合法性、合理性进行审查,为增收节支、提高经济效益把关。

第二,会计监督是在会计反映各项经济活动的同时进行的,包括事前、事中和事后的监督。事前监督是指会计部门在参与制定各种决策和相关的计划费用预算时,对各项经济活动的可行性、合理性、合法性和有效性进行审查。事中监督是指在日常会计工作中对已发现的问题提出建议，促使有关部门采取措施，使其按照预定的目标和要求进行。事后监督是通过分析已取得的会计资料，对已进行的经济活动的合理性、合法性和有效性进行的考核和评价。

会计的反映职能和监督职能是密切结合、相辅相成的。反映是最基本的，是监督的基础，没有反映，监督就没有客观的依据；监督是在反映的过程中进行的，是按照法规、政策的要求来控制经济活动的过程，没有监督，反映就失去了意义。随着经济的发展，会计的职能也在不断地发展，在反映和监督经济活动的基础上，会计还要分析经济情况、预测经济前景、参与经济决策，即具备分析预测、决策等职能。

二、会计目标

会计目标是指会计活动所要达到的目的。在西方财务会计中，会计目标属于最高层次的财务会计概念，是财务会计理论研究的起点。会计目标是向以投资人和债权人为主的、与企业有关的各方提供有用的信息，以帮助他们进行决策和控制经济活动。明确会计目标，需要解决三个方面的问题，即向哪些人提供会计信息？使用者需要哪些会计信息？如何提供这些会计信息？

（一）向哪些人提供会计信息

会计目标会受到社会经济环境的影响。在市场经济环境下，企业特别是股份有限公司财务报表使用者出现了多元化的趋势，主要包括以下几个方面。

1. 投资人

任何一个企业都会有投资人，有些企业的投资人直接参与企业的经营管理，因此他们可以直接获得有关会计方面的信息，例如，独资和合伙企业的投资人，一般来说，他们既是投资者也是经营者，可以直接掌握企业经营管理方面的情况。而公司特别是股份有限公司的大部分股东不直接参与企业的经营管理，了解和掌握企业情况的一个重要途径就是财务报表。这里所讲的投资人，既包括现实的投资人，也包括潜在的投资人。

2. 债权人

企业在经营过程中会经常不断地发生举债行为，债权人就是向企业提供贷款或持有企业发行债券的单位或个人。一般来说，与企业在结算过程中形成的债权人不要求单独提供财务报表。银行和其他金融机构等债权人为了使自己的利益不受损害，及时收回本金及利息，一般会要求贷款企业在接受贷款时和贷款后提供其会计信息，以便掌握企业的偿债能力。另外，作为潜在的债权人，会根据企业对外提供的会计信息和其他信息做出是否向企业提供贷款的决策。

3. 政府部门

在市场经济条件下，会计要为国家的宏观调控和管理提供信息。企业的会计信息是国家进行宏观调控和管理的主要依据，企业要定期向财政部门、工商行政管理部门报送财务报表。国家向企业征收的各种税款也主要是以会计信息为依据，尤其是企业所得税，是在会计资料的基础上，按税法规定调整计算出来的。

4. 企业职工

职工与企业是密切相关的，企业经营的好坏直接影响职工个人的利益。职工希望在一个经营比较稳定、发展前景良好的企业中就业。通过会计信息，职工可以了解与他们切身利益相关的情况，如企业的发展潜力、存在的风险、福利待遇等。

5. 企业管理当局

企业是一个自主经营、自负盈亏的商品生产者和经营者，为了使其资本保值增值，提高经济效益，就要加强企业管理。企业管理当局、各职能部门和各级管理人员都需要运用会计信息对日常的经营活动进行控制，进行各种经营决策，例如，制定企业的计划和预算，进行理财决策和投资决策，采购、生产、销售的管理与控制等。

6. 其他

除上述所列投资人、债权人、政府部门、企业职工、企业管理当局外，与企业存在利害关系的其他单位和个人也会关注企业的会计信息，如供货单位、销货单位、财务分析与咨询机构和社会公众等。

（二）使用者需要什么样的会计信息

会计信息的使用者可以划分为两类，一类是企业外部的会计信息使用者，包括政府部门、投资人、债权人、客户和社会公众，他们需要根据企业提供的会计信息做出相应的决策；另一类是企业内部的会计信息使用者，主要是企业管理当局，他们需要对企业进行经营管理的信息。不同类型的会计信息使用者可能对会计信息的要求不一致，会计应满足大部分使用者的需求，提供各方普遍关心的内容。

我国财务报告的目标，是向财务报告使用者提供与企业财务状况、经营成果和现金流量等有关的会计信息，反映企业管理层受托责任的履行情况，有助于财务报告使用者做出经济决策。我国财务报告目标主要包括以下两个方面的内容：

1. 向财务报告使用者提供决策有用的信息

企业编制财务报告的主要目的是为了满足财务报告使用者的信息需要，有助于财务报告使用者做出经济决策。因此，向财务报告使用者提供对决策有用的信息是财务报告的基本目标。

2. 反映企业管理层受托责任的履行情况

在现代公司制下，企业所有权和经营权相分离，企业管理层是受委托人之托经营管理企业及其各项资产，负有受托责任，即企业管理层所经营管理的各项资产基本上均为投资者投入的资本（或者留存收益作为再投资）或者向债权人借入的资金所形成的。企业管理层有责任妥善保管并合理、有效地使用这些资产。因此，财务报告应当反映企业管理层受托责任的履行情况，以便评价企业的经营管理责任以及资源使用的有效性。

第四节　会计核算的工作内容和会计方法

为了实现会计的目标，发挥会计的作用，必须遵循一定的会计程序，采用相应的会计方法。如果没有科学的方法，实现会计目标就是一句空话，本节主要介绍了会计核算的工作内容和会计方法。

一、会计核算的工作内容

会计核算的工作内容包括会计确认、会计计量、会计记录和会计报告四个环节。

（一）会计确认

会计确认就是按照一定的标准，将某一项目作为某一会计要素加以记录并列入会计报表的过程。会计确认包括初始确认和再确认，初始确认就是将某一项目或某项经济业务进行会计记录，例如，记做资产或费用，记做负债或所有者权益。再确认就是在初始确认的基础上，对数据进行筛选，将其列示在财务报表上。如前所述，会计的内容主要是经济活动的数量方面，具体表现为资产、负债、所有者权益、收入、费用和利润等会计要素。企业每天都有大量的经济业务发生，这些经济业务有些属于会计反映和监督的内容，会引起会计要素的变化，有些不属于会计反映和监督的内容，会计确认所要解决的问题就是，哪些项目应该在会计上反映？这些项目应当反映什么会计要素？什么时间予以反映？任何项目的确认都必须符合一定的标准。会计确认的基本标准包括以下四个方面：①定义性，即所确认的项目要符合某一会计要素的定义；②可计量性，即所确认的项目在符合会计要素定义的基础上，要能够量化，即必须能够用货币计量；③相关性，即所确认项目提供的信息对使用者的决策要能够产生影响；④可靠性，即所确认的项目应该是真实的和可验证的。在满足以上四项标准的情况下，还要考虑所确认项目的成本是否小于效益、信息是否重要等因素。会计确认通常是通过填制和审核会计凭证这一方法来进行的。企业发生的经济业务通过会计凭证记录下来，凭证上载明该项业务发生的时间、内容和数额，确认首先要对凭证进行审核，根据审核后的凭证登记有关账簿。

（二）会计计量

会计计量就是以货币或其他量度单位计算各项经济业务和结果的过程。会计计量贯穿于会计工作的全过程，没有会计计量，会计确认就失去了意义，会计记录和会计报告也没有内容。因此，会计计量被视为会计系统的核心职能。会计计量包括两个方面的内容，即计量单位和计量属性。

1. 计量单位

计量单位是指计量尺度的量度单位，在商品经济条件下，会计以货币作为统一的计量尺度。

2. 计量属性

计量属性是指计量资产或负债时的价格标准，会计计量属性主要包括历史成本、重置成本、可变现净值、现值和公允价值等。

（1）历史成本。在历史成本计量下，资产按照购置时支付的现金或者现金等价物的金额，或者按照购置资产时所付出的对价的公允价值计量；负债按照因承担现时义务而实际收到的款项或者资产的金额，或者承担现时义务的合同金额，或者按照日常活动中为偿还负债预期需要支付的现金或者现金等价物的金额计量。

（2）重置成本。在重置成本计量下，资产按照现在购买相同或者相似资产所需支付的现金或者现金等价物的金额计量；负债按照现在偿付该项债务所需支付的现金或者现金等价物的金额计量。

（3）可变现净值。在可变现净值计量下，资产按照其正常对外销售所能收到现金或者现金等价物的金额扣减该资产至完工时估计将要发生的成本、估计的销售费用以及相关税费后的金额计量。

（4）现值。在现值计量下，资产按照预计从其持续使用和最终处置中所产生的未来净现金流入量的折现金额计量；负债按照预计期限内需要偿还的未来净现金流出量的折现金额计量。

（5）公允价值。公允价值是市场参与者在计量日发生的有序交易中，出售一项资产所能收到或者转移一项负债所需支付的价格，即脱手价格。

目前，会计核算中主要以历史成本作为计量基础，并在会计原则中加以规定。例如，某公司购进一台设备，按购进设备当时的历史成本进行计量。按历史成本计量具有许多优点，它代表取得资产时实际的资金耗费，有交易时的凭证作为根据，因而是客观的、可验证的。在特定情况下，会计计量也可以采用重置成本、可变现净值、现值和公允价值，但是应当保证所确定的会计要素金额能够取得并可靠计量。

会计计量需要成本计算这一专门方法。例如,某企业通过市场购进一批材料,应以实际购进时支付的价款作为历史成本计量,如果企业在运输材料的过程中支付了运输费,也应作为历史成本的一部分,这就需要采用成本计算这一方法计算确定材料的采购成本。

(三)会计记录

会计记录就是将经过确认、计量的项目,运用会计的专门方法在账簿中登记的过程,会计记录主要解决某项经济业务在会计上如何登记的问题。会计记录首先要设置账户,建立一套连续、系统、全面记录经济业务的簿籍体系,然后按照复式记账的要求,根据记账凭证登记账簿。会计记录必须在确认的基础上进行,必须以货币来计量,因此在会计实务中,会计确认、会计计量和会计记录是紧密结合在一起同时进行的。会计记录时采用的会计方法包括设置会计科目和账户、复式记账、填制和审核凭证、登记账簿等。

(四)会计报告

会计报告是根据账簿记录和其他有关资料编制会计报表和会计报表附注的过程。通过记录形成的会计信息资料信息量大而且比较分散,不能集中概括、说明各单位的财务状况和经营成果,因此,必须进行压缩,形成一套全面、综合反映各单位情况的财务指标体系。

二、会计方法

会计方法是指用来反映和监督会计对象、实现会计目标而采取的各种方法的总称。本书所讲的会计方法主要是指手工记账所采用的方法。随着会计的发展,会计方法也不断地丰富和完善。会计方法的内容包括会计核算方法、会计分析方法、会计检查方法、会计决策和预测方法,其中,会计核算方法是最基本的方法。

(一)会计核算方法

会计核算是会计的主要方法,在会计方法体系中处于基础和核心地位,是其他各种方法的基础。会计核算的基本内容是以货币为计量单位,运用一系列专门方法,对生产经营活动或者预算经营过程执行情况及其结果进行连续、系统、全面地记录、计算和分析,定期编制并提供会计报告和其他内部管理所需要的会计资料。

(二)会计分析方法

会计分析是以会计核算资料的为主要依据,运用一定的分析方法,对企业的经营过程及其结果进行定性和定量分析。通过会计分析,能够对企业的经营活动做出评价,发现问题，改善企业的经营管理。会计分析是会计核算的继续和发展。

（三）会计检查方法

会计检查是以会计核算资料为依据，对企业经济活动的合法性、合理性，对会计资料的真实性、正确性所进行的检查。会计检查是会计核算的必要补充。

（四）会计预测方法

会计预测是以会计核算和会计分析的资料为基础，结合其他有关信息，运用一定的预测方法，对企业经济活动的发展趋势做出测算和估计，为会计决策提供备选方案。

（五）会计决策方法

会计决策是指根据会计核算和会计预测的资料，对各种备选方案进行比较，从中选出最优的方案。会计决策是企业经营决策的重要组成部分。

三、会计核算方法

为了全面、系统、正确地确认、计量、记录和报告会计对象，需要运用一整套专门的会计核算方法，这些专门方法包括设置会计科目和账户、复式记账、填制和审核凭证、登记账簿、成本计算、财产清查和编制会计报表。下面简要说明这七种方法的特点以及它们之间的相互联系。

（一）设置会计科目和账户

设置会计科目和账户是对会计对象的具体内容进行分类核算的一种专门方法。会计对象的具体内容复杂多样，设置会计科目和账户就是根据会计对象内容的特点以及管理的要求，按一定的标准对它分类反映，取得所需要的财务信息。

（二）复式记账

复式记账是记录经济业务的一种方法，它是相对单式记账而言的。复式记账是对每一项经济业务都要以相等的金额，同时记入两个或两个以上的有关账户。采用复式记账可以全面反映会计要素的增减变动情况，可以检查账户记录是否正确，因而复式记账是一种科学的记账方法。

（三）填制和审核凭证

会计凭证是记录经济业务、明确经济责任的书面证明，是登记账簿的重要依据。会计凭证包括原始凭证和记账凭证。对于已经发生或已经完成的经济业务，都必须由经办人员或单位填制原始凭证并签名盖章。对于原始凭证，要经过审核，经审核无误后的原始凭证才能作为编制记账凭证和登记账簿的依据。填制和审核凭证是会计核算工作的首要环节，对提高会计工作质量起着重要的作用。

(四)登记账簿

账簿是全面、连续、系统地记录各项经济业务的簿籍。登记账簿就是以会计凭证为依据,运用复式记账的方法,把发生的经济业务按发生的先后顺序,分门别类地记入有关账簿,为经营管理提供全面、连续、系统的资料。会计账簿资料是编制会计报表的重要依据。

(五)成本计算

成本计算是对经营过程中发生的各种费用,按照一定的标准归集和分配,以确定各对象的总成本和单位成本的一种专门方法。成本是综合反映企业生产经营活动成果的一个重要指标,通过成本计算,可以考核物化劳动和活劳动的耗费情况,促使企业降低产品成本,提高经济效益。

(六)财产清查

财产清查是通过盘点实物、核对账目,查明各项财产物资实有数额的一种专门方法。在会计核算中,必须定期或不定期地对各种财产物资、往来款项进行清查,如果账实不符,要查明原因,及时调整账簿记录,使账簿记录与实物保持一致,保证会计账簿的真实性。通过财产清查,还可以发现财产物资保管、使用中存在的问题。因此,财产清查对保护企业财产物资的安全完整、提高会计信息质量具有重要意义。

(七)编制财务报表

财务报表是以日常核算资料为依据,以一定的表格形式反映各单位财务状况经营成果的一种书面文件。编制财务报表是对各单位日常核算的总结,财务报表所提供的资料既为国家宏观调控和管理提供了重要依据,也为有关各方了解企业提供了重要信息。

会计核算的各种专门方法是相互联系、密切配合的,是一个完整的方法体系。对于日常发生的经济业务,首先要取得或填制合法的原始凭证。然后按照规定的会计科目,对经济业务进行分类,用复式记账的方法编制记账凭证,根据记账凭证登记有关的总分类账簿和明细分类账簿;对于生产经营过程中发生的各项费用,运用成本计算方法计算各成本对象的实际成本;对于账簿记录,要通过定期或不定期的财产清查进行核实,以保证账实相符。最后,在保证账实相符的基础上,根据账簿记录定期编制财务报表。在每个会计期间内,各种会计核算的专门方法不断地反复运用,形成了会计循环。

第五节　会计学和会计学科体系

一、会计学

会计的产生已有几千年的历史，但是把会计作为一门专业知识和独立学科，最早可追溯到1494年意大利传教士卢卡·巴其阿勒所著的《算术、几何、比及比例概要》，这本书对借贷记账法进行了系统的阐述，一般认为这是会计学或簿记学的开始。到19世纪后半期，随着资本主义生产规模的扩大，会计变得越来越重要，这时出现了研究会计专著。1929～1933年的经济危机对美国经济产生了巨大的影响。经济危机使市场竞争更加激烈，为了实现盈利目标，增强企业的竞争能力，资本主义企业需要通过会计加强企业管理。从20世纪30年代起，开始有组织地研究会计理论，1936年，美国出现了"公认会计原则"的概念，企业编制财务报告要以公认会计原则为指导，并将此原则作为审核财务报告的依据。

由于历史和社会的原因，我国在会计学研究方面发展得比较慢。但是需要指出的是，我国古代会计思想和方法与同时代的外国会计相比毫不逊色，甚至走在世界的前列，只是始终没有成为一门独立的学科。19世纪末，以借贷记账法为主要内容的西式会计传入我国，这时才开始把会计作为一门学科传授。会计学是一门研究会计理论和方法的经济管理科学。人们把会计工作中的经验不断地加以总结，找出其内在规律，将其系统化，形成了会计学。会计学来源于会计实践，反过来又指导会计实践。会计学的建立和发展与政治经济学、数学有密切联系。作为一门经济应用学科，会计学要以一定的经济理论为指导，政治经济学是会计学的重要理论基础。会计与数学也有着密切的关系，会计方法和技术都离不开数学，数学方法的使用使会计学的定量分析日益完善。近几十年来，人们将信息论、控制论、系统论、行为科学等引入会计学领域，使会计学的内容更加丰富。

二、会计学科体系

随着经济的发展，会计发展到了一个新的水平，会计学的内容也不断地得到丰富，形成了一个完整的会计知识体系，即会计学科体系。按其研究的内容，会计学一般包括会计学基础、财务会计、成本会计、管理会计、财务管理学、审计学、电算化会计等。

会计学基础或称会计学原理、基础会计、初级会计等，主要阐述了会计的原理性知识，包括会计的基本理论、会计的基本知识和会计的基本方法与技能，解决了会计学的入门问题，是学习专业会计学的基础。

财务会计包括中级财务会计和高级财务会计。中级财务会计主要阐述如何依据会计准则，运用会计核算方法，对资产、负债、所有者权益、收入、费用和利润各项会计要素进行处理，如何编制财务报告等。中级财务会计阐述了企业会计核算中常见的问题，高级财务会计则主要阐述企业财务会计中的一些特殊问题，例如，合并会计报表、租赁会计、外币会计、物价变动会计、企业破产清算会计等。财务会计主要是研究对外报告会计的基本程序和基本方法，因此也称为对外报告会计。

成本会计主要阐述企业的成本核算和成本管理的理论和方法，包括成本计算、成本分析和成本控制等，其主要研究如何降低成本、提高经济效益。

管理会计主要阐述的是如何利用会计信息和其他有关信息对企业进行经营管理，使企业进行最优决策的基本理论和方法。其主要内容包括预测决策会计、控制会计、责任会计等。管理会计是以现代管理科学为基础，以改善企业管理为目的，所提供的信息主要是面对企业内部管理人员，因此也称为对内报告会计。

财务管理学主要阐述企业如何筹集和运用资金的理论和方法。其主要内容包括资金的筹措、资金的运用、财务预测、财务分析、利润分配等。

审计学主要阐述对经济活动的合法性、合理性、效益性进行监督检查的基本理论和方法。审计的监督和检查主要是通过检查会计凭证、账簿和会计报表来进行的。其主要内容包括审计的基本理论与方法、财务审计、财政金融审计、财经法纪审计、经济效益审计等。

电算化会计主要阐述利用电子计算机来处理会计数据资料的理论和方法，其主要内容包括会计电算化的系统分析、系统设计、程序设计等。

会计学也可以按照所应用的行业来分类，不同行业的会计具有不同的特点。会计按行业可分为工业会计、农业会计、商业会计、交通运输企业会计、金融企业会计、施工企业会计、饮食服务企业会计和预算会计等。随着会计改革的深入和会计准则的实施，行业会计的差异逐步缩小，其差异主要体现在成本、费用和收入确认的方式等方面。会计学科体系内容的划分没有严格标准，但也不是一成不变的。随着经济的发展和经济管理要求的变化，会计学科体系也会有所变化。但是，无论会计学科体系发生怎样的变化，会计学基础都是学习其他会计的基础。在国民经济中，企业是最基本的经济单位，故本书主要以企业会计为例进行研究。

案例分析

【案例分析】 会计要素的划分

【资料】

小李和小张是计算机系三年级的大学生,2015 年 3 月 1 日他们用 10 000 元银行存款投资开办了一家电脑维修部,从事电脑维修,并附带销售电脑配件。他们首先租了一间小门脸,每月房租 1 000 元,第一个月的房租已经支付;花费 2 500 元购买了一些修理用的工具和配件;为了方便出行花费 400 元买了一部自行车;在报纸上做了广告,广告费为 750 元,其中 250 元的广告费未支付;支付请来帮助修理电脑同学的报酬 300 元;3 月15 日, 小李和小张从银行提取 1 000 元用于个人生活支出,31 日收到水电费缴费单,共计 100 元尚未支付。当月电脑维修全部收入已存入银行,31 日银行账户余额为 7 000元。

小李和小张认为他们第一个月经营情况不错,尽管亏了 3 000 元,但是却打开了市场。

【要求】

1. 分析小李和小张依据什么计算亏了 3 000 元,依据正确吗?
2. 分析电脑维修部 3 月底有哪些资产和负债?
3. 计算电脑维修部 3 月份的收入和费用是多少?

第二章

会计循环(一):会计分录与会计凭证

导读

会计循环(一):会计分录与会计凭证

会计循环

- 收集有关经济业务的数据
- 分析各项经济业务
- 编制会计分录
- 过入有关账簿
- 编制调整前试算表
- 编制调整分录并过入分类账
- 编制调整后试算表
- 编制结账分录并过入分类账
- 编制结账后试算表
- 编制财务报表

会计恒等式

- 会计恒等式的含义
- 资产、负债与所有者权益之间的数量关系
- 收入、费用与利润之间的数量关系
- 资产、负债、所有者权益、收入、费用和利润之间的数量关系

会计科目和账户

- 会计科目的意义和作用
- 账户

复式记账

- 复式记账原理
- 借贷记账法
- 账户结构
- 记账规则
- 会计分录
- 试算平衡
- 应用举例

会计凭证

- 会计凭证的意义和种类
- 原始凭证填制与审核
- 记账凭证填制与审核
- 会计凭证的传递与保管

说明:

本章要求掌握会计循环的基本步骤,会计恒等式,会计科目与账户的概念、内容,借贷记账法及账户结构,会计分录编制,会计凭证的概念、作用、类型及填制等内容。

第一节　会计循环

全面、连续、系统地反映企业在一定期间所发生的经济业务是一个完善的会计信息系统应具备的功能。企业在其较为长久的存续期间将不断地发生与其经营内容相关联的各种经济业务。会计必须在各个会计期间对所采集的各项数据资料进行分类、记录、汇总,然后制成定期的财务报表,以提供给企业会计信息的使用者。这项会计工作过程周而复始地进行着。所谓会计循环,就是指会计信息系统周而复始地对会计信息进行加工处理的过程。

企业进行会计信息处理,离不开会计凭证、会计账簿和会计报表。企业总是根据发生的经济业务填制会计凭证,根据会计凭证登记会计账簿,根据会计账簿的记录编制会计报表。这个顺序必须依次进行,不允许也不可能任意颠倒。不同企业的经济业务内容和繁简程度可能不同,但不同企业会计循环的步骤基本上是相同的。一个典型的会计循环步骤如图 2 - 1 所示。

图 2 - 1 中第(1)至第(4)步是日常的会计工作,第(5)至第(10)步在会计期末进行。结账工作一般只在年终进行,年度之内即使编制月份或季度等中期会计报表,通常也不结账,只需做调整分录和试算。从理论上讲,会计循环中第(5)至第(10)步应于会计期末完成,但在实际工作中不可能做到如此及时,所以这些步骤中的有些工作往往要在下一个会计期间的初期完成。

一、收集有关经济业务的数据

会计循环的第(1)个步骤是收集有关经济数据。这些经济数据是通过企业在经营过程中所取得的原始凭证而收集起来的,包括企业对外交易中取得的外来原始凭证和非交易性内部事项自行填制的自制原始凭证。

二、分析各项经济业务

会计循环的第(2)个步骤是根据原始凭证提供的经济数据,分析报告期内发生的每一项经济活动是否对会计要素的增减变化发生影响。如果发生影响,应确认为会计事项,并进一步分析其对资产、负债、所有者权益、收入、费用、利润等哪些会计要素发生影响,以及发生什么样的影响,以便加以记录。

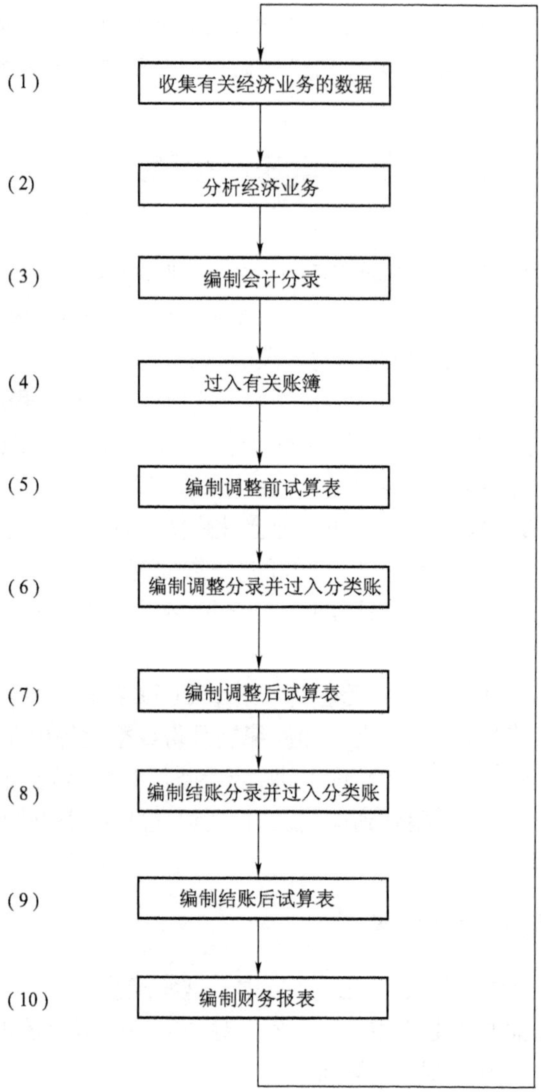

图 2－1　会计循环步骤

三、编制会计分录

会计循环的第(3)个步骤是根据所确认的会计事项,在记账凭证中编制反映经济业务已经发生或完成的会计分录,即根据上一个步骤对经济业务的分析,确定应借、应贷账户的名称及金额的记录,以便据以登记有关账簿。

四、过入有关账簿

会计循环的第(4)个步骤是将记账凭证中所确定的会计分录过入有关账簿。所谓过账,就是根据会计分录登记账簿。按照会计法规的规定,企业必须设置的账簿有序时账和分类账。

五、编制调整前试算表

在将某个会计期间所发生的经济业务根据会计分录过入有关账簿后,日常会计核算工作即告结束。为了检验分类账的记录是否正确,会计循环的第(5)个步骤就是在期末账项调整之前编制调整前试算表。

六、账项调整

会计循环的第(6)个步骤是账项调整,即编制调整分录并过入分类账。账项调整的目的是使会计信息恰当地反映一定期间的经营成果和一定日期的财务状况。为了及时提供会计信息,必须进行会计分期核算,划清收入、费用的本期和非本期的界限是正确计算本期经营成果的基本前提。对收支期和归属期不一致的收入和费用有两种方法可供选择,一是权责发生制,二是收付实现制。调整那些收支期与归属期不一致的收入和费用,主要包括应计项目、递延项目和成本分配项目三种类型。

七、编制调整后试算表

在根据上述调整分录登记有关账户后,可以使各账户所提供的资料完整系统地反映某个会计期间经济活动的全貌。为了保证调整分录过账后会计记录的正确性,还应编制调整后试算表,这也是会计循环的第(7)个步骤。

八、编制结账分录并过入分类账

广义的结账概念包括三层含义:一是指在应记入账簿的会计业务已经全部入账的基础上,分别结出每个账户的本期发生额和期末余额;二是指在会计期末计算本期财务成果的过程;三是指根据财务管理的规定进行利润分配的过程。年终结账主要指的是后两种含义。企业在调整后,经试算表试算平衡,就可以编制结账分录并过入分类账,这是会计循环的第(8)个步骤。所谓结账分录,是指在会计期末将有关账户的余额或差额结转到另一个账户上去而编制的会计分录,其编制的依据在于调整后试算表所提供的资料。

九、编制结账后试算表

为了检验年终结账分录以及过入分类账的记录是否正确，应编制结账后试算表，这是会计循环的第(9)个步骤。

十、编制财务报表

完成了会计循环前9个步骤的工作之后，即可以进入会计循环的最后一步工作——编制财务报表。

以上会计循环步骤可以分为若干阶段，分别为：第(1)步至第(3)步为第一阶段，做的是记账前的工作，要确定对发生的经济业务该记什么账、记多少金额等；第(4)步至第(9)步为第二阶段，做的是账簿记录的工作，包括账簿登记、账项调整、账目试算、账簿结算等；第(10)步为第三阶段，做的是会计信息对外报告的工作。

第二节　会计恒等式

从上一节中我们已经知道，会计循环第一阶段的中心是确定该如何记账。完成这一工作，要从会计要素间的数量关系、会计要素的具体项目等基本问题谈起，还要借助会计凭证这一会计信息载体。

一、会计恒等式的含义

会计恒等式也称为会计的方程式或平衡公式，是一切会计方法的出发点和基础。在第一章讨论会计核算对象时已明确，会计所要提供的是关于一个企业的资产、负债、所有者权益、收入、费用和利润等方面的信息，以上六个方面是资本运动中的不同方面和组成部分，会计上称为会计要素。性质不同的基层企业、事业单位，会计要素也不尽相同。就工业、商业、农业、服务业等行业的基层企业而言，其会计要素有资产、负债、所有者权益、收入、费用和利润六项。这六个会计要素从不同的角度体现了企业的财产关系和财务状况，彼此之间有着内在的数量关系。会计恒等式就是用数学等式形式表示的六个会计要素之间的内在数量关系。

二、资产、负债与所有者权益间的数量关系

只要企业的生产经营活动没有停止，企业的资本就会处在不停的运动之中。同其

他事物的运动一样,资本的运动状态有两种:相对静止状态和显著变动状态。

资本运动的相对静止状态,是指在某一特定时点(如某一天、月末、月初、季末、季初、年末、年初),资本运动处于相对静止的状态,即资本运动的静态表现。

当资本处于相对静止状态时,一方面,资本作为运动中的价值,表现为具体的财产与物资,并按生产经营活动的各个不同阶段(供应、生产与销售)分化为各种不同形态。一般把分布在生产经营过程的不同阶段、具有不同形态的财产物资给予会计上的一个特定概念——资产,它代表着企业可以支配和运用的经济资源。另一方面,任何资产的取得总有其来源及其所体现的所有者,如业主的投资、举债、业主留存收益等。对于这些资产的来源,会计上又有特定的概念——负债(业主应承担的、在未来偿还现金的经济义务)及所有者权益(企业所有者的投资或投资者对企业所拥有的剩余产权)。这样,当资本运动处于相对静止状态时,资本运动就表现为两方面:一方面是资产,表明资本运用到何处,采取什么形态;另一方面是负债和所有者权益,表明企业的资产来自何处。这两方面相互依存、相互制约,共存于资本运动之中。

一个企业有多少资产就一定有其相应的来源;反之,有多少来源也就必然表现为有多少资产。在某一时点,二者之间就具有下列公式所表示的数量关系:

资产 = 负债 + 所有者权益

或:　所有者权益 = 资产 − 负债 = 净资产

【例1】　经批准,李强于2015年7月1日成立丽影图片社。他将自己的照相机及其他附属配件共计70 000元和一套冲、洗、印、放设备共计90 000元投入图片社,又向银行借入人民币现金50 000元拟作采购新设备的资金存入银行,同时还投入包括冲洗药水、各式相纸、胶卷等材料共计20 000元以及现金20 000元。成立当天,该图片社的资产、负债及所有者权益以及它们的数量关系可以表示如下(参见表2−1)。

表2−1　资产负债表　　单位:元

资　产		负　债	
库存现金	20 000	短期借款	50 000
银行存款	50 000	所有者权益	
原材料	20 000	实收资本——李强	200 000
固定资产	160 000		
合　计	250 000	合　计	250 000

注:资产(20 000元 + 50 000元 + 20 000元 + 160 000元) = 负债(50 000元) + 所有者权益(200 000元)

所有者权益 = 资产(250 000元) − 负债(50 000元) = 200 000元

从以上资产、负债、所有者权益之间的数量平衡关系可以看出,负债的求偿能力要高于所有者权益。或者说，所有者权益是企业全部资产抵减全部负债以后的剩余，因此也称为“净资产”。这一术语形象地说明了所有者对企业所享有的权益和风险：当企业经营成功而不断实现利润时，净资产就会越来越大；反之，如果企业经营失败而不断出现亏损，净资产就会越来越小。当企业资不抵债时，净资产就为零或负数。

会计恒等式是学习账户、复式记账和编制资产负债表的理论依据。

三、收入、费用与利润之间的数量关系

企业在其生产过程中，一方面，通过销售商品和对外提供劳务，企业会相应赚取收入；另一方面，商品销售和劳务的提供又要发生各种经济资源的耗费，这就构成了费用。收入与费用相比，若收入大于费用，则企业获得了利润；若收入小于费用，则企业发生了亏损，这三个要素在一定期间就形成了下列公式所表示的数量关系。

$$\text{收入} - \text{费用} = \text{利润}$$

【例 2】 假设丽影图片社经营的第一个月，营业收入为 15 000 元，费用为 9 000 元，则其利润额为：

$$\text{收入}(15\ 000\ \text{元}) - \text{费用}(9\ 000\ \text{元}) = \text{利润}(6\ 000\ \text{元})$$

用列表的形式表示（如表 2－2 所示）即为：

表 2－2 利润表 单位：元

项　目	金　额
收入	15 000
减：费用	9 000
利润	6 000

四、资产、负债、所有者权益、收入、费用和利润之间的数量关系

资产负债表等式反映的是某一时点企业的全部财产及其相应的来源，仅仅通过这一等式就可以正确地反映企业的全部经营活动及其影响。因为那些取得收入、发生费用的经济业务，在收入或费用增加的同时，也会导致资产或负债产生相应的变动。一般来说，收入总会导致资产的增加或负债的减少，费用的发生又会相应地消耗企业的资产或增加企业的负债，收入和费用抵减的净结果都应该归企业的所有者来承担。而无论它是盈利（收入大于费用）还是亏损（收入小于费用），用等式表示就是：

$$\text{资产} + \frac{\text{收入导致}}{\text{资产的增加}}\left(\text{或} - \frac{\text{费用导致}}{\text{资产的减少}}\right) = \text{负债} + \frac{\text{费用导致}}{\text{负债的增加}}\left(\text{或} - \frac{\text{收入导致}}{\text{负债的减少}}\right) + \left(\frac{\text{所有者}}{\text{权益}} + \frac{\text{利润或}}{\text{亏损}}\right)$$

【例3】　假设丽影图片社当月所发生的全部收入都已收到现金,而费用也都是资产的耗费,如现金支出、照相材料的损耗等,没有发生与负债有关的活动。这样,通过资产负债表等式,可以直接反映收入和费用业务的影响:

资产 = 负债 + 所有者权益

(250 000 元 + 15 000 元 - 9 000 元) = 50 000 元 + (200 000 元 + 6 000 元)

256 000 元 = 256 000 元

这一公式的意义是:在某时日资产、负债、所有者权益平衡的基础上,经过某一期间的经营,发生了收入和费用并得到了利润。收入可视为是增加了企业的资产,相反,费用可视为是减少了企业的资产,利润则可视为增加了所有者权益(经营的结果必然会影响所有者权益)。这样,资产、负债、所有者权益又建立了一种新的平衡关系:

资产′ = 负债′ + 所有者权益′(′表示与期初的数量不同)

丽影图片社经营一个月后的资产负债表如表 2 - 3 所示。

表 2 - 3　　　**资产负债表**　　　单位:元

资　产		负　债	
库存现金(20 000 + 15 000)	35 000	短期借款	50 000
银行存款	50 000	所有者权益	
原材料(20 000 - 9 000)	11 000	实收资本——李强	200 000
固定资产	160 000	本年利润	6 000
合　计	256 000	合　计	256 000

由此可见,不论在什么时候观察资本运动的相对静止状态,资产与负债和所有者权益的数量总是保持平衡关系。会计恒等式既是资本运动的起点,又是资本运动的终点,它是以后学习账户和复式记账方法的基础。

从会计恒等式来看,在任何时点上,会计主体的全部资产和其相应的来源存在恒等关系,并且这一恒等关系不会因为经济业务的发生而被打破。也就是说,任何一笔经济业务都不会破坏会计恒等式的平衡关系。会计恒等式的基本构成是:资产 = 负债 + 所有者权益。从简单的数量关系对比来看,任何经济业务如果不打破会计等式的平衡关系,必定符合下列四种类型中的一种:①等式双方同时增加一个等量;②等式双方同时减少一个等量;③等式左方一增一减一个等量:④等式右方一增一减一个等量。下面分别对上述四种类型分别加以说明。

(一)等式双方同时增加一个等量

资产与负债或所有者权益同时增加的主要经济业务类型有:业主向企业投入资本、

企业向银行借款、取得营业收入导致资产增加等。

【例4】 李强又向丽影图片社投入洗、印、冲、放设备等30 000元，就是等式双方增加一个等量，资产方面的固定资产增加30 000元，所有者权益方面的实收资本增加30 000元。

仍以前例丽影图片社2015年7月1日的资产负债表为例，说明经济业务的发生对资产负债表的影响（如表2－4所示）。

表2－4 资产负债表 单位：元

资 产		负 债	
库存现金	20 000	短期借款	50 000
银行存款	50 000	所有者权益	
原材料	20 000	实收资本——李强（200 000＋30 000）	230 000
固定资产（160 000＋30 000）	190 000		
合 计	280 000	合 计	280 000

（二）等式双方同时减少一个等量

等式双方同时减少一个等量主要是指经济资源流出某一会计主体，资产与负债或所有者权益同时减少，其主要经济业务类型有：向股东或所有者派发股利或利润、向国家缴纳税金、偿还各种借款等。

【例5】 丽影图片社银行借款50 000元中的20 000元到期，用银行存款偿还。该项业务一方面引起资产方面的银行存款减少20 000元，另一方面引起负债方面的银行借款减少20 000元。

经济业务的发生对资产负债表的影响如表2－5所示。

表2－5 资产负债表 单位：元

资 产		负 债	
库存现金	20 000	短期借款（50 000－20 000）	30 000
银行存款（50 000－20 000）	30 000	所有者权益	
原材料	20 000	实收资本——李强	230 000
固定资产	190 000		
合 计	260 000	合 计	260 000

（三）等式左方一增一减一个等量

一项资产增加，另一项资产减少，企业的资产在使用过程中会不断地变换形态，从而导致各种资产相互之间不断地转换形态。

【例6】 丽影图片社用银行存款购买胶卷、相纸等用品15 000元,该项业务一方面引起资产方面的银行存款减少15 000元,另一方面引起资产方面的原材料增加15 000元。

经济业务的发生对资产负债表的影响如表2－6所示。

表2－6　　　　**资产负债表**　　　　单位:元

资　产		负　债	
库存现金	20 000	短期借款	30 000
银行存款(30 000－15 000)	15 000	所有者权益	
原材料(20 000＋15 000)	35 000	实收资本——李强	230 000
固定资产	190 000		
合　计	260 000	合　计	260 000

(四)等式右方一增一减一个等量

会计恒等式右方包括负债和所有者权益两个要素,一般是因资金来源的渠道相互转化的业务引起的。主要存在四种情况:负债一增一减;所有者权益一增一减;负债减少,所有者权益增加;所有者权益减少,负债增加。例如,某一会计主体向乙方借款偿还甲方,就是负债之间的此增彼减;当股份公司发放股票股利,就是将利润转增股本,导致利润减少,股本增加,属于所有者权益账户之间的一增一减;在西方国家,一些公司经常发行可转换公司债券,规定公司债券在到期后可按一定比例转换成公司的股票,这种业务会引起某一会计主体负债的减少和所有者权益的增加。第四种情况的变换即从股东或所有者变为债权人,由于股东和债权人在法律地位上存在差别,目前,法律上是不允许的。

【例7】 丽影图片社向别的公司借款10 000元,偿还银行借款,该项业务一方面使负债方面的应付账款增加10 000元,另一方面引起负债方面的银行借款减少10 000元。

经济业务的发生对资产负债表的影响如表2－7所示。

表2－7　　　　**资产负债表**　　　　单位:元

资　产		负　债	
库存现金	20 000	短期借款(30 000－10 000)	20 000
银行存款	15 000	应付账款(0＋10 000)	10 000
原材料	35 000	所有者权益	
固定资产	190 000	实收资本——李强	230 000
合　计	260 000	合　计	260 000

企业发生的经济业务虽然复杂繁多,但就其对会计等式左右两边的影响来看不外乎以下四种类型,而上述四项经济业务正是这四种类型的典型代表。

第一,资产和负债及所有者权益项目双方同时增加,增加的金额相等,一般表现为资金进入企业,如例4。

第二,资产和负债及所有者权益项目双方同时减少,减少的金额相等,一般表现为资金退出企业,如例5。

第三,一个资产项目增加,另一个资产项目减少,增加和减少的金额相等,表现为资产的内部变化,如例6。

第四,一个负债和所有者权益的项目增加,另一个负债及所有者权益的项目减少,增加和减少的金额相等,表现为负债及所有者权益的内部变化,如例7。

由此,我们可以得出以下结论。

首先,任何一项经济业务的发生必然会引起资产和负债及所有者权益,或者资产内部和负债及所有者权益内部至少两个项目的变化,变化的结果是资产总额和负债及所有者权益总额始终保持平衡。

其次,经济业务的发生同时涉及资产和负债及所有者权益变动的,会使双方总额发生同增或同减的变化,但变动的结果是双方总额仍然相等。

最后,经济业务的发生只涉及资产一方变动,或者只涉及负债及所有者权益一方变动的,不影响双方总额的平衡关系。

会计恒等式的这种平衡关系是会计上设置账户、复式记账和编制资产负债表的理论基础。正确地理解和运用这种平衡关系,对于正确地进行日常会计核算具有重要的意义。

第三节　会计科目和账户

一、会计科目的意义和作用

(一)会计科目的含义

会计对象的具体内容是会计要素,而每一个会计要素又都包含若干具体项目。例如,资产这个会计要素包含库存现金、银行存款、应收账款、原材料、固定资产等项目,负债这个会计要素包含短期借款、应付账款等项目。我们将表现会计要素具体内容的这些项目称为会计科目。所以,会计科目就是对会计对象的具体内容进行分类核算的项目。

(二)会计科目的作用

对会计对象的具体内容进行科学的分类,确定会计要素的具体项目,是会计核算的一项重要的基础性工作,它可以将会计主体发生的繁杂的经济业务按其对会计要素增减变动的影响,分门别类地进行核算,提供经济管理所必需的、全面的、连续的、系统的会计信息资料。会计科目作为会计对象具体内容进行分类核算所事先确定的项目,是设置账户和登记账簿的依据。

(三)会计科目的设置原则

为了提供科学、完整、系统的会计信息,会计主体在设置会计科目时应遵循下列原则:

1. 设置会计科目必须结合会计对象的具体内容和特点

不同的会计主体,特别是不同行业的会计主体,其经济活动和经济业务的内容千差万别,会计要素的具体项目也各不相同。会计主体应根据自身经济活动和经济业务的内容和特点设置会计科目。

首先,应结合不同行业经济业务的内容和特点设置会计科目。例如,工业企业的经济活动包括供应、生产和销售三个环节,既要设置反映生产过程的会计科目,也要设置反映供应过程和销售过程的会计科目;而商业企业的经济活动是组织商品流通,需要设置反映商品购入、储存和销售过程的会计科目。

其次,要能全面、系统地反映财务会计要素及整个财务会计对象。就每个会计科目而言,应能分门别类地反映各会计要素的某一方面,即应做到所设置的会计科目能够明确而不是含糊不清地反映不同会计科目质的区别,以便对它们进行可靠的计量。也就是说,每个会计科目都应具备独特内容,能独立地说明财务会计要素的某一方面。就会计科目整体而言,所有的会计科目应能系统、全面地反映财务会计要素以及整个财务会计的对象。例如,资产是财务会计中一项内容丰富的要素,其中的现金、银行存款、应收票据、应收账款、原材料、库存商品、固定资产、无形资产等,都是资产的一种特定形态,而且容易分别地加以计量。因此,它们中的一项就可以单独成为一个会计科目。同样,在负债、所有者权益、收入、费用和利润要素之下,也可以分别确定与设置若干个会计科目。把各个会计要素的会计科目组合起来形成的会计科目体系必能反映会计对象的全貌。

2. 设置会计科目必须满足经济管理的要求

会计信息资料是国家进行宏观经济管理、企业进行自身经济管理和投资者进行投资决策所不可缺少的。因此,会计科目的设置首先应满足国家宏观经济管理的要求,为此,财政部制定企业会计制度,统一规定会计科目作为各会计主体设置会计科目的依据;其次,会计科目的设置应满足会计主体自身经济管理的要求,为企业进行经济预测、经营决策以及考核、分析、评价企业的经济活动提供必要的会计信息;最后,会计科目的设置还应满足投资者对会计资料的要求,便于投资者了解企业的生产经营状况,有助于投资者进行投资决策。

在实际工作中,设置的会计科目基本上是与会计报表项目相吻合、相关联的。财务报告的目标以及所应揭示的信息基本上决定了应设置会计科目的数量和内容。这里所说的基本上并不等于完全一致。因为作为会计报表,它也有一些独特的要求,否则编制报表这个专门的方法就没有存在的必要。

3. 设置会计科目应贯彻统一性和灵活性相结合的原则并保持相对稳定

会计信息要保证能满足国家进行宏观调控的需要以及有助于经济决策,强调其统一性与可比性,这是会计信息的质量特征。为了规范会计主体的会计科目,便于会计指标的对比和汇总,我国财政部统一制定了会计科目,规定了会计科目的名称、编号和核算内容,各单位应按财政部的规定设置和使用会计科目。在社会主义市场经济条件下,企业是独立的经济实体,应自主经营、自负盈亏,体现在会计科目设置上,则应允许企业有一定的自主权与灵活性。在不影响会计核算要求和会计指标汇总以及对外提供统一的会计报表的前提下,各单位也可以根据实际情况,自行增设、减少或合并某些会计科目。只有坚持统一性和灵活性相结合,才能使会计信息更具有相关性和可比性。

为了将不同会计期间的会计资料进行分析比较,会计科目一经确定,就应保持相对稳定,不能随意变动。所谓相对稳定,意味着会计科目不会一成不变,当社会经济环境发生较大变化,需要进行会计改革或者发生企业合并、转产等情况时,会计科目必然发生与之相应的更新或调整。

(四)会计科目的分类

1. 按会计科目反映的经济内容进行分类

根据上述会计科目的设置原则,按会计对象的六个具体要素设置资产类、负债类、共同类、所有者权益类、成本类、损益类六类会计科目。会计科目按经济内容的分类,有助于了解和掌握各会计科目核算的内容以及会计科目的性质。以我国一般企业为例,会计科目的分类情况如下。

资　产　类

库存现金	银行存款	其他货币资金
交易性金融资产	应收票据	应收账款
预付账款	应收股利	应收利息
其他应收款	坏账准备	代理业务资产(受托代销商品)

材料采购	在途物资	原材料
材料成本差异	库存商品	发出商品
商品进销差价	委托加工物资	周转材料(包装物、低值易耗品)
存货跌价准备		持有至到期投资
持有至到期投资减值准备		可供出售金融资产
长期股权投资	长期股权投资减值准备	投资性房地产
长期应收款	未实现融资收益	固定资产
累计折旧	固定资产减值准备	在建工程
工程物资	固定资产清理	无形资产
累计摊销	无形资产减值准备	商誉
长期待摊费用	递延所得税资产	待处理财产损溢

负　债　类

短期借款	交易性金融负债	应付票据
应付账款	预收账款	应付职工薪酬
应交税费	应付利息	应付股利
其他应付款		代理业务负债(受托代销商品款)
递延收益	长期借款	应付债券
长期应付款	未确认融资费用	专项应付款
预计负债	递延所得税负债	

共　同　类

衍生工具	套期工具	被套期项目

所有者权益类

实收资本(股本)	资本公积	盈余公积
本年利润	利润分配	库存股

成　本　类

生产成本	制造费用	劳务成本
研发支出		

损　益　类

主营业务收入	其他业务收入	公允价值变动损益
投资收益	营业外收入	主营业务成本
其他业务成本	营业税金及附加	销售费用
管理费用	财务费用	资产减值损失
营业外支出	所得税费用	以前年度损益调整

2. 按会计科目提供会计信息资料的详细程度进行分类

会计科目可以分为总分类科目和明细分类科目。总分类科目又称一级科目，是对会计对象的具体内容所做的总括分类，它提供的会计信息较为概括；明细分类科目又称明细科目，是对某一总分类科目核算内容所做的详细分类，它提供的信息更具体、详细。明细科目又可按其提供指标的详细程度不同，进一步划分为二级明细科目和三级明细科目，三级明细科目是某二级明细科目的更详细的分类，必要时还可设置四级明细科目。例如，在“原材料”总分类科目下，可先按材料类别设置二级明细科目，如方钢、圆钢、扁钢等，再在二级明细科目下设置三级明细科目，如在“圆钢”二级科目下设置 $\phi5$、$\phi10$、$\phi15$ 等。

会计科目按其提供会计资料详略程度的分类，有助于了解会计科目反映的具体经济内容，满足经营管理所需要的会计信息。

二、账户

（一）账户的含义

会计科目是对会计对象的具体内容进行分类核算的项目，它是根据社会经济环境和会计主体自身的特点，对会计主体应提供的会计指标体系事先做出的规范。然而，要提供全面、连续、系统的会计信息，还必须将各会计要素增减变化的过程及其结果，采用一定的格式分门别类地记录下来，这就需要设置账户。

账户是根据会计科目开设的，用来分类、系统、连续地记录经济业务的一种手段。会计科目和账户是两个既有区别又有联系的概念。二者的相同点是，它们所反映的会计对象的具体内容是相同的。二者的区别是：①会计科目仅仅是指账户的名称，而账户除了有名称（会计科目）外，还具有一定的格式和结构，具体表现为若干账页，是用来记录经济业务的载体；②会计科目是会计核算前事先确定的对经济业务分类核算的项目，而账户是经济业务发生之后，进行分类、连续登记的一种手段。

（二）账户的结构

任何经济业务的发生都必然引起相关的会计要素发生增减变动。为了反映会计要素增减变动的过程及其结果，就需要在有关账户上进行记录。账户的结构是指账户应由哪几部分组成，如何在账户上记录会计要素数额的增加、减少和结余情况。

不同的记账方法具有不同的账户结构；同一记账方法下的不同性质的账户，其账户结构也不相同。无论采用哪种记账方法，账户属于何种性质，其账户的基本结构都是由左右两方组成的，一方记录增加额，一方记录减少额，其简化格式如图 2－2 和图2－3所示。这种格式一般用于教学中,称为"T"型账户或"丁"字型账户。

左方	账户名称 右方
期初余额 增加额	减少额
本期增加发生额 期末余额	本期减少发生额

图 2－2

左方 账户名称	右方
减少额	期初余额 增加额
本期减少发生额	本期增加发生额 期末余额

图 2－3

账户的左方和右方分别记录增加额和减少额,余额可以分为期初余额和期末余额。本期增加额合计和本期减少额合计又称为本期增加发生额、本期减少发生额。本期的期末余额即为下期的期初余额。期初余额、本期增加发生额、本期减少发生额和期末余额的关系可用下列公式表示。

期末余额＝期初余额＋本期增加发生额－本期减少发生额

账户的哪一方记录增加额,哪一方记录减少额,是由记账方法和账户的性质决定的。但是,不论采用哪种记账方法,属于何种性质的账户,其增加额和减少额都应按相反的方向进行记录。如果左方记录增加额,则右方就应记录减少额;反之,如果左方记录减少额,则右方就应记录增加额。账户的期初、期末余额一般应与增加额记入同一方向。

在实际工作中,账户通常采用三栏式(如表 2－8 所示)。

表 2－8

账户名称:________

年		凭证号数	摘　要	左　方	右　方	余　额
月	日					

第四节　复式记账

设置账户仅仅是对会计要素做出进一步分类，为加工信息提供了“场所”与工具，但对由大量的经济业务所构成的资本运动加以记录，不只是科学设置账户的问题，而且还要运用科学的记账方法，以解决按什么方式记录经济业务的问题。在账户上记录经济业务的方法称为记账方法。会计核算中，最早采用的是单式记账法，复式记账法是随着市场经济的发展在单式记账法的基础上逐步演变而来的。

一、复式记账原理

复式记账法是相对于单式记账法而言的。会计在其发展的历程中，先有单式记账法，后来才发展为复式记账法，它们的原理和科学性都不同。

所谓单式记账法，是指对发生的每一笔经济业务只在一个账户中记一笔账，通常情况下，只重视记录现金的收付以及人欠、欠人等往来的账项。例如，用现金支付有关费用，只记现金减少，至于费用的增加就省略不记了。单式记账法的优点是手续简单、易学易懂。在那些规模小、业务少、经济活动及经济关系不复杂、不可能配备专职会计人员的单位里，采用这种记账方法基本上也可以达到了解经济活动及其结果的目的。但单式记账法不能全面反映资本运动的来龙去脉，它只是孤立地反映一项经济业务引起资本运动的某一方面的变化；同时，账户设置也不完整，账户与账户之间缺乏有机的内在联系，这就不能如实反映情况。为了能够全面、系统、连续、综合地反映经济活动，记账方法就由单式记账法发展为复式记账法，这是会计核算方法的重大进步。

（一）复式记账法的含义

复式记账法是对发生的每一笔经济业务所引起的会计要素的增减变动，以相等的金额，同时在两个或两个以上的账户中相互联系地进行记录的一种方法。复式记账法是一种科学的记账方法。在复式记账法下，账户体系设置完整，可以将经济业务引起的会计要素的增减变动在两个或两个以上账户中相互联系地、全面地、系统地进行记录，可以全面、系统地反映经济业务的来龙去脉，因此被广泛采用。

由于记账符号、记账规则等的不同，复式记账法在我国又可具体分为借贷记账法、增减记账法和收付记账法等。目前，世界各国都广泛采用借贷记账法。在我国，事业单位曾采用资金收付记账法，金融业曾采用现金收付记账法，商业企业曾采用增减记账法。我国颁布的《企业会计准则》规定，从 1993 年 7 月 1 日开始，“会计记账统一采用借贷记账法”,因此,借贷记账法成为各行各业广泛采用的复式记账方法。

(二)复式记账法的基本特征

复式记账法与单式记账法相比,有两个基本特征:

第一,每一项经济业务的发生都要在两个或两个以上相关的账户中,相互联系地进行记录,通过账户的双重记录,可以了解经济业务的来龙去脉,全面、连续、系统地反映经济活动的过程和结果。

第二,每一项经济业务的发生都要以相等的金额在两个或两个以上相互联系的账户中同时记录,记录的结果仍使会计恒等式成立,因此,通过试算平衡,可以检查账户记录是否正确。

二、借贷记账法

(一)借贷记账法的产生和发展

借贷记账法是以借、贷二字作为记账符号的一种复式记账方法。借贷记账法起源于西方资本主义商品经济发展较早的意大利,是适应 12,13 世纪商业资本和借贷资本经营管理的需要而产生的。借、贷两字的最初含义是从借贷资本家的角度解释的。借贷资本家把从债权人借入的款项记在贷主名下,表示自身债务的增加;把向债务人贷出的款项记在借主名下,表示自身债权的增加。借贷资本家的主要经营业务就是款项的借入和贷出,因此用借、贷二字表示自身与债权人、债务人之间的借贷关系及其变化。随着商品经济的发展、经济活动内容的拓宽以及其他行业逐步采用借贷记账法,记录的经济业务由借贷业务扩展到财产物资、成本费用、经营损益等业务,对于非借贷业务也用借、贷二字说明其增减变动情况。这时,借、贷二字便逐渐失去了它原来的含义,而转化为纯粹的记账符号,成为会计的专门用语。随着经济的发展和管理水平的提高,借贷记账法经过了上百年的健全和完备,直至 15 世纪,会计学者提出了借贷记账法的理论依据,确立了借贷记账法的记账规则,借贷记账法才逐渐成为一种科学的记账方法。

(二)借贷记账法的账户结构

1. 账户基本结构

以借、贷二字作为记账符号的借贷记账法,其账户的基本结构也分为左右两方,左方为“借方”,右方为“贷方”。就某一个账户而言,若借方记录增加额,则贷方记录减少额;若借方记录减少额,则贷方记录增加额;其余额的方向一般与记录增加额的方向一致。但究竟哪一方记录增加额,哪一方记录减少额,取决于账户的经济性质。借贷记账法下的账户结构如图 2－4 所示。

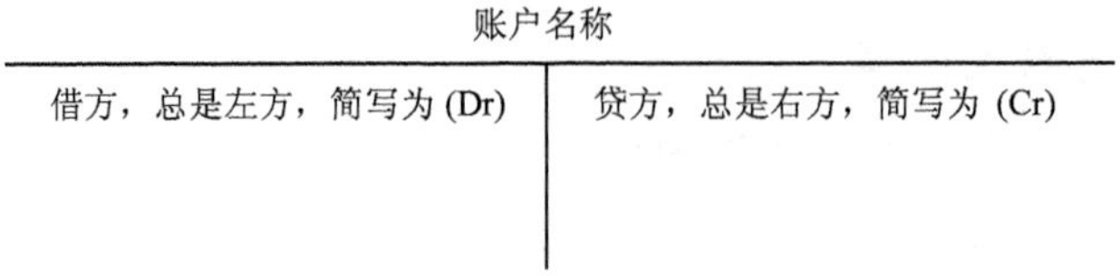

图 2－4　借贷记账法的账户结构

上述“T”型账户仅仅是用来说明实际记账所用账户的轮廓，账户的编号、日期、经济业务的简要说明等资料都简略了。在实际工作中，账户通常采用三栏式（如表 2－9 所示）。其中，“借或贷”栏表示账户余额的方向。

表 2－9

账户名称：________

年		凭证号数	摘　要	借方金额	贷方金额	借或贷	余　额
月	日						

在任何账户中，不论是登记什么及金额大小，记在左方的记录，会计上称为借项，简写为 Dr；记在右方的记录，会计上称为贷项，简写为 Cr。

借贷记账法是以“资产＝负债＋所有者权益”这一会计恒等式作为理论依据的。在会计恒等式中，资产的要素列在等号的左边，负债及所有者权益的要素列在等号的右边，左右两边的合计数永远相等，即保持平衡。这样，会计恒等式一方的资产与另一方的负债和所有者权益的要素形成了对立统一。为了保证会计账户中进行的记录不破坏会计恒等式，资产的增加记在左边的话，那么负债和所有者权益的增加就应相反地记在右边；资产的减少记在右边，负债及所有者权益减少记在左边。对于收入、费用与利润的记录，与此相同。

2. 本期发生额、期初余额、期末余额及其计算

（1）本期发生额。在上述的“T”型账户中，记入借方和贷方的增加数或减少数，不论是由多少经济业务形成的，在会计上统称为“本期发生额”，分别叫做“本期借方发生额”“本期贷方发生额”。发生额是记入账户的初始信息。

（2）余额。为了反映每个账户一定期间记账的结果，可以把借方发生额和贷方发生额加以比较，结果构成余额，余额可以被认为是记账后的结果。理论上，任何一天，甚

至每一时刻,账户都可以计算出余额。但在实际工作中,一般只是到“期末”才需要计算余额。这里的“期”是指会计报告期。一般的会计报告期分为月、季、年。期末余额是相对于期初余额而言的,随着时间的推移,它们相互转化和不断交替,本月末就是下月初,本月初就是上月末。季初、季末、年初、年末的道理也相同。

由于每个账户都有借方和贷方,余额的计算是用数额大的一方减去数额小的一方,即当借方发生额合计大于贷方发生额合计时,其余额在账户的借方;反之,当贷方发生额合计大于借方发生额合计时,其余额在账户的贷方。所以,当我们讲账户余额时,必须指明属于哪一方(借方或贷方),而不能离开账户的部位笼统地讲账户余额。计算每个账户的期末余额时,一定要把期初余额考虑在内。期末余额的计算与金额的多少取决于“期初余额”“本期借方发生额”和“本期贷方发生额”三个因素。

3. 资产类账户的结构

资产类账户借方记录增加额,贷方记录减少额,期末余额一般在借方。资产类账户的结构如图 2－5 所示。

借方	账户名称（资产类）		贷方
期初余额	×××		
本期增加额	×××	本期减少额	×××
	×××		×××
	×××		×××
本期发生额	×××	本期发生额	×××
期末余额	×××		

图 2－5　资产类账户结构

资产类账户的期末余额可用下列公式计算:

$$\begin{array}{c}\text{资产类账户}\\\text{借方期末余额}\end{array}=\begin{array}{c}\text{借方期}\\\text{初余额}\end{array}+\begin{array}{c}\text{借方本期}\\\text{发生额}\end{array}-\begin{array}{c}\text{贷方本期}\\\text{发生额}\end{array}$$

账户本期期末余额结转到下期就是下期的期初余额。

4. 负债及所有者权益类账户结构

负债及所有者权益类账户贷方记录增加额,借方记录减少额,期末余额一般在贷方。负债及所有者权益类账户的结构如图 2－6 所示。

负债及所有者权益类账户的期末余额可用下列公式计算:

$$\begin{array}{c}\text{负债及所有者权益类}\\\text{账户贷方期末余额}\end{array}=\text{贷方期初余额}+\text{贷方本期发生额}-\text{借方本期发生额}$$

借方	账户名称（负债及所有者权益类）		贷方
		期初余额	×××
本期减少额	×××	本期增加额	×××
	×××		×××
	×××		×××
本期发生额	×××	本期发生额	×××
		期末余额	×××

图2－6　负债及所有者权益类账户结构

5. 共同类账户结构

共同类账户结构兼有资产类和负债类账户的特点，账户的借方和贷方分别反映了不同的经济业务事项，因此，账户的余额方向可能在借方也可能在贷方。如“衍生工具”会计科目，核算企业衍生工具的公允价值及其变动形成的衍生资产或衍生负债，该科目期末借方余额反映了企业衍生金融工具形成的资产的公允价值；该科目期末贷方余额反映了企业衍生金融工具形成的负债的公允价值。

6. 成本类账户的结构

企业在生产经营过程中所发生的成本，在没有作为商品出售并抵消收入之前，处于在产品和产成品形态，属于企业的资产。所以，成本类账户的结构与资产类账户的结构基本相同，借方记录成本费用的增加额，贷方记录成本费用的减少额或结转额。有些成本类账户没有期末余额，如“制造费用”账户；有些成本类账户有期末余额，如“生产成本”账户，其借方期末余额表示在产品成本。成本类账户的结构如图2－7所示。

借方	账户名称（成本类）		贷方
期初余额	×××		
本期增加额	×××	本期减少额或转出额	×××
	×××		×××
	×××		×××
本期发生额	×××	本期发生额	×××
期末余额	×××		

图2－7　成本类账户结构

7. 损益类账户的结构

损益作为企业最终的财务成果,表现为损失和收益,它是企业取得的收入和发生与之配比的费用相抵以后的差额。因此,损益类账户可以分为收入类和费用支出类两种。

(1)费用支出类账户的结构与资产类账户的结构相同,借方记录增加额,贷方记录减少额或转出额。由于与收入相配比的这部分在期末要全额转出,以便与收入相抵,因此,费用支出类账户没有期末余额。费用支出类账户的结构如图 2-8 所示。

借方	账户名称(费用支出类)		贷方
本期增加额	×××	本期转出额	×××
	×××		×××
	×××		×××
本期发生额	×××	本期发生额	×××

图 2-8 费用类账户结构

(2)收入类账户的结构与负债及所有者权益类账户结构相同,贷方记录收入增加额,借方记录收入转出额。由于本期实现的收入要在期末全额转出,与相配比的费用支出相抵,以便确定当期损益,因此,收入类账户也没有期末余额。收入类账户的结构如图 2-9 所示。

借方	账户名称(收入类)		贷方
本期转出额	×××	本期增加额	×××
	×××		×××
	×××		×××
本期发生额	×××	本期发生额	×××

图 2-9 收入类账户结构

由上述各类账户的具体结构可以得出以下结论:

第一,借贷记账法中的借和贷代表账户中的两个固定的部位。一切账户均需设两个部位记录数量上的增减变化,其中,左方一律称为借方,右方一律称为贷方。

第二,借贷记账法的借和贷与不同类型的账户相结合,分别表示增加或减少。借和贷本身不等于增或减,只有当其与具体类型的账户相结合以后,才可以表示增加和减少。

第三,各类账户的期末余额一般应与记录增加额的方向一致:资产类账户的正常余额在借方,负债及所有者权益类账户的正常余额在贷方。当发现账户的实际余额与正常的余额相违背时,应当查明原因。例如,现金账户的期末余额应当在借方,当它出现贷方余额时,说明记账错误或现金管理上有漏洞,应及时找出原因并加以纠正。当然也有例外,如"其他应收款"账户属于资产类账户,其正常余额在借方,但有时也会出现贷方余额,这并非记账的错误,而是债务人多付了款项,企业由应收变为应付,这时的"其他应收款"应理解为"其他应付款"。

上述各类账户的结构是人们为适应借贷记账法记账规则的要求进行设计的。其所规定的规则同交通规则规定车辆应靠右行的原理一样,要求人人要遵守。下面举例说明账户期末余额的计算,具体计算方法如图 2-10、图 2-11 所示。

借方	库存现金		贷方
期初余额	200	(1) 支出	40
(1) 收入	100	(2) 支出	60
(2) 收入	300	(3) 支出	200
本期发生额	400	本期发生额	300
期末余额	300		

图 2-10

借方	应付账款		贷方
		期初余额	20 000
(1) 偿还	20 000	(1) 欠款	4 000
(2) 偿还	10 000	(2) 欠款	16 000
本期发生额	30 000	本期发生额	20 000
		期末余额	10 000

图 2-11

(三)借贷记账法的记账规则

所谓借贷记账法的记账规则,是指运用借贷记账法,在账户上记录经济业务所引起的会计要素增减变动的规律。这种规律是通过将各类经济业务按照复式记账原理和借贷记账法的账户结构进行记录的过程总结出来的。借贷记账法的账户结构用"T"型账户表示,如表 2-10 所示。

如前所述,企业复杂繁多的经济业务归纳起来有四种类型,只要对它们加以分析,即可总结出借贷记账法的记账规则。

表 2-10　　账户名称(会计科目)

借　方	贷　方
(1)资产的增加	(1)资产的减少
(2)成本的增加	(2)成本的结转
(3)费用支出的增加	(3)费用支出的转销
(4)负债的减少	(4)负债的增加
(5)所有者权益的减少	(5)所有者权益的增加
(6)收入的转销	(6)收入的增加
期末余额:资产的余额	期末余额:负债或所有者权益的余额

第一种类型的经济业务发生,引起资产和负债及所有者权益项目双方同时增加,增加的金额相等。按照借贷记账法的账户结构,资产增加记入借方,负债及所有者权益增加记入贷方,记入借方和贷方的金额相等。

第二种类型的经济业务发生,引起资产和负债及所有者权益项目双方同时减少,减少的金额相等。按照借贷记账法的账户结构,资产减少记入贷方,负债及所有者权益减少记入借方,记入借方和贷方的金额相等。

第三种类型的经济业务发生,引起资产一方发生增减变化,资产从一种形态转变为另一种形态,增加和减少的金额相等。资产增加记入借方,资产减少记入贷方,记入借方和贷方的金额相等。

第四种类型的经济业务发生,引起负债和所有者权益的项目一方发生增减变化,负债和所有者权益从一种来源渠道转变为另一种来源渠道,增加和减少的金额相等。负债和所有者权益增加记入贷方,负债和所有者权益减少记入借方,记入借方和贷方的金额相等。

对以上分析的归纳可用图 2-12 表示。

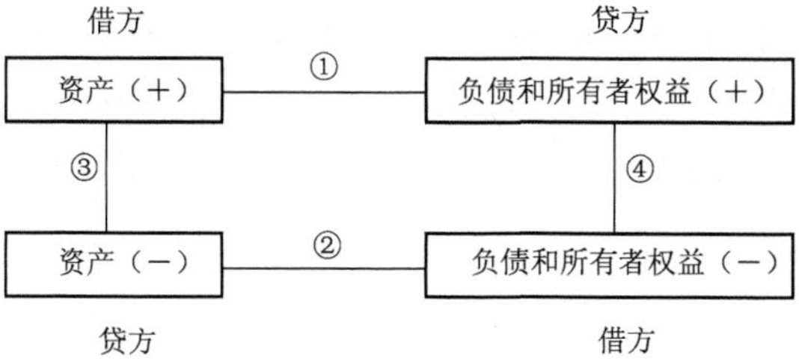

图 2-12

由此,我们可以总结出借贷记账法的记账规则:

第一,任何一笔经济业务都必须同时分别记录到两个或两个以上的账户中去。

第二,所记录的账户可以是同类账户,也可以是不同类账户,但必须是两个记账方向,既不能都记入借方,也不能都记入贷方。

第三,记入借方的金额必须等于记入贷方的金额。

为了便于记忆,我们可以把借贷记账法的记账规则概括成一句话:有借必有贷,借贷必相等。

(四)账户对应关系和会计分录

账户对应关系是指采用复式记账法时,每一项经济业务的发生所涉及的两个或两个以上账户之间的关系。例如,将现金存入银行,涉及"库存现金"账户记减少和"银行存款"账户记增加,则称"库存现金"账户和"银行存款"账户是有对应关系的账户,这两个账户互为对应账户。在借贷记账法下,账户对应关系具体表现为所涉及两个或两个以上账户的应借应贷关系。

不同的经济业务具有不同的账户对应关系,因此,只有正确确定账户对应关系,在对应账户中相互联系地记录经济业务,才能如实反映经济业务的内容。通过分析账户对应关系,一方面有助于会计信息使用者了解经济业务的内容,另一方面还可以检查经济业务的发生是否符合法律、法规、有关政策、制度和计划与预算的规定。

为了保证账户对应关系准确无误,便于检查账户记录,在经济业务发生后不直接记入对应账户,而是先按账户的对应关系编制会计分录,然后再根据会计分录记入有关账户。会计分录,也有人称为"记账公式",是指按照借贷记账法记账规则的要求,对发生的经济业务列示出应借、应贷的账户和金额的一种记录。在教科书中,会计分录的写法一般是先借后贷,为了能够表明账户对应关系,贷记方面的符号、科目及金额对比借记要退后一至两格。会计分录可以明确规定一项经济业务要用到的账户名称、其登记的方向(借或贷)和入账的金额,以利于登记账簿。

【例8】 丽影图片社向利华照相材料公司购入冲洗用药水、相纸等共计12 000元,当即以银行存款支付货款的一半,其余部分暂欠。编制复合会计分录如下:

借:原材料	12 000	
贷:银行存款		6 000
应付账款		6 000

简单的会计分录是只涉及两个账户,复合的会计分录是同时涉及两个以上的账户。实际上,每个复合会计分录都是由几个简单的会计分录合并而成的,因此,例8的复合会计分录可以分解为两个简单的会计分录:

第一个会计分录:

借:原材料　　6 000

　　贷:银行存款　　6 000

第二个会计分录:

借:原材料　　6 000

　　贷:应付账款　　6 000

编制会计分录时,应当按照以下列步骤进行:①对所要处理的经济业务,判断其究竟引起哪些账户发生了变化;②判断这些账户的性质,即它们各属于什么会计要素;③判断这些账户是增加还是减少;④根据这些账户的性质和增减方向,确定借方和贷方;⑤根据会计分录的格式要求,编制完整的会计分录。

三、借贷记账法的具体应用

为了进一步掌握借贷记账法原理的运用,以丽影图片社为例,对其每笔经济业务进行说明和分析,编制会计分录并登记入账。

【业务2-1】 李强于2015年7月初开设丽影图片社,他将自己的照相机及其他附属配件70 000元和一套冲、洗、印、放设备计90 000元投入图片社,同时还投入包括冲洗药水、各式相纸、胶卷等材料共计20 000元,以及现金20 000元。

这是资产投入企业,导致等式双方同时增加的经济业务。增加的资产包括照相机和冲洗设备,会计上将这种耐用且周期较长、使用过程中不改变自身形态的生产资料称为固定资产。李强同时投入的冲洗药水、各式相纸、胶卷等属于经营过程中不断耗用的。如果这类物品比较多,就应当区分各种不同的形态专门设置账户。本例中,丽影图片社使用的此类物品较少,因此,只设一个原材料账户反映。李强投入的20 000元现金金额较大,送存银行。李强将上述资产投入图片社后,拥有该社的所有权,因该社是独资公司,故设置"实收资本"账户。编制会计分录如下:

借:固定资产　　160 000

　　原材料　　20 000

　　银行存款　　20 000

　　贷:实收资本　　200 000

【业务2-2】 李强向银行借入现金50 000元,拟做采购新设备的资金存入银行。这笔业务使企业资产方面的银行存款增加50 000元,记入"银行存款"账户的借方;同时使负债方面的银行借款增加50 000元,由于这笔借款是用于生产经营活动,一般在一年内就能偿还,因此记入"短期借款"账户的贷方。编制会计分录如下:

借:银行存款　　　　50 000

　　贷:短期借款　　　　50 000

【业务2-3】 丽影图片社向利华照相设备公司赊购设备一套,货款共计30 000元。本项业务使企业资产方面的固定资产增加30 000元,记入"固定资产"账户的借方;同时,企业因购入设备而未支付货款,形成的债务增加30 000元,记入"应付账款"账户的贷方。编制会计分录如下:

借:固定资产　　　　30 000

　　贷:应付账款　　　　30 000

【业务2-4】 丽影图片社收到顾客零星冲洗照片的现金20 000元,清点后送存银行。这是由两笔业务组成的:一是取得现金收入;二是将现金送存银行。第一笔业务取得现金收入使企业资产方面的现金增加20 000元,记入"库存现金"账户的借方,同时,反映企业的收入增加20 000元,记入"主营业务收入"账户的贷方;第二笔业务将现金送存银行,使企业资产方面的现金减少,银行存款增加,记入"库存现金"账户的贷方和"银行存款"账户的借方。编制会计分录如下:

借:库存现金　　　　20 000

　　贷:主营业务收入　　　　20 000

借:银行存款　　　　20 000

　　贷:库存现金　　　　20 000

【业务2-5】 丽影图片社为星辰广告公司承担部分广告的摄影和制作,货款40 000元,存入银行。这笔业务使企业资产方面的银行存款增加40 000元,记入"银行存款"账户的借方;同时,企业的收入增加40 000元,记入"主营业务收入"账户的贷方。编制会计分录如下:

借:银行存款　　　　40 000

　　贷:主营业务收入　　　　40 000

【业务2-6】 丽影图片社向申华照相材料公司购买冲洗用药水、相纸等共计12 000元,支付货款一半,其余部分暂欠。这笔业务使企业资产方面的物料用品增加12 000元,记入"原材料"账户的借方;同时,图片社资产方面的银行存款减少6 000元,记入"银行存款"账户的贷方,负债方面的应付账款增加6 000元,记入"应付账款"账户的贷方。编制会计分录如下:

借:原材料　　　　12 000

　　贷:银行存款　　　　6 000

　　　　应付账款　　　　6 000

【业务2-7】 向银行提取现金2 000元以备用。这笔业务使企业资产方面的现金增加 2 000 元,记入“库存现金”账户的借方;另一方面银行存款减少 2 000 元,记入“银行存款”账户的贷方。编制会计分录如下:

借:库存现金　　2 000
　　贷:银行存款　　2 000

【业务 2-8】　丽影图片社与红光公司签订长期摄影合同,为该公司拍摄服装广告照片,并一次性预收 25 000 元,存入银行。这笔业务使企业资产方面的银行存款增加 25 000 元,记入“银行存款”账户的借方;同时,要求企业在未来的会计期间提供相应的服务,实际上就是企业的负债增加,即预收账款增加 25 000 元,记入“预收账款”账户的贷方。编制会计分录如下:

借:银行存款　　25 000
　　贷:预收账款　　25 000

【业务 2-9】　丽影图片社支付零星杂项费用计 400 元。这笔业务是反映企业的费用增加 400 元,可以单独设置“销售费用”账户,核算企业日常发生的费用,在“销售费用”账户下可以按照费用项目设置明细账,发生费用记入“销售费用”账户的借方;同时,企业现金减少 400 元,记入“库存现金”账户的贷方。编制会计分录如下:

借:销售费用　　400
　　贷:库存现金　　400

【业务 2-10】　图片社收到零星冲洗的现金收入 6 250 元,清点后送存银行。这笔业务与前面【业务 2-4】相同。编制会计分录如下:

借:库存现金　　6 250
　　贷:主营业务收入　　6 250
借:银行存款　　6 250
　　贷:库存现金　　6 250

【业务 2-11】　丽影图片社前欠利华照相设备公司 30 000 元到期,向银行借款偿还这笔款项。这笔业务是借新债还旧债,是企业两种负债之间的转换。银行借款分为短期借款和长期借款,用于生产经营活动的借款一般在一年内偿还,属于短期借款;偿还期限超过一年的借款属于长期借款,本例中的企业借款属于短期借款。银行借款增加 30 000 元,记入“短期借款”账户的贷方;同时,企业的应付账款减少 30 000 元,记入“应付账款”账户的借方。编制会计分录如下:

借:应付账款　　30 000
　　贷:短期借款　　30 000

【业务 2-12】　丽影图片社零星业务收入 14 000 元,清点后送存银行。这笔业务与【业务2-4】和【业务2-10】相同。编制会计分录如下：

借：库存现金　　14 000
　　贷：主营业务收入　　14 000
借：银行存款　　14 000
　　贷：库存现金　　14 000

【业务2-13】 丽影图片社支付全年职工的工资12 000元，当即开出现金支票。这笔业务使企业费用增加，单独设置“销售费用”账户核算，在该账户下可以按费用项目设置明细账。本例中，支付的工资费用12 000元，记入“销售费用”账户的借方；同时，企业的银行存款减少12 000元，记入“银行存款”账户的贷方。编制会计分录如下：

借：销售费用　　12 000
　　贷：银行存款　　12 000

【业务2-14】 本年度图片社发生水电费、电话费等共计7 800元，款项已通过银行直接支付。这笔业务使企业费用增加，记入“销售费用”账户的借方，在该账户下可以按费用项目设置明细账。本例中，支付的水电费、电话费7 800元，记入“销售费用”账户的借方；同时，企业的银行存款减少7 800元，记入“银行存款”账户的贷方。编制会计分录如下：

借：销售费用　　7 800
　　贷：银行存款　　7 800

【业务2-15】 接银行通知，原向银行借入的30 000元短期借款已到期，银行直接从丽影图片社的存款账户中扣除。这笔业务使企业资产方面的银行存款减少30 000元，记入“银行存款”账户的贷方；同时，企业负债方面的短期借款也减少30 000元，记入“短期借款”账户的借方。编制会计分录如下：

借：短期借款　　30 000
　　贷：银行存款　　30 000

四、过账和试算平衡

（一）过账

编制会计分录，将经济业务的影响进行分类，并分别记录其变动金额，是会计核算过程中必需的环节。但是，仅仅编制会计分录是不够的。因为会计分录是将一个完整的经济业务一分为二，分别记入两个或两个以上的账户。如果某一期间企业发生的经济业务数量较多，仅仅编制会计分录，无法连续、完整地反映企业的经济活动。

因此,需要将会计分录中记载的、分散的数据分别登记到有关账户中去,这一过程就是“过账”。

在实际工作中,账户一般采用三栏式。过账时,根据各会计分录的记录,分别过入其借方和贷方。以上述例题中丽影图片社所发生的经济业务为依据,对固定资产账户进行过账(如表2-11所示)。

表2-11

账户名称:固定资产

年		凭证号数	摘要	借方金额	贷方金额	借或贷	余额
月	日						
	13	(略)	李强投入	160 000		借	160 000
			向利华公司购入	30 000		借	190 000
			合计	190 000		借	190 000

为了简化,现将丽影图片社上述15笔业务进行过账,登记到以下的丁字型账户中(如图2-13所示)。

(二)试算平衡

会计主体在一个会计期间发生的繁多的经济业务都需编制会计分录,并根据会计分录登记有关账户,账户记录是否有错误,期末可以通过试算平衡进行检验。

库存现金

借方		贷方	
(4-1)	20 000	(4-2)	20 000
(7)	2 000	(9)	400
(10-1)	6 250	(10-2)	6 250
(12-1)	14 000	(12-2)	14 000
本期发生额	42 250	本期发生额	40 650
期末余额	1 600		

银行存款

借方		贷方	
(1)	20 000	(6)	6 000
(2)	50 000	(7)	2 000
(4-2)	20 000	(13)	12 000
(5)	40 000	(14)	7 800
(8)	25 000	(15)	30 000
(10-2)	6 250		
(12-2)	14 000		
本期发生额	175 250	本期发生额	57 800
期末余额	117 450		

借方	固定资产	贷方	
(1)	160 000		
(3)	30 000		
本期发生额	190 000		
期末余额	190 000		

借方	短期借款	贷方	
(15)	30 000	(2)	50 000
		(11)	30 000
本期发生额	30 000	本期发生额	80 000
		期末余额	50 000

借方	原材料	贷方	
(1)	20 000		
(6)	12 000		
本期发生额	32 000		
期末余额	32 000		

借方	应付账款	贷方	
(11)	30 000	(3)	30 000
		(6)	6 000
本期发生额	30 000	本期发生额	36 000
		期末余额	6 000

借方	预收账款	贷方	
		(8)	25 000
		本期发生额	25 000
		期末余额	25 000

借方	实收资本	贷方	
		(1)	200 000
		本期发生额	200 000
		期末余额	200 000

借方	主营业务收入	贷方	
		(4–1)	20 000
		(5)	40 000
		(10–1)	6 250
		(12–1)	14 000
		本期发生额	80 250

借方	销售费用	贷方	
(9)	400		
(13)	12 000		
(14)	7 800		
本期发生额	20 200		

图 2－13

借贷记账法的记账规则是“有借必有贷，借贷必相等”。其中，所谓借贷必相等，是指每一笔经济业务发生引起账户借方变动金额和贷方变动金额相等。如果将本期发生的全部经济业务的会计处理加总，所有账户本期借方发生额合计与所有账户本期贷方发生额合计也必定相等。这就形成了借贷记账法的第一个发生额试算平衡公式。即，

所有账户本期借方发生额合计＝所有账户本期贷方发生额合计

前述会计恒等式“资产＝负债＋所有者权益”是反映任何一个时点某一会计主体的全部资产和这些资产的来源情况。同时，收入类和费用类账户一般没有余额，利润类账户的余额本身是所有者权益的组成内容之一，应当归入所有者权益要素之内。这样，“资产＝负债＋所有者权益”等式可以用来概括某一时点会计主体的全部账户余额。而按照余额的正常方向，资产类账户余额在借方，负债和所有者权益类账户余额在贷

方,这就形成了借贷记账法的第二个余额试算平衡公式。即,

所有账户借方余额合计 = 所有账户贷方余额合计

如果进一步区分期初余额和期末余额,上式可改写为期初余额合计平衡和期末余额合计平衡两个公式。借贷记账法的记账规则和会计恒等式就是试算平衡的依据。

所谓试算平衡,就是在期末根据记账规则和会计恒等式对所有账户的发生额和余额进行加总,以确定借贷是否相等,从而检查记账、过账过程中是否存在差错的方法。在实际会计工作中,试算平衡是通过编制试算平衡表来完成的。依据上述经济业务编制的会计分录和有关账户编制试算平衡表如表 2 – 12 所示。

表 2 – 12　　丽影图片社试算平衡表

2015 年 7 月 31 日　　单位:元

账户名称	期初余额		本期发生额		期末余额	
	借方	贷方	借方	贷方	借方	贷方
库存现金			42 250	40 650	1 600	
银行存款			175 250	57 800	117 450	
原材料			32 000		32 000	
固定资产			190 000		190 000	
短期借款			30 000	80 000		50 000
应付账款			30 000	36 000		6 000
预收账款				25 000		25 000
实收资本				200 000		200 000
主营业务收入				80 250		80 250
销售费用			20 200		20 200	
合　计			519 700	519 700	361 250	361 250

根据上表试算的结果,本期发生额的借方合计与贷方合计相等,所有账户借方余额合计与贷方余额合计相等,说明账户记录基本正确。如果借贷方合计不相等,则说明记账有误,应查找原因,并予以更正。应当指出:①即使试算平衡表期末余额和本期发生额的借方合计与贷方合计分别相等,也不表明账户记录绝对正确,因为将某笔经济业务重记、漏记,或记反了方向,试算结果仍然平衡,所以还应通过其他方法来发现记账错误,如后面介绍的总账与明细账的核对;②在实际工作中,应先用铅笔结出各账户期末余额和本期发生额,据以编制试算平衡表,验证无误后再正式结账;③"主营业务收入"和"销售费用"账户经月末结转,应无余额,但因本例未及月末结转业务,故出现余额。

根据以上试算平衡表就可以编制丽影图片社 2015 年 7 月 31 日的资产负债表和

7月份的利润表。丽影图片社的利润表和资产负债表的格式和内容如表2－13、表2－14所示。

表2－13　利润表

单位:丽影图片社　2015年7月　单位:元

项　目	金　额
主营业务收入	80 250
减:销售费用	20 200
利润	60 050

表2－14　资产负债表

单位:丽影图片社　2015年7月31日　单位:元

资　产	金　额	负　债	金　额
库存现金	1 600	短期借款	50 000
银行存款	117 450	应付账款	6 000
原材料	32 000	预收账款	25 000
固定资产	190 000	所有者权益	
		实收资本	200 000
		未分配利润	60 050
资产总计	341 050	负债及所有者权益总计	341 050

第五节　会计凭证

会计循环的步骤之一就是编制会计分录。在前面的章节中我们已经讲述了会计分录的编制思路与方法。在会计实务工作中,会计分录是载明在会计凭证上的,本节将专门讲述什么是会计凭证、会计凭证的种类、原始凭证和记账凭证的填制与审核、会计凭证传递程序与保管方法。

一、会计凭证的意义和种类

(一)会计凭证的意义

会计凭证,简称凭证,是用来记录经济业务、明确经济责任的书面证明,是登记账簿的依据。会计工作的初始阶段是填制或取得会计凭证。任何单位在处理每一笔经济业务时都必须有凭有据,因此,在每笔经济业务发生时,有关人员应该按照规定的程序和要求,填制或取得会计凭证,在会计凭证中写明经济业务发生的日期、内容、数量和金额,并在相应的地方签名盖章,以明确经济责任。为了保证会计凭证反映内容的合理合法、填制的真实与正确,有关人员要对凭证进行审核,只有经过审核无误的会计凭证,会计部门才能作为收款或付款、收发财产物资和登记账簿的依据。所以,填制和审核会计凭证是真实反映经济业务、监督经济活动的专门方法,是会计核算方法体系的重要组成部分,是会计核算的基础环节。

会计凭证的填制与审核是会计核算的一项重要内容,认真做好这项工作,对于完成会计工作和实现会计的职能具有十分重要的意义,主要表现在:

1. 提供原始证明与登账依据

通过填制、取得会计凭证,可以为正确反映各项经济业务的发生和完成提供原始证明。购置设备和材料、发放工资、销售货物等都是各单位日常发生的经济业务。这些业务在发生时都应按规定的程序和要求,及时、准确地填制或取得会计凭证,从而使其成为证明经济业务的发生和完成情况的文字档案,为登记账簿记录提供真实、可靠的依据,同时也为日后进行会计分析和会计检查提供重要的原始资料和证据。

2. 监督业务合理合法

通过严格审核会计凭证,可以监督经济业务的合理合法性。会计凭证中载明的资料是否真实、正确、合理、合法,需要会计人员在取得会计凭证后,登记账簿之前,依照国家的有关法律、制度和企业的计划、预算或规定,对其进行逐笔审核,防止各种违法、违规、贪污、盗窃等情况的发生,以有效地控制各单位的经济活动,在一定程度上保护财产的完整、安全和合理使用。

3. 明确经济责任

通过会计凭证的填制和审核,可以明确经济责任,加强经营管理上的责任制。任何一项经济业务的发生,通常要涉及几个部门和人员,由它们协同完成,相关经办人要在会计凭证上签字或盖章,以明确各自的责任,增强其按法律法规办事的责任感,为完善经营管理上的责任制提供坚实的基础。

(二)会计凭证的种类

会计凭证多种多样,一般按其填制程序和用途的不同,分为原始凭证和记账凭证两大类。关于原始凭证和记账凭证的相关内容,将在下面分两点作详细介绍,此不赘述。

二、原始凭证及其填制与审核

（一）原始凭证的概念

原始凭证是指经办业务的部门和人员在经济业务发生或完成时取得或填制的，用来记录或证明经济业务发生或完成情况，作为记账原始依据的一种会计凭证，包括收料单、领料单、验收单、出（入）库单及各种收据等。有些单证，如购销合同、购料申请表、销售计划等，无法证明经济业务的发生或完成，也就不是原始凭证，不能作为记账的原始依据。

会计法明确规定，单位在发生款项和有价证券的收付；财务收发、增减和使用；债务债权的发生和结算；资本、基金的增减，收入、支出、费用、成本的计算；财务成果的计算和处理等经济业务事项时，必须填制或取得原始凭证。

（二）原始凭证的种类

原始凭证按取得的途径和来源不同，可以分为外来原始凭证和自制原始凭证。

1. 外来原始凭证

外来原始凭证是在经济业务发生或完成时，从其他单位或个人处直接取得的凭证。例如，购入商品时向卖方取得的发票，乘坐飞机、火车、出租车等交通工具取得的车票，付出款项取得的凭据等。

2. 自制原始凭证

自制原始凭证是在经济业务发生或完成时，由本单位经办业务的部门和人员自行填制的原始凭证。例如，公司向提供劳务的客户开具的发票、收到款项开给顾客的收据等。

原始凭证按填制手续的不同，可以分为一次原始凭证、累计原始凭证和汇总原始凭证。

一次原始凭证，简称一次凭证，是指填制手续一次完成，只反映一项或若干项同类性质经济业务的原始凭证，如购进材料入库填制的“入库单”、有关部门领用材料填制的“领料单”、企业开出的销货发票等，都是一次原始凭证。

累计原始凭证，简称累计凭证，是指在一定时期内，连续记录不断发生的若干项同类经济业务的原始凭证，其填制手续随着经济业务的发生情况分次完成，如“限额领料单”就是典型的累计凭证。限额领料单是在一定时期内，在规定的限额内，由生产部门按需要分次领用，期末经累计总数后最终完成的累计原始凭证。对于经常重复发生的业务，使用累计原始凭证可以简化核算手续。

汇总原始凭证，是指根据一定时期内，反映相同经济业务内容的若干张原始凭证汇总在一起编制而成的一张汇总凭证,如发料凭证汇总表就是根据某一时期的若干发料单汇总编制的。使用汇总原始凭证可以集中反映某项经济业务的发生情况,简化记账凭证的填制工作和账簿的登记工作。发料凭证汇总表格式如表 2 – 15 所示。

表 2 – 15　　**发料凭证汇总表**　　编号:

年　月　　附件:

借方科目 材料	生产成本		制造费用	管理费用	合　计
甲材料 乙材料 丙材料					
合　计					

会计主管:　记账:　复核:　填制:

(三) 原始凭证的基本内容

在日常经济活动中会发生各种各样的经济业务,作为载明经济业务的原始凭证的内容、格式、来源渠道也会呈现多样性,但是,任何一种原始凭证都要反映经济业务的发生和完成情况,因此,原始凭证都必须具备一些基本内容。这些基本内容是真实反映经济业务的必备要素,也称原始凭证要素或凭证要素。

任何一张原始凭证都应具备的基本内容有:①原始凭证的名称;②原始凭证的编号及填制日期;③接受凭证单位的名称;④经济业务的内容摘要、实物数量和金额;⑤填制凭证的单位的名称及其经办人员的签章。

为了更好地发挥原始凭证的作用,满足企业管理的需要,原始凭证除具备上述基本内容外,还可以加入一些相关的内容。例如,在自制原始凭证中列入与经济业务相关的计划任务、合同号码、定额、预算等项目。

(四) 原始凭证的填制与审核

1. 原始凭证的填制方法

原始凭证要反映企业不同的经济业务内容,由此决定了每一类原始凭证的填制方法都会有所不同。现举例说明各种主要原始凭证的填制方法。

(1)领料单的填制方法。领料单是用以反映和控制材料发出状况的一次原始凭证,是企业核算材料使用情况的重要依据。通常是一料一单,由领用材料的部门及经办人根据实际需要在领用单上填制领料的用途、材料的名称和请领数量,经有关领导批准后持领料单到仓库领料,仓库保管员核实领料单后据实发料,在领料单上填写实发数量和金额,并在相应的地方签字,以明确经济责任。

【例9】 宏大公司一车间丁亮于20××年12月3日为生产甲产品领用A材料100千克,每千克60元,材料编号0211,3号仓库保管员王新发料。领料单的一般格式和填制如表2-16所示。

表2-16　　领料单

20××年12月3日

领料部门:一车间　　编号:1234

用途:甲产品　　发料仓库:3号库

材料编号	材料名称及规格	计量单位	数量		单价	金额
			请领	实发		
0211	A材料	千克	100	100	60	6 000

领料单位负责人:×××　　领料人:丁亮　　发料人:王新

(2)销货发票的填制方法。销货发票是企业的外来凭证,是由销货单位填制的、用以证明某项经济事项完成状况的原始凭证。销货发票上应填写购货人名称、购货品种、数量、金额以及有关责任人的签章。

【例10】 宏大公司于20××年12月10日从万方公司购入F710打印机一台,售价3 000元,商品货号1002。万方公司出具的发票如表2-17所示。

表2-17　　万方公司销货发票

购货单位:宏大公司　　20××年12月10日　　编号:23568

商品编号	商品名称、规格	单位	数量	单价(元)	金额(元)
1002	F710打印机	台	1	3 000.00	¥3 000.00
合计	人民币(大写):叁仟元整				¥3 000.00

二、付款方收讫

开票单位:盖章　　开票人:××

(3)限额领料单的填制方法。限额领料单是累计领料凭证,填制手续是多次完成的。"限额领料单"要注明有效期和限领的最高额度,有效期一般为一个月。在有效期内,只要领用的数量不超过限额,凭证就可以连续使用。每次领料时,领料人要在凭证中写明请领的数量,经负责人签字批准后到仓库领料。发料人按照材料的品种、规格在限额内发料,并填写实发的数量和限额结余,领发料的经办人要在单内签章。在有效期末要结算出累计领用总数,交会计部门作为核算的依据。

【例11】 宏大公司二车间20××年12月份领用A材料(编号0211)的计划限额为500千克,每千克60元。二车间12月份按生产进度领用材料的情况如表2-18所示。

表 2 - 18　　　　　　　　　　　　**限额领料单**

领料部门:二车间　　　　　　　　　　　　　　　　　　　　　　编号:0012 号

用　途:甲产品　　　　　　　　20 × ×年 12 月　　　　　　　　发料仓库:3 号库

材料编号	材料名称及规格	计量单位		单价	领用限额		全月实领数量	金额
0211	A 材料	千克		60	500		500	3 000
领用日期	请领		实发			退料		限额结余
	数量	领料负责人	数量	发料人	领料人	数量	退料人	收料人
5	200	张洪	200	王新	× ×				300
12	150	张洪	150	王新	× ×				150
28	100	张洪	100	王新	× ×				50
23	50	张洪	50	王新	× ×				0
合　计	500		500						

供货部门负责人:× × ×　　　　领料部门负责人:× × ×　　　　仓库负责人:× × ×

(4)发料凭证汇总表。发料凭证汇总表是一张汇总原始凭证,是由材料核算员将一定时期内若干张领料单,按一定用途汇总编制而成。发料凭证汇总表可以每旬或按月编制,期末送交会计部门作账务处理。发料凭证汇总表的填制如表 2 - 19 所示。

表 2 - 19　　　　　　　　　　　　**发料凭证汇总表**

20 × ×年 12 月　　　　附件:20 张　　　　　　　编号:12 号

借方科目 / 材料	生产成本		制造费用	管理费用	合　计
	A 产品	B 产品			
甲材料	2 000	1 000			3 000
乙材料	3 000	1 500			4 500
丙材料	1 000	500	500	300	2 300
合　计	6 000	3 000	500	300	9 800

会计主管:　　　　记账:　　　　复核:　　　　填制:× ×

2. 填制原始凭证的基本要求

原始凭证是具有法律效力的证明文件,是编制记账凭证的依据,是进行会计核算最基础的原始资料。填制原始凭证是会计工作的开始,大多是由各单位业务经办人填制,由会计人员填制的原始凭证为数不多,为了保证会计核算工作的质量,提高原始凭证填制的正确率,填制原始凭证有如下要求:

(1)记录要真实,即如实记录各项经济活动的真实情况。原始凭证记录的经济业务要合法合规,符合国家有关政策、制度的要求;填制的日期、经济内容、数字要与实际情况相符,不允许弄虚作假,更不得伪造,以确保原始凭证记录的真实性。

(2)项目要齐全,即按凭证规定的项目逐一填列齐全。每一种原始凭证都有规定的格式和项目,填制时必须逐项填列,并由有关人员签字或盖章,以明确责任。填制的内容要齐全,手续要齐备,不允许随意简化内容、遗漏项目,以确保原始凭证内容的完整性。

(3)填制要及时,即凭证要在规定的时间内及时填制和送交。经济业务发生后必须及时取得或填制原始凭证,并按规定的程序传递、送交,经有关人员审核后,由会计人员据此编制记账凭证,不允许任意延误或隔时补填,以确保原始凭证填制的及时性。

(4)书写要清晰,即原始凭证上填写的数字文字要字迹工整、书写清楚。原始凭证的书写一般要用蓝色或黑色墨水笔,套写的原始凭证可用圆珠笔。文字书写要简要,字迹要清楚工整,易于辨认,以保证原始凭证的清晰性。

(5)更正要正确,即采用正确的方法对原始凭证中的错误进行更正。按规定,原始凭证中记录的各项内容不得涂改。如果原始凭证出现文字错误,应由开票单位重开或更正,并在更正处加盖开票单位印章。如果原始凭证上的金额有误,必须由开票单位重开,不允许任意涂改、刮擦或挖补,以保证原始凭证的正确性。

3. 原始凭证的审核

审核原始凭证是会计法规赋予会计人员的监督权,是会计核算工作的必要环节。只有经审核无误的原始凭证,才能作为编制记账凭证的依据。因此,会计部门对各种填制完毕的原始凭证,不论是自制的还是外来的,都要进行严格审核,以确保会计资料的真实、准确和完整,发挥会计的监督作用。

(1)原始凭证审核的内容。审核原始凭证主要从以下两个方面进行:

第一,形式上的审核,主要审核原始凭证的填制是否符合规定的要求。具体包括:审核原始凭证填列的项目是否齐全、所列内容是否清晰、金额计算是否正确、手续是否完备、是否加盖了出具单位的公章及有关业务人员签章等。

第二,实质上的审核,主要审核原始凭证所记录的经济业务是否合法合理。具体包括:所记录的经济业务是否违反了财经政策、法令制度、计划定额与经济合同等,有无伪造、涂改原始凭证的行为。

(2)原始凭证审核结果的处理。会计部门按规定的要求对原始凭证进行审核后,要根据不同的审核结果进行处理:

第一种情况,原始凭证经审核无任何错误,应按规定的程序办理会计手续,及时据此填制记账凭证,并将其作为附件粘在记账凭证之后,以备日后查对。

第二种情况,原始凭证经审核发现有错误,要区分错误类型分别处理。凡属于不真实、不合法的原始凭证,会计人员有权不予接受,并向单位负责人报告;凡属于技术处理不当的,如项目填列不全、内容不完整、计算不准确、手续不全等,应将此类原始凭证退回原开证人,限其在规定的期限内,按规定的方法更正或重新开具原始凭证。一般情况下,对于那些内容不完整、手续不完备的原始凭证,可以允许原经手人补填齐全或补办手续;对于那些原始凭证上记载的内容有误,应由出具单位重开或更正,并在更正处加盖出具单位印章;对于原始凭证金额有错误的,应由出具单位重开,不允许在原始凭证上更正。由经办单位和有关人员更正后的原始凭证,会计人员应对其重新复核,确认无误后再办理会计手续。

三、记账凭证及其填制与审核

(一)记账凭证的概念

记账凭证是会计人员根据审核无误的原始凭证或原始凭证汇总表填制的,用来记载经济业务的简要内容、明确会计分录、作为登记账簿依据的一种会计凭证。

原始凭证或原始凭证汇总表通常只反映经济业务的具体内容,而不是按照经济业务所涉及的会计科目归纳,因而不能据此直接登记账簿。加之原始凭证来源于各种渠道,涉及的种类繁多,格式又不统一,因此在记账之前,有必要将原始凭证或原始凭证汇总表的内容,按照一定的方式进行归类、整理,明确涉及的会计科目、记账方向和金额,以会计分录的形式填制在统一格式内,并据以记账,从而保证账簿记录的真实性与可靠性。记账凭证的正确运用是各单位进行账务处理的必备条件。

(二)记账凭证的种类

根据不同的分类标准,可以对记账凭证做出不同的分类。

1. 专用记账凭证和通用记账凭证

记账凭证按其反映经济业务内容的不同,分为专用记账凭证和通用记账凭证。

(1)专用记账凭证,是专门用来记录某类经济业务的记账凭证。按其记录的经济业务是否与现金、银行存款收付有关,又分为收款凭证、付款凭证和转账凭证三种。收款凭证是用来记录现金和银行存款收入业务的记账凭证;付款凭证是用来记录现金和银行存款付出业务的记账凭证;转账凭证是用来记录与现金和银行存款无关的经济业务的记账凭证。

(2)通用记账凭证,是不区分业务类型,对各种经济业务均用一种格式加以记录的记账凭证。

2. 单式记账凭证和复式记账凭证

记账凭证按其填制方法的不同,分为单式记账凭证和复式记账凭证。

(1)单式记账凭证,是将每一笔经济业务所涉及的每一个会计科目分别填在每一张中的记账凭证。一般每张记账凭证只涉及一个会计科目,一笔经济业务至少涉及两张记账凭证,便于分工记账,但不便于集中反映经济业务的全貌。

(2)复式记账凭证,是将每一笔经济业务所涉及的应借、应贷的会计科目集中填列在一张中的记账凭证。每张记账凭证至少涉及两个会计科目,可以集中反映经济业务的来龙去脉,减少记账凭证的张数,但不利于会计人员分工记账。收款凭证、付款凭证和转账凭证都属于复式记账凭证。

此外,为了简化登记总账的工作,可以把一定期间的记账凭证编制成科目汇总表或汇总记账凭证,科目汇总表和汇总记账凭证也属于记账凭证的范畴。

(三)记账凭证应具备的基本内容

记账凭证的种类多样,格式不一,填制方法有所不同,但各种记账凭证都必须具备如下基本要素:①记账凭证的名称和编号,如收款凭证、付款凭证、科目汇总表等;②记账凭证的填制日期;③经济业务的内容摘要;④账户的名称、记账方向和金额;⑤所附原始凭证的张数;⑥制证、审核、记账、出纳和会计主管等人员的签章等。

(四)记账凭证的填制与审核

1.记账凭证的填制方法

记账凭证分为通用记账凭证和专用记账凭证,专用记账凭证又分为收款凭证、付款凭证和转账凭证,它们反映不同类型的经济业务,因此,凭证的格式设计和填制方法各不相同,下面分别予以说明。

(1)收款凭证的填制。收款凭证是根据审核无误的现金和银行存款收入业务的原始凭证填制的。收款凭证在格式设计上的特点是,凭证的左上角设置主体科目,主体科目为借方科目。在借贷记账法下,根据收入业务的经济性质,借方科目内可以填列“现金”或“银行存款”科目,而表内设置贷方栏目,应填列借方科目的对应科目,并将总账科目和明细科目逐一写清,填写金额数目。合计栏既表明贷方金额又表明借方金额,记账符号栏内标明所登记的账簿页数或注明“√”以示登记入账。收款凭证编号可按“收字××号”统一编号,也可以按现金收入业务以“现收字××号”顺序编号,银行存款收入业务以“银收字××号”顺序编号。附件张数是指附在记账凭证后面的原始凭证件数。最后是有关人员的签字或盖章。现举例说明收款凭证的编制。

【例12】 宏大公司20××年12月15日,收到银行收款通知单,通知收到销售A产品40件(单价850元)的货款共计34 000元。根据银行收款通知单及发货票副本填制银行存款收款凭证的格式与内容如表2-20所示。

表 2-20　　　　　　　　　　　**收款凭证**

借方科目:银行存款　　　　　　20××年 12 月 15 日　　　　　　银收字第 10 号

摘　要	贷方总账科目	明细科目	记账符号	金额									
				千	百	十	万	千	百	十	元	角	分
	主营业务收入	A 产品					3	4	0	0	0	0	0
收到销售													
A 产品													
40 件													
货款													
@850 元													
合　计						¥	3	4	0	0	0	0	0

附单据 2 张

财务主管:　　记账:　　出纳:　　审核:　　制单:×××

(2)付款凭证的填制。付款凭证是根据审核无误的现金和银行存款付出业务的原始凭证填制的。在借贷记账方法下,付款凭证填制方法与收款凭证大致相同,区别在于表头与表内所列科目相反,付款凭证左上角主体科目反映的是贷方科目,表内栏中反映的是借方科目及其金额,其编号原则与收款凭证相同。现举例说明付款凭证的编制。

【例 13】　宏大公司 20××年 12 月 20 日,以银行存款购进打印机一台,价值 3 780 元,根据有关单据填制付款凭证如表 2-21 所示。

表 2-21　　　　　　　　　　　**付款凭证**

贷方科目:银行存款　　　　　　20××年 12 月 20 日　　　　　　银付字第 5 号

摘　要	借方总账科目	明细科目	记账符号	金额									
				千	百	十	万	千	百	十	元	角	分
	固定资产	打印机						3	7	8	0	0	0
支付打													
印机款													
合　计							¥	3	7	8	0	0	0

附单据 2 张

财务主管:　　记账:　　出纳:　　审核:　　制单:×××

在使用收款凭证、付款凭证记录经济业务时,对涉及现金和银行存款相互转化的收付款业务,通常只编制付款凭证,而不编制收款凭证,以避免重复记账。如将现金送存银行，一般只编制现金付款凭证；从银行存款中提取现金的业务，一般只编制银行存款付款凭证。

(3)转账凭证的填制。转账凭证是根据审核无误的有关转账业务的原始凭证填制的，转账凭证的格式与收、付款凭证不同。转账凭证的左上角不设主体科目，经济业务所涉及的科目均在转账凭证的“总账科目”和“明细科目”栏中填列。借方科目反映的金额记在与借方科目同行借方金额栏内，贷方科目反映的金额记在与贷方科目同行的贷方金额栏内，合计栏内的借方金额、贷方金额应该相等。转账凭证的编号是按“转字第××号”编制的。现举例说明转账凭证的编制。

【例 14】 20××年 12 月 23 日，宏大公司收到外商投入的新设备，价值 50 000 元，根据发票和协议填制转账凭证如表 2－22 所示。

表 2－22 **转账凭证**

20××年 12 月 23 日 转字第 15 号

摘要	总账科目	明细科目	√	借方金额										√	贷方金额								
				千	百	十	万	千	百	十	元	角	分		千	百	十	万	千	百	十	元	角	分
收到投入设备	固定资产	设备					5	0	0	0	0	0	0											
	实收资本																	5	0	0	0	0	0	0
合计						¥	5	0	0	0	0	0	0				¥	5	0	0	0	0	0	0

附单据 2 张

财务主管： 记账： 出纳： 审核： 制单： ×××

(4)通用记账凭证的填制。通用记账凭证是根据各单位发生的经济业务的全部原始凭证填制的，其填制依据既可以是收、付款业务的原始凭证，也可以是转账业务的原始凭证。这种记账凭证一般适用于规模小、经济业务少的单位，或者是实行会计电算化的企业。通用记账凭证的格式和填制方法与转账凭证相同。现举例说明通用记账凭证的编制。

【例 15】 20××年 12 月 28 日，宏大公司用现金购买零星办公用品 300 元，根据发票填制通用记账凭证如表 2－23 所示。

表 2 - 23　　　　　　　　　　　　　　**记账凭证**

20××年12月28日　　　　　　　　　　第30号

摘要	总账科目	明细科目	√	借方金额										√	贷方金额									
				千	百	十	万	千	百	十	元	角	分		千	百	十	万	千	百	十	元	角	分
购买办公用品	管理费用	办公费							3	0	0	0	0											
	库存现金																			3	0	0	0	0
合计								¥	3	0	0	0	0						¥	3	0	0	0	0

附单据1张

财务主管：　　记账：　　出纳：　　审核：　　制单：×××

2. 记账凭证的填制要求

记账凭证是会计人员根据审核无误的原始凭证及有关资料编制的,为了确保记账凭证能准确、及时地填制,减少出现差错的概率,特提出如下几点要求:

(1)"日期"栏的填制要全面、准确。一般以会计部门受理会计事项的日期为准,要写明年、月、日。收、付款凭证的填制日期应以收款、付款的日期为准;转账凭证的填制日期可以原始凭证的日期或编制转账凭证的日期为准。

(2)"摘要"栏的填写要真实准确,也要简明扼要。摘要栏中要写明收款、付款的对象、原因和相应的凭证号码,购销物资的品名、数量和单价等,以满足登记账簿的需要。

(3)会计科目的填写要符合会计制度的规定,不得任意篡改会计科目名称或以会计科目编号替代科目名称。

(4)会计分录要按顺序准确无误地填制,既能够反映经济业务的来龙去脉,也要体现会计科目之间的对应关系。填制顺序为先借后贷,但也可以一借多贷或一贷多借。除特殊业务外,不得将不同经济业务的原始凭证汇总编成多借多贷的记账凭证。

(5)"金额"栏中的数字要与原始凭证或原始凭证汇总表的金额相等。

(6)"附件"栏要将附件(张)数填列准确,并将原始凭证或原始凭证汇总表附在记账凭证之后,如果过多,可以单独保管,但要在附件中标明,以便日后查对。需要说明的是,有些记账凭证可以不附原始凭证,如结账、更正错账等。

(7)"编号"要按顺序进行,不得随意填列。编号方法可以使用三类编号法,即分别按收款凭证、付款凭证、转账凭证分类编制;也可使用五类编号法,即分别按现金收款凭证、现金付款凭证、银行存款收款凭证、银行存款付款凭证、转账凭证分类编制；还可以使用通用记账凭证的统一编号顺序编制。如果一笔经济业务涉及的会计科目较多，需要填制两张或两张以上的记账凭证，可以采用分数编号法，如第2笔经济业务的会计分录需要编制三张记账凭证，凭证编号可以写成$2\frac{1}{3}$，$2\frac{2}{3}$，$2\frac{3}{3}$，每月在最后一张记账凭证的编号旁边，标注“全”字，避免凭证散失。

(8)记账凭证填制时如出现错误，应重新填制，不得在原记账凭证上更正。

(9)记账凭证填制完毕，有关人员要签字或盖章，以明确责任。

3. 记账凭证的审核

记账凭证是账簿登记的重要依据。为了保证账簿记录的真实可靠，记账凭证编制完毕后，要由专人对其进行严格审核，审核内容主要包括以下几方面：

(1)审核记账凭证是否按照原始凭证填列，记录的内容与所附原始凭证的内容是否一致，记账凭证是否附有原始凭证，附件份数(张数)的填列是否与实际份数(张数)一致。

(2)审核记账凭证中填列的应借、应贷账户的名称、金额及其对应关系是否正确无误。

(3)审核记账凭证中摘要栏的填写是否清楚、是否简明扼要地概括所附原始凭证反映的经济内容，日期、凭证编号等项目的填列是否齐备，有关人员是否签字盖章等。

(4)审核记账凭证中文字、数字的填写是否符合规范，错误是否正确更正。

只有审核无误的记账凭证才可据以登记账簿。若记账凭证审核中发现凭证项目填列不完整、签章不齐全等问题，要求有关人员及时补填或补办。对于发现错用会计科目名称的凭证，应根据有关规定进行重新填制或更正错误。

四、会计凭证的传递、整理与保管

(一)会计凭证的传递

会计凭证的传递，是指会计凭证从取得或编制时起，经过审核、登账，直至装订的全过程。在企业中，一项经济业务的完成往往要涉及几个业务部门，由各部门的人员协同进行，会计凭证会随着业务的进程在各有关业务部门和人员之间传递。正确地组织会计凭证的传递，便于及时处理经济业务，反映和监督经济业务的发生和完成情况，提高会计核算的效率，也便于利用岗位的分工协作加强经营管理上的责任制，发挥会计的监督作用。

会计凭证的传递主要包括两部分内容：一是会计凭证在企业内部各部门及经办人员之间的传递线路；二是会计凭证在各环节及其有关人员中的停留及传送时

间。在实际工作中,各单位会发生复杂多样的经济业务,每一项经济业务涉及的部门和人员不完全相同,导致会计凭证的传递线路、传递时间也不同。因此,每个企业在确定会计凭证的传递线路和传递时间时,应根据各种会计凭证的内容和用途,充分考虑以下因素:

第一,根据各种经济业务的特点以及企业内部管理和会计核算方面的要求,按照相关部门和员工分工情况设计一个合理的传递线路,以便使会计凭证流转线路通畅,提高传送速度,增强工作实效。具体做法是:一张会计凭证填制完毕后,要明确交到哪个部门、哪个岗位,由谁来接办该业务手续,如果凭证是一式数联的,还应依据各联的用途,规定每一联传到哪一个部门。例如,职工差旅费的报销要涉及"差旅费报销单"这一凭证,其传递线路一般为:先由出差人员按照车船票和住宿发票等填制差旅费报销单,经有关领导签字批准后,将其送到会计部门报销;会计部门据此填制"付款凭证",经有关人员审核后,由出纳员付款;最后再送交会计人员记账。

第二,根据各业务部门的特点和人员的配置以及办理业务的必要手续,制定会计凭证在每一个业务部门合理的停留时间和传送时间,以确保会计凭证核算的质量,加速会计凭证的传递,切忌拖延和积压会计凭证。

第三,在调查研究的基础上,综合制定会计凭证的传递线路和传递时间。会计凭证的传递是一项细致且复杂的工作,需要各部门的协调配合。因此,正确传递会计凭证还应注意,既不要过多设置环节,形成"公文旅行",积压凭证,又要防止只讲速度,不按规定审核,要确保各有关环节的必要手续。

(二)会计凭证的整理

会计凭证是各单位最重要的经济档案和历史资料,可以查证经济业务发生和完成情况以及责任人员的责任,因此,会计部门在根据会计凭证登记账簿后,应由会计人员定期进行归类整理,不得丢失和任意销毁。会计凭证的具体整理方法和要求有:

第一,月末,会计人员将记账后的会计凭证按编号顺序进行整理,检查记账凭证有无缺号,附件是否齐全。

第二,在保证记账凭证编号和附件齐全的情况下,将凭证折叠整齐,加具封面、封底,按编号顺序装订成册,并在装订线上加贴封签。封面上要注明:单位名称、记账凭证种类、起止号数、年度、月份和起止日期,并由有关人员签字盖章。对数量过多的原始凭证可以单独装订保管,但要在记账凭证上加以注明,以便查阅。

第三,会计凭证按上述步骤整理完毕后要归档保管。会计凭证封面的一般格式见表2-24所示。

表 2－24

（单位名称） 凭证名称 年　月　　　共　册　　　　本册为第　册
本册起止页码：自　　　　号至　　　　号
本册起止日期：自　月　　日起至　　月　　日止
附：原始凭证　　　张

会计主管（签章）：　　　　　　　　装订人（签章）：

（三）会计凭证的保管

会计凭证的保管就是对原始凭证和记账凭证进行妥善保管，既要保证会计凭证的安全完整，又要便于事后调阅查对，以满足本单位随时调用，或上级单位、审计、税务等有关部门检查核对的要求。从会计凭证的保管时间来看，可以分为装订成册前的保管和装订成册后的保管。

1. 对未装订成册会计凭证的保管

会计凭证在装订成册以前，所有使用人员都有责任对其进行保管，以防散失。

2. 对已装订成册会计凭证的保管

对于已装订成册的会计凭证，应指派专人负责保管，并按年、月顺序排列。以防止错乱或散失。一般当年的会计凭证在年度终了，可暂由本单位会计部门保管一年，期满再移送档案部门保管；如本单位未设档案部门，可由会计部门指定专人保管。

对于已存档的会计凭证，原则上不得借出或复制，本单位如有特殊需要，经本单位领导批准，可以调阅，但不得拿走。外单位如因特殊原因要复制，也要由本单位领导批准后才能复制，并将复制件在专设的登记簿上登记和签字。

3. 会计凭证保管期满的处理

会计凭证保管期满，应严格执行会计凭证的保管期限和销毁手续。会计凭证的保管期限和销毁手续都应遵循《会计档案管理办法》的有关规定，一般会计凭证保管期限为 15 年。会计凭证保管期满后，按规定可以进行销毁，销毁前要填制“会计档案销毁目录”，交档案部门编入会计档案销毁清册，按规定保存，并按规定手续进行报批处理，批准销毁后要进行监销，监销人员要在销毁清单上签字盖章，以示责任。

案例分析

【案例分析】　会计科目的设计

【资料】

现有四家投资人决定合股投资1 000万经营一家商贸公司,租入楼房一栋:一楼经营快餐,二楼经营服装,三楼经营百货,四楼经营家用电器。现已办妥一切开业手续。有关资料如下:

1. 本公司名称为京贸有限责任公司。

2. 除四家投资人外,还准备向银行贷款并吸收他人投资,但他人投资不作为股份,只作为长期负债,按高于同期银行存款利率的15%付息。

3. 公司已在银行开立账户。

4. 商场和快餐店均需要重新装修才能营业。

5. 房屋按月交租金。

6. 需要购入货架、柜台、音响设备、办公桌椅、收银机等设备,还需要购入运输汽车三辆、计算机四台。

7. 库存商品日常购销可以赊购赊销,采用售价金额核算法。

8. 公司日常管理费用需在商场和快餐店之间进行分摊。

9. 雇用店员若干人,每月按计时工资发放报酬,奖金视销售情况而定。

10. 公司按规定交纳所得税和增值税(其他税种从略),税率按国家规定执行。

11. 利润按商场和快餐店分别计算,税后利润按规定提取盈余公积金。

12. 购进商品的包装物卖给废品公司。

【要求】

1. 根据以上有关资料对该商贸公司进行会计制度设计,即设计其会计科目并对会计科目使用做出说明。

2. 为该公司设置会计凭证的种类、会计凭证的传递程序和保管制度。

第三章

会计循环(二):账簿登记、调账与结账

导读

会计循环(二)

账簿登记	账项调整	工作底稿	如何结账
·账簿的概念	·权责发生制	·工作底稿的作用	·什么叫结账
·账簿的分类	·收付实现制	·工作底稿的构成	·结账的内容
·账簿的设置与登记	·账项调整	·工作底稿的编制	·结账方法
·账簿的使用规则与账簿的管理	·应计收入		·结账业务
·总分类账和明细分类账的平行登记	·应计费用		·结账分录
	·分配收入		
	·分配费用		

说明:

本章主要讲述了账簿登记、账项调整、工作底稿和结账四方面的内容。在账簿登记中,主要阐述了账簿的概念、账簿的种类、账簿的设置与登记方法、账簿的使用规则与账簿的管理、总账与明细账的平行登记等。在账项调整中,主要介绍了企业对收入和费用的收支期与发生期不一致的业务,按权责发生制原则进行确认,并在此基础上举例说明了各项调整事项的操作方式。为了保证账簿的质量,及时地编制会计报表,本章还说明了工作底稿的构成与编制方法。会计期末,要对一些临时性账户进行结算,计算所有账户的本期发生额和余额。

第一节 账簿登记

设置和登记账簿是会计工作中必不可少的环节,是会计核算方法之一。本节循序渐进地介绍了什么是账簿,为什么要设置和登记账簿,各种账簿的设置与登记方法,账簿登记应遵循的使用规则,尤其是总账与明细账的平行登记规则、更正错账的规则等。

一、账簿的概念与作用

账簿是以会计凭证为依据,连续、系统、全面地记录经济业务的簿籍。从其内容来看,账簿是按照会计科目开设账户,并由具有一定格式的账页组成,以便将会计凭证中已反映的内容再次加以记录。登记账簿是会计核算的一种专门方法。

人们之所以将经济业务填制在会计凭证后还要设置与登记账簿,其原因在于,会计凭证虽然能够正确、及时地反映和监督各项经济业务的具体内容和完成情况,但每张凭证往往只反映一项经济业务,经济业务越多,涉及的会计凭证的数量也就越多,借助会计凭证提供的会计核算资料也就十分零星、分散,缺乏系统性。因此,要想集中、全面、系统地反映和监督各个单位在一定时期某类或全部经济业务,就有必要利用设置和登记账簿的方法,把分散在会计凭证中的资料进行集中和归类整理,并将其登记在账簿中。

设置和登记账簿是会计工作中必不可少的环节,对于完善各单位的经济管理起着重要的作用,主要表现在:账簿可以对经济业务进行全面、系统、连续地反映,为企业提供管理所需要的总括和明细的会计信息;账簿可以为企业编制会计报表提供数字资料,为审计、税务等部门对各单位实施会计检查提供依据;利用账簿资料,可以对企业进行分析,发现企业经营中存在的问题,便于改善企业的经营管理。

二、账簿的分类

在会计实务中,企业使用的账簿是多种多样的,这些账簿在外在形式、内部构成和登记方法上均有所不同,为了便于了解和运用各种账簿,有必要按一定的标准对其进行分类。

(一)按用途的分类

账簿按其用途分为序时账簿、分类账簿和备查账簿。

1. 序时账簿

序时账簿又称日记账，是按照经济业务发生的时间先后顺序，逐日逐笔进行登记的账簿。在实际工作中，“时间先后顺序”通常指的是记账凭证的编号顺序，也就是说，序时账簿是会计部门依据记账凭证的编号顺序进行登记的。这种账簿既可以用来登记企业发生的全部经济业务，也可以用来登记某一类经济业务的发生和完成情况。凡是用来记录企业全部经济业务的日记账，称为普通日记账；凡是用来登记某一类经济业务发生和完成状况的日记账，称为特种日记账。目前，常用的特种日记账有“现金日记账”和“银行存款日记账”。

2. 分类账簿

分类账簿是把全部经济业务按照总分类账户和明细分类账户分别进行登记的账簿。总分类账簿又称总分类账，简称总账，是将经济业务按总分类账户进行分类登记的账簿，它可以提供有关经济业务内容的总括核算资料。明细分类账簿又称明细分类账，简称明细账，是将经济业务按照明细分类账户进行登记的账簿，它可以提供有关经济业务内容的详细核算资料。

在会计实务中，如果企业的经济业务简单，使用的总分类账户又不多，会计部门可以将序时账和总分类账的记录结合起来，在同一账簿中反映。这种账簿既具有日记账的作用又具有总分类账的作用，称为联合账簿，如企业设置的日记总账。

3. 备查账簿

备查账簿，简称备查簿，是补充登记日记账和分类账中未能记录的经济业务的账簿，它能为某些经济业务的内容提供必要的参考资料，满足对特定事项进行管理的需要。如企业为了加强对租用设备的管理，可以设置“租入固定资产备查簿”，详细记录租入固定资产的日期、归还的日期、租金以及使用部门等信息。备查账簿并非所有企业都必须设置，各单位可以根据实际需要做出选择。

（二）按外观特征的分类

账簿按其外观特征分为订本式账簿、活页式账簿和卡片式账簿。

1. 订本式账簿

订本式账簿，简称订本账，是在账簿启用前，将账页按编号顺序装订成册的账簿。这种账簿的账页固定装订在一起，其优势在于，既可以防止账页被随意抽换，又可以避免账页散失。但由于订本式账簿的账页总数固定，而估计账户预留的账页数与实际需要量很难达成一致，造成要么账页不足影响账簿记录的连续性，要么空白账页过多浪费严重的后果。而且订本式账簿同一时间内只能由一人登记，不利于记账人员的分工。订本式账簿一般适用于重要的、具有统驭性的账簿，如总分类账簿、现金日记账、银行存款日记账。

2. 活页式账簿

活页式账簿,简称活页账,是在启用前和使用过程中不把账页固定装订在一起,而是将一定数量的账页放在活页夹中的账簿。这种账簿的特点是:账页顺序不固定,各单位可以根据实际需要随时取用,使用灵活,不但可以减少账页的浪费,而且有利于分工记账,但是活页式账簿中的账页容易散失和被抽换。因此在使用时,应将账页按顺序编号,记录完毕或年度终了,要按规定装订成册,妥善保管。活页式账簿一般适用于除固定资产的明细账以外的明细分类账。

3. 卡片式账簿

卡片式账簿,简称卡片账,是利用印有账户格式的卡片进行登记的账簿。这些卡片一般放置在卡片箱中,企业可按需取放。这种账簿的优缺点与活页式账簿基本相同,只不过卡片式账页的硬度高、耐磨损,使用期相对较长,一般适用于固定资产的明细核算。

(三)按账页格式的分类

账簿按账页格式的不同可分为三栏式账、多栏式账和数量金额式账。

1. 三栏式账

三栏式账是指账页的主要格式分为借、贷、余三个栏目的账簿。三栏格式是较为常见的账簿格式。

2. 多栏式账

多栏式账是指账页的格式划分为许多栏目,分别用来详细列示会计科目或具体项目的账簿。

3. 数量金额式账

数量金额式账可以视为三栏式账的变形,账簿中的账页先分为“收入、发出、结存”三个栏目,每栏中再分为“数量、单价、金额”三个小栏目,以便提供相应的经济业务信息。

三、账簿的设置与登记

(一)账簿设置的原则

按照国家统一会计制度的规定,每个单位都必须设置一定种类和数量的账簿。账簿设置就是确认账簿种类,设计账簿格式、内容和登记方法的工作。各单位在设置账簿时要遵循以下原则:

第一,账簿设置要保证能够连续、系统、全面地反映和监督各单位的经济业务,以便为管理者提供必要的会计核算资料。

第二,账簿设置要符合本单位经济活动的特点,又要满足各业务部门的工作需要和管理的要求,便于会计工作的分工和岗位责任的落实。

第三，账簿设置要科学严密、灵活简便，账簿结构要具有统领制约关系，账簿格式要简明扼要，便于使用和保管。

（二）账簿的基本结构

账簿的种类繁多、格式各异，但账簿的基本结构大体相同，主要由封面、扉页和账页三部分构成。

1. 封面

封面主要用来标明账簿名称，如总分类账、银行存款日记账、应付账款明细账等。

2. 扉页

扉页主要附有账簿使用登记表和账户目录，反映账簿启用、交接使用的状况以及账户的页次。账簿使用登记表的内容主要有：使用单位的名称、账簿名称及编号、账簿启用日期及起止页数、经管人员及日期、交接记录、会计主管人员、单位负责人等，其格式如表 3－1 所示。

表 3－1　　账簿使用登记表

<table>
<tr><td colspan="3">使用者名称</td><td colspan="2"></td><td colspan="2">印　鉴</td></tr>
<tr><td colspan="3">账簿名称</td><td colspan="2"></td><td colspan="2" rowspan="4"></td></tr>
<tr><td colspan="3">账簿编号</td><td colspan="2"></td></tr>
<tr><td colspan="3">账簿页数</td><td>本账簿共计　　页</td><td></td></tr>
<tr><td colspan="3">启用日期</td><td colspan="2">年　　月　　日</td></tr>
<tr><td>责任者</td><td></td><td>主　管</td><td>会　计</td><td>记　账</td><td colspan="2">审　核</td></tr>
<tr><td rowspan="8">经管人姓名及接交日期</td><td colspan="2" rowspan="2"></td><td colspan="2">经管　年　月　日</td><td rowspan="2"></td><td rowspan="2"></td></tr>
<tr><td colspan="2">交出　年　月　日</td></tr>
<tr><td colspan="2" rowspan="4"></td><td colspan="2">接管　年　月　日</td><td rowspan="4"></td><td rowspan="4"></td></tr>
<tr><td colspan="2">交出　年　月　日</td></tr>
<tr><td colspan="2">接管　年　月　日</td></tr>
<tr><td colspan="2">交出　年　月　日</td></tr>
<tr><td colspan="2" rowspan="2"></td><td colspan="2">接管　年　月　日</td><td rowspan="2"></td><td rowspan="2"></td></tr>
<tr><td colspan="2">交出　年　月　日</td></tr>
<tr><td>备　考</td><td colspan="6"></td></tr>
</table>

账户目录表的内容主要包括账户名称、账户页次，其格式如表 3－2 所示。

表 3-2　　科目索引

页数	科目	页数	科目	页数	科目

3. 账页

账页是账簿结构的主要组成部分,主要用来具体记录经济业务。账页应标注的主要内容有:账户名称(又称会计科目);记账日期;会计凭证类别和编号;摘要,即经济业务的简要说明;金额;账页的总页次和分户页次。

(三)日记账的设置与登记

日记账是对全部或某类经济业务,按其发生的时间顺序逐日连续反映的账簿。在实际工作中,各单位为了对某类经济业务进行日常控制,要按照规定和本单位的实际情况设置有关现金、银行存款、转账以及销货等日记账。其中,现金日记账、银行存款日记账是各单位设置的最为常见的日记账,它们的设置有利于实现对货币资金收支进行日常的反映和监督。目前,日记账的格式主要有三栏式和多栏式两种,现分别予以说明。

1. 三栏式现金日记账的设置与登记

现金日记账是逐日登记现金的收入、支出和结存情况的日记账簿。现金日记账的设置与登记有利于加强企业对现金的日常核算与监督,保证现金的安全和合理使用。

现金日记账一般是由出纳员根据审核后的现金收款凭证、现金付款凭证,以及有关的银行存款付款凭证逐日逐笔登记的。这里的"银行存款付款凭证"特指记录从银行存款提取现金的事项编制的凭证。现金日记账一般采用三栏式,其外观特征为订本式,具体格式与内容见表 3-3。

表 3-3　　现金日记账　　第　页

20××年		凭证号数		摘　要	对方科目	收　入	支　出	余　额
月	日	收款	付款					
1	1			上年结余				900
	6		银付 1	提现金备用	银行存款	2 000		
	6	现收 1		退回预借差旅费余款	其他应收款	500		
	6		现付 1	购办公用品	管理费用		400	
	6			本日合计		2 500	400	3 000
	⋮	⋮	⋮	⋮	⋮	⋮	⋮	⋮
	31			本日合计		1 000	500	2 400
	31			本月合计		4 200	1 700	3 400

现金日记账的登记方法为:

（1）“日期栏”按记账凭证的日期填写，一般与现金实际收付的日期一致。

（2）“凭证号数栏”按登账所依据的收付款凭证的种类和编号填写，凭证的种类可以采用缩写方式，例如，“现金收款凭证”可简写为“现收”；“现金付款凭证”可简写为“现付”；“银行存款付款凭证”可简写为“银付”。

（3）“摘要栏”填写登记入账的经济业务的简要说明。

（4）“对方科目栏”填写与“库存现金”科目相对应的科目。如用现金购买各科室使用的办公用品，与“库存现金”科目相对应的科目是“管理费用”。

（5）“收入”“支出”和“余额”栏分别用来登记现金的实际收付数和每日的结余数。“收入”栏根据现金收款凭证或银行存款付款凭证中的金额填写；“支出”栏根据现金付款凭证中的金额填写；每日终了，计算现金收入合计数及现金支出合计数，并结出余额。为了查明账实是否相符，还要将余额与库存现金实有数进行核对。

2. 三栏式银行存款日记账的设置与登记

银行存款日记账是逐日反映企业银行存款的收入、支出和结存金额的日记账，银行存款日记账的设置与登记有利于管理者及时了解银行存款的收支动态和结存状况，为合理使用资金提供信息。

银行存款日记账是由出纳员根据银行存款收款凭证、银行存款付款凭证和有关现金付款凭证逐日逐笔按顺序登记的。这里的“现金付款凭证”特指记录将现金存入银行的业务编制的凭证。银行存款日记账一般采用三栏式，其外观特征为订本式，格式与内容如表 3－4 所示。

表 3－4　　银行存款日记账　　第　页

20××年		凭证号数		摘　要	结算凭证		对方科目	收　入	支　出	结　余
月	日	收款	付款		种类	号数				
1	1			上年结余						5 250
	10		现付 1	现金存入银行			库存现金	3 000		
	10		银付 1	归还所欠货款			应付账款		5 200	
	10		银付 2	提取现金			库存现金		2 000	
	10	银收 1		取得借款			短期借款	80 000		
	10			本日合计				83 000	7 200	81 050
	⋮	⋮	⋮	⋮			⋮	⋮	⋮	⋮
	31			本日合计				350	1 450	93 880
	31			本月合计				97 560	8 930	93 880

银行存款日记账的登记方法与现金日记账的登记方法基本相同,但有几点需要说明:

(1)银行存款日记账在格式上增添了“结算凭证”栏。结算凭证的种类和号数,是根据收款凭证、付款凭证所附银行结算凭证的类别和编号填制的。

(2)“收入”“支出”和“余额”栏是银行存款的实际增减和结余数。“收入”栏根据银行存款收款凭证登记;“支出”栏根据银行存款付款凭证登记;每日终了,应分别计算银行存款的收入、支出合计数,并结出余额,以便做到心中有数,防止透支现象发生。同时,企业还应定期将银行存款日记账与银行对账单进行核对,防止款项的漏记、错记。

3. 多栏式现金日记账或银行存款日记账的设置与登记

多栏式现金或银行存款日记账是在三栏式现金或银行存款日记账的基础上演变而来的,一般在“收入”“支出”栏下分别按对应科目设置专栏,逐日逐笔记录与现金、银行存款有关业务的日记账。“收入栏”按贷方科目设置专栏;“支出” 栏按借方科目设置专栏,分别用来归集重复发生的同类经济业务内容,便于集中汇总计算其金额,了解资金的来龙去脉。这种格式的现金或银行存款日记账适宜收、付款凭证较多而且业务重复率较高的单位设置。

多栏式现金日记账和多栏式银行存款日记账可按其收、付款业务设置“现金收入日记账”“现金支出日记账”“银行存款收入日记账”“银行存款支出日记账”,其格式如表3-5、表3-6所示。其登记方法与三栏式日记账登记方法基本相同,只是逐日逐笔登记现金和银行存款收入和支出的同时,还应分别在对应科目专栏内进行登记。

表3-5　　**现金(银行存款)收入日记账**　　第　页

年		收款凭证号数	摘　要	借方科目					支出合计	余　额
月	日							收入合计		

表3-6　　**现金(银行存款)支出日记账**　　第　页

年		收款凭证号数	摘　要	结算凭证		贷方科目				
月	日			种类	号数					支出合计

4. 转账日记账的设置与登记

转账日记账是根据转账凭证逐日逐笔进行登记的账簿，一般适宜规模小、业务单一且量不大的单位设置，便于该单位及时了解转账业务的活动状况。转账日记账的一般格式如表 3－7 所示。

表 3－7　　转账日记账　　第　页

年		转账凭证号数	摘　要	借　方		贷　方	
月	日			一级科目	金　额	一级科目	金　额

（四）总分类账的设置和登记

总分类账是按照规定的一级科目分设账户，用来分类登记全部经济业务的账簿。总分类账能够连续记录和总括反映企业资产、负债、收入和费用的发生情况，为编制会计报表提供有关核算资料，因此每个单位都必须设置总分类账。

总分类账一般采用“借”“贷”“余”三栏式格式，外观为订本式账簿，格式如表 3－8 所示。

表 3－8　　总分类账

会计科目：________　　第　页

年		凭　证		摘　要	借　方	贷　方	借或贷	余　额
月	日	字	号					

总分类账的登记方法有多种，可以根据审核无误的记账凭证逐笔登记，也可以根据汇总记账凭证登记，还可以根据科目汇总表进行登记。一般而言，总分类账的具体登记方法与企业采用的账务处理程序有关，这部分内容将在后文阐述。总分类账无论采用哪种方法登记，月末要算出各账户的借方、贷方本期发生额，并结出余额。

（五）明细分类账的设置和登记

明细分类账是根据二级科目或明细科目开设账页，分类、连续地记录某一类经济内容的账簿，它可以更加细致地反映企业的经济活动和财务收支状况，因此，各单位在设置总分类账的同时，还应根据具体情况设置若干必要的明细分类账。

明细分类账从其外观形式上看主要采用活页式，其账页格式由于记录的经济业务

内容的差异以及管理上的要求不同而有所差异,一般有以下三种格式:

1.三栏式明细账

三栏式明细账的格式与三栏式总分类账的格式基本相同,账页内设有“借方”“贷方”“余额”三个金额栏。这种格式的明细账由于只设金额栏,不设数量栏,因此仅适合于需要进行金额核算、不需要进行数量核算的明细账户,如“应收账款”“应付账款”“其他应收款”“短期借款”“长期待摊费用”等账户的明细分类核算,账页格式与内容见表3-9所示。

表3-9　应收账款明细分类账

明细科目:辉煌公司　　　　第　页

20××年		凭证		摘要	借方	贷方	借或贷	余额
月	日	字	号					
1	1			上年转入			借	20 000
	5	银收	1	收回A单位货款		5 000	借	15 000
	8	转	1	销售10件,每件100元	1 000		借	16 000

2.数量金额式明细账

数量金额式明细账是在三栏式明细账的基础上,分别在“收入”“发出”和“结存”每个栏下再设置数量栏、单价栏和金额栏。这种格式的明细账不仅要登记金额,也要登记数量,因此适合于既需要进行金额核算、也需要进行数量核算的明细账户,如“原材料”“库存商品”等账户的明细核算,其格式见表3-10。

需要说明的是,这种明细账的格式上端设置了一些诸如类别、名称、规格以及计量单位、计划单价、储备定额、最高和最低储备量等项目,其目的是为了更好地满足企业管理的需要。

表3-10　明细分类账

类别:　　　　计划单价:

名称和规格:　　　　储备定额:

计量单位:　　　　存放地点:　　　　第　页

年		凭证		摘要	收入			发出			结存		
月	日	字	号		数量	单价	金额	数量	单价	金额	数量	单价	金额

3. 多栏式明细账

多栏式明细账是企业根据经济业务的特点和经营管理的需要，在同一账页内按有关明细科目或明细项目分设若干专栏，以集中反映某一总账账户所属明细科目或项目的详细核算资料的明细账。多栏式明细账适合于收入类、费用成本类科目的明细核算，如“主营业务收入”“管理费用”“财务费用”“本年利润”等明细账户 。

多栏式明细账按其登记的经济业务不同，账页格式又细分为三种：借方多栏式、贷方多栏式和借方贷方多栏式。

(1)借方多栏式明细账是指在账页中的借方栏下按多个明细项目设置专栏的明细账，主要适用于成本费用类账户的明细核算，如“材料采购”“生产成本”“管理费用”“销售费用”“财务费用”等。借方多栏式明细账在实际运用中存在两种格式(如表3－11－1、表3－11－2所示)，其差别在于，账页是否设有贷方栏，从而导致贷方金额的登记方法不同。未设有贷方栏的借方多栏式明细账，如果有贷方发生额时，要用红字金额在借方相应栏内登记，红字借方金额就代表贷方金额。

表3－11－1 明细分类账

明细科目：________ 第 页

年		凭证		摘要	借方(项目)				贷方	余额
月	日	字	号					合计		

表3－11－2 明细分类账

明细科目：________ 第 页

年		凭证		摘要	借方(项目)				余额
月	日	字	号					合计	

(2)贷方多栏式明细账是指在账页中的贷方栏下按多个明细项目设置专栏的明细账,主要适用于收入类账户的明细核算,如"主营业务收入""营业外收入"等,其格式如表3－11－3所示。

表3－11－3　　**明细分类账**

明细科目:________　　　　第　页

年		凭证		摘要	贷方(项目)				余额
月	日	字	号					合计	

(3)借方贷方多栏式明细账是指在账页中的借方栏和贷方栏下分别按多个明细项目设置专栏的明细账,主要适用于资产、负债、所有者权益科目的明细核算,如"应交税费""本年利润""利润分配"等,具体格式如表3－11－4所示。

表3－11－4　　**应交税费——应交增值税明细账**

年		凭证		摘要	借方			贷方				借或贷	余额
月	日	字	号		合计	进项税额	已交税额	合计	销项税额	出口退税	进项税转出		

上述各种格式的明细账,各单位都应结合经济业务的具体内容进行设置与登记。登记时可以是依据原始凭证、原始凭证汇总表或记账凭证逐笔进行,每次登记完毕后,都要计算出结余数额。

四、账簿的使用规则与账簿的管理

账簿是重要的会计档案,用以储存会计数据资料。为了保证账簿记录的正确、完整,实现其系统、全面、连续反映企业经营活动状况的功能,有必要熟悉和遵守账簿的使用规则,掌握账簿的管理办法。

(一)账簿的使用规则

账簿的使用规则包括账簿的启用规则、记账规则、更正规则和更换规则等。

1. 账簿的启用规则

账簿是会计信息的载体,为了确保其记录内容的合规和完整,明确记账责任,在启用账簿时,应按要求在账簿扉页上认真填制"账簿启用人员和经管人员一览表"和"科目索引目录"。当记账员或会计主管工作发生变更时,要办好账簿交接手续,并在启用表中作明确记录。"科目索引目录"要写明科目名称和各科目页次,以便登记与查阅。

2. 账簿的记账规则

登记账簿的规则主要包括账簿依据什么来登记、什么时间登记以及如何登记等。

(1)登记账簿的依据。登记账簿必须以审核无误的会计凭证为依据,以确保账簿记录的正确性。

(2)登记账簿的时间。有关各种账簿应间隔多长时间进行登记,会计应按实际需要和有关规定确定。一般规则是:现金日记账和银行存款日记账应在每天填制收、付款凭证后逐日逐笔登记;各种明细账,每月应依据记账凭证、原始凭证、原始凭证汇总表逐日逐笔或定期汇总登记;总账要根据各单位所采用的账务处理程序中规定的依据和时间登记,每月至少一次。

(3)登记账簿的规范要求。登记账簿的规范要求有以下六点。

第一,登记账簿必须使用蓝黑墨水或碳素墨水钢笔书写,不许使用铅笔和圆珠笔书写,红色墨水只能用于下列几种情况:按红字冲账的记账凭证,以冲销错误记录;在不设借贷等栏的多栏式账页中,登记减少数;在三栏式账户的余额栏前,如未印明余额方向,在余额栏登记负数金额;根据国家有关规定可以用红字登记的其他会计记录。

第二,各种账簿应根据编定的页码顺序按页逐行连续登记,不得隔页、跳行。如发生隔页、跳行时,应在空页、空行处划红色对角线 以示注销,或注明"此页空白""此行空白"字样,并由会计人员和会计机构负责人(会计主管人员)在更正处盖章。

第三,登记账簿时,记账人员要将记账凭证的日期、编号、业务内容摘要、金额等内容逐一记入账内,同时在记账凭证上签名或盖章,并注明记入账簿的页次或者画"√"符号,表示已经登账,防止重记、漏记。

第四,账簿登记时,文字、数字一般应占账簿格距的二分之一,以便留出改错的空间。每登满一页,应留出最后一行,结出发生额和余额,并在摘要栏内注明"转次页",同时,在下页第一行摘要栏内注明"承前页",并按要求登记金额,以保证账簿记录的连续性。

第五,账簿记录发生错误,不得任意涂改,严禁刮擦、挖补或用褪色药水更改,不得重抄,必须按照规定的方法进行更正。

第六,使用电子计算机进行会计核算的,其会计账簿的登记、更正应当符合国家有关规定,总账、明细账和日记账应定期打印,并按页码顺序装订成册,以防散失。

3. 错账的更正规则

在登记账簿的过程中,如果发现记录有错误,应根据错误的性质,按照规定的方法和规则进行更正。更正错账的方法一般有以下三种。

(1)划线更正法。在每月结账之前,如果发现账簿记录的文字或数字出现错误,而所依据的记账凭证没有错误,即单纯的登账错误,应采用划线更正法进行更正。

更正的具体做法是:首先在账簿记录中错误文字或数字的中间划一条红色横线,表示注销,但必须保留原字样的清晰可辨;在画线时,要注意将错误数字全部划销,不得只划其中的错误字码。然后使用黑色或蓝黑墨水钢笔,在红线上端同一行的空白处填写上正确的文字或数字,并由更正人员在更正处的右上角签章,以示责任。

【例1】 用银行存款5 683.56元购买办公用品。记账凭证上编制的会计分录为:

借:管理费用　　5 683.56

　贷:银行存款　　5 683.56

记账员吴亮依据审核无误的记账凭证登记“管理费用”“银行存款”账。

登记结果如下:

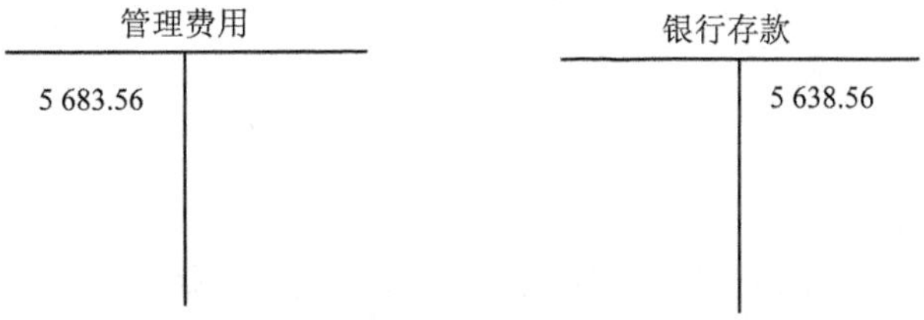

发现登记在“银行存款”账上的数字写错,应进行如下更正:

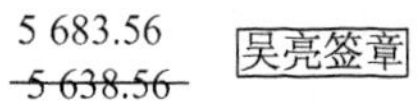

更正结果用在“银行存款”账上表示如图3-1所示。

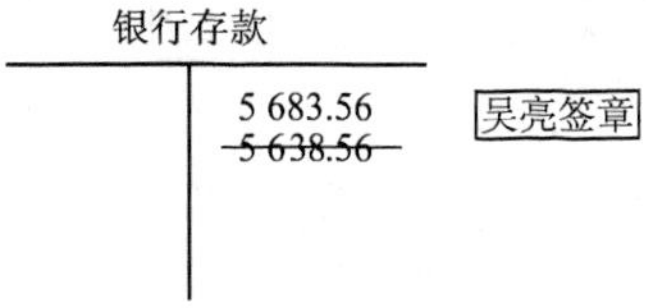

图3-1　划线更正法

(2)红字更正法。红字更正法又称赤字冲账法，是指由于记账凭证的错误而导致账簿记录出现差错，就需要用红字金额冲销原记账凭证，借以更正账簿错误的方法。这种方法一般适用于以下两种情况。

第一种情况：登账之后，发现账簿记录有错误，这种错误是由于记账凭证中使用了错误的应借应贷的会计科目，应该采用红字更正法进行更正。

更正的具体做法是：先用红字金额填制一张与错误凭证内容相同的记账凭证，在摘要栏注明"冲销×月×日×号记账凭证的错误记录"并用红字金额登记入账；然后再填写一张正确的记账凭证，在摘要栏内注明"补记×月×日×号账"，据以记入账簿。

【例2】 宏大公司收到其他单位投入的新设备，价值35 000元。编制记账凭证时，误写为如下的分录，并登记入账：

借：固定资产　　35 000

　　贷：资本公积　　35 000

记账员发现记账有错时，查明该错误属于记账凭证使用了错误的会计科目。更正时按如下步骤进行处理。

第一步：填制与原记账凭证内容相同的红字金额的凭证，并登记入账，以冲销原错误记录。

①借：固定资产　　[35 000]

　　贷：资本公积　　[35 000]

第二步：用蓝黑字编制一张正确的记账凭证，并登记入账。

②借：固定资产　　35 000

　　贷：实收资本　　35 000

以上有关账户记录的更正如图3-2所示。

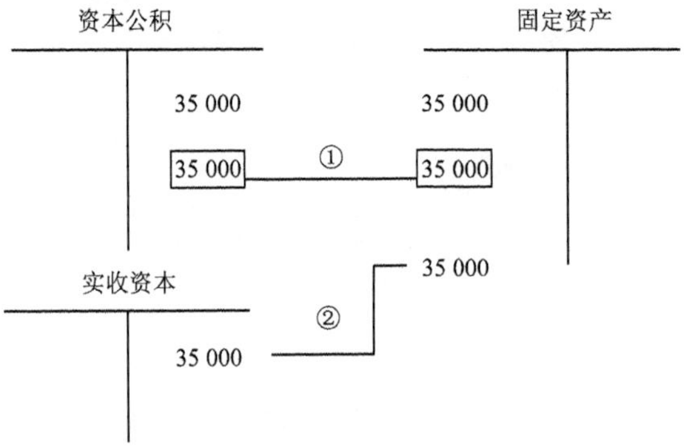

图3-2　红字更正法(一)

第二种情况:登账之后,发现账簿记录有错误,出错原因仅在于记账凭证中的金额大于应记的正确金额,而记账凭证中应借应贷会计科目是正确的,应采用红字更正法进行更正。

更正的具体做法是:编制一张与原错误凭证的会计科目相同,金额为多记数额,且多记数额用红字书写的记账凭证,摘要栏中注明"冲销×月×日×号记账凭证的多记金额",并将红字金额登记入账。

【例3】　宏大公司用银行存款10 000元归还短期借款。编制记账凭证时,误写为如下的分录,并登记入账:

借:短期借款　　100 000

　贷:银行存款　　100 000

记账员发现记账有错时,查明该错误属于记账凭证的会计科目正确,只是金额多记了。更正时应编制如下一张记账凭证,并登记入账,以冲销多记金额。

借:短期借款　　[90 000]

　贷:银行存款　　[90 000]

以上有关账户记录的更正如图3-3所示。

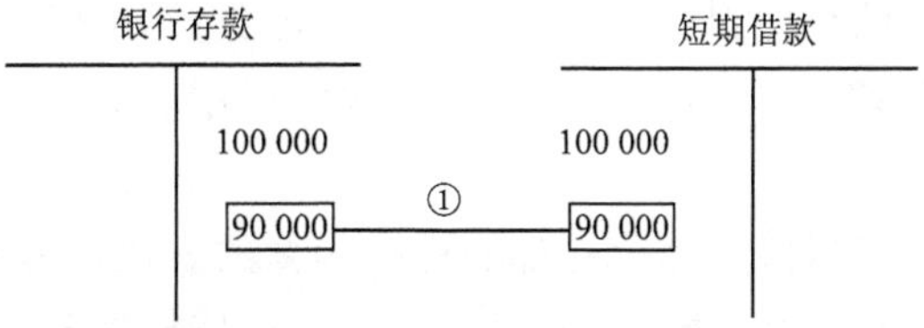

图3-3　红字更正法(二)

(3)补充登记法。登账之后,发现账簿记录有错误,这种错误是由于记账凭证所写金额小于正确金额所引起的,而记账凭证中应借应贷会计科目是正确的。

更正的具体做法是:填制一张与原记账凭证中应借应贷会计科目相同,金额为少记的数额且用蓝字书写的记账凭证,在"摘要"栏中要写明"补记×月×日×号记账凭证的少记金额",并登记入账,以补充少记的金额。

【例4】　以现金支付公司的业务主管李丁出差预借差旅费5 600元。编制记账凭证时,误写为如下会计分录并登记入账:

借:其他应收款——李丁　　5 000

　贷:库存现金　　5 000

记账员发现记账有错时，查明该错误属于记账凭证的会计科目正确，只是金额少记了600元。更正时，应用蓝字金额编制如下一张记账凭证并登记入账。

① 借：其他应收款——李丁　　600

　贷：库存现金　　600

以上有关账户记录的更正如图3－4所示。

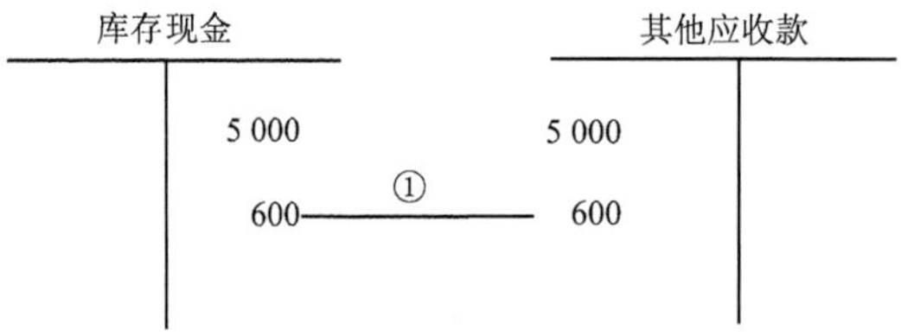

图3－4　补充登记法

4. 账簿的更换规则

国家有关规定，各单位应在每一个会计年度终了，按实际情况将上年的旧账更换为次年的新账，更换时应遵循如下的规则和程序进行。

年末，应将各账户的余额直接转入下一会计年度，在“摘要”栏中填写“结转下年”；在新账第一行中的“日期栏”写明1月1日，“摘要”栏中填写“上年结转”，将转入的金额填在“余额”栏内。

需要说明的是，所有账簿并非全部都要更换为新的。通常总账、日记账和大多数明细账应每年更换。但有些明细账，如固定资产明细账、债权债务明细账，可以跨年使用，不必每年更换。

（二）账簿的管理

账簿是会计核算的主要资料，也是企业最重要的经济档案。为了保证账簿的安全，应建立严格的账簿管理制度。账簿管理包括平时管理和旧账归档保管两个部分。

1. 平时管理账簿的规定

各种账簿要分工明确，指定专人负责管理。一般而言，每本账簿都有专门的记账员，平时既要负责账簿的登记工作，也要承担保证账簿安全的责任；除记账员外的其他人员，未经领导或会计负责人的批准，不允许翻阅查看本单位的账簿；除特殊情况外，账簿不得携带外出。

2. 旧账归档保管的要求

年度初，应将上年更换下来的旧账归类整理，在确认齐全的基础上装订成册，并逐本登记“会计档案(会计账簿)封面”,在封面上填写单位名称、账簿种类、会计年度、账簿册数以及账本的有效页数,并有会计主管和记账员签字盖章。旧账装订完毕应编制目录和移交清单,按期交档案部门保管。企业账簿一般保存15年(现金、银行存款日记账保存25年)。账簿保管期满,应按《会计档案管理办法》的规定进行销毁。

五、总分类核算和明细分类核算

(一)总分类核算和明细分类核算的意义

前面编制的会计分录呈现了这样一个特征,每一笔会计分录通常要涉及至少两个以上的一级会计科目,比如借记固定资产,贷记应付账款,且借贷的金额相等,并据以登账。由此可以知道这笔经济业务所代表的基本内容,即企业赊购了一定金额的固定资产,了解到企业固定资产和应付账款增加的总金额。因此,对于这种只运用货币指标总括反映资产、负债、所有者权益、收入、费用和利润等金额资料的记录、计算,称为总分类核算。总分类核算中涉及的账户,就是总分类账户。利用总分类核算可以概括企业资金运动的状况,为经济管理提供依据。但是,从管理的角度来看,仅掌握了总括的核算资料还是不够的,还需要进一步掌握一些具体、详细的信息,比如上例中,企业还需要了解从哪个单位赊购的?以明确归还的对象。什么种类的固定资产?数量是多少?以便加强对该项固定资产的维护与管理。因此,运用货币、实物两种指标详细提供有关财产物资的增减变动情况,或者使用单一货币指标,详细提供有关债权债务、收入、费用等具体资料的记录、计算,就称为明细分类核算。明细分类核算中使用的账户就是明细分类账户。

总之,总分类核算和明细分类核算正是为了满足对经济活动进行全方位管理的需要,从总括和具体两个方面对所发生的各项经济业务进行同时的核算,更好地发挥会计为经济管理服务的功能。

(二)总分类账和明细分类账的关系

总分类账是按照一级会计科目开设的,用以提供总括核算资料的账簿;明细分类账是根据某一总分类账户所属的明细科目设置的,用以提供明细核算资料的账簿。例如,在流通企业中,商品是企业的一项重要的资产,按规定,企业在总分类账簿中设置了“库存商品”总分类账户,为了掌握各种库存商品的收、发、结存情况和储备资金的周转情况,就应当在“库存商品”总分类账户下,按照商品的类别和品名设置明细分类账户,从数量、金额两个方面反映各种库存商品的运动状态。“库存商品”总分类账户和“库存商品”明细分类账户都是对企业库存商品的反映,前者提供总括数额,后者提供每一商品的数量和金额等资料。由此可见,总分类账和明细分类账所记录的内容是相同的，只是提供数据资料的详细程度不同，二者的关系主要表现为：

第一，从提供会计核算资料的角度看，总分类账是对所属明细分类账的综合，对所属明细分类账起着统驭和控制作用，因此又称为统驭账户；明细分类账是总分类账的具体化，对总分类账起着辅助和补充作用，因此又称为从属账户。

第二，从数量上看，总分类账借（贷）方本期发生额应与其所属明细分类账借（贷）方本期发生额的合计数相等。同时，某个总分类账户的期末余额应与其所属明细分类账户期末余额的合计数相等。

（三）总分类账和明细分类账的平行登记

总分类账与所属明细分类账都反映了相同的会计事项，登账时依据相同的原始凭证，分别以总括指标和详细指标的形式反映同一项内容。为了使总分类账与明细分类账之间能起到统驭与补充的作用，便于账户的核对，保证账簿核算资料的正确和完整，对总分类账户和明细分类账户的登记必须采用平行登记的方法。所谓平行登记，是指经济业务发生后，根据会计凭证，以相等的金额，一方面登记有关总分类账户，另一方面也要登记该总分类账户所属的各有关明细分类账户。平行登记规则主要包括以下要点。

1. 同时期

对需要提供详细指标的每一项经济业务，要根据审核无误的记账凭证，在同一会计期间内，一方面要记入有关的总分类账户，另一方面也要记入其所属的有关各明细分类账户。明细分类账的登记一般是由记账员依据记账凭证以及附在其后的原始凭证在平时来完成的；总分类账的登记则因企业采用的账务处理程序不同，可能在平时登记，也可能定期登记。

2. 同方向

在将经济业务记入总分类账户和其所属的明细分类账户时，记账的方向必须一致。如果记入总分类账户的借方，也必须记入明细分类账户的借（或收入）方；如果记入总分类账户的贷方，也必须记入明细分类账户的贷（或发出、付出）方。

3. 金额相等

对每一项经济业务，记入总分类账户的金额必须与记入其所属的明细分类账户金额之和相等。二者之间的数量关系可用如下公式表示：

总分类账户期初余额 = 所属明细分类账户期初余额合计数

总分类账户本期发生额 = 所属明细分类账户本期发生额合计数

总分类账户期末余额 = 所属明细分类账户期末余额合计数

根据上述规则,平行登记的结果必然符合上述总分类账与明细分类账的数量关系。在会计核算中,通常利用这种相等关系来检查总分类账和明细分类账记录的完整性和正确性。下面以“应收账款”账户为例,说明总分类账和明细分类账的平行登记。

【例5】 某运输公司20××年5月“应收账款”总账和明细账期初余额如下。应收账款总账为7 000元,其所属的明细分类账:光华厂5 000元,大明厂2 000元。本月发生下列结算业务:

①5日,企业向光华厂提供运输服务3 000元,款项尚未收回。会计分录如下:

借:应收账款——光华厂　　3 000

　贷:主营业务收入　　3 000

②10日,收回光华厂归还的欠款3 500元,存入银行。会计分录如下:

借:银行存款　　3 500

　贷:应收账款——光华厂　　3 500

③12日,企业向光华厂提供运输服务500元,向大明厂提供运输服务1 500元,款项尚未收回。会计分录如下:

借: 应收账款——光华厂　　500

　　　　　　——大明厂　　1 500

　贷:主营业务收入　　2 000

④20日,收回光华厂归还的欠款2 500元,大明厂归还的欠款1 500元,存入银行。会计分录如下:

借:银行存款　　4 000

　贷:应收账款——光华厂　　2 500

　　　　　　——大明厂　　1 500

根据上列资料和会计分录对“应收账款”总账及其所属的光华厂、大明厂明细分类账户进行平行登记,并分别结算出本期发生额和期末余额,登记结果见表3－12、表3－13、表3－14。

表3－12　　**总分类账**

账户名称:应收账款　　第5页

20××年		凭证		摘要	借方	贷方	借或贷	余额
月	日	字	号					
5	1			期初余额			借	7 000
	5	转	1	提供运输	3 000		借	10 000
	10	银收	1	收回欠款		3 500	借	6 500

续表

20××年		凭证		摘要	借方	贷方	借或贷	余额
月	日	字	号					
	12	转	2	提供运输	2 000		借	8 500
	20	银收	2	收回欠款		4 000	借	4 500
	31			本期发生额及余额	5 000	7 500	借	4 500

表 3-13　　应收账款明细账

明细科目：光华厂

20××年		凭证		摘要	借方	贷方	借或贷	余额
月	日	字	号					
5	1			期初余额			借	5 000
	5	转	1	提供运输	3 000		借	8 000
	10	银收	1	收回欠款		3 500	借	4 500
	12	转	2	提供运输	500		借	5 000
	20	银收	2	收回欠款		2 500	借	2 500
	31			本期发生额及余额	3 500	6 000	借	2 500

表 3-14　　应收账款明细账

明细科目：大明厂

20××年		凭证		摘要	借方	贷方	借或贷	余额
月	日	字	号					
5	1			期初余额			借	2 000
	12	转	2	提供运输	1 500		借	3 500
	20	银收	2	收回欠款		1 500	借	2 000
	31			本期发生额及余额	1 500	1 500	借	2 000

从例 5 可以看出，平行登记的结果是，“应收账款”总账的期初余额、期末余额和本期借方、贷方发生额与其所属明细分类账户的期初余额、期末余额的合计数以及借方、贷方发生额的合计数相等。否则，说明总分类账和明细分类账的记录有错误。

六、账务处理程序

账务处理程序是指运用会计凭证、账簿和会计报表提供会计信息的工作步骤和程序。会计凭证、账簿和会计报表三个载体先后顺序的安排通常是由各单位结合自身的经营特点来确定的。

在日常会计工作中,人们借助会计凭证、账簿对企业的经济业务进行加工、整理,形成分类、系统的会计核算资料;期末,再通过编制会计报表提供信息使用者所需要的会计信息。在会计信息生成的过程中,各单位应根据本单位的实际情况和管理要求,设置会计凭证、账簿和报表的种类、格式、内容以及传递、登记、编制的步骤。只有合理地设计账务处理程序,协调账账、账表之间的关系,才能保证会计信息的质量,实现会计工作的合理分工,提高工作效率,满足节约和简化会计核算工作的要求。

目前,比较常见的账务处理程序有以下几种:①记账凭证账务处理程序;②科目汇总表账务处理程序;③汇总记账凭证账务处理程序;④多栏式日记账账务处理程序。这四种账务处理程序中,记账凭证账务处理程序是最基本的账务处理程序,其他账务处理程序都是在此基础上演变而来,它们既有共同之处,也有不同之处。其不同点主要是登记总账的依据和方法不同。下面分别介绍这四种账务处理程序:

(一)记账凭证账务处理程序

1. 记账凭证账务处理程序的特征

记账凭证账务处理程序是直接根据记账凭证逐笔登记总分类账的一种账务处理程序,是最直观、最基础的账务处理程序。在这种账务处理程序下,可以采用收款凭证、付款凭证、转账凭证三种格式的记账凭证,也可采用一种通用格式的记账凭证;账簿要设置日记账、总分类账和明细分类账。其中,日记账、总分类账的格式都可以使用借、贷、余三栏式,日记账还可以使用收、付、余三栏式。明细分类账的格式分别采用三栏式、数量金额式和多栏式。

2. 记账凭证账务处理程序的说明

记账凭证账务处理程序的具体程序说明如图 3 – 5 所示。

3. 记账凭证账务处理程序的优缺点及适用范围

记账凭证账务处理程序的优点在于:总分类账较为详细地反映了经济业务的发生和完成情况,利于查账;账务处理程序简单明了,易于理解,便于操作。其缺点是:由于采用直接根据记账凭证逐笔登记总账,对于凭证数量多的单位来说,登记总账的工作量太大。因此,记账凭证账务处理程序适用于经营规模小、业务量少、记账凭证不多的单位。

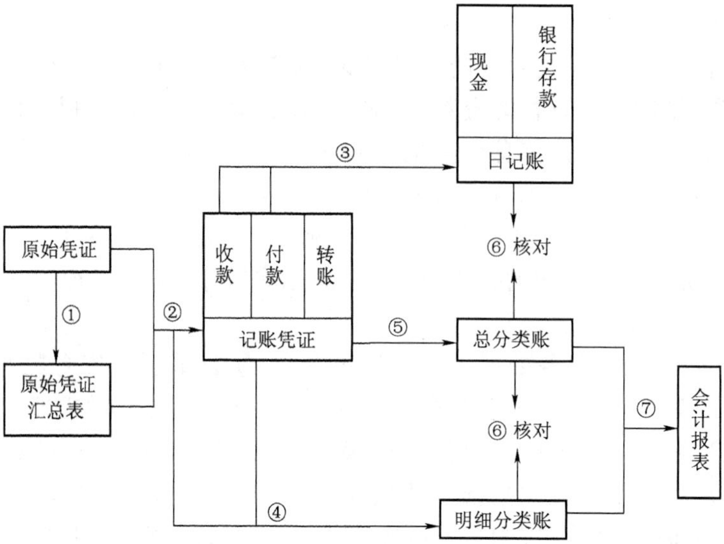

图3－5　记账凭证账务处理程序

图示说明：

①根据原始凭证编制汇总原始凭证。

②根据有关原始凭证或汇总原始凭证编制记账凭证。

③根据收款凭证、付款凭证（或记载货币资金收付的通用凭证）逐日逐笔登记现金日记账、银行存款日记账。

④根据原始凭证、汇总原始凭证和记账凭证登记各种明细分类账。

⑤根据各种记账凭证逐笔登记总分类账。

⑥期末，依据账账间的平衡关系，将现金日记账、银行存款日记账和各种明细分类账的余额分别与总分类账中的有关余额进行核对。

⑦月末，根据总分类账和明细分类账的记录编制会计报表。

（二）科目汇总表账务处理程序

1. 科目汇总表账务处理程序的特征

科目汇总表账务处理程序是指定期根据记账凭证编制，并根据科目汇总表登记总账的一种账务处理程序。在科目汇总表账务处理程序下，记账凭证应设置收款凭证、付款凭证和转账凭证，并增设科目汇总表。各种账簿设置及格式与记账凭证账务处理程序基本相同。

2. 科目汇总表账务处理程序的说明

科目汇总表账务处理程序的具体步骤如图 3－6 所示。

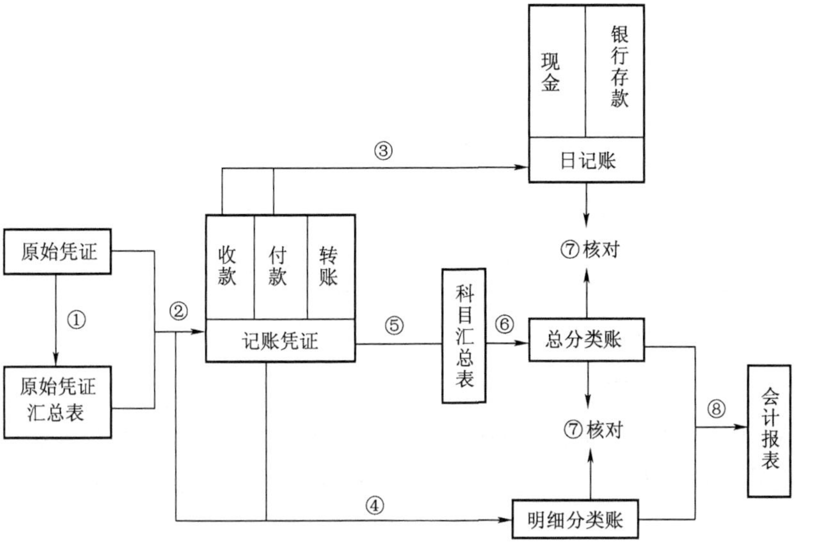

图 3－6　科目汇总表账务处理程序

图示说明:

①根据原始凭证编制汇总原始凭证。

②根据各种原始凭证和汇总原始凭证编制记账凭证。比如,编制收款凭证、付款凭证和转账凭证,编制时尽量按一借一贷会计分录形式,以便满足按科目归类汇总编制科目汇总表。

③根据收、付款凭证(或记载货币资金收付的通用凭证)逐日逐笔登记现金日记账、银行存款日记账。

④根据原始凭证、汇总原始凭证和记账凭证登记各种明细分类账。

⑤根据各种记账凭证定期汇总编制科目汇总表。

⑥根据科目汇总表汇总登记总分类账。

⑦期末,将现金日记账、银行存款日记账和各种明细分类账的余额分别与总分类账中的有关余额核对。

⑧月末,根据总分类账和明细分类账的资料编制会计报表。

3. 科目汇总表的编制

编制科目汇总表是采用科目汇总表账务处理程序的关键环节。科目汇总表是根据一定期间内的全部记账凭证,按科目归类汇总编制的一种记账凭证。科目汇总表的编制时间是会计人员结合本单位的业务量来定,可以 1 天、8 天、15 天编制一次,每次一张;也可以按每 10 天汇总一次,每月编制一张。与之相适应,科目汇总表的格式也就有两种,如表 3 – 15、表 3 – 16 所示。

表 3 – 15　　**科目汇总表(格式 1)**

年　月　日至　日　　　　第　号

		本期发生额		记账凭证
会计科目	账　页	借　方	贷　方	起讫号数
合　计				

这种格式适用于不定期汇总的单位,如 5 天、8 天、1 个月等。将记账凭证按规定期限汇总,每月定期编制科目汇总表,每月可能编制数张,然后依据每期科目汇总表登记总账。

表 3 – 16　　**科目汇总表(格式 2)**

年　月份

会计科目	账页	自 1 日至 10 日		自 11 日至 20 日		自 21 日至 30 日		本月合计	
		借　方	贷　方	借　方	贷　方	借　方	贷　方	借　方	贷　方

这种格式的科目汇总表适用于按旬汇总的单位。将记账凭证按每旬汇总,每月编制一张科目汇总表,依据每旬汇总的科目汇总表登记总分类账,也可以按“本月合计”金额在月末集中登记一次总分类账。

科目汇总表的编制方法是:

(1)将一定时期内的全部记账凭证,依据相关会计科目进行归类汇总,通常可以采用在草稿纸上开设“T”型账户的方式来完成。

(2)计算出每一个会计科目的借方本期发生额和贷方本期发生额。

(3)将计算结果填入科目汇总表的相应栏内。

4. 科目汇总表账务处理程序的优缺点及适用范围

科目汇总表账务处理程序的优点在于:由于这种账务处理程序是根据定期汇总编制科

目汇总表在月末一次性登记总账的方法,大大简化了总分类账的登记工作,减轻了会计人员的工作量;科目汇总表的编制方法简单,容易学习与掌握,加之科目汇总表本身兼有试算平衡的功能,这就提高了总分类账所登数据的质量,在一定程度上降低了记账的错误率。

科目汇总表账务处理程序的缺点在于:作为登记总分类账所依据的科目汇总表不能反映科目之间的对应关系,从而导致总分类账不能反映各项经济业务的来龙去脉,总账所提供的数据既不便于分析经济活动,也不利于检查账目。

因此,科目汇总表账务处理程序适用于规模较大、业务量大且记账凭证多的单位。

(三)汇总记账凭证账务处理程序

1. 汇总记账凭证账务处理程序的特征

汇总记账凭证账务处理程序是根据记账凭证定期编制汇总记账凭证,并依据汇总记账凭证登记总分类账的一种账务处理程序。其主要特征是,登记总账的依据是汇总记账凭证。

在汇总记账凭证账务处理程序中,设置收款凭证、付款凭证和转账凭证,并且还分别设置汇总收款凭证、汇总付款凭证、汇总转账凭证。账簿设置同记账凭证账务处理程序基本相同。

2. 汇总记账凭证账务处理程序的说明

汇总记账凭证账务处理程序的具体步骤如图3－7所示。

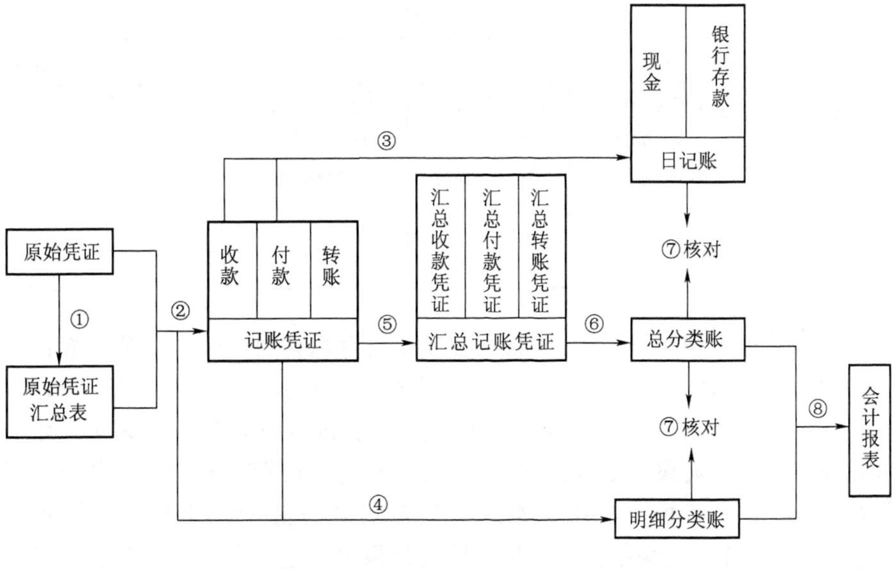

图3－7　汇总记账凭证账务处理程序

图示说明：

①根据原始凭证编制汇总原始凭证。

②根据各种原始凭证和汇总原始凭证编制收款凭证、付款凭证和转账凭证。

③根据收款凭证和付款凭证逐日逐笔登记现金日记账、银行存款日记账。

④根据原始凭证、汇总原始凭证和记账凭证登记各种明细分类账。

⑤定期根据收款凭证、付款凭证和转账凭证编制汇总收款凭证、汇总付款凭证和汇总转账凭证。

⑥根据汇总收款凭证、汇总付款凭证和汇总转账凭证登记总分类账。

⑦期末，将现金日记账、银行存款日记账的余额和各种明细账的余额分别与总分类账中的有关余额核对。

⑧根据总分类账和明细分类账的资料编制会计报表。

3. 汇总记账凭证的编制

汇总记账凭证是依据记账凭证编制的，分为汇总收款凭证、汇总付款凭证和汇总转账凭证。

(1)汇总收款凭证的编制。汇总收款凭证是根据一定时期全部收款凭证汇总编制的一种汇总记账凭证，其格式如表3－17所示。

表3－17　　汇总收款凭证

借方科目：________　　年　月　　汇收第　号

贷方科目	金　额				总账页数	
	1日至10日 收款凭证 第 号至第 号	11日至20日 收款凭证 第 号至第 号	21日至31日 收款凭证 第 号至第 号	合　计	借　方	贷　方
合　计						

汇总收款凭证的编制方法是：按照现金或银行存款科目的借方分别设置两张汇总凭证，一个是汇总现金收款凭证，一个是汇总银行存款收款凭证。汇总现金收款凭证是定期根据现金收款凭证，并按与现金对应的贷方科目进行归类汇总而编制的；汇总银行存款收款凭证则是定期根据银行存款收款凭证，并按与银行存款对应的贷方科目进行归类汇总编制的。一般每间隔10天汇总一次，每月各编制一张，期末计算合计数。

(2)汇总付款凭证的编制。汇总付款凭证是根据一定时期全部付款凭证汇总编制的一种汇总记账凭证，其格式如表3－18所示。

表 3－18　　**汇总付款凭证**

贷方科目:________　　年　　月　　汇付第　号

借方科目	金　额				总账页数	
	1 日至 10 日 付款凭证 第 号至第 号	11 日至 20 日 付款凭证 第 号至第 号	21 日至 31 日 付款凭证 第 号至第 号	合　计	借　方	贷　方
合　计						

汇总付款凭证的编制方法是:按照现金或银行存款科目贷方分别设置两张汇总记账凭证,一个是汇总现金付款凭证,一个是汇总银行存款付款凭证。汇总现金付款凭证定期根据现金付款凭证,并按与现金对应的借方科目进行归类汇总编制;汇总银行存款付款凭证则是定期根据银行存款付款凭证,并按与银行存款对应的借方科目进行归类汇总编制。一般每间隔 10 天汇总一次,每月各编制一张,期末计算合计数。

(3)汇总转账凭证的编制。汇总转账凭证是根据一定时期全部转账凭证汇总编制的一种汇总记账凭证,其格式如表 3－19 所示。

表 3－19　　**汇总转账凭证**

贷方科目:________　　年　　月　　汇转第　号

借方科目	金　额				总账页数	
	1 日至 10 日 转款凭证 第 号至第 号	11 日至 20 日 转款凭证 第 号至第 号	21 日至 31 日 转款凭证 第 号至第 号	合　计	借　方	贷　方
合　计						

汇总转账凭证的编制方法是:按照转账凭证的贷方科目设置若干张汇总转账凭证,并按与转账凭证贷方科目对应的借方科目进行归类、汇总,一般每 10 天汇总一次,每个贷方科目每月编制一张,月末结出其合计数。为了编制汇总转账凭证,要求转账凭证中的会计分录可以是一借一贷或多借一贷形式,不能编制一借多贷的会计分录。如果某一贷方科目的转账凭证数量较少,就可以不编制汇总转账凭证,以转账凭证代替汇总转账凭证。

4. 汇总记账凭证账务处理程序的优缺点及其适用范围

汇总记账凭证账务处理程序采用了根据汇总记账凭证登记总分类账的方式,发挥了科目汇总表账务处理程序减轻登记总账工作量的优势，但由于汇总记账凭证是按照会计科目的对应关系编制的，克服了科目汇总表账务处理程序的缺点，使总账可以反映经济业务的来龙去脉，便于分析与检查。汇总记账凭证账务处理程序的缺点集中在汇总转账凭证编制的工作量上，特别是转账凭证贷方科目繁多时，工作量会大大增加，而且汇总转账凭证的编制未考虑经济业务的性质，不利于会计核算的分工。

因此，汇总记账凭证账务处理程序适用于经营规模较大、业务量较大、记账凭证较多的单位。

（四）多栏式日记账账务处理程序

1. 多栏式日记账账务处理程序的特征

多栏式日记账账务处理程序是根据多栏式日记账及转账凭证登记总账的一种账务处理程序。其特征是，登记总账的依据为多栏式日记账和转账凭证。这种账务处理程序与上述账务处理程序的区别在于，需要设置多栏式日记账。其余有关记账凭证、总分类账和明细分类账的设置及格式与前面记账凭证账务处理程序基本相同。

2. 多栏式日记账账务处理程序的说明

多栏式日记账账务处理程序的具体步骤如图 3 – 8 所示。

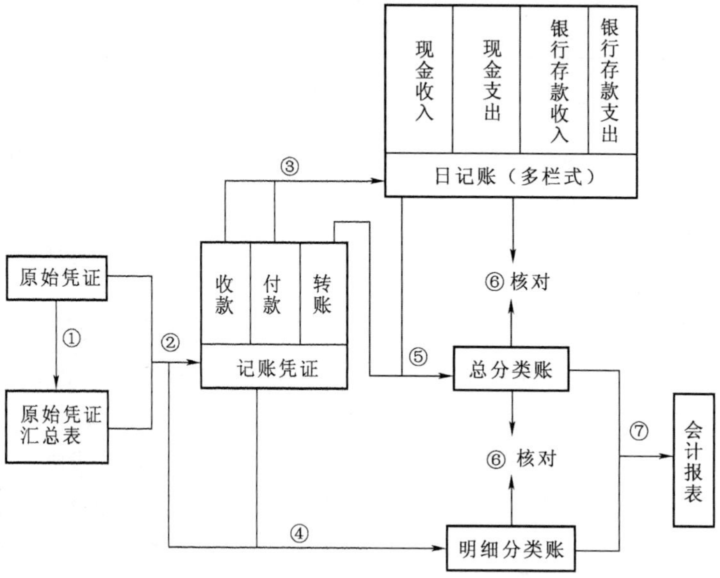

图 3 – 8　多栏式日记账账务处理程序

图示说明:

①根据原始凭证编制汇总原始凭证。

②根据原始凭证和汇总原始凭证编制收款凭证、付款凭证和转账凭证。

③根据收款凭证、付款凭证逐笔登记多栏式现金收入日记账、现金支出日记账、银行存款收入日记账、银行存款支出日记账。

④依据原始凭证、记账凭证登记各种明细分类账。

⑤根据多栏式日记账和转账凭证登记总分类账。

⑥期末,各种明细分类账余额与总分类账中的有关余额进行核对。

⑦月末,根据总分类账和明细分类账的资料编制会计报表。

3. 多栏式日记账的格式与登记方法

多栏式日记账格式如表3-20、表3-21所示。

表3-20 现金(银行存款)收入日记账 第 页

年		收款凭证号数	摘 要	贷方科目					支出合计	余 额
月	日							收入合计		

表3-21 现金(银行存款)支出日记账 第 页

年		收款凭证号数	摘 要	结算凭证		借方科目				
月	日			种 类	号 数					支出合计

注:银行存款收入日记账和银行存款支出日记账与上述现金收入日记账和现金支出日记账格式基本相同。

多栏式日记账的登记方法是:平时根据收款凭证和付款凭证逐笔登记有关现金、银行存款收入支出日记账。期末,计算支出日记账的合计数,并将"支出合计数"转入收入日记账中"支出合计"栏内,再结算出收入日记账余额。

4. 多栏式日记账账务处理程序的优缺点及适用范围

多栏式日记账账务处理程序的优点是，简化了总分类账登记工作，反映了账户间的对应关系，方便财会人员分工操作。多栏式日记账账务处理程序的缺点是，转账业务根据转账凭证逐笔过入总分类账，工作量较大，在实际业务中有的单位也采用转账凭证科目汇总表或转账业务日记账登记总分类账，据多栏式日记账登记总分类账，不便于账账间的互相稽核。多栏式日记账账务处理程序适用于货币资金收付业务较多而转账业务相对较少的单位。

附录一　记账凭证账务处理程序的应用举例

资料：宏大商贸公司是一个规模不大、业务量不多的小企业，采用记账凭证账务处理程序，有关资料如下：

20××年12月1日有关账户的期初余额见表3-22。

表3-22

资　产	借方余额	负债和所有者权益	贷方余额
库存现金	40 800	短期借款	300 000
银行存款	51 000	应付职工薪酬	10 000
应收账款	2 000	预收账款	48 700
库存商品	17 100	实收资本	200 000
长期待摊费用	60 000	未分配利润	14 700
固定资产	542 500		
累计折旧	(140 000)		
合　计	573 400	合　计	573 400

宏大商贸公司12月发生如下经济业务：

【业务3-1】 3日，从银行提取现金10 000元，以备发工资。

【业务3-2】 4日，以现金10 000元发放员工上月工资。

【业务3-3】 4日，从南方公司购入雪花冰箱5台，@2 196元，货已验收入库，签发支票支付。

【业务3-4】 4日，向海达公司购入佳能打印机25台，@1 200元，以银行存款支付10 000元，余款20 000元暂欠，货已验收入库。

【业务3-5】 6日，销售雪花冰箱3台，@2 350元，货款共计7 050元，存入银行。

【业务3-6】 6日，向星星公司购入联想笔记本电脑12台，@7 500元，计90 000元，货到入库，款项尚未付讫。

【业务3-7】 6日，销售给中星小学联想笔记本电脑10台，@8 100元，货款

81 000元存入银行。

【业务3-8】 10日,从银行提取现金2 000元,以备日常使用。

【业务3-9】 11日,开出支票偿还星星公司货款90 000元。

【业务3-10】 11日,业务员王芳预借差旅费3 000元,以现金付讫。

【业务3-11】 11日,销售给中营大厦10台佳能打印机,@1 680元,货款16 800元已存入银行。

【业务3-12】 11日,购进长虹电视20台,@1 100元,货款22 000元,以银行存款支付,货已验收入库。

【业务3-13】 19日,以现金购买办公用复印纸100元,并交付使用。

【业务3-14】 19日,向新兴宾馆销售电视20台,@1 480元,货款29 600元,尚未收回。

【业务3-15】 20日,王芳报销预借差旅费2 600元,余款400元交回。

【业务3-16】 21日,收到浪沙公司预付的商业汇票一张,面值16 800元,系订购10台佳能打印机的货款,商品于下月提供。

【业务3-17】 22日,向长琳工厂购入蚕丝被30床,@315元,计9 450元,以银行存款支付,货已验收入库。

【业务3-18】 22日,向访泰工厂购入床垫25个,@210元,货款5 250元,尚未支付,货已验收入库。

【业务3-19】 26日,向平安旅馆出售蚕丝被10床,@420元,床垫10床,@300元, 佳能打印机2台@1 680元,共计货款10 560元,款已收到并存入银行。

【业务3-20】 27日,以银行存款支付本月水电费共计2 825元。

【业务3-21】 31日,结转本月销货成本,有关成本资料如表3-23所示。

表3-23

商品名称	单　价	销售数量	金　额
雪花冰箱	@2 196元	3台	6 588
电　视	@1 100元	20台	22 000
电　脑	@7 500元	10台	75 000
佳能打印机	@1 200元	12台	14 400
蚕丝被	@315元	10床	3 150
床　垫	@210元	10个	2 100
合　计			123 238

根据上述资料,说明记账凭证账务处理程序的应用。

1. 根据上述经济业务编制记账凭证,见表3-24至表3-44。

表 3－24 **付款凭证**

贷方科目：银行存款　　20××年 12 月 3 日　　银付字第 1 号

摘　要	借方总账科目	明细科目	记账符号	金额 千	百	十	万	千	百	十	元	角	分
提取现金	库存现金						1	0	0	0	0	0	0
合　计						¥	1	0	0	0	0	0	0

附单据×张

财务主管：　记账：　出纳：　审核：　制单：××

表 3－25 **付款凭证**

贷方科目：库存现金　　20××年 12 月 4 日　　现付字第 1 号

摘　要	借方总账科目	明细科目	记账符号	金额 千	百	十	万	千	百	十	元	角	分
发放 11 月	应付职工薪酬						1	0	0	0	0	0	0
份工资													
合　计						¥	1	0	0	0	0	0	0

附单据×张

财务主管：　记账：　出纳：　审核：　制单：××

表 3－26 **付款凭证**

贷方科目：银行存款　　20××年 12 月 4 日　　银付字第 2 号

摘　要	借方总账科目	明细科目	记账符号	金额 千	百	十	万	千	百	十	元	角	分
购入雪花	库存商品	冰箱					1	0	9	8	0	0	0
冰箱 5 台													
@2196													
合　计						¥	1	0	9	8	0	0	0

附单据×张

财务主管：　记账：　出纳：　审核：　制单：××

表 3－27－1 **付款凭证**

贷方科目:银行存款　　20××年 12 月 4 日　　银付字第 3 号

摘要	借方总账科目	明细科目	记账符号	金额									
				千	百	十	万	千	百	十	元	角	分
购入佳能	库存商品	打印机					1	0	0	0	0	0	0
打印机 25 台													
@1 200													
支付 10 000 元													
合　计						¥	1	0	0	0	0	0	0

附单据×张

财务主管:　　记账:　　出纳:　　审核:　　制单: ××

表 3－27－2 **转账凭证**

20××年 12 月 4 日　　转字第 1 号

摘要	总账科目	明细科目	√	借方金额										√	贷方金额									
				千	百	十	万	千	百	十	元	角	分		千	百	十	万	千	百	十	元	角	分
购入佳能	库存商品	打印机					2	0	0	0	0	0	0											
打印机 25 台@1 200	应付账款	海达公司																2	0	0	0	0	0	0
暂欠 20 000 元																								
合　计						¥	2	0	0	0	0	0	0				¥	2	0	0	0	0	0	0

附单据×张

财务主管:　　记账:　　出纳:　　审核:　　制单: ××

表 3－28 **收款凭证**

借方科目:银行存款　　20××年 12 月 6 日　　银收字第 1 号

摘要	贷方总账科目	明细科目	记账符号	金额									
				千	百	十	万	千	百	十	元	角	分
销售雪花冰箱	主营业务收入							7	0	5	0	0	0
3 台@2 350													
合　计							¥	7	0	5	0	0	0

附单据×张

财务主管:　　记账:　　出纳:　　审核:　　制单: ××

表 3－29 **转账凭证**

20××年12月6日 转字第2号

摘要	总账科目	明细科目	√	借方金额										√	贷方金额									
				千	百	十	万	千	百	十	元	角	分		千	百	十	万	千	百	十	元	角	分
购入电	库存商品	电 脑					9	0	0	0	0	0	0											
脑12台	应付账款	星星公司																9	0	0	0	0	0	0
@7 500																								
合 计						¥	9	0	0	0	0	0	0				¥	9	0	0	0	0	0	0

附单据×张

财务主管： 记账： 出纳： 审核： 制单：××

表 3－30 **收款凭证**

借方科目：银行存款 20××年12月6日 银收字第2号

摘要	贷方总账科目	明细科目	记账符号	金额									
				千	百	十	万	千	百	十	元	角	分
销售电脑	主营业务收入						8	1	0	0	0	0	0
10台@8 100													
合 计						¥	8	1	0	0	0	0	0

附单据×张

财务主管： 记账： 出纳： 审核： 制单：××

表 3－31 **付款凭证**

贷方科目：银行存款 20××年12月10日 银付字第4号

摘要	借方总账科目	明细科目	记账符号	金额									
				千	百	十	万	千	百	十	元	角	分
提取现金	库存现金							2	0	0	0	0	0
合 计							¥	2	0	0	0	0	0

附单据×张

财务主管： 记账： 出纳： 审核： 制单：××

表 3－32　　　　　　　　　　**付款凭证**

贷方科目:银行存款　　　　20××年 12 月 11 日　　　　银付字第 5 号

摘　要	借方总账科目	明细科目	记账符号	金　额									
				千	百	十	万	千	百	十	元	角	分
偿还星星	应付账款	星星公司					9	0	0	0	0	0	0
公司货款													
合　计						¥	9	0	0	0	0	0	0

附单据×张

财务主管:　　记账:　　出纳:　　审核:　　制单:××

表 3－33　　　　　　　　　　**付款凭证**

贷方科目:库存现金　　　　20××年 12 月 11 日　　　　现付字第 1 号

摘　要	借方总账科目	明细科目	记账符号	金　额									
				千	百	十	万	千	百	十	元	角	分
提取现金	其他应收款	王芳						3	0	0	0	0	0
合　计							¥	3	0	0	0	0	0

附单据×张

财务主管:　　记账:　　出纳:　　审核:　　制单:××

表 3－34　　　　　　　　　　**收款凭证**

借方科目:银行存款　　　　20××年 12 月 11 日　　　　银收字第 3 号

摘　要	贷方总账科目	明细科目	记账符号	金　额									
				千	百	十	万	千	百	十	元	角	分
销售打印机	主营业务收入						1	6	8	0	0	0	0
10 台@1 680													
合　计						¥	1	6	8	0	0	0	0

附单据×张

财务主管:　　记账:　　出纳:　　审核:　　制单:××

表 3－35　　　　付款凭证

贷方科目：银行存款　　　　20××年12月11日　　　　银付字第6号

摘　要	借方总账科目	明细科目	记账符号	金额：千	百	十	万	千	百	十	元	角	分	
购进电视	库存商品	电视					2	2	0	0	0	0	0	附单据×张
20台@1 100														
合　计						¥	2	2	0	0	0	0	0	

财务主管：　　记账：　　出纳：　　审核：　　制单：××

表 3－36　　　　付款凭证

贷方科目：库存现金　　　　20××年12月19日　　　　现付字第2号

摘　要	借方总账科目	明细科目	记账符号	金额：千	百	十	万	千	百	十	元	角	分	
购买办公用	销售费用								1	0	0	0	0	附单据×张
复印纸														
合　计								¥	1	0	0	0	0	

财务主管：　　记账：　　出纳：　　审核：　　制单：××

表 3－37　　　　转账凭证

20××年12月19日　　　　转字第3号

摘　要	总账科目	明细科目	√	借方金额：千	百	十	万	千	百	十	元	角	分	√	贷方金额：千	百	十	万	千	百	十	元	角	分	
销售电	应收账款	新兴宾馆					2	9	6	0	0	0	0												附单据×张
视20台	主营业务收入																	2	9	6	0	0	0	0	
@1 480																									
合　计						¥	2	9	6	0	0	0	0				¥	2	9	6	0	0	0	0	

财务主管：　　记账：　　出纳：　　审核：　　制单：××

表 3-38-1 **转账凭证**

20××年12月20日 转字第4号

摘要	总账科目	明细科目	√	借方金额										√	贷方金额									
				千	百	十	万	千	百	十	元	角	分		千	百	十	万	千	百	十	元	角	分
报销	销售费用							2	6	0	0	0	0											
差旅费	其他应收款	王芳																	2	6	0	0	0	0
合计							¥	2	6	0	0	0	0					¥	2	6	0	0	0	0

附单据×张

财务主管： 记账： 出纳： 审核： 制单：××

表 3-38-2 **收款凭证**

借方科目:库存现金 20××年12月20日 现收字第1号

摘要	贷方总账科目	明细科目	记账符号	金额									
				千	百	十	万	千	百	十	元	角	分
收回多借差旅费	其他应收款	王芳							4	0	0	0	0
合计								¥	4	0	0	0	0

附单据×张

财务主管： 记账： 出纳： 审核： 制单：××

表 3-39 **转账凭证**

20××年12月21日 转字第5号

摘要	总账科目	明细科目	√	借方金额										√	贷方金额									
				千	百	十	万	千	百	十	元	角	分		千	百	十	万	千	百	十	元	角	分
预付货款	应收票据						1	6	8	0	0	0	0											
的票据	预收账款	浪沙公司																1	6	8	0	0	0	0
合计						¥	1	6	8	0	0	0	0				¥	1	6	8	0	0	0	0

附单据×张

财务主管： 记账： 出纳： 审核： 制单：××

表 3－40　　　　　付款凭证

贷方科目：银行存款　　　　20××年 12 月 22 日　　　　银付字第 7 号

摘　要	借方总账科目	明细科目	记账符号	金额									
				千	百	十	万	千	百	十	元	角	分
购买蚕丝被	库存商品	蚕丝被						9	4	5	0	0	0
30 床@315													
合　计							¥	9	4	5	0	0	0

附单据×张

财务主管：　　记账：　　出纳：　　审核：　　制单：××

表 3－41　　　　　转账凭证

20××年 12 月 22 日　　　　转字第 6 号

摘　要	总账科目	明细科目	√	借方金额										√	贷方金额									
				千	百	十	万	千	百	十	元	角	分		千	百	十	万	千	百	十	元	角	分
购入床垫 25 个	库存商品	床垫						5	2	5	0	0	0											
@210	应付账款	访泰工厂																	5	2	5	0	0	0
合　计							¥	5	2	5	0	0	0					¥	5	2	5	0	0	0

附单据×张

财务主管：　　记账：　　出纳：　　审核：　　制单：××

表 3－42　　　　　收款凭证

借方科目：银行存款　　　　20××年 12 月 26 日　　　　银收字第 4 号

摘　要	贷方总账科目	明细科目	记账符号	金额									
				千	百	十	万	千	百	十	元	角	分
销售蚕丝被	主营业务收入						1	0	5	6	0	0	0
10 床@420													
床垫 10 床@300													
打印机 2 台													
@1 680													
合　计						¥	1	0	5	6	0	0	0

附单据×张

财务主管：　　记账：　　出纳：　　审核：　　制单：××

表 3－43　　付款凭证

科目贷方:银行存款　　20××年 12 月 27 日　　银付字第 8 号

摘　要	借方总账科目	明细科目	记账符号	金额										附单据×张
				千	百	十	万	千	百	十	元	角	分	
支付本月	销售费用							2	8	2	5	0	0	
水电费														
合　计							¥	2	8	2	5	0	0	

财务主管:　　记账:　　出纳:　　审核:　　制单:××

表 3－44－1　　转账凭证

20××年 12 月 31 日　　转字第 7 $\frac{1}{2}$ 号

摘　要	总账科目	明细科目	√	借方金额										√	贷方金额										附单据×张
				千	百	十	万	千	百	十	元	角	分		千	百	十	万	千	百	十	元	角	分	
结转销	主营业务成本					1	2	3	2	3	8	0	0												
货成本	库存商品	冰箱																	6	5	8	8	0	0	
		电视																2	2	0	0	0	0	0	
		电脑																7	5	0	0	0	0	0	
		打印机																1	4	0	0	0	0	0	
合　计					¥	1	2	3	2	3	8	0	0			¥	1	1	7	9	8	8	0	0	

财务主管:　　记账:　　出纳:　　审核:　　制单:××

表 3－44－2　　转账凭证

20××年 12 月 31 日　　转字第 7 $\frac{2}{2}$ 号

摘　要	贷方科目	明细科目	√	借方金额										√	贷方金额										附单据×张
				千	百	十	万	千	百	十	元	角	分		千	百	十	万	千	百	十	元	角	分	
结转销	库存商品	蚕丝被																	3	1	5	0	0	0	
货成本		床　垫																	2	1	0	0	0	0	
合　计					¥	1	2	3	2	3	8	0	0			¥	1	2	3	2	3	8	0	0	

财务主管:　　记账:　　出纳:　　审核:　　制单:××

2. 根据收款凭证、付款凭证登记现金日记账和银行存款日记账,如表 3－45 至表 3－46所示。

3. 根据记账凭证及其所附原始凭证登记各种明细分类账,如表 3－47 至表 3－57 所示。

4. 根据各种记账凭证逐笔登记总分类账,如表 3－58 至表 3－69 所示。

表 3－45　　**库存现金日记账**　　＿＿＿＿科目＿＿＿＿

20××年		记账凭证号数	摘要	对方科目	页数	借方											贷方											借或贷	余额										
月	日					亿	千	百	十	万	千	百	十	元	角	分	亿	千	百	十	万	千	百	十	元	角	分		亿	千	百	十	万	千	百	十	元	角	分
12	1		期初余额																									借					4	0	8	0	0	0	0
	3	银付1	提取现金	银行存款						1	0	0	0	0	0	0												借					5	0	8	0	0	0	0
			本日合计							1	0	0	0	0	0	0												借					5	0	8	0	0	0	0
	4	现付1	发放工资	应付职工薪酬																	1	0	0	0	0	0	0	借					4	0	8	0	0	0	0
			本日合计																		1	0	0	0	0	0	0	借					4	0	8	0	0	0	0
	10	银付1	提取现金	银行存款							2	0	0	0	0	0												借					4	2	8	0	0	0	0
			本日合计								2	0	0	0	0	0												借					4	2	8	0	0	0	0
	11	现付2	预借差旅费	其他应收款																		3	0	0	0	0	0	借					3	9	8	0	0	0	0
			本日合计																			3	0	0	0	0	0	借					3	9	8	0	0	0	0
	19	现付3	购买复印纸	销售费用																			1	0	0	0	0	借					3	9	7	0	0	0	0
			本日合计																				1	0	0	0	0	借					3	9	7	0	0	0	0
	20	现收1	退回差旅费余款	其他应收款								4	0	0	0	0												借					4	0	1	0	0	0	0
			本日合计									4	0	0	0	0												借					4	0	1	0	0	0	0
	31		本月合计							1	2	4	0	0	0	0					1	3	1	0	0	0	0	借					4	0	1	0	0	0	0

表 3－46

银行存款日记账

________科目________

20××年		记账凭证号数	摘要	对方科目	页数	借方											贷方											借或贷	余额										
月	日					亿	千	百	十	万	千	百	十	元	角	分	亿	千	百	十	万	千	百	十	元	角	分		亿	千	百	十	万	千	百	十	元	角	分
12	1		期初余额																									借					5	1	0	0	0	0	0
	3	银付1	提取现金	库存现金																	1	0	0	0	0	0	0	借					4	1	0	0	0	0	0
			本日合计																		1	0	0	0	0	0	0	借					4	1	0	0	0	0	0
	4	银付2	购入冰箱	库存商品																	1	0	9	8	0	0	0	借					3	0	0	2	0	0	0
		银付3	购入打印机	库存商品																	1	0	0	0	0	0	0	借					2	0	0	2	0	0	0
			本日合计																		2	0	9	8	0	0	0	借					2	0	0	2	0	0	0
	6	银收1	销售冰箱	主营业务收入							7	0	5	0	0	0												借					2	7	0	7	0	0	0
	6	银收2	销售电脑	主营业务收入						8	1	0	0	0	0	0												借				1	0	8	0	7	0	0	0
			本日合计							8	8	0	5	0	0	0												借				1	0	8	0	7	0	0	0
	10	银付4	提取现金	库存现金																		2	0	0	0	0	0	借				1	0	6	0	7	0	0	0
			本日合计																			2	0	0	0	0	0	借				1	0	6	0	7	0	0	0
	11	银付5	偿还货款	应付账款																	9	0	0	0	0	0	0	借					1	6	0	7	0	0	0
	11	银收3	销售打印机	主营业务收入						1	6	8	0	0	0	0												借					3	2	8	7	0	0	0
	11	银付6	购进电视	库存商品																	2	2	0	0	0	0	0	借					1	0	8	7	0	0	0
			本日合计							1	6	8	0	0	0	0				1	1	2	0	0	0	0	0	借					1	0	8	7	0	0	0
	22	银付7	购进蚕丝被	库存商品																		9	4	5	0	0	0	借						1	4	2	0	0	0
			本日合计																			9	4	5	0	0	0	借						1	4	2	0	0	0
	26	银收4	销售蚕丝被等	主营业务收入						1	0	5	6	0	0	0												借					1	1	9	8	0	0	0
			本日合计							1	0	5	6	0	0	0												借					1	1	9	8	0	0	0
	27	银付8	支付水电费	销售费用																		2	8	2	5	0	0	借						9	1	5	5	0	0
			本日合计																			2	8	2	5	0	0	借						9	1	5	5	0	0
			本月合计						1	1	5	4	1	0	0	0				1	5	7	2	5	5	0	0	借						9	1	5	5	0	0

表 3－47

库存商品明细分类账

编号×　　　　规格×　　　　单位（台）　　　　名称 雪花冰箱

20××年		凭证号数	摘要	收入			发出			结存		
月	日			数量	单价	金额	数量	单价	金额	数量	单价	金额
12	4	银付 2	购入	5	2 196	10 980				5	2 196	10 980
	31	转 7	结转销售成本				3	2 196	6 588	2	2 196	4 392
			本月合计			10 980			6 588			4 392

表 3－48

库存商品明细分类账

编号×　　　　规格×　　　　单位（台）　　　　名称 佳能打印机

20××年		凭证号数	摘要	收入			发出			结存		
月	日			数量	单价	金额	数量	单价	金额	数量	单价	金额
12	4	银付 3、转 1	购入佳能打印机	25	1 200	30 000				25	1 200	30 000
	31	转 7	结转销售成本				12	1 200	14 400	13	1 200	15 600
			本月合计			30 000			14 400			15 600

表 3－49

库存商品明细分类账

编号×　　规格×　　单位(台)　　名称 联想笔记本电脑

20××年		凭证号数	摘要	收入			发出			结存		
月	日			数量	单价	金额	数量	单价	金额	数量	单价	金额
12	1		上月结存							2	7 500	15 000
	6	转2	购入电脑	12	7 500	90 000				14	7 500	105 000
	31	转7	结转销售成本				10	7 500	75 000	4	7 500	90 000
			本月合计			90 000			75 000			30 000

表 3－50

库存商品明细分类账

编号×　　规格×　　单位(台)　　名称 长虹电视

20××年		凭证号数	摘要	收入			发出			结存		
月	日			数量	单价	金额	数量	单价	金额	数量	单价	金额
12	11	银付6	购入	20	1 100	22 000				20	1 100	22 000
	31	转7	结转销售成本				20	1 100	22 000	0		0
			本月合计			22 000			22 000			0

表 3－51

库存商品明细分类账

编号 ×　　　　规格 ×　　　　单位（床）　　　　名称　蚕丝被

20××年		凭证号数	摘要	收入			发出			结存		
月	日			数量	单价	金额	数量	单价	金额	数量	单价	金额
12	22	银付 7	购入	30	315	9 450				30	315	9 450
	31	转 7	结转销售成本				10	315	3 150	20	315	6 300
			本月合计			9 450			3 150			6 300

表 3－52

库存商品明细分类账

编号 ×　　　　规格 ×　　　　单位（个）　　　　名称　床　垫

20××年		凭证号数	摘要	收入			发出			结存		
月	日			数量	单价	金额	数量	单价	金额	数量	单价	金额
12			上月结存							10	210	2 100
	22	转 6	购入	25	210	5 250				35	210	7 350
	31	转 7	结转销售成本				10	210	2 100	25	210	5 250
			本月合计			5 250			2 100			5 250

表 3－53　　**应付账款明细分类账**

明细科目:海达公司

20××年		凭证		摘要	借方									贷方									借或贷	余额								
月	日	字	号		百	十	万	千	百	十	元	角	分	百	十	万	千	百	十	元	角	分		百	十	万	千	百	十	元	角	分
12	4	转	1	购入未付款												2	0	0	0	0	0	0	贷			2	0	0	0	0	0	0
				本月合计												2	0	0	0	0	0	0	贷			2	0	0	0	0	0	0

表 3－54　　**应付账款明细分类账**

明细科目:星星公司

20××年		凭证		摘要	借方									贷方									借或贷	余额								
月	日	字	号		百	十	万	千	百	十	元	角	分	百	十	万	千	百	十	元	角	分		百	十	万	千	百	十	元	角	分
12	6	转	2	购入未付款												9	0	0	0	0	0	0	贷			9	0	0	0	0	0	0
	11	银付	5	归还			9	0	0	0	0	0	0										平							0		
				本月合计			9	0	0	0	0	0	0			9	0	0	0	0	0	0	平							0		

表 3－55　　**应付账款明细分类账**

明细科目:访泰工厂

20××年		凭证		摘要	借方									贷方									借或贷	余额								
月	日	字	号		百	十	万	千	百	十	元	角	分	百	十	万	千	百	十	元	角	分		百	十	万	千	百	十	元	角	分
12	22	转	6	欠款													5	2	5	0	0	0	贷				5	2	5	0	0	0
				本月合计													5	2	5	0	0	0	贷				5	2	5	0	0	0

表 3－56 **预收账款明细分类账**

明细科目:浪沙公司

20××年		凭证		摘要	借方									贷方									借或贷	余额								
月	日	字	号		百	十	万	千	百	十	元	角	分	百	十	万	千	百	十	元	角	分		百	十	万	千	百	十	元	角	分
12	2	转	5	预收款项												1	6	8	0	0	0	0	贷			1	6	8	0	0	0	0
				本月合计												1	6	8	0	0	0	0	贷			1	6	8	0	0	0	0

表 3－57 **应收账款明细分类账**

明细科目:新兴宾馆

20××年		凭证		摘要	借方									贷方									借或贷	余额								
月	日	字	号		百	十	万	千	百	十	元	角	分	百	十	万	千	百	十	元	角	分		百	十	万	千	百	十	元	角	分
12	19	转	3	销售			2	9	6	0	0	0	0										借			2	9	6	0	0	0	0
				本月合计			2	9	6	0	0	0	0										借			2	9	6	0	0	0	0

表 3－58 **总分类账**

会计科目:库存现金

20××年		记账凭证号数	摘要	对方科目	页数	借方											贷方											借或贷	余额										
月	日					亿	千	百	十	万	千	百	十	元	角	分	亿	千	百	十	万	千	百	十	元	角	分		亿	千	百	十	万	千	百	十	元	角	分
12	1		期初余额																									借					4	0	8	0	0	0	0
	3	银付1	提取现金	银行存款						1	0	0	0	0	0	0												借					5	0	8	0	0	0	0
	4	现付1	发放工资	应付职工薪酬																	1	0	0	0	0	0	0	借					4	0	8	0	0	0	0

续表

20××年		记账凭证号数	摘要	对方科目	页数	借方											贷方											借或贷	余额										
月	日					亿	千	百	十	万	千	百	十	元	角	分	亿	千	百	十	万	千	百	十	元	角	分		亿	千	百	十	万	千	百	十	元	角	分
	10	银付1	提取现金	银行存款							2	0	0	0	0	0												借					4	2	8	0	0	0	0
	11	现付2	预借差旅费	其他应收款																		3	0	0	0	0	0	借					3	9	8	0	0	0	0
	19	现付3	购买复印纸	销售费用																			1	0	0	0	0	借					3	9	7	0	0	0	0
	20	现收1	退回差旅费余款	其他应收款								4	0	0	0	0												借					4	0	1	0	0	0	0
	31		本月合计							1	2	4	0	0	0	0					1	3	1	0	0	0	0	借					4	0	1	0	0	0	0

表 3－59　　　　**总分类账**

会计科目:银行存款

20××年		记账凭证号数	摘要	对方科目	页数	借方											贷方											借或贷	余额										
月	日					亿	千	百	十	万	千	百	十	元	角	分	亿	千	百	十	万	千	百	十	元	角	分		亿	千	百	十	万	千	百	十	元	角	分
12	1		期初余额																									借					5	1	0	0	0	0	0
	3	银付 1	提取现金	库存现金																	1	0	0	0	0	0	0	借					4	1	0	0	0	0	0
	4	银付 2	购入冰箱	库存商品																	1	0	9	8	0	0	0	借					3	0	0	2	0	0	0
		银付 3	购入打印机	库存商品																	1	0	0	0	0	0	0	借					2	0	0	2	0	0	0
	6	银收 1	销售冰箱	主营业务收入							7	0	5	0	0	0												借					2	7	0	7	0	0	0
	6	银收 2	销售电脑	主营业务收入						8	1	0	0	0	0	0												借				1	0	8	0	7	0	0	0
	10	银付 4	提取现金	库存现金																		2	0	0	0	0	0	借				1	0	6	0	7	0	0	0
	11	银付 5	偿还货款	应付账款																	9	0	0	0	0	0	0	借					1	6	0	7	0	0	0
	11	银收 3	销售打印机	主营业务收入						1	6	8	0	0	0	0												借					3	2	8	7	0	0	0
	11	银付 6	购进电视	库存商品																	2	2	0	0	0	0	0	借					1	0	8	7	0	0	0
	22	银付 7	购进蚕丝被	库存商品																		9	4	5	0	0	0	借						1	4	2	0	0	0
	26	银收 4	销售蚕丝被等	主营业务收入						1	0	5	6	0	0	0												借					1	1	9	8	0	0	0
	27	银付 8	支付水电费	销售费用																		2	8	2	5	0	0	借						9	1	5	5	0	0
			本月合计						1	1	5	4	1	0	0	0				1	5	7	2	5	5	0	0	借						9	1	5	5	0	0

表 3－60 **总分类账**

会计科目:应收账款

20××年		凭证		摘要	借方									贷方									借或贷	余额								
月	日	字	号		百	十	万	千	百	十	元	角	分	百	十	万	千	百	十	元	角	分		百	十	万	千	百	十	元	角	分
12	1			期初余额																			借				2	0	0	0	0	0
	19	转	3	销售未收款			2	9	6	0	0	0	0										借			3	1	6	0	0	0	0
				本月合计			2	9	6	0	0	0	0										借			3	1	6	0	0	0	0

表 3－61 **总分类账**

科目:库存商品

20××年		凭证		摘要	借方									贷方									借或贷	余额								
月	日	字	号		百	十	万	千	百	十	元	角	分	百	十	万	千	百	十	元	角	分		百	十	万	千	百	十	元	角	分
12	1			期初余额																			借			1	7	1	0	0	0	0
	4	银付	2	购进冰箱			1	0	9	8	0	0	0										借			2	8	0	8	0	0	0
	4	银付	3	购打印机			1	0	0	0	0	0	0										借			3	8	0	8	0	0	0
	4	转	1	购打印机			2	0	0	0	0	0	0										借			5	8	0	8	0	0	0
	6	转	2	购电脑			9	0	0	0	0	0	0										借		1	4	8	0	8	0	0	0
	11	银付	6	购电视			2	2	0	0	0	0	0										借		1	7	0	0	8	0	0	0
	22	银付	7	购丝被				9	4	5	0	0	0										借		1	7	9	5	3	0	0	0
	22	转	6	购床垫				5	2	5	0	0	0										借		1	8	4	7	8	0	0	0
	31	转	7	销货成本											1	2	3	2	3	8	0	0	借			6	1	5	4	2	0	0
				本月合计		1	6	7	6	8	0	0	0		1	2	3	2	3	8	0	0	借			6	1	5	4	2	0	0

表 3－62 **总分类账**

会计科目:其他应收款

20××年		凭证		摘要	借方									贷方									借或贷	余额								
月	日	字	号		百	十	万	千	百	十	元	角	分	百	十	万	千	百	十	元	角	分		百	十	万	千	百	十	元	角	分
12	11	现付	1	预借差旅费				3	0	0	0	0	0										借				3	0	0	0	0	0
	20	转	4	报销差旅费													2	6	0	0	0	0	借					4	0	0	0	0
	20	现收	1	退回余款														4	0	0	0	0	平							0		
				本月合计				3	0	0	0	0	0				3	0	0	0	0	0	平							0		

表 3－63 **总分类账**

会计科目:应收票据

20××年		凭证		摘要	借方									贷方									借或贷	余额								
月	日	字	号		百	十	万	千	百	十	元	角	分	百	十	万	千	百	十	元	角	分		百	十	万	千	百	十	元	角	分
12	21	转	5	收到预付款			1	6	8	0	0	0	0										借			1	6	8	0	0	0	0
				本月合计			1	6	8	0	0	0	0										借			1	6	8	0	0	0	0

表 3－64 **总分类账**

会计科目:应付账款

20××年		凭证		摘要	借方									贷方									借或贷	余额								
月	日	字	号		百	十	万	千	百	十	元	角	分	百	十	万	千	百	十	元	角	分		百	十	万	千	百	十	元	角	分
12	4	转	1	购入打印机												2	0	0	0	0	0	0	贷			2	0	0	0	0	0	0
	6	转	2	购入电脑												9	0	0	0	0	0	0	贷		1	1	0	0	0	0	0	0
	11	银付	5	归还欠款			9	0	0	0	0	0	0										贷			2	0	0	0	0	0	0
	22	转	6	购入床垫													5	2	5	0	0	0	贷			2	5	2	5	0	0	0
				本月合计			9	0	0	0	0	0	0		1	1	5	2	5	0	0	0	贷			2	5	2	5	0	0	0

表 3－65

总分类账

会计科目:预收账款

20××年		凭证		摘要	借方									贷方									借或贷	余额								
月	日	字	号		百	十	万	千	百	十	元	角	分	百	十	万	千	百	十	元	角	分		百	十	万	千	百	十	元	角	分
12	1			期初余额																			贷			4	8	7	0	0	0	0
	21	转	5	收到预付款												1	6	8	0	0	0	0	贷			6	5	5	0	0	0	0
				本月合计												1	6	8	0	0	0	0	贷			6	5	5	0	0	0	0

表 3－66

总分类账

会计科目:应付职工薪酬

20××年		凭证		摘要	借方									贷方									借或贷	余额								
月	日	字	号		百	十	万	千	百	十	元	角	分	百	十	万	千	百	十	元	角	分		百	十	万	千	百	十	元	角	分
12	1			期初余额																			贷			1	0	0	0	0	0	0
12	4	现付	1	发放工资			1	0	0	0	0	0	0										平							0		
				本月合计			1	0	0	0	0	0	0										平							0		

表 3－67

总分类账

会计科目:主营业务收入

20××年		凭证		摘要	借方									贷方									借或贷	余额								
月	日	字	号		百	十	万	千	百	十	元	角	分	百	十	万	千	百	十	元	角	分		百	十	万	千	百	十	元	角	分
12	6	银收	1	售出冰箱													7	0	5	0	0	0	贷				7	0	5	0	0	0
	6	银收	2	售出电脑												8	1	0	0	0	0	0	贷			8	8	0	5	0	0	0
	11	银收	3	售出打印机												1	6	8	0	0	0	0	贷		1	0	4	8	5	0	0	0
	19	转	3	售出电视												2	9	6	0	0	0	0	贷		1	3	4	4	5	0	0	0
	20	银收	4	售出蚕丝被等												1	0	5	6	0	0	0	贷		1	4	5	0	1	0	0	0

表 3-68 **总分类账**

会计科目:主营业务成本

20××年		凭证		摘要	借方									贷方									借或贷	余额								
月	日	字	号		百	十	万	千	百	十	元	角	分	百	十	万	千	百	十	元	角	分		百	十	万	千	百	十	元	角	分
12	31	转	7	结转成本		1	2	3	2	3	8	0	0										借		1	2	3	2	3	8	0	0

表 3-69 **总分类账**

会计科目:销售费用

20××年		凭证		摘要	借方									贷方									借或贷	余额								
月	日	字	号		百	十	万	千	百	十	元	角	分	百	十	万	千	百	十	元	角	分		百	十	万	千	百	十	元	角	分
12	10	现付	2	购买办公用品					1	0	0	0	0										借					1	0	0	0	0
	20	转	4	报销差旅费				2	6	0	0	0	0										借				2	7	0	0	0	0
	27	银付	8	支付水电费				2	8	2	5	0	0										借				5	5	2	5	0	0

附录二　科目汇总表账务处理程序的应用举例

资料:假设宏大商贸公司采用科目汇总表账务处理程序,有关资料仍沿用“附录一”中列示的资料。基于科目汇总表账务处理程序的诸多具体步骤与记账凭证账务处理程序相同,这里仅结合上例中的资料说明科目汇总表的编制,以及根据科目汇总表登记总分类账。

1. 根据记账凭证编制科目汇总表

宏大商贸公司按旬编制科目汇总表,具体编制方法如下:

(1) 据记账凭证中所涉及的总账账户名称,在草稿纸上开设“T”型总账。

(2) 根据记账凭证登记“T”型总账。

(3) 分别计算“T”型总账的合计。

(4) 将“T”型总账的名称与借贷方合计金额填入科目汇总表(见表 3－70)。

现列示 1 至 31 日的“T”型总账,其中,序号为经济业务序号。

借	库存现金		贷
(1)	10 000	(2)	10 000
(8)	2 000		
1-10日合计	12 000	1-10日合计	10 000
		(10)	3 000
(15-2)	400	(13)	100
11-20日合计	400	11-20日合计	3 100
本月合计	12 400	本月合计	13 100

借	银行存款		贷
(5)	7 050	(1)	10 000
(7)	81 000	(3)	10 980
		(4-1)	10 000
		(8)	2 000
1-10日合计	88 050	1-10日合计	32 980
(11)	16 800	(9)	90 000
		(12)	22 000
11-20日合计	16 800	11-20日合计	112 000
(19)	10 560	(17)	9 450
		(20)	2 825
21-31日合计	10 560	21-31日合计	12 275
本月合计	115 410	本月合计	157 255

借	应收票据		贷
(16)	16 800		
11-20日合计	16 800	11-20日合计	0
本月合计	16 800	本月合计	0

借	预收账款		贷
		(16)	16 800
21-31日合计	0	21-31日合计	16 800
本月合计	0	本月合计	16 800

借	库存商品		贷
(3)	10 980		
(4-1)	10 000		
(4-2)	20 000		
(6)	90 000		
1-10日合计	130 980	1-10日合计	0
(12)	22 000		
11-20日合计	22 000	11-20日合计	0
(17)	9 450	(21)	123 238
(18)	5 250		
21-31日合计	14 700	21-31日合计	123 238
本月合计	167 680	本月合计	123 238

借	应收账款		贷
(14)	29 600		
11-21日合计	29 600	11-21日合计	0
本月合计	29 600	本月合计	0

借	应付职工薪酬		贷
(2)	10 000		
1-10日合计	10 000	1-10日合计	0
本月合计	10 000	本月合计	0

借	应付账款		贷
		(4-2)	20 000
		(6)	90 000
11-10日合计	0	1-10日合计	110 000
(9)	90 000		
11-20日合计	90 000	11-20日合计	0
		(18)	5 250
21-31日合计	0	21-31日合计	5 250
本月合计	90 000	本月合计	115 250

借	主营业务收入		贷
		(5)	7 050
		(7)	81 000
1-10日合计	0	1-10日合计	88 050
		(11)	16 800
		(14)	29 600
11-20日合计	0	11-20日合计	46 400
		(19)	10 560
21-31日合计	0	21-31日合计	10 560
本月合计	0	本月合计	145 010

借	主营业务成本		贷
(21)	123 238		
21-31日合计	123 238	21-31日合计	0
本月合计	123 238	本月合计	0

借	其他应收款		贷
(10)	3 000	(15-1)	2 600
		(15-2)	400
11-20日合计	3 000	11-20日合计	3 000
本月合计	3 000	本月合计	3 000

借	销售费用		贷
(13)	100		
(15-1)	2 600		
11-20日合计	2 700	11-20日合计	0
(20)	2 825		
21-31日合计	2 825	21-31日合计	0
本月合计	5 525	本月合计	0

表 3-70　　科目汇总表

20××年 12 月　　第 12 号

会计科目	自 1 至 10 日		自 11 至 20 日		自 21 至 31 日		合　计	
	借方	贷方	借方	贷方	借方	贷方	借方	贷方
库存现金	12 000	10 000	400	3 100			12 400	13 100
银行存款	88 050	32 980	16 800	112 000	10 560	12 275	115 410	157 255
应收票据					16 800		16 800	
应收账款			29 600				29 600	
其他应收款			3 000	3 000			3 000	3 000
库存商品	130 980		22 000		14 700	123 238	167 680	123 238
应付账款		110 000	90 000			5 250	90 000	115 250
预收账款						16 800		16 800
应付职工薪酬	10 000							
主营业务收入		88 050		46 400		10 560	10 000	145 010
主营业务成本					123 238		123 238	
销售费用			2 700		2 825		5 525	
合　计	241 030	241 030	164 500	164 500	168 123	168 123	573 653	573 653

2. 根据科目汇总表登记总账，见表 3-71 至表 3-76。

表 3－71

总分类账

会计科目：应付账款

20××年		记账凭证号数	摘要	对方科目	页数	借方											贷方											借或贷	余额										
月	日					亿	千	百	十	万	千	百	十	元	角	分	亿	千	百	十	万	千	百	十	元	角	分		亿	千	百	十	万	千	百	十	元	角	分
12	10	科汇 12	自 1 至 10 日发生额																	1	1	0	0	0	0	0	0	贷				1	1	0	0	0	0	0	0
	20	科汇 12	自 11 至 20 日发生额							9	0	0	0	0	0	0												贷					2	0	0	0	0	0	0
	31	科汇 12	自 21 至 31 日发生额																			5	2	5	0	0	0	贷					2	5	2	5	0	0	0
	31		本月合计							9	0	0	0	0	0	0				1	1	5	2	5	0	0	0	贷					2	5	2	5	0	0	0

表 3－72

总分类账

会计科目：预收账款

20××年		记账凭证号数	摘要	对方科目	页数	借方											贷方											借或贷	余额										
月	日					亿	千	百	十	万	千	百	十	元	角	分	亿	千	百	十	万	千	百	十	元	角	分		亿	千	百	十	万	千	百	十	元	角	分
12	1		期初余额																									贷					4	8	7	0	0	0	0
	31	科汇 12	自 21 至 31 日发生额																		1	6	8	0	0	0	0	贷					6	5	5	0	0	0	0
			本月合计																		1	6	8	0	0	0	0	贷					6	5	5	0	0	0	0

表 3－73　　　　**总分类账**

会计科目:应付职工薪酬

20××年		记账凭证号数	摘要	对方科目	页数	借方											贷方											借或贷	余额										
月	日					亿	千	百	十	万	千	百	十	元	角	分	亿	千	百	十	万	千	百	十	元	角	分		亿	千	百	十	万	千	百	十	元	角	分
12	1		期初余额																									贷					1	0	0	0	0	0	0
	10	科汇 12	自1至10日发生额							1	0	0	0	0	0	0												平									0		
	31		本月合计							1	0	0	0	0	0	0												平									0		

表 3－74　　　　**总分类账**

会计科目:主营业务收入

20××年		记账凭证号数	摘要	对方科目	页数	借方											贷方											借或贷	余额										
月	日					亿	千	百	十	万	千	百	十	元	角	分	亿	千	百	十	万	千	百	十	元	角	分		亿	千	百	十	万	千	百	十	元	角	分
12	10	科汇 12	自1至10日发生额																		8	8	0	5	0	0	0	贷					8	8	0	5	0	0	0
	20	科汇 12	自11至20日发生额																		4	6	4	0	0	0	0	贷				1	3	4	4	5	0	0	0
	31	科汇 12	自21至31日发生额																		1	0	5	6	0	0	0	贷				1	4	5	0	1	0	0	0
			本月合计																	1	4	5	0	1	0	0	0	贷				1	4	5	0	1	0	0	0

表 3－75

总分类账

会计科目：主营业务成本

20××年		记账凭证号数	摘要	对方科目	页数	借方											贷方											借或贷	余额										
月	日					亿	千	百	十	万	千	百	十	元	角	分	亿	千	百	十	万	千	百	十	元	角	分		亿	千	百	十	万	千	百	十	元	角	分
12	31	科汇12	自21至31日发生额																	1	2	3	2	3	8	0	0	借				1	2	3	2	3	8	0	0
	31		本月合计																	1	2	3	2	3	8	0	0	借				1	2	3	2	3	8	0	0

表 3－76

总分类账

会计科目：销售费用

20××年		记账凭证号数	摘要	对方科目	页数	借方											贷方											借或贷	余额										
月	日					亿	千	百	十	万	千	百	十	元	角	分	亿	千	百	十	万	千	百	十	元	角	分		亿	千	百	十	万	千	百	十	元	角	分
12	20	科汇12	自1至20日发生额								2	7	0	0	0	0												借						2	7	0	0	0	0
	31	科汇12	自21至31日发生额								2	8	2	5	0	0												借						5	5	2	5	0	0
			本月合计								5	5	2	5	0	0												借						5	5	2	5	0	0

附录三　汇总记账凭证账务处理程序的应用举例

资料:假设宏大商贸公司采用汇总记账凭证账务处理程序,有关资料仍沿用"附录一"中列示的资料。基于汇总记账凭证账务处理程序的诸多具体步骤与记账凭证账务处理程序相同,这里仅结合上例中的资料说明汇总记账凭证的编制,以及根据汇总记账凭证登记部分总分类账。

1. 根据记账凭证编制汇总收款凭证、汇总付款凭证和汇总转账凭证

汇总收款凭证分为按银行存款和现金编制的汇总收款凭证,由于本例中现金收款凭证极少,不再列示现金汇总收款凭证,仅编制银行存款汇总收款凭证(见表3－77)。

汇总付款凭证分为按银行存款和现金编制的汇总付款凭证,本例将分别加以列示(见表3－78和表3－79)。

汇总转账凭证按转账凭证的每一贷方科目设置,如果某一贷方科目的转账凭证不多,可以不再编制该科目的汇总转账凭证,直接根据转账凭证登记总账。本例仅编制"应付账款"账户的汇总转账凭证(见表3－80)。

表3－77　　**汇总收款凭证**

借方科目:银行存款　　20××年12月　　汇收2号

贷方科目	金额				总账页数	
	自1至10日 收款凭证 第1至第2号	自11至20日 收款凭证 第3至第 号	自21至31日 收款凭证 第4至第 号	合　计	借　方	贷　方
主营业务收入	88 050	16 800	10 560	115 410	3	22
合　计						

表3－78　　**汇总付款凭证**

贷方科目:库存现金　　20××年12月　　汇付1号

借方科目	金额				总账页数	
	自1至10日 付款凭证 第1至第 号	自11至20日 付款凭证 第2至第 号	自21至31日 付款凭证 第4至第 号	合　计	借　方	贷　方
应付职工薪酬	10 000			10 000	10	1
其他应收款		3 000		3 000	7	1
销售费用		100		100	30	1
合　计	10 000	3 100		13 100		

表 3-79　　汇总付款凭证

贷方科目：银行存款　　20××年12月　　汇付2号

借方科目	金　额				总账页数	
	自1至10日 付款凭证 第1至第4号	自11至20日 付款凭证 第5至第6号	自21至31日 付款凭证 第7至第8号	合　计	借　方	贷　方
库存现金	12 000			12 000	1	3
库存商品	20 980	22 000	9 450	52 430	8	3
应付账款		90 000		90 000	15	3
销售费用			2 825	2 825	30	3
合　计	32 980	112 000	12 275	157 255		

表 3-80　　汇总转账凭证

贷方科目：应付账款　　20××年12月　　汇转1号

借方科目	金　额				总账页数	
	自1至10日 转账凭证 第1至第2号	自11至20日 转账凭证 第　至第　号	自21至31日 转账凭证 第6至第　号	合　计	借　方	贷　方
库存商品	110 000		5 250	115 250	8	15
合　计	110 000		5 250	115 250		

2. 根据汇总记账凭证登记总账。（略）

第二节　调　账

调账，即账项调整，是会计期末对跨期的收入和费用进行的调整。本节主要介绍了对收入和费用的实际收付期与归属期不一致的事项的处理原则和方法，分别说明了权责发生制与收付实现制的含义、内容与应用的范围，以及不同类型的账项调整的会计操作办法。

一、权责发生制与收付实现制

持续经营是企业的奋斗目标。为了实现这一目标，企业会开展各种各样的经营活动，比如购进商品、支付运费、销售商品等。伴随着这些业务的发生，企业会不断地取得收入,也会发生相应的费用。会计要对企业发生的收入、费用及经营成果进行准确的计量与考核,必须要有一个明确的时间界限,如月、季、年。于是,人们就把企业持续不断的经营过程人为地划分为若干时间段,形成会计期间这一假设。明确会计期间是会计核算工作的前提条件之一。由于会计期间的存在,才有了期初与期末、本期与非本期的区分。营业收入与营业费用也就产生了本期收入与非本期收入、本期费用与非本期费用的划分。只有在分清各会计期间的收入和费用之后,才能正确计量各会计期间的经营成果。所以,当人们确定了某一会计期间收入后,就应确定与该收入有关的费用,这就是会计上的配比原则。但在实际业务中,企业一定期间发生的收入、费用,其款项并非全部在本期收到或支付,对于实际发生期与实际收付期不一致的收入、费用,就要选择一个确认的标准。不同的标准在会计上形成了不同的原则,即权责发生制和收付实现制。

(一)收付实现制

收付实现制又称现金制,是指对各项收入与费用的确定以款项(现金或银行存款)的实际收付期为标准。凡本期实际收到款项的收入,不管是否应归属本期,就确认为本期的收入;凡本期实际支付了款项的费用,也不考虑其是否应归属本期,就确定为本期的费用。反之,未在本期收到款项的收入、支付款项的费用就不是本期的收入和费用。在收付实现制下,企业不存在跨期收支业务,会计处理手续比较简单。但由于本期收入与费用的确认标准是款项的收付期,导致收入与费用不具有配比性,由此计算的经营成果也就不够准确。因此,企业性质的单位不宜采用收付实现制。

(二)权责发生制

权责发生制又称应计制,是指对各项收入与费用的确定以其实际发生期(即归属期)为标准。实际发生期就是收入的实现期间和费用的承担期间。凡是归属于本期的收入,不论是否收到款项,均认定为本期的收入;凡是本期应承担的费用,不论是否支出款项,均确定为本期的费用。反之,不应归属于本期的收入、费用,即便款项在本期收到或支付,也不能确认为本期的收入、费用。在权责发生制下,企业必然存在跨期收支业务,这些业务发生时,会计上先作为资产或负债处理,期末再对其进行调整,以确认当期的收入与费用。因此,会计核算手续较为繁琐,但能使各期的收入与费用实现合理的配比。与收付实现制相比,权责发生制下各期的损益计算更趋准确。会计准则规定,企业核算应采用权责发生制。

(三)应用举例

宏大公司 4 月 12 日用现金支付第二季度的报刊订阅费 900 元,用银行存款偿还短期借款本金 500 000 元。

1. 判断经济业务是不是收入、费用业务

报刊费是企业的一项费用，属于费用业务，而借款是企业应偿还的债务，不属于费用业务。

2. 确认本期费用或收入

收付实现制下，本期实际支付900元，本期费用就是900元。

权责发生制下，本期只负担4月份的报刊费300元，其余记入待摊费用。

二、调账的类型及会计处理

调账是为准确计量当期收入、费用以及资产、负债，在会计期末，按照权责发生制对有关的会计事项进行调整的过程。在企业的日常活动中，收入和费用的发生往往与现金的实际收付行为的发生相分离。会计上，对任何引起现金增减的业务均要及时进行记录，但在权责发生制下，还要考虑收入和费用的归属期，这样就形成了预收、预付、应收、应付等事项。比如，事先收到其他单位支付的货款，就形成了企业的预收，商品提供后才能确认为收入。对于没有引起现金增减的业务，平时会计是不进行记录的，但如果这些事项是属于本期的收入、费用，在会计期末，就要进行调整入账。调整账簿记录需要依据会计分录来完成，因账项调整而编制的会计分录就称为调整分录。

（一）账项调整的类型

采用权责发生制的企业都会或多或少地涉及账项调整业务，但调整的事项并不完全相同。一般而言，企业需要在期末进行调整的账项主要有两类：应计项目和分配项目。

应计项目是指本期已经发生，但款项尚未收到或支付的事项，包括应计收入和应计费用。分配项目是指款项已经收到或支付，但尚未在本期发生的事项，包括分配收入和分配费用。一个企业在期末到底对哪些账项进行调整，是由企业根据其规模的大小和业务量的多少来确定的。

（二）账项调整的会计处理

结合本章第一节账簿登记的业务实例，延续宏大贸易公司的业务，这里将举例说明不同类账项调整的会计处理。

1. 应计收入的调整

应计收入是指那些在本期中已实际发生，但尚未收取款项的收入，如企业的应计利息收入和应计租金收入。应计利息和应计租金是最为常见的应计收入项目。由于与这些收入相对应的款项还没有收到，会计平时也就不做记录，但到了会计期末，要对这类事项进行查找，按照本期拥有的收入权利，将应计收入调整入账，以全面确认本期的收入。

(1)应计利息收入。企业的利息收入主要来源于两种途径:一是存放在银行的款项,企业按规定的利率有权获得利息收入;二是企业持有的带息票据或债券,同样也有权获取票面利息。一般而言,利息收入是按时间长短计算的,通常是先有存款或票据,后得到与利息收入对等的款项,尤其是规定到期或按期收取利息,利息收入的形成在先,款项的收取一定在后。因此在会计期末,应按照权责发生制的要求将本期已经形成的利息收入调整计入本期。对于利息收入的调整,可以通过设置"应收利息"账户核算,本期的利息收入则记入"财务费用"账户的贷方,表示利息收入的增加。

【例6】 假设宏大商贸公司12月21日预定打印机10台@1680元,共计16 800元。收到对方开具的商业票据一张,票面利率9%,30天到期。

20××年12月31日是一个会计期末,要依照权责发生制的要求确认本期需要调整的事项。经查,公司已持有票据10天,获得了收取10天利息的权力。因此,应将10天利息收入确认入账。

首先,要计算10天的利息收入。

$$10\text{天的利息收入}=\text{票面金额}\times\text{年利率}/360\times\text{持有天数}$$
$$=16\ 800\times 9\%\div 360\times 10=42(\text{元})$$

其次,编制如下调整分录:

调①借:应收利息　　42

　　贷:财务费用　　42

(2)应计租金收入。租金收入是企业通过开展租赁业务形成的。通常,企业为了提高其资产的利用率,可以将临时闲置的房屋、设备出租给承租人以获取租金收入。房屋、设备出租时,企业要按合同的约定,收取一定数额的押金,租赁期满时再计算收取租金,并退还押金。如果租期超过了一个月或一个年度,就会发生租期内的会计期间,企业未能取得租金收入的款项,但企业已有权利收回租金收入。因此,在租期内的每一会计期间,企业应按权责发生制的要求,将本期已形成的租金收入调整入账。对于应计租金收入的调整,可以设置"其他应收款"账户进行调整,租金收入则记入"其他业务收入"账户的贷方。如果租赁业务是企业的主要经营项目,则设置"应收账款",租金收入也成为企业的主营业务收入。

【例7】 假设宏大商贸公司11月1日开展了电脑租赁业务,将5台电脑出租给个人使用,合同规定:租金2 400元,租期为2个月,从20××年12月1日至次年1月31日,押金5 000元(已在11月30日收妥入账),期满收回租金并退还押金。

11月30日收取押金的会计分录为:

借:银行存款　　5 000

贷:其他应付款——××　　5 000

20××年12月末时,通过查找发现,在电脑租赁中,公司已有权收取1个月租金收入,会计上应作如下的调整:

调②借:其他应收款——××　　1 200

贷:其他业务收入　　1 200

2. 应计费用的调整

应计费用是指那些在本期发生应由本期负担,但尚未支付款项的费用,如应计的借款利息费用、应付的劳务费等。其特点是,费用在本期已经发生,但由于没有伴随现金的支付,所以尚未入账。因此,会计上要把这些未入账的费用在期末调整入账。

(1)应计利息费用。利息费用是最常见的应计费用,是企业为借款而付出的代价,需要按照合同的规定,按期或到期支付利息。只要不到利息支付日,企业就不会发生利息款项的支出,对这些不涉及款项流出的费用,平时是不在账上记录的。但是企业由于使用了借款而受益,就应该承担支付利息费用的义务。因此在会计期末,按权责发生制的要求,应将本期应承担但未入账的利息费用调整入账。会计上对利息费用的调整一般是通过"应付利息"账户进行,确认利息费用时,一方面记入"财务费用"账户的借方,同时记入"应付利息"账户的贷方。

【例8】 假设宏大商贸公司12月1日因经营需要,向银行申请贷款300 000元,期限6个月,月利率1%,到期还本付息。

12月末,由于未到利息的支付日,公司不会发生支付利息费用的业务。但公司由于占用借款一个月了,就有义务承担1个月的利息费用。因此,应按权责发生制的要求,将一个月的借款利息费用3 000元调整入账。编制如下调整分录:

调③借:财务费用　　3 000

贷:应付利息　　3 000

(注:一个月利息费用=300 000×1%×1=3 000)

(2)应付服务费。应付服务费是企业在本期因接受服务而获益,但尚未支付服务报酬的应付费用。企业发生的许多服务项目,往往是在服务周期结束时计算服务报酬并予以支付,比如,与运输服务社、广告宣传公司等签约的运输、广告宣传等服务项目,就需要定期结算费用。由于服务报酬采用了定期结算方式,企业在某一会计期内不一定发生款项的支付,未付款的费用平时不会在账上进行记录。但是,只要本期内接受了服务,就应承担支付费用的义务。因此在会计期末,有必要将本期应承担但未入账的服务费调整计入本期费用。企业对本期应付服务费的调整,可以通过"其他应付款"账户进行。

【例9】　假设宏大商贸公司12月3日与蓝天广告公司签订了一项劳务服务合同,合同规定,蓝天广告公司为宏大商贸公司提供广告灯箱的设计服务,服务报酬为1 600元,下月支付。

12月末,公司按合同规定不用支付服务费,但公司因在本期接受了广告灯箱的设计服务,就应承担支付服务费的义务。因此,按权责发生制的要求,将1 600元的服务费确认入账。编制如下调整分录:

调④借:销售费用　　1 600

　　贷:其他应付款——蓝天广告公司　　1 600

3. 分配收入的调整

分配收入是指款项在前期或本期已经收到,但尚未提供商品或服务的收入,该收入需要按其归属期进行分配。其特点是,收款行为发生在先,收入的发生在后。比较常见的有预收货款收入、预收租金收入等。

(1)预收货款收入。预收货款是企业常用的一种销售方式。在预收货款方式下,购销双方要签订合同,依照合同的规定,购买方应事先支付给销售方一定数额的货款,销售方在以后的期间内可以一次或分次提供商品。因此,对于销售方来讲,由于在收到对方预付款时,未向客户提供商品或劳务,所以收取的款项是一种预收性质的收入,即预收货款收入,同时也构成了企业的一项负债。会计上,对预收货款的核算是通过"预收账款"账户进行的。收到预付款时,要记入"银行存款"账户的借方,同时记入"预收账款"账户的贷方,表示负债的增加。在以后的期间内,销售方要按向预付方提供商品或劳务的金额大小,调整预收收入。一般来讲,凡是预收款的收入,如果在当期能够履行向预付方提供商品或劳务的义务,预收的收入可以全部记入本期收入;如果本期只向对方提供部分商品或劳务,则销售方不享有取得全部交易收入的权利,预收款的收入也就不能全部计入本期营业收入。对于这种情况下的预收收入,应在会计期末,将已实现的部分计入本期的收入,未实现的部分递延到以后各期。调整时,按本期分配的收入借记"预收账款"账户,贷记"主营业务收入"账户。

【例10】　假设宏大商贸公司在20××年11月与天意宾馆签订合同,天意宾馆预订32台电视@1 480元,合同期为20××年12月至次年2月。

11月20日,宏大商贸公司收到天意宾馆预付全部货款的支票一张,面值47 360元,当即存入银行。11月份会计已编制了如下分录并登记入账:

借:银行存款　　47 360

　贷:预收账款——天意宾馆　　47 360

截至12月31日,宏大商贸公司向天意宾馆陆续提供了2台电视。

说明:宏大贸易公司在12月份已完成了提供部分商品的交易,有权取得2台电视的收入。因此,按照权责发生制要求,期末应将2台电视的销售收入,即2 960元,从预收32台的收入中分配出来,计入本期。应编制如下调整分录:

调⑤借:预收账款——天意宾馆　　2 960

　　贷:主营业务收入　　2 960

这笔调整分录是将预收收入47 360元分摊了2 960元作为本期收入,其余的44 400元预收收入递延到以后各期。

(2)预收租金收入。预收租金收入与应计租金收入同属于租赁业务下形成的,它们的不同点在于:应计租金收入是出租业务的收入先发生、收款发生在后,构成企业的应计收入;预收租金收入则是收款在先、租金收入的发生在后,预收的租金是企业的一项预收收入,期末要按期进行分配。从理论上讲,核算预收的租金收入应设置"其他预收收入"账户,但在实际工作中,这类收入涉及的金额不大,也不十分常见,所以现行有关制度对此未规定专门账户,而是将其作为一种暂收款,通过"其他应付款"账户进行核算。

【例11】 假如宏大商贸公司12月出租闲置的办公室一间,合同规定:租期2年,从12月1日正式起算租期,一次性支付租金24 000元,款项已于11月存入银行。

宏大商贸公司在11月份收到24 000元时,编制如下分录:

借:银行存款　　24 000

　贷:其他应付款——××　　24 000

12月31日,房屋出租了一个月,企业有权获得一个月租金的权力,按照权责发生制的要求,月末确认一个月租金收入1 000元。

调⑥借:其他应付款——××　　1 000

　　贷:其他业务收入　　1 000

这笔调整分录是将预收收入24 000元,分摊了1 000元作为本期收入,其余的23 000元预收收入递延到以后各期。

4. 分配费用的调整

分配费用是指款项在前期或本期已经支付,但应按受益期进行分配的费用。其特点是,付款在先,费用发生在后,所以又称预付费用。预付费用的支出按其受益期是否长于会计年度,会计上作了如下区分:如果预付费用的支付与受益的时间间隔不超过一个会计年度,即12个月,人们就把这项支出称为收益性支出;如果二者的时间间隔长于一个会计年度,则称为资本性支出。待摊费用就是典型的收益性支出的预付费用,它在会计实务中会以各种形式存在;固定资产支出则是常见的资本性支出的预付费用,固定资产支出的分摊,会计上称之为折旧费用。

(1)长期待摊费用。长期待摊费用是指应由本期和以后各期分别负担的,分配期在一年以上的各项预付费用,如预付的保险费、以经营租赁方式租入的固定资产改良支出、预付的房屋租金等。这些费用都是为本期或以后各期受益而预先支付的款项,是一项预付费用。因此,在款项支付时不能确认为本期费用,而是作为长期待摊费用,从其受益期开始逐期调整记入当期费用。对长期待摊费用的核算是通过设置"长期待摊费用"账户进行。

【例12】 假设宏大商贸公司在19××年12月15日用银行存款支付了20××年全年的财产保险费15 000元。

在19××年12月15日支付15 000元保险费用的受益年份为20××年,所以不是19××年12月份的费用,但由于款项在12月流出企业,故编制会计分录并入账。

借:长期待摊费用　　15 000

　贷:银行存款　　15 000

20××年1月起,公司的财产才开始享受保险。企业每月就有了承担保险费用的义务。根据权责发生制的要求,应将15 000元预付保险费按12个月分配计入每月费用中,每月分配的费用为1 250元。期末,编制调整分录如下:

调⑦借:销售费用　　1 250

　　贷:长期待摊费用　　1 250

(2)折旧费用。购建固定资产的支出也是一种支付在先、受益期在后的预付费用。一般而言,这项支出具有数额大、数年受益的特点,构成企业的一项资本性支出。支出的分配是通过折旧的方式分期完成的,因此,折旧就是把购建固定资产的支出,在其受益期内,按磨损程度转化为费用的过程。会计上,对购建固定资产支出调整是采用分期提取折旧费用的方式,通过"累计折旧"账户来核算的。会计期末,按权责发生制的要求,应计算并确认本期应负担的折旧费用,将固定资产在购建时发生的支出分配到本期费用中。

【例13】 假设宏大商贸公司本期应负担营业大楼折旧费用300元。期末,编制如下调整分录:

调⑧借:销售费用　　300

　　贷:累计折旧　　300

第三节　工作底稿

工作底稿是会计工作中常用的草稿,主要辅助处理企业的期末账务处理工作。工作底稿作为一种非正式的会计工具，在验证账簿记录的正确性、避免已完成的工作出现差错等方面发挥着重要的作用。本节主要介绍了工作底稿的作用、格式、内容与编制方法。

一、工作底稿的作用

工作底稿，即会计工作底稿，是指在会计工作中，专门用于辅助处理会计期末账务处理事项的工作草稿。工作底稿的出现与期末会计处理事项的多样性、试算平衡多环节性有着密切的关系。在前面介绍的会计循环中，在会计期末要进行集中处理的事项有三个，分别是账项调整、结账与会计报表。这些工作在手工会计核算中容易出现差错，比如本期发生的收入未调入本期等，于是，人们开始探寻避免出错的办法。试算平衡就是验证差错的一个好的办法，但试算平衡在会计循环三大环节中都有涉及：一是调整前试算平衡，即根据本期发生的经济业务编制记账凭证并登账后，要对账簿记录进行试算平衡，以查验账簿记录正确与否；二是调整后试算平衡，即依据权责发生制原则，在确认调整事项、编制调整分录并登记账簿后，再次对账簿记录结果进行试算平衡，以验证调整后账簿记录的正确性；三是结账后试算平衡，即依据结账业务，编制结账分录并结清账户后，最后对账簿记录进行试算平衡，以验证结账后账簿记录的正确性。

基于期末会计工作的集中易出错性以及试算平衡在众多环节存在的特点，出于简化核算工作、避免出错、及时编制会计报表的目的，人们试图通过设置一张表，将期末试算、调账、结账与编制报表的工作联系在一起，按循环步骤逐一检验已完成工作的正确性，以便为完成会计的下一步工作做好准备。所以，会计工作底稿是手工会计核算中，会计人员为节省工作量、减少差错而采用的一种技术方法，把调整前试算(平衡)表、调整后试算(平衡)表、调整分录和会计报表之间的关系集中在一张表中阐述，便于避免和检验已完成的工作发生错误，便于对调整事项进行调整，也便于为编制会计报表提供数字资料。

二、工作底稿的内容与格式

工作底稿作为会计处理期末事项的辅助手段，并非每个企业都要编制。因此，企业到底编不编工作底稿、工作底稿包括哪些内容、格式如何设计，这些都由企业的会计部门根据企业的实际需要来决定。一般而言，工作底稿主要包括账户名称 、调整前试算表、调整分录、调整后试算表、利润表、资产负债表等内容。

工作底稿的基本格式如表 3 – 81 所示。

表 3－81　　　　　　　　　　　　　工作底稿

年　　月　　日

账户名称	调整前试算表		调整分录		调整后试算表		利润表		资产负债表	
	借方	贷方	借方	贷方	借方	贷方	借方	贷方	借方	贷方

从上述工作底稿格式中可以看出,工作底稿中用于记录金额的专栏有 10 个,故又称十栏式工作底稿。工作底稿涉及的项目有五个,分别是"调整前试算表"栏、"调整分录"栏、"调整后试算表"栏、"利润表"栏和"资产负债表"栏,它把调整前和调整后的两次试算合并在一张表中反映,节省了会计在实际操作中的工作量,同时,它也把分散在各账户中的会计数据进行了汇总,通过一定的计算,可以直接获得结账和编制会计报表所需的数据,为会计工作的顺利开展奠定了基础。

三、工作底稿的编制方法与编制举例

(一)工作底稿的编制方法

由于工作底稿不是会计核算中的法定步骤,其记录也无需进行永久性的保留,因此,会计在编制工作底稿时通常使用铅笔填写,以便在错误出现时进行擦涂改正。工作底稿的具体编制方法如下:

1."账户名称"栏

根据总分类账中所使用的账户名称,按会计科目表的顺序填入。

2."调整前试算表"栏

根据各总分类账户调整前的期末余额逐一填入,并算出合计金额,验证借方合计金额与贷方合计金额是否相等。

3."调整分录"栏

根据调整分录中涉及的账户名称、方向和金额,并按分录顺序填入相应的栏中。最后算出合计金额,验证借方合计金额与贷方合计金额是否相等。

4."调整后试算表"栏

根据"调整前试算表"栏中借、贷金额和"调整分录"栏中借、贷金额,按照同方向相加、不同方向相减的原则计算,将结果填入表中;如果不涉及调整的项目,按原金额、原方向填入。最后,算出合计金额,验证借方合计金额与贷方合计金额是否相等。

5.“利润表”栏

根据“调整后试算表”栏中的损益类账户的金额按原借、贷方向填入，然后，计算借方、贷方的金额，并进行比较，如果贷方金额大于借方金额，差额为本期实现的利润，将差额填入借方，以示结平；如果贷方金额小于借方金额，差额为本期发生的亏损，将差额填入贷方，以示结平。

6.“资产负债表”栏

根据“调整后试算表”栏中资产、负债和所有者权益类账户的金额，按原借、贷方向填入，并将“利润表”栏计算的损益数按相反方向移入“资产负债表”栏的同一行。最后，算出合计金额，验证借方合计金额与贷方合计金额是否相等。

（二）工作底稿的编制举例

仍以前述宏大商贸公司业务为例说明工作底稿的编制。

为了完整地反映宏大商贸公司的经营活动，现补充以下业务。

【业务3-22】 确认本期营业员工的工资费用10 000元。编制会计分录如下：

借：销售费用　　10 000

　　贷：应付职工薪酬　　10 000

【业务3-23】 结转本期已分配预收收入的成本为2 400元。编制会计分录如下：

调⑨借：主营业务成本　　2 400

　　　　贷：库存商品　　2 400

（这里需要说明的是，本章第二节例10已确认了本期已分配的预收收入2 960元，期末就要结转本期已分配预收收入的成本，这两项业务具有因果关系，因此，前者属于调整事项，后者也属于调整事项。）

根据附录一中的期初余额资料和本期账簿记录，结算出12月31日调账前期末余额，为方便，以“T”型账表示。

借　　库存现金　　贷

期初余额	40 800		
(1)	10 000	(2)	10 000
(8)	2 000	(10)	3 000
(15-2)	400	(13)	100
合计	12 400	合计	13 100
期末余额	40 100		

借　　银行存款　　贷

期初余额	51 000	(1)	10 000
(5)	7 050	(3)	10 980
(7)	81 000	(4-1)	10 000
(11)	16 800	(8)	2 000
(19)	10 560	(9)	90 000
		(12)	22 000
		(17)	9 450
		(20)	2 825
合计	115 410	合计	157 255
期末余额	9 155		

借　　库存商品　　贷

借方		贷方	
期初余额	17 100		
(3)	10 980		
(4-1)	10 000		
(4-2)	20 000		
(6)	90 000		
(12)	22 000		
(17)	9 450		
(18)	5 250	(21)	123 238
合计	167 680	合计	123 238
期末余额	61 542		

借　　应收账款　　贷

借方		贷方	
期初余额	2 000		
(14)	29 600		
合计	29 600	合计	0
期末余额	31 600		

借　　应收票据　　贷

借方		贷方	
(16)	16 800		
合计	16 800	合计	0
期末余额	16 800		

借　　预收账款　　贷

借方		贷方	
		期初余额	48 700
		(16)	16 800
合计	0	合计	16 800
		期末余额	65 550

借　　其他应收款　　贷

借方		贷方	
(10)	3 000	(15-1)	2 600
		(15-2)	400
合计	3 000	合计	3 000
期末余额	0		

借　　应付账款　　贷

借方		贷方	
(9)	90 000	(4-2)	20 000
		(6)	90 000
		(18)	5 250
合计	90 000	合计	115 250
期末余额	25 250		

借　　应付职工薪酬　　贷

借方		贷方	
		期初余额	10 000
(2)	10 000	(22)	10 000
合计	10 000	合计	10 000
		期末余额	10 000

借　　主营业务收入　　贷

借方		贷方	
		(5)	7 050
		(7)	81 000
		(11)	16 800
		(14)	29 600
		(19)	10 560
		合计	145 010

借	主营业务成本	贷
(21)	123 238	
合计	123 238	

借	销售费用	贷
(13)	100	
(15)	2 600	
(20)	2 825	
(22)	10 000	
合计	15 525	

（注：本期无业务发生额的账户，均未开设）

工作底稿的编制步骤为：

（1）根据上述账簿记录，将各账户的余额记入工作底稿的“调整前试算表”栏中（如表3－82所示）。

表3－82 **宏大商贸公司工作底稿**

20××年12月31日

账户名称	调整前试算表		调整分录		调整后试算表		利润表		资产负债表	
	借　方	贷　方	借　方	贷　方	借　方	贷　方	借　方	贷　方	借　方	贷　方
库存现金	40 100									
银行存款	9 155									
应收票据	16 800									
应收账款	31 600									
库存商品	61 542									
固定资产	542 500									
累计折旧	(140 000)									
长期待摊费用	60 000									
短期借款		300 000								
应付账款		25 250								
预收账款		65 500								
应付职工薪酬		10 000								
实收资本		200 000								
未分配利润		14 700								
主营业务收入		145 010								
主营业务成本	123 238									
销售费用	15 525									
	760 460	760 460								

(2)将调整分录记入工作底稿的“调整分录”栏。根据第二节中所编制的调整分录,按对应账户填入工作底稿。如果工作底稿账户栏中未设置调整分录所用的账户,应将其增写在试算表下面。为了明确调整分录的对应关系及性质,在填写调整分录时应标明序号。记录了调整分录的工作底稿如表3 –83所示。

表 3 – 83　　宏大商贸公司工作底稿

20 × ×年 12 月 31 日

账户名称	调整前试算表		调整分录		调整后试算表		利润表		资产负债表		
	借 方	贷 方	借 方	贷 方	借 方	贷 方	借 方	贷 方	借 方	贷 方	借 方
库存现金	40 100										
银行存款	9 155										
应收票据	16 800										
应收账款	31 600										
应收利息			调①42								
其他应收款			调②1 200								
库存商品	61 542			调⑨2 400							
固定资产	542 500										
累计折旧	(140 000)			调⑧300							
长期待摊费用	60 000			调⑦1 250							
短期借款		300 000									
应付账款		25 250									
预收账款		65 500	调⑤2 960								
其他应付款			调⑥1 000	调④1 600							
应付职工薪酬		10 000									
应付利息				调③3 000							
实收资本		200 000									
未分配利润		14 700									
主营业务收入		145 010		调⑤2 960							
主营业务成本	123 238		调⑨2 400								
销售费用	15 525		调④1 600 调⑦1 250 调⑧300								
财务费用			调③3 000	调①42							
其他业务收入				调②1 200 调⑥1 000							
	760 460	760 460	13 752	13 752							

(3)根据调整前账户余额与调整账项金额,计算出调整后账项余额,分别记入“调整后试算表”栏。填制“调整后试算表”栏的工作底稿如表3-84所示。

表3-84　　　　宏大商贸公司工作底稿

20××年12月31日

账户名称	调整前试算表		调整分录		调整后试算表		利润表		资产负债表	
	借　方	贷　方	借　方	贷　方	借　方	贷　方	借　方	贷　方	借　方	贷　方
库存现金	40 100				40 100					
银行存款	9 155				9 155					
应收票据	16 800				16 800					
应收账款	31 600				31 600					
应收利息			调①42		42					
其他应收款			调②1 200		1 200					
库存商品	61 542			调⑨2 400	59 142					
固定资产	542 500				542 500					
累计折旧	(140 000)			调⑧300	(140 300)					
长期待摊费用	60 000			调⑦1 250	58 750					
短期借款		300 000				300 000				
应付账款		25 250				25 250				
预收账款		65 500	调⑤2 960			62 540				
其他应付款			调⑥1 000	调④1 600		600				
应付职工薪酬		10 000				10 000				
应付利息				调③3 000		3 000				
实收资本		200 000				200 000				
未分配利润		14 700				14 700				
主营业务收入		145 010		调⑤2 960		147 970				
主营业务成本	123 238		调⑨2 400		125 638					
销售费用	15 525		调④1 600 调⑦1 250 调⑧300		18 675					
财务费用			调③3 000	调①42	2 958					
其他业务收入				调②1 200 调⑥1 000		2 200				
	760 460	760 460	13 752	13 752	766 260	766 260				

(4)根据调整后账户余额,在辨清收入和费用类项目后,将该账户余额填入工作底稿的“利润表”栏中,收入类项目的贷方额与费用类项目的借方额之差即本期利润,本期利润计入资产负债表贷方栏内。将其他项目的余额填入工作底稿的“资产负债表”栏。填列“利润表”和“资产负债表”栏的工作底稿如表3-85。工作底稿编制完成后,即可根据工作底稿编制正式的会计报表。

表3-85　　**宏大商贸公司工作底稿**

20××年12月31日

账户名称	调整前试算表		调整分录		调整后试算表		利润表		资产负债表	
	借　方	贷　方	借　方	贷　方	借　方	贷　方	借　方	贷　方	借　方	贷　方
库存现金	40 100				40 100				40 100	
银行存款	9 155				9 155				9 155	
应收票据	16 800				16 800				16 800	
应收账款	31 600				31 600				31 600	
应收利息			调①42		42				42	
其他应收款			调②1 200		1 200				1 200	
库存商品	61 542			调⑨2 400	59 142				59 142	
固定资产	542 500				542 500				542 500	
累计折旧	(140 000)			调⑧300	(140 300)				(140 300)	
长期待摊费用	60 000			调⑦1 250	58 750				58 750	
短期借款		300 000				300 000				300 000
应付账款		25 250				25 250				25 250
预收账款		65 500	调⑤2 960			62 540				62 540
其他应付款			调⑥1 000	调④1 600		600				600
应付职工薪酬		10 000				10 000				10 000
应付利息				调③3 000		3 000				3 000
实收资本		200 000				200 000				200 000
未分配利润		14 700				14 700				14 700
主营业务收入		145 010		调⑤2 960		147 970		147 970		
主营业务成本	123 238		调⑨2 400		125 638		125 638			
销售费用	15 525		调④1 600 调⑦1 250 调⑧300		186 75					
财务费用			调③3 000	调①42	2 958		2 958			
其他业务收入				调②1 200 调⑥1 000		2 200		2 200		

续表

账户名称	调整前试算表		调整分录		调整后试算表		利润表		资产负债表	
	借　方	贷　方	借　方	贷　方	借　方	贷　方	借　方	贷　方	借　方	贷　方
	760 460	760 460	13 752	13 752	766 260	766 260		150 170		
							2 899			2 899
							150 170	150 170	618 989	618 989

第四节　结　账

结账是企业会计期末必做的一项工作，其目的是对企业一定期间的经济活动情况进行总结，便于考核其财务状况和经营成果，同时也为编制会计报表提供资料。本节主要介绍了结账的含义、内容和各类账簿的结账方法。

一、结账的含义和内容

各单位的经济活动都是连续不断地进行的，但会计核算是以会计分期为假设条件的，因此，为了总结企业在一定会计期内的经营活动和财务收支状况，就必须做好结账工作。所谓结账，就是指每一会计期末（月末、季末、年末），在把本期间内所发生的经济业务全部登记入账的基础上，按照一定的方法将各种账簿记录结算清楚。结账包括两部分内容：

第一，结清损益类账户。即把本期实现的收入和发生的费用，通过结账分录，转入“本年利润”，以计算本期的利润或亏损。

第二，结转资产、负债、所有者权益类账户。即将这三类账户的余额，按照规定的方法转入下一会计期间，以便作连续的记录。

从理论上讲，上述两项内容的结账在会计上对应的是虚账户的结平和实账户的结转。在前面的章节中我们了解到，收入、费用的特征之一就是，收入会导致所有者权益的增加，费用会导致所有者权益的减少。但收入、费用对所有者权益的影响，平时是不能直接记入有关的所有者权益类账户，而是先通过已设置的收入、费用类账户来记录收入、费用的发生数，期末再分别将收入、费用的发生数额转出，计入有关的所有者权益类账户，一并计算收入、费用对所有者权益的影响数额。因此，收入、费用类账户是“临时账户”，只起到归集一个会计期间收入、费用发生金额的作用，到了会计期末，随着这类账户金额的转出，其余额变为零，这种做法在会计上称为“结清账户”。就一个会计期间来看，这类账户一旦结清，它在本期所起的作用也就随之消失，所以人们把它们形象地比喻为“虚账户”。

资产、负债、所有者权益类账户则被称“永久性”账户,这是因为,在企业持续经营的每一会计期末,企业对其财产的拥有权和负债的偿还义务不会随着会计期末的到来而消失,因此,在每一个会计期末,这类账户总会有余额,并且要跨期存在,其余额必须结转到下期,这种永久存在且有余额的账户,人们将其称为“实账户”。

二、结账的方法

结账方法就是结算各种账簿记录所采用的技术手段,它因结账内容的不同而不同。

(一)实账户的结转

实账户就是期末有余额的账户,包括资产、负债、所有者权益类账户。三类账户的余额必须结转到下期,结转的基本程序是:会计期末,将全部经济业务在登记入账的基础上,分别结算出每一账户的借、贷方发生额和期末余额。

结转实账户通常采用划红横线结账的方式,并算出账户发生额和余额。结账按期间分为月结、季结和年结。

月结时,应在本月份最后一笔记录下画一条单红线(用反线表示),在线下一行的“摘要”栏内注明“本月合计”字样,并计算出本期的发生额和余额;然后,在月结下再画一条单红线,以便与下月发生额划清。

季结时,在月结下计算出本季度三个月的季发生额和季末余额,并在摘要栏内注明“本季合计”,然后在季结下面画一条单红线(用反线表示)。

年结时,在第四季度季结下计算出全年的发生额和年末余额,并在摘要栏内注明“本年累计”,然后在年结下面画双红线(用双反线表示),以表示本年度的结账工作已结束,会计上叫做“封账”。

(二)虚账户的结清

所谓虚账户,一般是指期末无余额的账户,包括各种收入、费用类账户。结清虚账户就是将各种收入、费用类账户的余额转入所有者权益类账户的过程。这一过程的完成需要按下列步骤进行:

第一,计算各收入、费用类账户的本期发生额和余额。按照权责发生制的要求将本期收入和费用登记入账的基础上,分别计算出每一账户的借方发生额和贷方发生额,并用铅笔写在账户最后一笔记录的下一行内;同时,将借方发生额与贷方发生额相抵,求出结账前的余额并写在同一行的余额栏。一般情况下,收入类账户的贷方发生额大于借方发生额,会存在贷方余额;费用类账户的借方发生额大于贷方发生额,会存在借方余额。

第二，编制结账分录，将各收入、费用类账户余额转入"本年利润"账户。结账分录就是为了结清临时性账户而编制的会计分录。由于在结账前，收入类账户的余额在贷方，为了将其结清，使收入类账户的余额为零，就要将余额从借方转出，即借记各收入类账户，贷记"本年利润"账户；同样，由于费用类账户的余额在借方，为了结清费用类账户，使其余额为零，需要将余额从贷方转出，即借记"本年利润"账户，贷记各费用类账户。

第三，根据结账分录登账并结账。结账分录编制完毕后，应将其金额记入有关账簿中，这时，收入、费用类账户的余额为零，表示结清了账户。然后再将铅笔的发生额改为蓝黑钢笔的发生额，在余额栏写上零，摘要栏中注明"本月合计"或"本年合计"字样，此行的上线、下线用红笔画出。

由上可以看出，结清虚账户的关键在于编制结账分录。在会计实务中，有关结账事项的核算构成了企业的一项固有业务。

三、结账业务的核算

会计期末，结清收入和费用账户就是将其余额转入一个特定的账户中，该账户应具有汇总当期损益的功能。在我国，通常使用"本年利润"账户，该账户是专门用来核算企业本年度实现的利润，属于所有者权益类账户，贷方记录转入的收入数，借方记录转入的费用数。平时该账户会有余额，可能在贷方，也可能在借方，贷方余额表示净利润，即收入超过费用的金额；借方余额表示净亏损，即费用超过收入。现结合宏大商贸公司的会计资料，举例说明结账分录的编制。

（一）收入类账户的结账分录

一般而言，收入类账户的余额在贷方。结清收入类账户就是把收入类账户的贷方余额如数转入"本年利润"账户的贷方，即借记各项收入账户，贷记"本年利润"账户。

【例 14】 将宏大商贸公司本月实现的各项收入转入"本年利润"账户的贷方。依前述各项业务，宏大商贸公司本期的收入分别为：主营业务收入 147 970 元，其他业务收入 2 200 元。编制如下结账分录：

结①借：主营业务收入	147 970	
其他业务收入	2 200	
贷：本年利润		150 170

将上述会计分录，登记到有关"T"账中，以结清有关收入账户。

主营业务收入

借	贷
	(5) 7 050
	(7) 81 000
	(11) 16 800
	(14) 29 600
	(19) 10 560
	合计 145 010
结①147 970	调⑤ 2 960

其他业务收入

借	贷
	调② 1 200
结①2 200	调⑥ 1 000

本年利润

借	贷
	结①150 170

(二)费用类账户的结账分录

费用类账户的余额在借方。结清费用类账户是指将这些账户的借方余额转入“本年利润”账户的借方,即借记“本年利润”账户,贷记各费用类账户。

【例 15】 宏大商贸公司的成本费用支出包括:主营业务成本 125 638 元,销售费用 18 675 元,财务费用 2 958 元。编制如下结账分录:

结②借:本年利润	147 271	
贷:主营业务成本		125 638
销售费用		18 675
财务费用		2 958

将上述会计记录登记到“T”账中,以结清有关费用账户。

主营业务成本

借	贷
(21) 123 238	
调⑨ 2 400	
合计 125 638	结②125 638

销售费用

借	贷
(13) 100	
(15) 2 600	
(20) 2 825	
(22) 10 000	
合计 15 525	
调④ 1 600	
调⑦ 1 250	
调⑧ 300	结②18 675

财务费用

借	贷
调③3 000	调① 42
	结②2 958

(三)"本年利润"账户的结账分录

在结清收入、费用类账户后,"本年利润"账户借方发生额为147 271元,贷方发生额为150 170,贷方余额为2 899,即期末的净利润。净利润会增加企业的所有者权益,所以应将净利润转入所有者权益类账户。我国现行做法是将本年利润转入"利润分配——未分配利润"账户。

延续前述业务结账分录如下:

借:本年利润　　2 899

　贷:利润分配——未分配利润　　2 899

将结账分录记入"本年利润"账后,"本年利润"账户无余额,以便记录新年度的情况。

需要说明的是,上述虚账户的结账工作一般是在年度终了时进行,平时采用"表结账不结"的做法,也就是在每月月末,临时性账户的结账只在工作底稿中草拟,不编制结账分录,也不结清有关账户。到年度终了时再编制结账分录,结清有关账户。但在实际业务中,有些手工核算的企业月末是对虚账户进行结账的,其目的是为了向管理者提供每个月的利润完成情况。采用计算机核算的企业,大多采用平日"表结"、年终"账结"的方法。

四、结账后试算表

为了保证总分类账户借贷方平衡关系不会因为结账中出现错误而遭到破坏,通常在结账后编制"结账后试算表"。

仍以宏大商贸公司为例编制结账后试算表(见表3-86)。

表3-86　　宏大商贸公司结账后试算表

20××年12月31日

账户名称	借	贷
库存现金	40 100	
银行存款	9 155	
应收票据	16 800	
应收账款	31 600	
应收利息	42	
其他应收款	1 200	
库存商品	59 142	
固定资产	542 500	

续表

账户名称	借	贷
(累计折旧)	(140 300)	
长期待摊费用	58 750	
短期借款		300 000
应付账款		25 250
预收账款		62 540
其他应付款		600
应付职工薪酬		10 000
应付利息		3 000
实收资本		200 000
未分配利润		17 599
合　计	618 989	618 989

将结账后的试算表与前述调整后试算表相比,可以看到"未分配利润"账户的余额含义不同,调整后试算表中的余额表示期初未分配利润数额,而结账后试算表中的余额表示期末未分配利润数额。在调整后试算表中,各收入、费用类账户余额表示本期内影响未分配利润的数额,在结账后试算表中,各收入、费用类账户均无余额,准备记录下期业务。

【案例分析】　设置账务处理程序

【资料】

(一) 公司简介

环芳股份公司于20××年3月1日成立,主要生产和销售各种涂料,靠10 000元自筹资金起家,截至目前,公司拥有流动资金8亿多元,非流动资金2亿多元。公司现有600余位员工,在市内建立500多处特约经销点。多年来,在没有任何外界资金投入的情况下,完全凭借自己的努力,在市场经济的风浪中搏击,发展为"国家无投资,银行无贷款,原料无分配(渠道),产品无积压,企业无利息债"的"五无企业"。现在的环芳公司是一家拥有近10亿元自有资金的大型现代化涂料股份公司。

(二)会计部门岗位

1. 总会计师1人,监督整个财务科工作。

2. 公司财务科共 9 人，具体分为：

财务科长(1 人)，管理日常的会计工作，负责复核记账凭证，编制对外财务报表。

总账会计 (3 人)，负责编制记账凭证，并登记总分类账。

明细账会计(4 人)，分别负责登记原材料明细账、库存商品明细账、应付账款明细账、应收账款明细账、应交税明细账等。

出纳员 (1 人)，负责现金报销，记库存现金日记账、银行存款日记账。

【要求】

1. 随着公司规模的扩大，公司领导决定由你重新为该公司设置一套完整的账簿体系(包括账簿的种类、用途、格式等)。

2. 结合该公司的实际情况，请为该公司选择一种账务处理程序，并画出其流程图。

第四章

会计循环(三):财务报告

导读

会计循环(三):财务报告

- 财务报告概述
  - 财务会计报告的概念与框架
  - 编制财务报表的目的
  - 财务报表的基本要求
  - 编制财务报表的要求
  - 编制财务报表前的准备工作
- 资产负债表
  - 资产负债表的意义
  - 资产负债表的内容和结构
  - 资产负债表的编制方法
  - 资产负债表的编制实例
- 利润表
  - 利润表的意义
  - 利润表的格式
  - 利润表的编制方法
- 现金流量表
  - 现金流量表的概念和作用
  - 现金流量表的编制基础
  - 现金流量表的内容
  - 现金流量表的结构
- 所有者权益变动表
  - 所有者权益变动表的概念
  - 所有者权益变动表的内容
  - 所有者权益变动表的结构
- 财务报表附注
  - 财务报表附注的概念
  - 财务报表附注的意义
  - 财务报表附注的内容

说明:

本章要求掌握财务会计报告的概念、种类、目的和编制要求;掌握资产负债表的基本内容和编制方法;掌握利润表的基本内容和编制方法;了解现金流量表的基本内容;了解所有者权益变动表及会计报表附注的基本内容。

第一节 财务报告概述

一、财务会计报告的概念与框架

(一)财务会计报告的概念

1. 基本概念

财务会计报告是指企业对外提供的反映企业某一特定日期的财务状况和某一会计期间的经营成果、现金流量等会计信息的文件。财务会计报告是企业全部会计报告中的一部分。企业的全部会计报告分为财务会计报告和管理会计报告。财务会计报告亦称财务报告,是对外界提供的报告;而管理会计报告则是对内提供的报告。

财务会计报告包括财务报表及其附注和其他应当在财务会计报告中披露的相关信息和资料。财务报表至少应当包括资产负债表、利润表、现金流量表、所有者权益(股东权益)变动表等报表。编制财务报告是会计核算的一种专门方法。

在企业的日常会计核算中,企业新发生的各项经济业务都已按照一定的会计程序,在有关的会计账簿中进行全面、连续、分类、汇总地记录和计算。企业在一定日期的财务状况和一定时期内的经营成果,在日常会计记录里已经得到了反映。但是这些日常核算资料数量太多,而且比较分散,不能集中、概括地反映企业的财务状况和经营成果。企业的管理者、投资者、债权人和财政、税务等部门以及其他与企业有利害关系的单位和个人,不能直接使用这些分散的会计记录来分析和评价企业的财务状况和经营成果,并据以做出正确的决策。为此,有必要定期地将日常会计核算资料加以分类、调整、汇总,按照一定的表格形式编制会计报表,总括、综合地反映企业的经济活动过程和结果,为有关方面进行管理和决策提供所需的会计信息。

资产负债表是指反映企业在某一特定日期的财务状况的会计报表。利润表是指反映企业在一定会计期间的经营成果的会计报表。现金流量表是指反映企业在一定会计期间的现金和现金等价物流入和流出的会计报表。附注是指对会计报表中列示项目所做的进一步说明,以及对未能在这些报表中列示项目的说明等。

2. 财务报表的内容

财务报表是对企业财务状况、经营成果和现金流量的结构性表述。《企业会计准则第 30 号——财务报表列报》规定了企业财务报表列报的一般要求,按照不同类型的企业,对其财务报表列报的结构和内容等做出了规定,适用于个别财务报表和合并财务报表,以及中期财务报表和年度财务报表。

财务报表至少应当包括资产负债表、利润表、现金流量表、所有者权益(股东权益)变动表和附注。其中,现金流量表的编制和列报适用《企业会计准则第 31 号——现金流量表》;合并财务报表的编制和列报适用《企业会计准则第 33 号——合并财务报表》;中期财务报表的编制和列报适用《企业会计准则第 32 号——中期财务报告》。

《企业会计准则第 30 号——财务报表列报》指南对财务报表格式和附注区分一般企业、商业银行、保险公司、证券公司等企业类型予以规定。企业应当根据其经营活动的性质,确定本企业适用的财务报表格式和附注。

信托投资公司、租赁公司、财务公司、典当公司应当执行商业银行财务报表格式和附注的规定,如有特别需要,可以结合本企业的实际情况进行必要的调整和补充。担保公司应当执行保险公司财务报表格式和附注的规定,如有特别需要,可以结合本企业的实际情况进行必要的调整和补充。资产管理公司、基金公司应当执行证券公司财务报表格式和附注的规定,如有特别需要,可以结合本企业的实际情况进行必要的调整和补充。

(二)财务报表的种类

由于会计核算的具体内容和经济管理的要求不同,不同性质会计主体的会计报表种类也不尽相同。对企业而言,可以按照以下不同的标准将财务报表划分成不同的类别:

1. 按经济内容分类

按所反映的经济内容不同,财务报表可以分为:反映财务状况的报表——资产负债表和所有者权益(股东权益)变动表等;反映经营成果的报表——利润表;反映资金变化的报表——现金流量表。

2. 按编报时间分类

按编报时间的不同,财务报表可以分为年度财务报表、半年度财务报表、季度财务报表和月度财务报表。

由于半年度、季度和月度财务报表都是在会计年度内编制的,所以统称为中期财务报表。也就是说,在我国,财务会计报表的期间有年、半年、季、月四种。年度财务会计报表的会计期间是指公历每年的 1 月 1 日至 12 月 31 日;半年度财务会计报表的会计期间是指公历每年的 1 月 1 日至 6 月 30 日,或 7 月 1 日至 12 月 31 日;季度财务会计报表的会计期间是指公历每一季度,即公历每年的 1 月 1 日至 3 月 31 日、4 月 1 日至 6 月 30 日、7 月 1 日至 9 月 30 日、10 月 1 日至 12 月 31 日;月度财务会计报表的会计期间是指公历每月 1 日至该月最后 1 日。

一般来说,年度、半年度财务报表通常包括财务报表和财务报表附注。其中,财务报表一般包括资产负债表、利润表、现金流量表、所有者权益(股东权益)变动表。一般情况下,季度、月度财务报表不包括财务报表附注,也可以不包括现金流量表和所有者权益(股东权益)变动表,而仅仅包括资产负债表和利润表。但是,如果国家统一的会计制度要求季度、月度财务报表包括财务报表附注,则季度、月度财务报表也包括财务报表附注。

月报要求简明扼要,及时反映;年报要求揭示完整,反映全面;季报和半年报在会计信息的详细程度方面,则介于两者之间。

3. 按编制单位分类

按编制单位的不同,财务报表可分为单位报表和汇总报表。单位财务报表是指独立核算的企业根据本企业的账簿和有关核算资料编制的会计报表,它主要用以反映企业自身的财务状况、经营成果和现金流动情况。汇总财务报表是指按照隶属关系由上级主管部门根据所属企业的单位财务报表和汇总单位本身的财务报表汇总编制而成的报表,汇总财务报表主要用来总括反映一个部门或一个地区的综合经济情况。

4. 按编制主体分类

按编制主体的不同,财务报表可分为个别财务报表和合并财务报表。这种划分是在企业对外单位进行投资的情况下,基于特殊财务关系形成的。个别财务报表是指投资企业或接受投资企业编制的,只反映投资企业或接受投资企业本身的财务状况和经营成果的会计报表。合并财务报表是指投资企业在对外投资占被投资企业的资本总额半数以上(或者实质上拥有被投资企业控制权的)的情况下,根据本企业和被投资企业的个别财务报表编制的,反映投资企业与被投资企业整体的财务状况和经营成果的财务报表。

5. 按服务对象分类

按照服务对象的不同,财务报表可以分为内部报表和外部报表。内部报表是指为适应企业内部经营管理需要而编制的不对外公布的财务报表,它一般不需要规定统一的格式,也没有统一的指标体系,是为了满足企业最高管理层进行经济预测和决策等需要而编制的,向企业最高管理层提供的财务报表。外部报表则是指企业向外提供的会计报表,主要供投资者、债权人、政府部门和社会公众等有关方面使用,它通常有统一的格式和规定的指标体系,对外提供的财务报表主要有资产负债表、利润表、现金流量表和所有者权益增减变动表等。

二、编制财务报表的目的

企业编制财务报表主要是为企业的经营管理者和企业外部有关方面提供企业财务

状况及其变动和经营成果等方面的会计信息,以便他们做出合理的决策。

第一,通过财务报表所提供的信息,可以使企业的经营管理者全面、系统、总括地了解企业的经营活动情况和经营成果以及企业执行国家财政、税收、金融、价格等有关方针政策的情况,以便于进一步加强企业的经营管理,做好经济预测和决策工作。

第二,通过财务报表所提供的信息,可以使企业现在和潜在的投资者了解企业的经营业绩和获利能力,并以此为依据做出合理的投资决策;可以使债权人掌握企业的财务状况和偿债能力,以作为对企业合理投资、发放贷款的重要决策依据;还可以使银行了解企业对借款的使用情况和借款物资的保证程度,以监督企业按照规定的用途使用借款,按期归还借款的本息。

第三,通过财务报表所提供的信息,可以使财政、税务机关了解企业对有关财经纪律和法规的遵守情况、应交税利指标的完成情况,以便进一步加强财政监督和税务管理。

第四,通过财务报表所提供的信息,可以使审计机构查明企业各项会计处理是否符合会计准则和会计制度的要求,是否公正表达某特定期间的财务状况和经营成果,企业是否贯彻执行了有关方针、政策法规、合同等,以实施有效的审计监督。

第五,通过财务报表所提供的信息,可以使证券管理部门掌握企业发行股票和债券等情况,以便据此加强管理。

第六,通过财务报表所提供的信息,可以使国家经济综合管理部门了解国家进行宏观经济管理所需要的资料,并结合其他信息进行综合平衡,调整和制定经济计划,以保证整个国民经济的健康发展。

三、财务报表列报的基本要求

(一)依据各项会计准则确认和计量的结果编制财务报表

企业应当根据实际发生的交易和事项,遵循各项具体会计准则的规定确认和计量发生的交易和事项,并在此基础上编制财务报表。

在某些特殊情况下,对于具体准则尚未规定确认和计量方法的交易和事项,企业应当按照《企业会计准则——基本准则》有关会计要素的定义和确认标准进行处理,同时还应当在附注中披露该交易或事项所采用的确认原则和计量方法。

(二)列报基础

在编制财务报表的过程中,企业管理层应当利用所有可获得信息来评价企业自报告期末起至少 12 个月的持续经营能力。

评价时需要考虑宏观政策风险、市场经营风险、企业目前或长期的盈利能力、偿债能力、财务弹性以及企业管理层改变经营政策的意向等因素。

评价结果表明对持续经营能力产生重大怀疑的,企业应当在附注中披露导致对持续经营能力产生重大怀疑的因素以及企业拟采取的改善措施。

企业正式决定或被迫在当期或将在下一个会计期间进行清算或停止营业的,则表明以持续经营为基础编制财务报表不再合理。

在非持续经营情况下,企业应当采用其他基础编制财务报表,并在附注中声明财务报表未以持续经营为基础编制的事实、披露未以持续经营为基础编制的原因和财务报表的编制基础。

(三)权责发生制

除现金流量表按照收付实现制原则编制外,企业应当按照权责发生制原则编制财务报表。

(四)列报的一致性

财务报表项目的列报应当在各个会计期间保持一致,不得随意变更。其目的是使同一企业不同期间和同一期间不同企业的财务报表相互可比。

在规定的特殊情况下,财务报表项目的列报可以改变:①准则要求变更列报;②经营业务性质发生重大变化或对企业经营影响较大的交易或事项发生后,变更列报提供更可靠、相关的会计信息。

(五)重要性和项目列报

在合理预期下,如果财务报表某项目的省略或错报会影响使用者据此做出经济决策的,则该项目就具有重要性。企业在进行重要性判断时,应当根据所处环境,从项目的性质和金额大小两方面予以判断。

判断项目性质的重要性:该项目在性质上是否属于企业日常活动、是否显著影响企业的财务状况、经营成果和现金流量等。

判断项目金额大小的重要性:该项目金额占资产总额、负债总额、所有者权益总额、营业收入总额、营业成本总额、净利润、综合收益总额等直接相关项目金额的比重或所属报表单列项目金额的比重。

(六)财务报表项目应当以总额列报

财务报表项目应当以总额列报,资产和负债、收入和费用不能相互抵销,即不得以净额列报。财务报表项目金额间可以相互抵销的例外情况有:

(1)一组类似交易形成的利得和损失(不具有重要性)以净额列示的。

(2)资产或负债项目扣除备抵项目。

(3)非日常活动产生的损益应当以同一交易或一组类似交易形成的收益扣减费用后的净额列示。

(七)比较信息的列报

除其他会计准则另有规定外,当期财务报表的列报,至少应当提供所有列报项目上一个可比会计期间的比较数据,以及与理解当期财务报表相关的说明。比较信息的列报既适用于四张报表,也适用于附注。

对可比数据进行调整不切实可行的,应当在附注中披露不能调整的原因。不切实可行,是指企业在做出所有合理努力后仍然无法采用某项规定。

(八)财务报表表首的列报要求

财务报表表首的内容至少应包括:编报企业的名称、资产负债表日或财务报表涵盖的会计期间、人民币金额单位以及是否为合并报表等。

(九)报告期间

企业至少应当按年编制财务报表。年度财务报表涵盖的期间短于一年的,应当披露年度财务报表的涵盖期间、短于一年的原因以及报表数据不具可比性的事实。

四、编制财务报表的要求

为了使财务报表能够最大限度地满足各有关方面的需要,实现编制财务报表的基本目的,充分发挥财务报表的作用,企业在编制财务报表时应当做到真实可靠、相关可比、全面完整、编报及时、便于理解。

(一)真实可靠

企业财务报表必须如实地反映企业的财务状况、经营成果和现金流动情况,使财务报表各项目的数据都建立在真实可靠的基础之上。因此,财务报表必须根据核实无误的账簿资料编制,不得以任何方式弄虚作假。如果财务报表所提供的资料不真实或者可靠性很差,则不仅不能发挥财务报表应有的作用,而且还会由于错误的信息导致财务报表使用者对企业的财务状况、经营成果和现金流动情况做出错误的评价与判断,致使报表使用者做出错误的决策。

(二)相关可比

企业财务报表所提供的财务会计信息必须与报表使用者进行决策所需要的信息相关,并且便于报表使用者在不同企业之间及同一企业前后各期之间进行比较。只有提供相关且可比的信息,才能便于报表使用者分析企业在整个社会特别是同行业中的地位,了解和判断企业过去、现在的情况,预测企业未来的发展趋势,进而为报表使用者的决策服务。

（三）全面完整

企业财务报表应当全面披露企业的财务状况、经营成果和现金流动情况，完整地反映企业财务活动的过程和结果，以满足各有关方面对财务会计信息资料的需要。为了保证财务报表的全面完整，企业在编制财务报表时，应当按照有关准则、制度规定的格式和内容填写，特别是对于企业某些重要的事项，应当按照要求在财务报表附注中说明，不得漏编漏报。

（四）编报及时

企业财务报表所提供的资料具有很强的时效性，只有及时编制和报送财务报表才能为使用者提供决策所需的信息资料，否则，即使财务报表的编制非常真实可靠、全面完整且具有相关可比性，但由于编报不及时，也可能失去其应有的价值。随着市场经济和信息技术的迅速发展，财务报表的及时性要求将变得日益重要。

（五）便于理解

可理解性是指财务报表提供的信息可以为使用者所理解。企业对外提供的财务报表是为广大财务报表使用者提供企业过去、现在和未来的有关资料，为企业目前或潜在的投资者和债权人提供决策所需的会计信息，因此，编制的财务报表应当清晰明了。如果提供的财务报表晦涩难懂、不可理解，使用者就不能据以做出准确的判断，所提供的财务报表也会毫无用处。当然，财务报表的这一要求是建立在财务报表使用者具有一定的财务报表阅读能力的基础上的。

五、编制财务报表前的准备工作

为了做到真实、正确、完整、及时地编制财务报表，在编制财务报表之前需要做好以下各项准备工作。

（一）将本报告期发生的一切经济业务全部登记入账，保证账簿记录的完整性

为了保证财务报表能够如实、完整地反映企业一个月（季、年）的财务状况和经营成果，在编制财务报表之前，必须将本月（季、年）发生的所有经济业务、期末账项和转账业务全部登记入账，不得将本期发生的经济业务留到下期入账，也不得将下期的经济业务提前到本期入账。本期发生的一切经济业务均登记入账后才可以据以编制财务报表。

(二)核对账簿记录,做到账证相符、账账相符

对各种账簿记录,在编制财务报表之前必须进行认真地审查和核对,保证做到账证相符、账账相符。如有不符,应立即查明原因并予以更正。应该核对的账簿记录主要有:总账中各账户的借方发生额总计和期末余额总计应与贷方发生额总计和期末余额总计核对相符;总账中有关账户的借方发生额、贷方发生额以及期末余额应与所属各明细账户的借方发生额合计、贷方发生额合计以及期末余额合计核对相符;会计部门的各种财产物资明细账应与物资管理部门的实物保管账核对相符。

(三)进行财产清查,做到账实相符

在编制财务报表之前,还应该对各种财产物资进行清查盘点,将清查盘点结果与有关的账簿记录进行核对,如有不符,一方面要追查原因,另一方面要按照清查结果调整账面记录,以保证账实相符。应清查的财产物资主要包括:各种材料、固定资产及其他物资、货币资金和往来款项等。

(四)按权责发生制要求进行期末账项调整,正确计算本期损益

根据权责发生制原则,应将属于本报告期发生的一切收支账项全部调整入账,以正确计算本期损益,反映财务成果。应调整和结转的账项主要有:资产的摊销,如计提固定资产折旧、摊销包装物、低值易耗品价值和待摊费用等;计提预提费用,如应由本期负担的短期借款利息等;计提职工医药费、工会经费、职工教育经费等;计提应由经营收入负担的税金及附加;计算已销产品或商品的销售成本并予以结转;处理期末盘点中发现的财产物资的溢余、短缺及残损;对应结清的应收、应付款项进行处理和结转;结转其他需要调整的账项;等等。

(五)在账项调整和结转的基础上进行结账

结账时,应结出总账各账户的借方发生额、贷方发生额和期末余额以及各明细账借方发生额、贷方发生额和期末余额,据以编制总分类账户本期发生额和余额表、明细分类账本期发生额和余额表,以进行总分类账户记录的核对和有关总账与所属明细账记录的核对。

做好以上各项准备工作后,便可编制财务报表。

第二节　资产负债表

一、资产负债表的意义

资产负债表是反映企业在某一特定日期财务状况，即企业月末、年末全部资产、负债和所有者权益情况的财务报表，它反映了企业在某一特定日期所拥有或控制的经济资源、所承担的现时义务和所有者对净资产的要求权，是根据“资产 = 负债 + 所有者权益”这一会计等式按照一定的编制要求编制而成的。资产负债表是静态报表，它是企业财务报表体系中的主要报表。通过资产负债表，可以了解企业在某一特定日期所拥有或控制的经济资源及其构成、所承担的债务责任以及投资者所拥有的权益情况；评价企业的变现能力和偿债能力；考察企业资本的保全和增值情况；评估企业的资本结构和财务实力；预测企业未来财务状况的变动趋势等。

二、资产负债表的内容和结构

根据资产负债表的性质，该表应列示所有资产、负债、所有者权益的重要项目。资产和负债应当区分流动资产和非流动资产、流动负债和非流动负债列示。

资产负债表中的资产类至少应当单独列示反映下列信息的项目：①货币资金；②应收及预付款项；③交易性投资；④存货；⑤持有至到期投资；⑥长期股权投资；⑦投资性房地产；⑧固定资产；⑨生物资产；⑩递延所得税资产；⑪无形资产；⑫流动资产和非流动资产的合计项目。

资产项目是按照资产流动性排列的。流动性大的资产，如货币资金、交易性金融资产等排在前面；持有至到期投资、长期股权投资、固定资产、无形资产、商誉等其他非流动资产不容易变现，排在后面。

资产负债表中的负债类至少应当单独列示反映下列信息的项目：①短期借款；②应付及预收款项；③应交税费；④应付职工薪酬；⑤预计负债；⑥长期借款；⑦长期应付款；⑧应付债券；⑨递延所得税负债；⑩流动负债、非流动负债和负债的合计项目。

资产负债表中的所有者权益类至少应当单独列示反映下列信息的项目：①实收资本（或股本）；②资本公积；③盈余公积；④未分配利润；⑤所有者权益的合计项目。

负债和所有者权益项目是按照需要偿还的先后顺序排列的：需要在一年内或一个营业周期内偿还的流动负债排在前面；其次是在一年以上或一个营业周期以上才需要偿还的长期负债；所有者权益在企业清算之前不需要偿还排在最后。

资产负债表的格式分为账户式和报告式两种。账户式资产负债表,其基本结构分为左右两方,左方为资产方,反映企业各项资产的情况;右方为负债及所有者权益方,反映资产来源的情况。资产各项目的合计等于负债和所有者权益各项目的合计。其简化格式如表4-1所示。

表4-1 **资产负债表**

编制单位: 年 月 日 金额单位:

资　产	期末余额	年初余额	负债及所有者权益	期末余额	年初余额
一、流动资产			一、流动负债		
二、非流动资产			二、非流动负债		
			三、所有者权益		
资产总计			负债和所有者权益总计		

根据我国《企业会计准则》的规定,企业的资产负债表采用账户式结构。

报告式资产负债表是将资产、负债和所有者权益各项目垂直排列,表的上部分列示资产各项目,下部依次列示负债及所有者权益各项目,报表中三个要素的关系为“资产-负债=所有者权益”。其简化格式如表4-2所示。

表4-2 **资产负债表**

编制单位: 年 月 日 金额单位:

资　产
流动资产 非流动资产 资产总计
负　债
流动负债 非流动负债 负债合计
所有者权益
实收资本 资本公积 盈余公积 未分配利润
所有者权益合计

账户式资产负债表分左右两方,左方为资产,全部项目按资产的流动性大小排列,

流动性大的资产如“货币资金”“应收账款”等排在前面,流动性小的资产如“长期股权投资”“固定资产”等则排在后面;右方为负债及所有者权益,全部项目按求偿权先后顺序排列,“短期借款”“应付票据”等需要在一年以内或者长于一年的一个营业周期内偿还的流动负债排在前面,“长期借款”等在一年以上或者长于一年的一个营业周期以上才能偿还的长期负债排在中间,在企业清算之前不需偿还的所有者权益项目排在后面。资产负债表左右双方平衡,即资产总计等于负债和所有者权益总计之和。

三、资产负债表的编制方法

资产负债表的编制是以日常会计核算记录的数据为基础进行归类、整理和汇总,加工成报表项目的过程。我国资产负债表主体部分的各项目都列有“年初余额”和“期末余额”两个栏目,是一种比较资产负债表。

(一)表中各项目“年初余额”的填列

资产负债表“年初余额”栏内各项数字应根据上年末资产负债表“期末余额”栏内所列数字填列。如果本年度资产负债表规定的各个项目的名称和内容同上年度不一致,应对上年末资产负债表各项目的名称和数字按照本年度的规定进行调整,填入表中“年初余额”栏内。

(二)表中各项目“期末余额”的填列

资产负债表“期末余额”栏内各项数字应根据会计账簿记录填列。其中,大多数项目可以直接根据账户余额填列,少数项目则要根据账户余额进行分析、计算后填列。具体填列方法有以下几种:

1. 直接根据总账科目余额填列

资产负债表中大部分项目的数字可以根据有关总分类账户的余额直接填列。如“交易性金融资产”“应收票据”“应收利息”“应收股利” “短期借款”“应付票据”“应付职工薪酬”“应交税费”“应付利息”“应付股利”“其他应付款”“实收资本”“资本公积”“盈余公积”等。

2. 根据若干个总账科目的期末余额计算填列

例如,“货币资金”项目应根据“库存现金”“银行存款”“其他货币资金”总分类账户期末余额合计数填列;“存货”项目应根据“材料采购”“原材料”“生产成本”“库存商品”“周转材料(包装物或低值易耗品)”等账户余额合计填列。

3. 根据总分类账所属明细分类账户余额分析、计算后填列

例如,“应收账款”项目应根据“应收账款”和“预收账款”总分类账户所属各明细分类账户的期末借方余额合计填列;“预付账款”项目应根据“预付账款”和“应付账款”总

分类账户所属各明细分类账户的期末借方余额合计填列;“应付账款”项目应根据“应付账款”和“预付账款”总分类账户所属各明细分类账户的期末贷方余额合计填列;“预收账款”项目应根据“预收账款”和“应收账款” 总分类账户所属各明细分类账户的期末贷方余额合计填列。

4. 根据总账科目和明细科目的余额分析计算填列

例如,“长期借款”项目根据“长期借款”总账科目余额扣除“长期借款”科目所属的明细科目中反映的将于一年内到期的长期借款部分分析计算填列。这些项目有:持有至到期投资、长期借款、应付债券、长期应付款等。

5. 根据有关资产科目与其备抵科目抵销后的净额填列

例如“长期股权投资”项目根据“长期股权投资”科目期末余额减去“长期股权投资减值准备”科目期末余额后的金额填列。这些项目有:应收账款、其他应收款、存货、持有至到期投资、长期股权投资、固定资产、在建工程、工程物资、无形资产等。

四、资产负债表编制实例

【例1】 利生股份有限公司2015年各科目的期初余额和2015年度发生的经济业务如下。

(一)期初余额

2015年1月1日,有关科目的期初余额如表4-3所示。

表4-3　　**科目余额表**

2015年1月1日　　金额单位:元

科目名称	借方余额	贷方余额
库存现金	17 800	
银行存款	4 890 000	
交易性金融资产	90 000	
应收票据	1 006 000	
应收账款	1 800 000	
坏账准备		5 400
预付账款	600 000	
其他应收款	30 000	
原材料	10 160 000	
周转材料	1 500 000	

续表

科目名称	借方余额	贷方余额
库存商品	3 820 000	
长期股权投资	1 500 000	
固定资产	8 000 000	
累计折旧		2 400 000
在建工程	9 000 000	
无形资产	4 800 000	
长期待摊费用	600 000	
短期借款		1 800 000
应付票据		1 200 000
应付账款		1 722 800
其他应付款		1 300 000
应付职工薪酬		660 000
应交税费		219 600
应付利息		6 000
长期借款		8 600 000
实收资本		29 000 000
盈余公积		900 000

(二)经济业务

2015 年度发生的经济业务如下:

1. 用银行存款支付购入原材料货款 1 498 800 元,材料已验收入库。

2. 销售产品一批,销售价款 6 000 000 元,收到款项 4 200 000 元,余款尚未收到。

3. 购入不需安装的设备一台,价款 1 500 000 元,另支付包装费、运费 6 000 元。全部款项用银行存款支付,设备已交付使用。

4. 向希望工程捐款 118 200 元。

5. 用银行存款偿还长期借款 500 000 元。

6. 企业一张面值为 1 200 000 元的无息商业汇票到期,票款存入银行。

7. 取得罚款收入 300 000 元。

8. 计提短期借款利息 69 000 元。

9. 分配应付工资 3 000 000 元,其中:生产人员工资 1 650 000 元,车间管理人员工资 600 00 元,行政管理人员工资 90 000 元,销售人员工资 1 200 000 元。

10. 通过银行支付工资 3 000 000 元。

11. 归还短期借款本息 1 575 000 元(其中,利息 75 000 元已计提)。

12. 基本生产车间生产产品领用原材料 4 410 000 元,车间一般消耗 315 000 元。

13. 计提固定资产折旧 600 000 元,其中,制造费用 480 000 元、管理费用120 000元。

14. 收到应收账款 306 000 元,存入银行。

15. 用银行存款支付产品展览费、广告费 220 000 元。

16. 计算并结转制造费用,计算并结转本期完工产品成本 6 915 000 元(企业本期期初、期末均无在产品)。

17. 企业销售产品一批,价款 1 500 000 元,收到商业承兑汇票一张。

18. 计算本期主营业务应交纳的营业税金 12 000 元。

19. 用银行存款交纳税金 12 000 元。

20. 结转本期主营业务成本 4 500 000 元。

21. 计提坏账准备 5 400 元。

22. 将各收支科目结转本年利润。

23. 按 25% 所得税率计算并结转所得税。

24. 将“本年利润”转入“利润分配——未分配利润”。

25. 按净利润的 10% 提取法定盈余公积。

26. 将“利润分配”的有关明细科目转入“利润分配——未分配利润”。

(三)会计分录

根据上述资料编制会计分录。

1. 借:原材料	1 498 800	
贷:银行存款		1 498 800
2. 借:银行存款	4 200 000	
应收账款	1 800 000	
贷:主营业务收入		6 000 000
3. 借:固定资产	1 506 000	
贷:银行存款		1 506 000
4. 借:营业外支出——公益性捐赠支出	118 200	
贷:银行存款		118 200

5. 借:长期借款　　500 000
　　贷:银行存款　　500 000
6. 借:银行存款　　1 200 000
　　贷:应收票据　　1 200 000
7. 借:银行存款　　300 000
　　贷:营业外收入　　300 000
8. 借:财务费用　　69 000
　　贷:应付利息　　69 000
9. 借:生产成本　　1 650 000
　　制造费用　　60 000
　　管理费用　　90 000
　　销售费用　　1 200 000
　　贷:应付职工薪酬　　3 000 000
10. 借:应付职工薪酬　　3 000 000
　　贷:银行存款　　3 000 000
11. 借:短期借款　　1 500 000
　　应付利息　　75 000
　　贷:银行存款　　1 575 000
12. 借:生产成本　　4 410 000
　　制造费用　　315 000
　　贷:原材料　　4 725 000
13. 借:制造费用　　480 000
　　管理费用　　120 000
　　贷:累计折旧　　600 000
14. 借:银行存款　　306 000
　　贷:应收账款　　306 000
15. 借:销售费用　　220 000
　　贷:银行存款　　220 000
16. 借:生产成本　　855 000
　　贷:制造费用　　855 000
　借:库存商品　　6 915 000
　　贷:生产成本　　6 915 000
17. 借:应收票据　　1 500 000

贷:主营业务收入　　1 500 000

18. 借:营业税金及附加　　12 000

贷:应交税费　　12 000

19. 借:应交税费　　12 000

贷:银行存款　　12 000

20. 借:主营业务成本　　4 500 000

贷:库存商品　　4 500 000

21. 借:资产减值损失　　5 400

贷:坏账准备　　5 400

22. 借:主营业务收入　　7 500 000

营业外收入　　300 000

贷:本年利润　　7 800 000

借:本年利润　　6 334 600

贷:主营业务成本　　4 500 000

销售费用　　1 420 000

营业税金及附加　　12 000

管理费用　　210 000

财务费用　　69 000

营业外支出　　118 200

资产减值损失　　5 400

23. 本年应交所得税 = (7 800 000 — 6 334 600) × 25% = 1 465 400 × 25% = 366 350(元),即:

借:所得税费用　　366 350

贷:应交税费——应交所得税　　366 350

借:本年利润　　366 350

贷:所得税费用　　366 350

24. 本年净利润 = 7 800 000 — 6 334 600 — 366 350 = 1 099 050(元),即:

借:本年利润　　1 099 050

贷:利润分配——未分配利润　　1 099 050

25. 借:利润分配——提取盈余公积　　109 905

贷:盈余公积——法定盈余公积　　109 905

26. 借:利润分配——未分配利润　　109 905

贷:利润分配——提取盈余公积　　109 905

（四）期末余额

根据以上资料，计算各有关科目期末余额如表4－4所示。

表4－4 科目余额表

2015年12月31日 金额单位：元

科目名称	借方余额	贷方余额
库存现金	17 800	
银行存款	2 466 000	
交易性金融资产	90 000	
应收票据	1 306 000	
应收账款	3 294 000	
坏账准备		10 800
预付账款	600 000	
其他应收款	30 000	
原材料	6 933 800	
周转材料	1 500 000	
库存商品	6 235 000	
长期股权投资	1 500 000	
固定资产	9 506 000	
累计折旧		3 000 000
在建工程	9 000 000	
无形资产	4 800 000	
长期待摊费用	600 000	
短期借款		300 000
应付票据		1 200 000
应付账款		1 722 800
其他应付款		1 300 000
应付职工薪酬		660 000
应交税费		585 950
长期借款		8 100 000
实收资本		29 000 000
盈余公积		1 009 905
未分配利润		989 145

(五)编制资产负债表

根据上述资料编制2015年末的资产负债表,如表4-5所示。

表4-5　　资产负债表

编制单位:利生股份有限公司　　2015年12月31日　　金额单位:元

资　产	期末余额	年初余额	负债及所有者权益	期末余额	年初余额
流动资产:			流动负债:		
货币资金	2 483 800	4 907 800	短期借款	300 000	1 800 000
交易性金融资产	90 000	90 000	交易性金融负债	0	0
应收票据	1 306 000	1 006 000	应付票据	1 200 000	1 200 000
应收账款	3 283 200	1 794 600	应付账款	1 722 800	1 722 800
预付款项	600 000	600 000	预收款项	0	0
应收利息	0	0	应付职工薪酬	660 000	660 000
应收股利	0	0	应交税费	585 950	219 600
其他应收款	30 000	30 000	应付利息	0	6 000
存货	14 668 800	15 480 000	应付股利	0	0
持有待售资产					
一年内到期的非流动资产			其他应付款	1 300 000	1 300 000
其他流动资产			持有待售负债		
流动资产合计	22 461 800	23 908 400	一年内到期的非流动负债	5 000 000	5 000 000
非流动资产:			其他流动负债	0	0
可供出售金融资产	0	0	流动负债合计	10 768 750	11 908 400
持有至到期投资	0	0	非流动负债:		
长期应收款	0	0	长期借款	3 100 000	3 600 000
长期股权投资	1 500 000	1 500 000	应付债券	0	0
投资性房地产			长期应付款	0	0
固定资产	6 506 000	5 600 000	专项应付款	0	0
			预计负债		
在建工程	9 000 000	9 000 000	递延所得税负债	0	0
工程物资	0	0	其他非流动负债	0	0
固定资产清理	0	0	非流动负债合计	3 100 000	3 600 000
生产性生物资产			负债合计	13 868 750	15 508 400
油气资产			所有者权益(或股东权益):		

续表

资　产	期末余额	年初余额	负债及所有者权益	期末余额	年初余额
无形资产	4 800 000	4 800 000	实收资本(或股本)	29 000 000	29 000 000
开发支出			资本公积	0	0
			减:库存股		
商誉			盈余公积	1 009 905	900 000
长期待摊费用	600 000	600 000	未分配利润	989 145	0
递延所得税资产			所有者权益(或股东权益)合计	30 999 050	29 900 000
其他非流动资产					
非流动资产合计	22 406 000	21 500 000			
资产总计	44 867 800	45 408 400	负债及所有者权益总计	44 867 800	45 408 400

第三节　利润表

一、利润表的意义

利润表是指反映企业在一定会计期间的经营成果的财务报表。利润表是按照各项收入、费用以及构成利润的各个项目分类、分项编制而成的。利润表是企业主要财务报表之一。在利润表中,将一个会计期间内的营业收入与同一会计期间的营业成本进行配比,求出该会计期间的净利润(亏损),因此,利润表所提供的各项指标是企业一定时期经济活动的过程和结果,利润表是动态报表。

利润表是企业主要财务报表之一。在利润表中,将一个会计期间内的营业收入与同一会计期间的营业成本进行配比,求出该会计期间的净利润(亏损),因此,利润表所提供的各项指标是企业一定时期经济活动的过程和结果。通过利润表可以了解企业某一期间实现净利润或发生亏损的情况;分析企业利润计划的执行情况及利润增减变化的原因;评价企业经济效益的高低;判断企业的盈利能力以及未来一定时期内的盈利趋势。

二、利润表的格式

《企业会计准则第 30 号——财务报表列报》规定,利润表至少应当单独列示反映下列信息的项目:①营业收入;②营业成本;③营业税金;④管理费用;⑤销售费用;⑥财务费用;⑦投资收益;⑧公允价值变动损益;⑨资产减值损失;⑩非流动资产处置损益;

⑪所得税费用;⑫净利润。金融企业可以根据其特殊性列示利润表项目。

利润表作为一个反映企业经营成果的财务报表,必须包括影响某一会计期间的所有损益内容,既要包括来自生产经营方面已实现的各项收入、已耗费需要在本期配比的各项成本和费用,也要包括本期发生的各项营业外收支。利润表的结构有单步式和多步式两种。

单步式利润表不按企业利润的构成内容,而是将本期所有收入加在一起,然后再将所有费用加在一起,两者相减通过一次计算得出当期损益。

多步式利润表是按照企业利润的构成内容,分层次、分步骤地逐步、逐项计算编制而成的报表。它根据经营活动的主次和经营与非经营活动对企业利润的贡献情况排列编制。在我国,企业利润表采用的基本上是多步式结构。

在利润表中,费用应当按照功能分类,分为从事经营业务发生的成本、管理费用、销售费用和财务费用等。我国会计准则规定的利润表结构主要包括以下七个方面的内容。

(一)营业收入

营业收入由主营业务收入和其他业务收入组成。

(二)营业利润

营业收入减去营业成本(主营业务成本、其他业务成本)、营业税金及附加、销售费用、管理费用、财务费用、资产减估损失,加上公允价值变动收益、投资收益,即为营业利润。

(三)利润总额

营业利润加上营业外收入,减去营业外支出,即为利润总额。

(四)净利润

利润总额减去所得税费用,即为净利润。

(五)每股收益

每股收益包括基本每股收益和稀释每股收益两项指标。利润表的基本格式见表4－7。

(六)其他综合收益

其他综合收益反映企业根据企业会计准则规定未在损益中确认的各项利得和损失扣除所得税影响后的净额。

(七)综合收益总额

综合收益总额反映净利润和其他综合收益扣除所得税影响后的净额相加后的合计金额。

三、利润表的编制方法

编制利润表主要是要把企业在某一经营期间的收入、费用和成本以及由此所配比计算出的盈亏情况报告给信息使用者。所以,利润表是一种动态性的报表,它反映的是编报主体在某一期间的经营成果,而只有账户的发生额才能反映一定期间的变化情况,因此,利润表的编制是以账户的发生额为依据的。但不是所有账户的发生额都与利润有关,只有损益类账户(即收入类和费用成本类账户)所登记的内容,才能计算出本期的利润。因此,编制利润表应根据损益类账户的本期发生额,即在损益类账户记录的基础上再进一步处理,编制成利润表。

(一)编制方法

利润表"上年金额"栏内各项数字应根据上年度利润表"本年金额"栏内所列数字填列。如果上年度利润表规定的各个项目的名称和内容同本年度的规定不一致,应对上年度利润表各项目的名称和数字按本年度的规定进行调整,填入本表"上年金额"栏内。

利润表"本年金额"栏内各项数字一般应当根据各损益类科目的发生额分析填列。若为月报,则利润表中的"本年金额"栏改为"本期金额"栏,"上年金额"栏改为"上期金额"栏。编制时间为:××年××月。

(二)利润表各项目的内容及其填列方法

"营业收入"项目反映了企业经营主要业务和其他业务所确认的收入总额。本项目应根据"主营业务收入""其他业务收入"科目发生额填列。

"营业成本"项目反映了企业经营主要业务和其他业务发生的实际成本总额。本项目应根据"主营业务成本""其他业务成本"科目发生额填列。

"营业税金及附加"项目反映了企业经营业务应负担的营业税、消费税、城市维护建设税、资源税、土地增值税和教育费附加等。本项目应根据"营业税金及附加"科目发生额分析填列。

"销售费用"项目反映了企业在销售商品过程中发生的包装费、广告费等费用和为销售本企业商品而专设的销售机构的职工薪酬、业务费等经营费用。本项目应根据"销售费用"科目发生额分析填列。

"管理费用"项目反映了企业为组织和管理生产经营发生的管理费用。本项目应根据"管理费用"科目发生额分析填列。

"财务费用"项目反映了企业筹集生产经营所需资金等而发生的筹资费用。本项目应根据"财务费用"科目发生额填列。

"资产减值损失"项目反映了企业各项资产发生的减值损失。本项目应根据"资产减值损失"科目发生额分析填列。

"公允价值变动收益"项目反映了企业交易性金融资产、交易性金融负债以及采用公允价值模式计量的投资性房地产等公允价值变动形成的应计入当期损益的利得或损失。如为净损失,以"－"号填列。本项目应根据"公允价值变动损益"科目发生额分析填列。

"投资收益"项目反映了企业以各种方式对外投资所取得的收益。其中,"对联营企业和合营企业的投资收益"项目反映了采用权益法核算的对联营企业和合营企业投资在被投资单位实现的净损益中应享有的份额(不包括处置投资形成的收益)。如为净损失,以"－"号填列。企业持有的交易性金融资产处置时,处置收益部分应当自"公允价值变动损益"项目转出,列入本项目。本项目应根据"投资收益"科目发生额分析填列。

"营业外收入""营业外支出"项目反映了企业发生的与其经营活动无直接关系的各项收入和支出。其中,处置非流动资产净损失应当单独列示。这两个项目应分别根据"营业外收入"科目和"营业外支出"科目的发生额分析填列。

"利润总额"项目反映了企业实现的利润总额。如为亏损总额,以"－"号填列。

"所得税费用"项目反映了企业根据所得税准则确认的应从当期利润总额中扣除的所得税费用。本项目应根据"所得税"科目发生额填列。

"基本每股收益"和"稀释每股收益"项目应当根据每股收益准则规定计算的金额填列。

"其他综合收益"项目根据"资本公积"科目的明细发生额填列。

"综合收益总额"项目反映净利润和其他综合收益扣除所得税影响后的净额相加后的合计金额,根据利润表中净利润和其他综合收益项目的合计填列。

【例2】 接例1,利生股份有限公司2015年有关损益类账户发生额如表4－6所示。

表4－6　　利生股份有限公司损益类账户发生额

账户名称	借方发生额	贷方发生额
主营业务收入		7 500 000
主营业务成本	4 500 000	
营业税金及附加	12 000	
销售费用	1 420 000	
管理费用	210 000	

续表

账户名称	借方发生额	贷方发生额
财务费用	69 000	
营业外收入		300 000
资产减值损失	5 400	
营业外支出	118 200	
所得税费用	366 350	

根据以上资料编制利润表(如表4-7所示)。

表4-7 **利润表**

编制单位:利生股份有限公司 2015年度 单位:元

项　　目	本期金额	上期金额
一、营业收入	7 500 000	略
减:营业成本	4 500 000	
营业税金及附加	12 000	
销售费用	1 420 000	
管理费用	210 000	
财务费用	69 000	
资产减值损失	5 400	
加:公允价值变动收益(损失以"-"号填列)	0	
投资收益(损失以"-"号填列)		
其中:对联营企业和合营企业的投资收益		
二、营业利润(亏损以"-"号填列)	1 283 600	
加:营业外收入	300 000	
减:营业外支出	118 200	
其中:非流动资产处置损失		
三、利润总额(亏损总额以"-"号填列)	1 465 400	
减:所得税费用	366 350	
四、净利润(净亏损以"-"号填列)	1 099 050	

续表

项　　目	本期金额	上期金额
五、每股收益		
（一）基本每股收益		
（二）稀释每股收益		
六、其他综合收益		
七、综合收益总额	1 099 050	

第四节　现金流量表

一、现金流量表的概念和作用

（一）现金流量表的概念

现金流量表是反映企业在一定会计期间现金和现金等价物流入和流出的报表。现金流量表是一种动态报表。

企业为了维持正常的经营和发展,必须具有一定的获利能力和良好的财务状况,这时,各方人士所关注的与此有关的情况通过利润表和资产负债表予以反映。除此之外,人们还非常重视企业的现金流动情况。这是因为,无论企业的债务偿付能力、股利分配能力、支付能力,还是今后的发展,均取决于能否及时获取足够的现金和合理使用现金。在激烈的市场竞争中,现金取得与使用的重要性有时甚至超过获利能力,成为企业生死攸关的大事。现金流量表的目的即在于向报表的使用者提供企业一定时期内现金流入(获取)与流出(使用)的信息,以便他们了解和评价企业获取现金的能力,并据以预测企业未来的现金流量。

（二）现金流量表的作用

现金流量表以现金的流入和流出反映企业在一定会计期间内的经营活动、投资活动和筹资活动的动态情况,反映了企业现金流入和流出的全貌。现金流量表的主要作用有:

第一,评价企业产生现金的能力。现金流量表从若干方面对现金的流入与流出做出反映,说明企业是如何取得现金、如何使用现金的,借此可以对企业产生现金的现实能力做出评价。由于过去的现金流量总是与未来的现金流量相关,是未来现金流量的预示,所以,通过现金流量表还可以预测企业创造未来现金流量的能力,并可借以检查过去对现金流量预测的准确性。

第二,评价企业净利润的质量。所谓净利润的质量,是指其所能产生现金的能力。净利润产生现金的能力越强,它的质量就越好;反之,净利润的质量则越差。由于企业是分会计期间,按照权责发生制的原则报告其经营成果的,所以不可避免地会使某一期间的净利润与现金净流量(按实际收到或付出反映)不一致,比如,有净利润时可能没有相应的现金结存,发生了亏损却不缺少周转现金,从而使净利润的质量时好时坏。现金流量表通过将会计的权责发生制基础转化为收付实现制基础,能够表现企业净利润与现金结余之间的差异及其原因,评价净利润的质量。

第三,有助于提高会计信息的可比性。不同的企业对同样的事项总会有不同的会计处理方法,这必然会干扰会计信息的可比性。现金流量表以现金流量表现企业的经营状况,可以一定程度地避免不同会计方法造成的影响,提高会计信息的可比性。

二、现金流量表的编制基础

(一)现金的概念

现金流量表是以现金为基础编制的。这里的现金是指广义的现金,包括企业的库存现金、可以随时用于支付的存款以及现金等价物。具体包括库存现金、银行存款、其他货币资金和现金等价物。

库存现金是指企业持有的可随时用于支付的现金限额,即与“库存现金”科目所包括的内容一致。

银行存款是指企业存在金融企业的随时可用于支付的存款,即与会计核算中的“银行存款”科目所包括的内容基本一致。

其他货币资金是指企业存在金融企业的有特定用途的资金,如外埠存款、银行汇票存款、银行本票存款、信用证保证金存款、信用卡存款等。

现金等价物是指企业持有的期限短、流动性强、易于转换为已知金额现金、价值变动风险很小的投资。期限短,一般是指从购买日起三个月内到期。现金等价物通常包括三个月内到期的债券投资。权益性投资变现的金额通常不确定,因而不属于现金等价物。企业应当根据具体情况确定现金等价物的范围,一经确定,不得随意变更。

现金流量表所表现的现金流量也就是现金和现金等价物的流入和流出。但是,现金和现金等价物之间的交易事项,如将现金转做活期存款、将活期存款转换为现金等价物等,则不构成现金流量交易事项。

(二)现金流量的概念

现金流量是指企业的现金和现金等价物的流入和流出。现金流量是某一期间内企业现金流入和流出的数量。衡量企业经营状况是否良好、是否有足够的现金偿还债务以及资产的变现能力等,现金流量是非常重要的指标。

(三)影响现金流量的因素

企业日常经营业务是影响现金流量的重要因素,但并不是所有的交易或事项都影响现金流量,影响或不影响现金流量的因素主要包括:

现金各项目之间的增减变动(包括现金与现金等价物之间的增减变动)不会影响现金流量净额的变动,如从银行提取现金、将现金存入银行。

非现金各项目之间的增减变动也不会影响现金流量净额的变动,如用固定资产清偿债务、用原材料对外投资等。

现金各项目与非现金各项目之间的增减变动会影响现金流量净额的变动,如用现金支付购买的原材料、用现金对外投资、收回长期债券投资等。

现金流量表主要反映了现金各项目与非现金各项目之间的增减变动情况对现金流量净额的影响,非现金各项目之间的增减变动虽然不影响现金流量净额,但属于重要的投资和筹资活动,在现金流量表的补充资料中单独反映。

(四)现金流量的分类

现金流量表应当区分经营活动、投资活动和筹资活动列报现金流量。按活动分类提供现金流量信息,有助于报表使用者了解这些活动对企业财务状况的影响程度以及估量现金和现金等价物的金额,同时也有助于评价这些活动之间的相互关系。

1. 经营活动形成的现金流量

经营活动,即企业产生主要收入的活动以及非投资和筹资的其他活动。来自经营活动的现金流量主要由决定企业净损益的交易和其他有关事项形成。

通过经营活动形成的现金流量,可以判明在不动用企业外部筹资的情况下,企业通过经营活动产生的现金流量是否足以偿还贷款,维持企业的生产经营,支付股利以及对外投资。此外,利用本期经营活动所形成的现金流量还可以预测未来同类现金流量的变化趋势。

2. 投资活动形成的现金流量

投资活动是指企业长期资产的购建和处置,以及不包括在现金等价物范围内的其他投资及其处置活动。投资活动的现金流量代表企业为了获得未来的收益和现金流量而转出资源的程度以及以前资源转出带来的现金流入的信息。

3. 筹资活动形成的现金流量

筹资活动是指导致企业资本及债务规模和构成发生变动的活动。揭示筹资活动的现金流量,有助于预测企业资本的提供者对企业现金流量的要求权以及获得前期现金流入而付出的代价。

三、现金流量表的内容

按照企业经营活动发生的性质,将企业一定期间内产生的现金流量归为以下三类:

(一)经营活动产生的现金流量

经营活动是指企业投资活动和筹资活动以外的所有交易和事项,包括销售商品或提供劳务、经营性租赁、购买货物、接受劳务、制造产品、广告宣传、推销产品、缴纳税款等。经营活动产生的现金流量是企业通过运用所拥有或控制的资产创造的现金流量,主要是与企业净利润有关的现金流量。企业一定期间内实现的净利润并不一定都构成经营活动产生的现金流量,如处置固定资产净收益或净损失构成净利润的一部分,但不属于经营活动产生的现金流量,处置固定资产净收益或净损失也不是实际的现金流入或流出。通过现金流量表中反映的经营活动产生的现金流入和现金流出,说明企业经营活动对现金流入和流出净额的影响程度。

(二)投资活动产生的现金流量

投资活动是指企业长期资产的购建和不包括在现金等价物范围内的投资及其处置活动,主要包括取得或收回投资,购建和处置固定资产、无形资产和其他长期资产等。通过现金流量表中反映的投资活动产生的现金流量,可以分析企业通过投资获取现金流量的能力以及投资产生的现金流量对企业现金流量净额的影响程度。

(三)筹资活动产生的现金流量

筹资活动是指导致企业资本及债务规模和构成发生变化的活动,包括吸收投资、发行股票、分配利润等。这里的债务是指企业对外举债所借入的款项,如发行债券、向金融企业借入款项以及偿还债务等。通过现金流量表中筹资活动产生的现金流量,可以分析企业筹资的能力以及筹资产生的现金流量对企业现金流量净额的影响程度。

四、现金流量表的结构

我国企业的现金流量表包括正表和附注两部分。

(一)现金流量表的正表部分

正表是现金流量表的主体,企业一定会计期间现金流量的信息主要由正表提供。

正表采用报告式的结构,按照现金流量的性质,依次分为反映经营活动的现金流量、投资活动的现金流量和筹资活动的现金流量,最后汇总反映企业现金及现金等价物净增加额。在有外币现金流量及境外子公司的现金流量折算为人民币的企业,正表中还应单设“汇率变动对现金的影响”项目,以反映企业外币现金流量及境外子公司的现金流量折算为人民币时,所采用的现金流量发生日的汇率或平均汇率折算的人民币金额与“现金及现金等价物净增加额”中外币现金净增加额按期末汇率折算的人民币金额之间的差额。

现金流量表正表如表4－8所示。

表4－8　　**现金流量表**

编制单位　　年　　月　　单位:元

项　目	行　次	本年金额	上年金额
一、经营活动产生的现金流量:			
销售商品、提供劳务收到的现金			
收到的税费返还			
收到其他与经营活动有关的现金			
经营活动现金流入小计			
购买商品、接受劳务支付的现金			
支付给职工以及为职工支付的现金			
支付的各项税费			
支付其他与经营活动有关的现金			
经营活动现金流出小计			
经营活动产生的现金流量净额			
二、投资活动产生的现金流量			
收回投资收到的现金			
取得投资收益收到的现金			
处置固定资产、无形资产和其他长期资产收回的现金净额			
处置子公司及其他营业单位收到的现金净额			
收到其他与投资活动有关的现金			
投资活动现金流入小计			
购建固定资产、无形资产和其他长期资产支付的现金			
投资支付的现金			

续表

项　目	行　次	本年金额	上年金额
取得子公司及其他营业单位支付的现金净额			
支付其他与投资活动有关的现金			
投资活动现金流出小计			
投资活动产生的现金流量净额			
三、筹资活动产生的现金流量			
吸收投资收到的现金			
取得借款收到的现金			
收到其他与筹资活动有关的现金			
筹资活动现金流入小计			
偿还债务支付的现金			
分配股利、利润和偿付利息支付的现金			
支付其他与筹资活动有关的现金			
筹资活动现金流出小计			
筹资活动产生的现金流量净额			
四、汇率变动对现金及现金等价物的影响			
五、现金及现金等价物净增加额			
加:期初现金及现金等价物余额			
六、期末现金及现金等价物余额			

(二)现金流量表的附注

现金流量表附注适用于一般企业、商业银行、保险公司、证券公司等各类企业,不按行业分别规定。

补充资料包括三部分内容:①将净利润调节为经营活动现金流量(即按间接法编制的经营活动现金流量);②不涉及现金收支的重大投资和筹资活动;③现金及现金等价物净变动情况。

企业还应当披露当期取得或处置子公司及其他营业单位的有关信息以及现金及现金等价物的具体内容。

1. 现金流量表补充资料披露格式(见表4-9-1)

企业应当采用间接法在现金流量表附注中披露将净利润调节为经营活动现金流量的信息。间接法是指以净利润为起算点,调整不涉及现金的收入、费用、营业外收支等有关项目,剔除投资活动、筹资活动对现金流量的影响,据此计算出经营活动产生的现金流量。

表 4-9-1

补充资料	行　次	本年金额	上年金额
1. 将净利润调节为经营活动的现金流量			
净利润			
加:资产减值准备			
固定资产折旧、油气资产折耗、生产性生物资产折旧			
无形资产摊销			
长期待摊费用摊销			
处置固定资产、无形资产和其他长期资产的损失(收益以"-"号填列)			
固定资产报废损失(收益以"-"号填列)			
公允价值变动损失(收益以"-"号填列)			
财务费用(收益以"-"号填列)			
投资损失(收益以"-"号填列)			
递延所得税资产减少(增加以"-"号填列)			
递延所得税负债增加(减少以"-"号填列)			
存货的减少(增加以"-"号填列)			
经营性应收项目的减少(增加以"-"号填列)			
经营性应付项目的增加(减少以"-"号填列)			
其他			
经营活动产生的现金流量净额			
2. 不涉及现金收支的重大投资和筹资活动			
债务转为资本			
一年内到期的可转换公司债券			
融资租入固定资产			
3. 现金及现金等价物净变动情况			
现金的期末余额			
减:现金的期初余额			
加:现金等价物的期末余额			
减:现金等价物的期初余额			
现金及现金等价物净增加额			

2. 当期取得或处置子公司及其他营业单位有关信息的披露格式(见表4－9－2)

表4－9－2

项　目	金　额
一、取得子公司及其他营业单位的有关信息:	
1. 取得子公司及其他营业单位的价格	
2. 取得子公司及其他营业单位支付的现金和现金等价物	
减:子公司及其他营业单位持有的现金和现金等价物	
3. 取得子公司及其他营业单位支付的现金净额	
4. 取得子公司的净资产	
流动资产	
非流动资产	
流动负债	
非流动负债	
二、处置子公司及其他营业单位的有关信息:	
1. 处置子公司及其他营业单位的价格	
2. 处置子公司及其他营业单位收到的现金和现金等价物	
减:子公司及其他营业单位持有的现金和现金等价物	
3. 处置子公司及其他营业单位收到的现金净额	
4. 处置子公司的净资产	
流动资产	
非流动资产	
流动负债	
非流动负债	

3. 现金和现金等价物的披露格式(见表4－9－3)

表4－9－3

项　目	本期金额	上期金额
一、现金		
其中:库存现金		
可随时用于支付的银行存款		
可随时用于支付的其他货币资金		

续表

项　目	本期金额	上期金额
可用于支付的存放中央银行款项		
存放同业款项		
二、现金等价物		
其中:三个月内到期的债券投资		
三、期末现金及现金等价物余额		
其中:母公司或集团内子公司使用受限制的现金和现金等价物		

第五节　所有者权益(股东权益)变动表

所有者权益(股东权益)变动表反映了企业年末所有者权益(或股东权益)变动的情况。所有者权益变动表应在一定程度上体现企业综合收益的特点,除列示直接计入所有者权益的利得和损失外,同时包含最终属于所有者权益变动的净利润,从而构成企业的综合收益。所有者权益变动表各项目应当根据当期净利润、直接计入所有者权益的利得和损失项目、所有者投入资本和向所有者权分配利润、提取盈余公积等情况分析填列。在所有者权益变动表中,直接计入当期损益的利得和损失应包含在净利润中。直接计入所有者权益的利得和损失主要包括:可供出售金融资产公允价值变动净额、现金流量套期工具公允价值变动净额等,应单列项目反映。

所有者权益(股东权益)变动表的格式如表4-10所示。

表4-10　　所有者权益(股东权益)变动表

编制单位:________　　年度　　单位:元

项　目	本年金额							上年金额(略)
	实收资本(或股本)	资本公积	减:库存股	其他综合收益	盈余公积	未分配利润	所有者权益合计	
一、上年年末余额								
加:会计政策变更								
前期差错更正								
二、本年年初余额								

续表

项目	本年金额							上年金额(略)
	实收资本(或股本)	资本公积	减:库存股	其他综合收益	盈余公积	未分配利润	所有者权益合计	
三、本年增减变动金额(减少以“-”号填列)								
(一)综合收益总额								
(二)所有者投入和减少资本								
1.所有者投入资本								
2.股份支付计入所有者权益的金额								
3.其他								
(三)利润分配								
1.提取盈余公积								
2.对所有者(或股东)的分配								
3.其他								
(四)所有者权益内部结转								
1.资本公积转增资本(或股本)								
2.盈余公积转增资本(或股本)								
3.盈余公积弥补亏损								
4.其他								
四、本年年末余额								

第六节　财务报表附注

一、财务报表附注的概念

财务报表中所规定的内容具有一定的固定性和规定性,只能提供定量的会计信息,其所能反映的会计信息受到一定的限制。财务报表附注是会计报表的补充,主要对财务报表不能包括的内容或者披露不详尽的内容作进一步的解释说明,以有助于财务报表使用者理解和使用会计信息。财务报表附注是为了方便会计报表使用者理解会计报表的内容而对财务报表的编制基础、编制依据、编制原则和方法及主要项目等所做的解释。

财务报表附注是对在资产负债表、利润表、现金流量表和所有者权益变动表等报表中列示项目的文字描述或明细资料,以及对未能在这些报表中列示项目的说明等。

附注是财务报表不可或缺的组成部分。报表使用者要了解企业的财务状况、经营成果和现金流量,应当全面阅读附注,附注相对于报表而言同样重要。根据《企业会计准则第 30 号——财务报表列报》的规定,附注应当按照一定的结构进行系统合理地排列和分类,有顺序地披露信息。附注应当披露财务报表的编制基础,相关信息应当与资产负债表、利润表、所有者权益变动表和现金流量表等报表中列示的项目相互参照。

二、财务报表附注的意义

(一)财务报表附注能够说明企业所采用的会计政策

企业采用某种会计政策,就会形成与之相应的会计核算结果。会计报表使用者看到的不同时期、不同企业的会计报表存在差异,除了外界环境和企业经营管理的原因之外,很大程度上是因为企业采用了不同的会计政策的缘故。对此,企业必须给予充分的说明,以使报表使用者能正确地理解会计报表。对会计政策的说明,通常是以报表附注的形式完成的。

(二)财务报表附注能够说明影响企业财务状况和经营成果的特殊事项

企业在经营中总会遇到某些有别于正常交易的事项,如关联方关系及其交易、对未来可能产生较大影响的不确定事项(或有事项)、企业的改组(企业合并与分立)等,这些事项所带来的财务结果是正常交易情况下所不可能产生的,需要通过财务报表附注给予特别说明,否则亦会对会计报表使用者产生不利影响。

（三）财务报表附注能够突出企业重大事项的信息

财务报表是对企业财务状况、经营成果的综合反映，涉及面广、数据多，有的报表使用者可能抓不住重点，有的报表使用者希望了解重大变化事项及其细节，如企业发生的重要资产转让、企业的合并与分立等。通过财务报表附注的说明，可以帮助报表使用者了解哪些是应当引起注意的重要信息，从而满足他们的需求。

（四）财务报表附注能够补充说明财务报表本身无法表达的情况

财务报表采用的是表格形式，而一些情况无法通过表格表达或以表格形式表达过于复杂，如某些报表项目的详细说明。在正式的财务报表之外以附注形式对这些情况作单独说明，能够表达得很清楚，可以补充财务报表本身表达方式的不足。

因为会计报表附注具有上述重大作用，它越来越受到各国的重视，各国纷纷要求企业详尽编写，附注内容发展也越来越多，其重要性甚至有超过会计报表的趋势。

三、财务报表附注的内容

《企业会计准则第 30 号——财务报表列报》规定，企业应当按照 38 项具体会计准则的要求在附注中至少披露下列内容，但是，非重要项目和企业不具有的项目除外。

（一）企业的基本情况

企业基本情况的说明内容包括：①企业注册地、组织形式和总部地址；②企业的业务性质和主要经营活动；③母公司以及集团最终母公司的名称；④财务报告的批准报出者和财务报告批准报出日，按照有关法律、行政法规等的规定，企业所有者或其他方面有权对报出的财务报告进行修改的事实。

（二）财务报表的编制基础

财务报表编制基础的内容包括：①会计年度；②记账本位币；③会计计量所运用的计量基础；④现金和现金等价物的构成。

（三）遵循企业会计准则的声明

企业应当明确说明编制的财务报表符合企业会计准则体系的要求，真实、公允地反映和了企业的财务状况、经营成果和现金流量。

（四）重要会计政策和会计估计的说明

企业应当披露采用的重要会计政策和会计估计，不重要的会计政策和会计估计可以不披露。在披露重要会计政策和会计估计时，应当披露重要会计政策的确定依据和财务报表项目的计量基础，以及会计估计中所采用的关键假设和不确定因素。

(五)会计政策和会计估计变更以及差错更正的说明

企业应当按照《企业会计准则第 28 号——会计政策、会计估计变更和差错更正》及其应用指南的规定,披露会计政策和会计估计变更以及差错更正的有关情况。

(六)报表重要项目说明

企业对报表重要项目的说明应当按照资产负债表、利润表、现金流量表、所有者权益变动表及其项目列示的顺序,采用文字和数字描述相结合的方式进行披露。报表重要项目的明细金额合计,应当与报表项目金额相衔接。

资产减值准备明细表、分部报表、现金流量表补充资料应当在附注中单独披露,不作为报表附表(本教材学习过的有关内容详细列举,其他有关内容省略,将在后续的专业课程中学习)。

1. 交易性金融资产的披露(略)

2. 应收款项

(1)应收账款按账龄结构披露的格式(见表 4-11)。

表 4-11

账龄结构	期末账面余额	年初账面余额
1 年以内(含 1 年)		
1 年至 2 年(含 2 年)		
2 年至 3 年(含 3 年)		
3 年以上		
合　计		

注:有应收票据、预付账款、长期应收款、其他应收款的,比照应收账款进行披露。

(2)应收账款按客户类别披露的格式见表 4-12。

表 4-12

客户类别	期末账面余额	年初账面余额
客户 1		
⋮		
其他客户		
合　计		

3. 存货

存货的披露格式见表4－13,存货跌价准备的披露(略)。

表4－13

存货种类	年初账面余额	本期增加额	本期减少额	期末账面余额
1. 原材料				
2. 在产品				
3. 库存商品				
4. 周转材料				
⋮				
合计				

4. 其他流动资产的披露格式(见表4－14)

表4－14

项目	期末账面价值	年初账面价值
1		
⋮		
合计		

注:有长期待摊费用、其他非流动资产的,比照其他流动资产进行披露。

5. 可供出售金融资产的披露(略)

6. 持有至到期投资的披露(略)

7. 长期股权投资的披露

(1)长期股权投资的披露格式(见表4－15)。

表4－15

被投资单位	期末账面余额	年初账面余额
1.		
⋮		
合计		

(2)被投资单位由于所在国家或地区及其他方面的影响,其向投资企业转移资金的能力受到限制的,应当披露受限制的具体情况。

(3)当期及累计未确认的投资损失金额。

8. 投资性房地产的披露(略)

9. 固定资产

(1)固定资产披露格式(见表4－16)。

表 4-16

项　目	年初账面余额	本期增加额	本期减少额	期末账面余额
一、原价合计				
其中:房屋、建筑物				
机器设备				
运输工具				
⋮				
二、累计折旧合计				
其中:房屋、建筑物				
机器设备				
运输工具				
⋮				
三、固定资产减值准备累计金额合计				
其中:房屋、建筑物				
机器设备				
运输工具				
⋮				
四、固定资产账面价值合计				
其中:房屋、建筑物				
机器设备				
运输工具				
⋮				

(2)企业确有准备处置固定资产的,应说明准备处置的固定资产名称、账面价值、公允价值、预计处置费用和预计处置时间等。

10. 生产性生物资产和公益性生物资产的披露(略)

11. 油气资产的披露(略)

12. 无形资产的披露(略)

13. 商誉(略)

14. 递延所得税资产和递延所得税负债(略)

15. 资产减值准备的披露(略)

16. 所有权受到限制的资产(略)

17. 交易性金融负债的披露(略)

18. 职工薪酬

(1)应付职工薪酬的披露格式(见表 4-17)。

表4－17

项　目	年初账面余额	本期发生额	本期支付额	期末账面余额
一、工资、奖金、津贴和补贴				
二、职工福利费				
三、社会保险费				
其中:1.医疗保险费				
2.基本养老保险费				
3.年金缴费				
4.失业保险费				
5.工伤保险费				
6.生育保险费				
四、住房公积金				
五、工会经费和职工教育经费				
六、非货币性福利				
七、因解除劳动关系给予的补偿				
八、其他				
其中:以现金结算的股份支付				
合　计				

(2)企业本期为职工提供的各项非货币性福利形式、金额及其计算依据。

19.应交税费的披露格式(见表4－18)

表4－18

税费项目	期末账面余额	年初账面余额
1.增值税		
2.营业税		
3.消费税		
4.所得税		
⋮		
合　计		

20. 其他流动负债的披露(略)

21. 短期借款和长期借款

(1)借款的披露格式(见表4－19)。

表4－19

项　目	短期借款		长期借款	
	期末账面余额	年初账面余额	期末账面余额	年初账面余额
信用借款				
抵押借款				
质押借款				
保证借款				
合　计				

(2)对于期末逾期借款,应分别贷款单位、借款金额、逾期时间、年利率、逾期未偿还原因和预期还款期等进行披露。

22. 应付债券的披露(略)

23. 长期应付款的披露(略)

24. 营业收入的披露格式(见表4－20)

表4－20

项　目	本期发生额	上期发生额
1. 主营业务收入		
2. 其他业务收入		
合　计		

25. 公允价值变动收益的披露(略)

26. 投资收益的披露(略)

27. 资产减值损失的披露(略)

28. 营业外收入的披露格式(见表4－21)

表4－21

项　目	本期发生额	上期发生额
1. 非流动资产处置利得合计		
其中:固定资产处置利得		

续表

项　目	本期发生额	上期发生额
无形资产处置利得		
⋮		
合　计		

29. 营业外支出的披露格式(见表4-22)

表4-22

项　目	本期发生额	上期发生额
1. 非流动资产处置损失合计		
其中:固定资产处置损失		
无形资产处置损失		
⋮		
合　计		

30. 所得税费用的披露(略)
31. 企业应当披露取得政府补助的种类及金额(略)
32. 每股收益的披露(略)
33. 企业可以按照费用的性质分类披露利润表(略)
34. 非货币性资产交换的披露(略)
35. 股份支付(略)
36. 债务重组(略)
37. 借款费用(略)
38. 外币折算(略)
39. 企业合并(略)
40. 租赁(略)
41. 终止经营(略)
42. 分部报告(略)

(七)或有事项(略)

(八)资产负债表日后事项

资产负债表日后事项的内容包括:每项重要的资产负债表日后非调整事项的性质、

内容及其对财务状况和经营成果的影响。无法做出估计的,应当说明原因。资产负债表日后,企业利润分配方案中拟分配的以及经审议批准宣告发放的股利或利润。

(九)关联方关系及其交易(略)

【案例分析】　财务报告的编制与审核

【资料】

华安制药有限公司(以下简称华安公司)为境内上市公司,主要从事生产和销售中成药制品,适用的所得税税率为25%,假定不考虑所得税以外的其他相关税费。甲公司2014年度财务会计报告于2015年4月29日对外报出。华安公司2014年12月31日编制的利润表如下:

利润表

编制单位:华安公司　　　　2014年度　　　　金额单位:万元

项　　目	本期数
一、营业收入	35 800
减:营业成本	15 000
营业税金及附加	1 000
销售费用	2 300
管理费用	900
财务费用	600
资产减值损失	0
加:公允价值变动收益(损失以"-"号填列)	
投资收益(损失以"-"号填列)	2 500
其中:对联营企业和合营企业的投资收益	
二、营业利润(亏损以"-"号填列)	18 500
加:营业外收入	1 080
减:营业外支出	580

续表

项　　目	本期数
其中:非流动资产处置损失	
三、利润总额(亏损总额以"－"号填列)	19 000
减:所得税费用	4 750
四、净利润	14 250

华安公司2014年度发生的有关交易及其会计处理:

1. 2014年11月20日,华安公司与东方医院签订购销合同。合同规定:华安公司向东方医院提供A种药品20箱试用,试用期6个月。试用期满后,如果总有效率达到70%,东方医院按每箱500万元的价格向华安公司支付全部价款;如果总有效率未达到70%,则退回剩余的全部A种药品。

20箱A种药品已于当月发出,每箱销售成本为200万元(未计提跌价准备)。华安公司将此项交易额10 000万元确认为2014年度的主营业务收入,并计入利润表有关项目。华安公司为东方医院提供的A种药品系华安公司研制的新产品,首次用于临床试验,目前无法估计用于临床时的总有效率。

2. 2014年,华安公司下属的非独立核算的研究所研制中成药新品种(处于研究阶段),为此实际发生研究费用100万元,华安公司将其计入长期待摊费用。

3. 2015年1月2日华安公司发现:2014年6月30日已达到预定可使用状态的管理用办公楼仍挂在在建工程账户,未转入固定资产,也未计提折旧。至2014年6月30日该办公楼的实际成本为1 200万元,预计使用年限为10年,预计净残值为零,采用年限平均法计提折旧,未发生减值。

4. 2015年1月3日华安公司发现2014年少计广告费用200万元。

5. 2015年12月31日取得银行存款利息收入100万元,计入"其他业务收入"。

假定除上述事项外,不存在其他纳税调整事项。

【要求】

1. 分析华安公司上述交易或事项的会计处理,并对不正确的会计处理简要说明理由。

2. 根据上述资料,重新编制华安公司对外报出的2014年度的利润表。

第五章

制造业经济业务核算和成本计算

导读

制造业主要经济业务核算和成本计算

制造业的生产经营过程和成本计算内容	筹资业务核算	材料采购业务核算	生产业务核算	销售业务核算	财务成果核算	账户分类
·制造业的生产经营过程 ·成本计算内容	·筹资业务的核算 ·筹资业务设置的主要账户 ·筹资阶段主要经济业务核算举例	·供应过程设置的主要账户 ·供应过程主要经济业务核算举例 ·材料采购成本的计算	·生产过程设置的主要账户 ·产品生产过程主要经济业务核算举例 ·产品生产成本的计算	·销售过程设置的主要账户 ·销售过程主要经济业务核算举例	·财务成果核算设置的主要账户 ·财务成果核算主要经济业务举例	·账户分类

说明：

本章主要介绍了制造业生产经营活动的过程、经营资金的运动过程；掌握材料采购业务的核算和材料采购成本的计算；掌握生产阶段主要经济业务的核算和生产成本的计算；掌握产品销售业务的核算、财务成果的计算与核算；账户按经济内容和用途结构的分类。

第一节　制造业的生产经营过程和成本计算内容

前面我们结合服务业、商品流通企业的例子阐述了会计循环的基本原理，介绍了账户、复式记账、会计凭证和会计账簿等基本的会计核算方法。本章我们将以制造业为例，介绍制造业主要经济业务的核算内容，进一步了解与熟悉会计循环。

一、制造业的生产经营过程

制造企业是直接从事产品生产或提供工业性作业的生产单位。制造业的生产经营过程主要包括供应、生产和销售三个阶段。在这三个阶段中，要发生各种各样的经济业务，企业的经营资金也依次按照这三个阶段，不断改变其存在的形态，进行循环与周转。

制造业根据市场需要进行产品的生产，首先必须有充足的材料储备。在供应过程中，企业要用货币资金购买各种材料，形成材料储备，以保证生产的需要。随着产品生产的进行，材料不断地被消耗，而为了保证生产经营过程不间断，材料又需要不断地补充。因此，在供应过程中，企业的货币资金会不断变换其存在形态，由货币资金转化为原材料（储备资金形态）。

在生产阶段，劳动者要借助劳动资料对劳动对象进行加工，创造出适合社会需要的产品。生产过程既是产品的制造过程，又是物化劳动和活劳动的耗费过程。在生产过程中，从实物形态看，材料经过加工逐步形成在产品和产成品。从价值形态看，生产产品要发生各种各样的费用，包括使用厂房、机器设备发生的折旧费、发生的材料费、支付给劳动者的工资等，这些生产费用构成了产品的成本。因此，在生产过程中还要进行成本的计算，这也是制造业会计核算的一个最主要的特点。而且，在生产过程中，企业又有一部分资产不断变换其存在形态，由货币资金、原材料转化为在产品（生产资金形态）和产成品（产成品资金形态）。

企业生产出来的产品，只有销售出去，其价值才能实现。在销售过程中，企业通过市场将产成品销售给购买者，按照产品的销售价格与客户办理结算，收回货款。因此在销售过程中，企业的资产中又有一部分不断变换其存在形态，由产成品形态回到企业生产经营起点的货币资金形态。

企业在生产经营中获取的营业收入，首先要抵偿发生的成本和费用，其余额形成利润。企业实现的利润，要按照税法的规定向国家缴纳所得税。缴纳所得税后的利润，一部分留在企业作为留存收益，形成企业扩大再生产的来源；另一部分按规定在投资者之间进行分配，作为投资者的投资所得。

制造企业的生产经营活动是不间断进行的，在供应、生产、销售三个过程中，企业的资金从货币资金形态开始，依次顺序经过储备资金、生产资金、成品资金，最后又回到货币资金形态，完成一次循环。周而复始的资金循环形成了资金周转，其过程如图 5－1 所示。

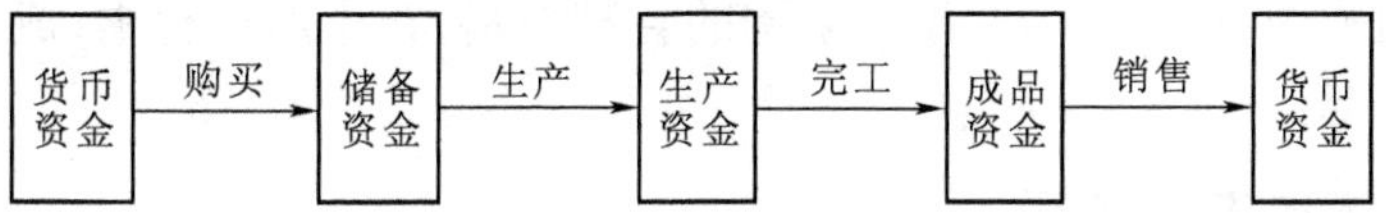

图 5－1 制造企业的资金循环

在上图中，企业的资金首先表现为货币资金形态。企业以货币资金建造厂房、购买设备和各种材料物质，为进行产品生产准备必要的生产资料。这时，资金就由货币资金形态转化为固定资金形态和储备资金形态。在产品生产过程中，劳动者借助劳动资料对劳动对象进行加工，制造出社会所需要的产品。在产品生产过程中，发生的各种材料费用、固定资产折旧费用、工资费用等生产费用的总和构成了产品成本。这时，资金就从固定资金、储备资金和货币资金形态转化为生产资金形态。随着产成品完工和验收入库，资金又从生产资金形态转化为产成品资金形态。在产品销售过程中，企业一方面将产品销售给购买单位，同时要办理结算收取货款。在这一过程中，产成品资金又转化为货币资金形态。将企业一定期间所取得的全部收入，包括营业收入和营业外收入，与全部费用支出相比后的差额，即为企业的利润或者亏损。如为利润要进行分配，如为亏损要进行弥补。通过分配，一部分资金退出企业，一部分要重新投入生产周转。

在上述生产经营过程中，资金投入、资金运用和资金退出企业与生产准备、产品生产和产品销售三个过程，构成了制造业的主要经济业务。为了全面、连续、系统地反映和监督企业主要经济业务所形成的生产经营活动过程和结果，即企业再生产过程中的资金运动必须根据各项经济业务的具体内容和管理要求，相应地设置不同的账户，并运用借贷记账法对各项经济业务的发生进行账务处理，以提供管理上所需要的各种会计信息。另外，在制造业生产经营的每一个阶段，都会发生一定的耗费。在供应过程中发生的费用构成材料采购成本，在生产过程中发生的费用构成生产成本和部分期间费用。

为了正确确定上述成本,需要采用成本计算这一会计核算的专门方法。

二、成本计算的主要内容

成本计算是指对生产经营过程中发生的费用,按照成本计算对象和各个成本项目进行归集,以确定各该对象的总成本和单位成本的一种专门方法。在制造业中,供应阶段要计算材料采购成本,生产阶段要计算产品生产成本。在不同成本计算中,有些基本内容是相同的,归纳起来有以下几个方面。

(一)确定成本计算对象

所谓成本计算对象,就是指归集费用的对象。确定成本计算对象是成本计算的前提。在供应过程中,成本计算对象是采购的各种材料;在生产过程中,成本计算对象是生产的各种产品。

(二)确定成本计算期

成本计算期是指计算完工产品成本的期间。从理论上来说,只有等产品完工时才能计算成本,成本计算期与产品生产周期一致。但在实际工作中,成本计算期与生产周期有时一致,有时不一致。例如,在制造业大批量生产条件下,不断重复生产同一种产品,很难确定产品生产的起止日期,为了计算和确定每月的经营成果,可以确定成本计算期为一个月,按月计算产品成本。

(三)确定成本项目

成本项目是指生产费用按经济用途的分类。记入成本的各种费用具有不同的用途,总括的成本指标不能反映成本的构成,为了满足成本管理的需要,可以将成本费用按其经济用途划分为若干个成本项目,按成本项目归集费用计算成本。企业一般可以设立直接材料、直接人工和制造费用等成本项目。

(四)正确地归集和分配各种费用

成本计算过程实际上是按照一定的成本计算对象,对费用进行分配和归集的过程。从费用的发生与成本计算对象的关系来看,有些费用的发生只与某一个成本计算对象有关,这些费用应当直接计入该成本计算对象。有些费用的发生与若干个成本计算对象有关,这些费用不能直接计入某一个成本计算对象,必须按照一定的分配标准,分别计入不同的成本计算对象。为了正确计算成本,必须明确成本费用与各成本计算对象的关系,对若干个成本计算对象应共同负担的费用,要选择合理的分配标准进行分配。有些费用不能直接归属于某个特定产品的成本,但是容易确定其发生的期间,这样的费用称为期间费用。期间费用由于与产品的生产不存在直接关系,因此不记入产品成本,要按一定的期间汇总,直接记入当期损益。期间费用包括管理费用、财务费用和销售费用。

(五)按成本计算对象设置、登记明细分类账户,编制成本计算单

进行成本计算要按规定的成本项目为各个成本计算对象开设明细分类账户,根据有关凭证将发生的费用在各种明细分类账户中进行登记,计算各成本对象的成本,并根据各明细分类账户中的有关资料编制成本计算单,以全面反映成本计算对象的总成本和单位成本。

制造企业的主要经营业务包括资金的筹集、材料采购、产品生产和销售、财务成果等。下面我们按照经营阶段介绍企业应设置的主要账户及相应的会计处理。

第二节　筹资业务的核算

企业要进行生产经营活动,首先需要有资本,资本是其生存和发展的前提条件。资本的来源渠道有两个:一是投资者投入企业的资本,这部分资本可供企业无偿地、无限期地使用,它承担着企业在经营过程中可能遇到的风险,同时也享有经营收益;二是企业向债权人借入的资金,借入资金通常称为负债,借入资金一般都有规定的期限,到期必须偿还本金和利息。企业在经营过程中,还会产生另外一类借入资金,即因赊购材料、推迟付款等而占用另一企业的资金,它属于企业间接借入的资金。对于这部分间接借入的资金,将与购销业务一起介绍。下面简要说明企业筹资业务的核算。

一、筹资业务设置的主要账户

(一)"实收资本"账户

设立企业必须有法定的资本。资本是指企业在工商行政管理部门登记的注册资金。企业的资本按照投资主体的不同分为国家投入资本、法人投入资本、个人投入资本和外商投入资本等。投资人投资的方式可以采用货币资金、实物、无形资产等形式,投入资本应按实际投资数额入账。企业接受货币资金投资,应以实际收到的数额作为投资人的投资入账;接受实物投资的,应对实物进行合理评估,按双方认可的评估确认价作为实际投资入账。投资者投入的资本应当保全,除了法律、法规另有规定者外,不得抽回。

为了反映和监督企业实收资本的增减变动情况及其结果,应设置实收资本账户。"实收资本"账户属于所有者权益类账户,其贷方登记企业收到的投资人实际投入的资本额,由于所有者的投资是一种永久性资本,借方一般没有发生额。如果企业按法定程序减少资本,登记在该账户的借方。期末余额在贷方,表示期末投资人投入资本的实际数额。该账户应按投资人设置明细分类账户进行明细分类核算。

(二)"短期借款"账户

企业在生产经营过程中,为了弥补生产周转资金的不足,经常需要向银行或其他金融机构等债权人借入资金。借入资金按偿还期限的长短分为短期借款和长期借款两种。短期借款是指企业在生产经营过程中,向银行或其他金融机构借入的、偿还期限在一年或超过一年的一个营业周期以内的各种借款。短期借款属于企业的流动负债。长期借款是指企业向银行或其他金融机构借入的、偿还期限在一年或超过一年的一个营业周期以上的各种借款。长期借款一般用于购置和建造固定资产,属于企业的长期负债。为了正确核算企业短期借款和长期借款的借入和归还情况,应设置"短期借款"和"长期借款"账户。

为了反映和监督短期借款的取得和归还情况,应设置"短期借款"账户。该账户属于负债类账户,其贷方登记取得的短期借款的本金数,借方登记偿还的短期借款的本金数,余额在贷方,表示期末尚未归还的短期借款。该账户应按照债权人设置明细账,并按借款的种类进行明细账分类核算。

(三)"长期借款"账户

为了反映和监督长期借款的取得和归还情况,应设置"长期借款"账户。该账户属于负债类账户,其贷方登记企业取得的各种长期借款的本金数,借方登记到期偿还的各种长期借款的本金,余额在贷方,表示期末尚未归还的长期借款本金。该账户应按照债权人设置明细账,并按借款的种类进行明细账分类核算。

二、筹资阶段主要经济业务核算举例

京信公司 20××年 12 月份发生的有关业务如下:

【例 1】 1 日,投资者甲和投资者乙共同投资成立京信公司,投资者甲投入货币资金 200 000 元,款项收到存入银行。

这项经济业务的发生,一方面使银行存款增加了 200 000 元,另一方面使京信公司接受的投资也增加了 200 000 元。这项经济业务涉及"银行存款"和"实收资本"两个账户,银行存款的增加应记入"银行存款"账户的借方,接受投资应记入"实收资本"账户的贷方,编制的会计分录如下:

借:银行存款　　　　　　　　　　　　　　　　　　200 000

贷:实收资本　　200 000

【例2】 3日,收到投资者乙投入的新设备两台,设备价值300 000元。

这项经济业务的发生,一方面使企业的设备增加了300 000元,另一方面使京信公司接受的投资也增加了300 000元。这项经济业务涉及"固定资产"和"实收资本"两个账户。固定资产增加应记入"固定资产"账户的借方,投资者乙对京信公司的投资是所有者权益的增加,应记入"实收资本"账户的贷方。编制的会计分录如下:

借:固定资产　　300 000

贷:实收资本　　300 000

【例3】 5日,京信公司向工商银行借入期限为半个月、年利率为12%的短期借款100 000元。

这项经济业务的发生,一方面使企业的银行存款增加了100 000元,另一方面使企业的短期借款也增加了100 000元。这项经济业务涉及"银行存款""短期借款"两个账户,银行存款的增加记入"银行存款"账户的借方,短期借款的增加记入"短期借款"账户的贷方,编制的会计分录如下:

借:银行存款　　100 000

贷:短期借款　　100 000

企业从银行借入的短期借款应支付的利息,一般采用按季计算的方法。借款利息支出较大的企业可以采用按月预提的方法记入各月财务费用,按季结算,于季末一次支付。短期借款利息的核算,在后面的内容中具体说明。

【例4】 20日,京信公司从工商银行借入的100 000元短期借款到期,用银行存款偿还借款本金100 000元。

这项经济业务的发生,一方面使银行存款减少了100 000元,另一方面使企业的短期借款也减少了100 000元。这项经济业务涉及"银行存款""短期借款"两个账户,银行存款的减少记入"银行存款"账户的贷方,短期借款的减少记入"短期借款"账户的借方,编制会计分录如下:

借:短期借款　　100 000

贷:银行存款　　100 000

【例5】 16日,京信公司为筹建厂房向建设银行借入资金700 000元,借款利率为年利率8%,期限为3年,款项收到存入银行。

这项经济业务的发生,一方面使银行存款增加了700 000元,另一方面使长期借款增加了700 000元。这项经济业务涉及"银行存款""长期借款"两个账户,银行存款的增加记入"银行存款"账户的借方,长期借款增加记入"长期借款"账户的贷方,编制的会计分录如下：

借：银行存款　　700 000

　贷：长期借款　　700 000

企业举借长期借款，在申请手续、借款费用、使用、还款要求等方面均比短期借款要严格，因此在会计核算上也要复杂一些，这部分内容将在以后的财务会计课程中进行介绍。上述筹资业务的会计分录，在有关总分类账户中的登记情况如图 5－2 所示。

银行存款

借方		贷方	
（1）	200 000	（4）	100 000
（3）	100 000		
（5）	700 000		
本期发生额	1 000 000	本期发生额	100 000
期末余额	900 000		

实收资本

借方		贷方	
		（1）	200 000
		（2）	300 000
本期发生额	0	本期发生额	500 000
		期末余额	500 000

固定资产

借方		贷方	
（2）	300 000		
本期发生额	300 000		
期末余额	300 000		

短期借款

借方		贷方	
		（3）	100 000
（4）	100 000		
		本期发生额	100 000
		期末余额	0

长期借款

借方		贷方	
		（5）	700 000
		本期发生额	700 000
		期末余额	700 000

图 5－2　筹资业务总分类核算图

第三节　供应过程的核算

一、供应过程设置的主要账户

在供应过程中，企业的主要经济业务是采购材料。为了购买材料，企业要支付材料的价款、税金、运输费、装卸费等各项采购费用，与供应单位或其他单位办理款项的结算。材料运达企业后，仓库要验收并负责保管，以供生产领用。为了反映和监督材料采购业务，确定材料采购成本，需要设置和运用以下几个账户。

（一）"材料采购"账户

"材料采购"账户是用来反映和监督企业外购材料的买价和采购费用，计算确定材料采购成本的账户。该账户属于资产类账户，其借方登记购入材料的买价和支付的各项采购费用，贷方登记验收入库材料的实际采购成本，月末借方余额表示已支付价款但尚未到达或尚未验收入库的在途材料。为了具体核算各种材料的实际采购成本，可按购入材料的类别或品种分别开设材料采购明细分类账户，进行材料采购的明细分类核算。

（二）"原材料"账户

"原材料"账户是用来反映和监督企业库存材料收入、发出和结存情况的账户。该账户属于资产类账户，其借方登记已验收入库材料的实际成本，贷方登记发出材料的实际成本，期末借方余额表示库存材料的实际成本。为了具体核算各类或各种材料的增减变动和结存情况，应该按照材料的保管地点或者材料的类别、品种和规格分别设置材料明细分类账户，对库存材料进行明细分类核算。

（三）"应付账款"账户

"应付账款"账户是用来反映和监督企业因采购材料而与供应单位发生的结算债务的增减变动情况的账户。该账户贷方登记应付给供应单位的款项，借方登记已偿还给供应单位的款项，期末贷方余额表示尚未偿还给供应单位的款项。为了具体核算企业与不同供应单位应付款项的结算情况，应按照供应单位名称开设明细分类账户，进行明细分类核算。

（四）"预付账款"账户

企业根据购货合同的规定，有时需要预先为购进材料支付一部分款项，材料运达企业以后再进行结算。企业为购进材料应先支付的这部分款项是企业的一种资产，为对这样的业务进行核算，专门设置了"预付账款"账户。"预付账款"账户是用来反映和监督企业因购买材料或接受劳务供应预付给供应单位货款，与供货单位发生债权增减变动情况的账户。该账户借方登记预付给供应单位的款项，贷方登记收到提供的产品或劳务，冲销预付的款项。企业向供应单位预付货款时，表明企业债权的增加，应该记入该账户的借方；收到供应单位提供的材料，冲销预付款项时，表示企业债权的减少，应该记入该账户的贷方。该账户期末如果有余额，一般在借方，表示尚未结算的预付款项。为了具体核算企业与不同供应单位预付款项的结算情况，应按照供应单位名称分别开设明细分类账户，进行明细分类核算。

材料采购主要经济业务的总分类核算可用图 5－3 表示。

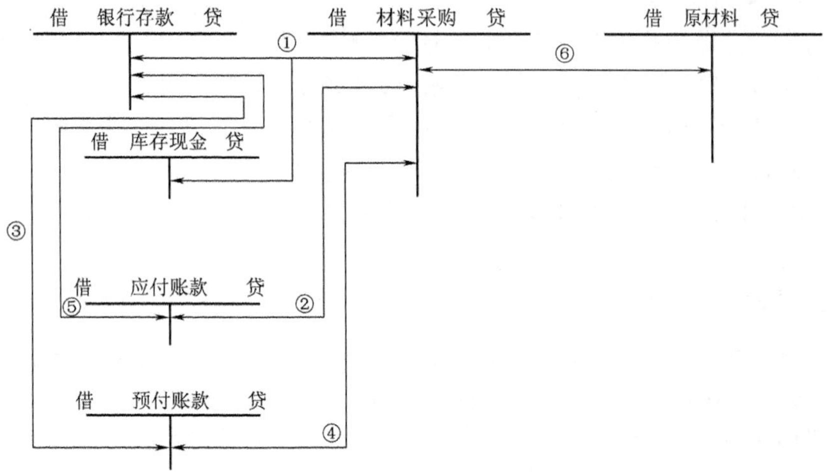

图 5－3　材料采购主要经济业务的总分类核算

说明：

①购入材料，支付材料货款和采购费用。

②购入材料，货款未付。

③预付材料货款。

④购入已预付货款的材料。

⑤偿还应付货款。

⑥结转验收入库材料的实际采购成本。

二、供应过程主要经济业务核算举例

下面以京信公司 20××年 12 月份的有关经济业务，说明制造企业材料采购业务的会计处理。

京信公司 20××年 12 月份发生的材料采购业务如下。

【例 6】　8 日，向下列各供应单位购进甲、乙、丙三种材料，材料已验收入库，开出转账支票，以银行存款支付甲、乙材料货款 19 800 元，丙材料货款尚未支付。

光明工厂：甲材料 2 000 千克　　单价 4.00 元　　合计　　8 000 元

中源公司：乙材料 4 000 千克　　单价 2.95 元　　合计　　11 800 元

星火工厂:丙材料 5 000 千克　　单价 3.50 元　　合计　　17 500 元

总计　　37 300 元

这项经济业务的发生,一方面使材料采购成本增加了 37 300 元,另一方面使银行存款减少了 19 800 元,使应付账款增加了 17 500 元。这项经济业务涉及“材料采购”“应付账款”“银行存款”三个账户,材料采购成本增加,应记入“材料采购”账户的借方,银行存款的减少应记入“银行存款”账户的贷方,应付账款增加应记入“应付账款”账户的贷方,编制的会计分录如下:

借:材料采购　　37 300

　贷:银行存款　　19 800

　　应付账款　　17 500

【例 7】 8 日,以银行存款支付甲、乙、丙三种材料的运杂费 3 410 元。

这项经济业务的发生,一方面使材料采购成本增加 3 410 元,另一方面使银行存款减少了 3 410 元。这项经济业务涉及“材料采购”“银行存款”两个账户,材料采购成本增加应记入“材料采购”账户的借方,银行存款减少应记入“银行存款”账户的贷方,编制的会计分录如下:

借:材料采购　　3 410

　贷:银行存款　　3 410

【例 8】 9 日,以银行存款预付给黄河厂购买甲材料款 7 000 元。

这项经济业务的发生,一方面使企业预付账款增加了 7 000 元,另一方面使银行存款减少了 7 000 元。这项经济业务涉及“预付账款”“银行存款”两个账户,预付货款的增加应记入“预付账款”账户的借方,银行存款减少应记入“银行存款”账户的贷方,编制的会计分录如下:

借:预付账款　　7 000

　贷:银行存款　　7 000

【例 9】 20 日,收到黄河工厂发运来的、已预付货款的甲材料 2 250 千克,单价 4.00元,已验收入库。该批材料的买价 9 000 元,运杂费 1 000 元,以银行存款补付材料款 3 000 元。

黄河工厂根据合同规定,在规定的时间内将材料发出,京信公司将材料验收入库,同时要对材料采购的全部价款进行结算,包括以前预付的部分料款和尚未结算的部分料款。这项经济业务的发生,一方面使材料采购成本增加 10 000 元,另一方面使预付账款减少了 7 000 元,这项经济业务涉及“材料采购”“预付账款”“银行存款”三个账户,材料采购成本增加应记入“材料采购”账户的借方,预付货款的减少应记入“预付账款”账户的贷方,银行存款减少应记入“银行存款”账户的贷方,编制的会计分录如下:

借:材料采购　　　　10 000

　贷:预付账款　　　　7 000

　　银行存款　　　　3 000

【例 10】 21 日,结转甲、乙、丙三种材料的实际采购成本 50 710 元。

以上甲、乙、丙三种材料的实际采购成本是根据材料采购明细分类账户的记录计算确定的。材料采购业务完成以后,经计算,确定已验收入库材料的实际采购成本,应从“材料采购”账户转入“材料”账户。因此,这项经济业务的发生,一方面使库存材料增加了 50 710 元,另一方面使材料采购成本转销了 50 710 元。这项经济业务涉及“原材料”“材料采购”两个账户,库存材料的增加应记入“材料”账户的借方,材料采购成本的转销应记入“材料采购”账户的贷方,编制的会计分录如下:

借:原材料　　　　50 710

　贷:材料采购　　　　50 710

上述材料采购业务的会计分录,在有关总分类账户中的登记情况如图 5 - 4 所示。

借方　银行存款　贷方

(1)	200 000	(4)	100 000
(3)	100 000	(6)	19 800
(5)	700 000	(7)	3 410
		(8)	7 000
		(9)	3 000
本期发生额	1 000 000	本期发生额	133 210
期末余额	869 790		

借方　原材料　贷方

(10)	50 710		
本期发生额	50 710	本期发生额	0
期末余额	50 710		

借方　材料采购　贷方

(6)	37 300	(10)	50 710
(7)	3 410		
(9)	10 000		
本期发生额	50 710	本期发生额	50 710

借方　应付账款　贷方

		(6)	17 500
		本期发生额	17 500
		期末余额	17 500

借方　预付账款　贷方

(8)	7 000	(9)	7 000
本期发生额	7 000		
期末余额	0		

图 5 - 4　材料采购业务的总分类核算图

在材料采购业务当中,还会涉及增值税问题。增值税是一种价外税,企业为生产产品购进材料时,支付给供货方的增值税额为进项税额。当生产的产品实现销售时,要向购买方收取的增值税为销项税额。用当期的销项税额减去当期进项税额即为企业应交纳的增值税额。有关增值税的内容将在财务会计学课程中详细介绍。

三、材料采购成本的计算

材料采购成本的计算，就是将企业采购材料所支付的买价和采购费用，按照购入材料的品种或类别加以归集，计算各种材料的采购总成本和单位成本。各种外购材料的实际采购成本是通过材料采购明细分类账户归集计算的。材料采购明细分类账户是按照外购材料的品种设置的，其借方发生额按规定的材料采购成本项目设置专栏。材料采购成本的计算，就是把在供应过程中支付的材料买价和各项采购费用，按照外购材料的品种或者类别分别归集和分配，计算各种材料的总成本和单位成本。外购材料的采购成本项目一般包括下列几项内容：①材料的买价；②运杂费（包括运输费、装卸费、保险费、包装费等）；③运输途中的合理损耗；④入库前的整理挑选费用（包括整理挑选中发生的工、费支出和必要的损耗，并扣除回收的下脚废料价值）；⑤购入物资负担的税金（如关税等）和其他费用。

计算材料采购成本时，凡是能够分清为采购哪种材料所支付的费用，就可以根据原始凭证直接进入该种材料的采购成本，如材料的买价直接计入各种材料的采购成本。凡是不能分清是为某一种材料的采购所支付的费用，就应该采用合理的分配标准，在各种材料之间进行分配，计入该种材料成本，分配标准可以是材料采购的重量或者买价的比例。材料采购成本一般在月末计算一次。月底，根据材料采购各明细分类账户借方所归集的每一种材料的买价和采购费用，计算出每一种材料的实际采购成本。

在实际业务中还有一些其他的费用也应该属于材料的采购费用，例如，采购人员的旅差费、市内采购材料的运杂费、专设采购机构的经费等，但是为了简化会计核算，这些费用不计入材料采购成本，而是直接列作管理费用。

下面仍以上面所列举的材料采购业务，说明材料采购成本的计算方法。

京信公司20××年12月外购甲、乙、丙三种材料，应当开设甲、乙、丙三种材料的材料采购明细分类账户，材料采购成本总计为50 710元，其中，购入甲、乙、丙三种材料，材料买价可以直接计入甲、乙、丙三种材料的明细分类账户中，例9中支付的运杂费1 000元，可以直接记入甲材料的实际成本。但是例7中所支付的运杂费3 410元，是为购入甲、乙、丙三种材料共同支付的，必须按照一定的标准在三种材料之间分配，再记入三种材料的采购成本明细分类账。

根据举例，京信公司20××年12月8日购进的甲、乙、丙三种材料各项支出如表5－1所示。

表 5－1

材料名称	重量（千克）	单价（元）	买价（元）	运杂费（元）
甲材料	2 000	4.00	8 000	
乙材料	4 000	2.95	11 800	3 410
丙材料	5 000	3.50	17 500	
合　计	11 000		37 300	3 410

运杂费的分配计算方法如下（分配标准为甲、乙、丙三种材料的重量）。

运杂费分配方法：

分配率＝应分配费用总额/分配标准合计＝3 410 元／11 000 千克＝0.31 元/千克

甲材料应分摊的运杂费＝2 000 千克×0.31 元/千克＝620 元

乙材料应分摊的运杂费＝4 000 千克×0.31 元/千克＝1 240 元

丙材料应分摊的运杂费＝5 000 千克×0.31 元/千克＝1 550 元

根据上述分配结果，分别登记甲、乙、丙三种材料的材料采购明细分类账户，登记结果如表 5－2 所示。

表 5－2　　材料采购明细分类账

材料名称：甲材料　　单位：元

20××年		凭证号数	摘　要	借方（成本项目）				贷　方
月	日			买　价	运　费	杂　费	合　计	
12	8	（6）	购入 2 000 千克，单价 4.00 元	8 000			8 000	
	8	（7）	分摊运杂费		620		620	
	20	（9）	购入 2 250 千克，单价 4.00 元					
			运费 1 000 元	9 000	1 000		10 000	
	21	（10）	结转实际采购成本					18 620
12	31		本期发生额及余额	17 000	1 620		18 620	18 620

材料名称：乙材料　　单位：元

20××年		凭证号数	摘　要	借方（成本项目）				贷　方
月	日			买　价	运　费	杂　费	合　计	
12	8	（6）	购入 4 000 千克，单价 2.95 元	11 800			11 800	
	8	（7）	分摊运杂费		1 240		1 240	
	21	（10）	结转实际采购成本					13 040
12	31		本期发生额及余额	11 800	1 240		13 040	13 040

续表

材料名称:丙材料　　　单位:元

20××年		凭证号数	摘　要	借方(成本项目)				贷　方
月	日			买　价	运　费	杂　费	合　计	
12	8	(6)	购入5 000千克,单价3.50元	17 500			17 500	
	8	(7)	分摊运杂费		1 550		1 550	
	21	(10)	结转实际采购成本					19 050
12	31		本期发生额及余额	17 500	1 550		19 050	19 050

根据甲、乙、丙三种材料的材料采购明细分类账户资料,汇总编制材料采购成本计算表,计算采购三种材料的总成本和单位成本。材料采购成本计算表见表5－3。

表5－3　　材料采购计算表

成本项目	甲材料		乙材料		丙材料	
	总成本(元)	单位成本(元/千克)	总成本(元)	单位成本(元/千克)	总成本(元)	单位成本(元/千克)
买价	17 000	4.00	11 800	2.95	17 500	3.50
运杂费	1 620	0.38	1 240	0.31	1 550	0.31
材料采购成本	18 620	4.38	13 040	3.26	19 050	3.81

根据材料采购计算表的资料编制结转验收入库各种材料实际采购成本的会计分录。根据会计分录,登记甲、乙、丙三种材料采购明细账户的贷方,编制的会计分录如下:

借:原材料——甲材料　　18 620
　　　　——乙材料　　13 040
　　　　——丙材料　　19 050
　贷:材料采购——甲材料　　18 620
　　　　　——乙材料　　13 040
　　　　　——丙材料　　19 050

第四节　生产过程的核算

一、生产过程设置的主要账户

制造企业要进行正常的生产经营活动,就会发生各项耗费,这些耗费可统称为费用。

费用包括构成产品成本的费用和期间费用。生产过程是制造企业经营过程的中心环节，其主要任务是生产出满足社会需要的产品。生产过程既是产品的生产过程，也是劳动的耗费过程。人们在生产过程中借助劳动资料对劳动对象进行加工，把劳动对象制造成劳动产品。对制造企业来说，构成产品成本的费用可以概括为以下几个基本要素：劳动对象耗费的费用，如原材料、燃料等；劳动资料耗费的费用，如厂房、建筑物、机器设备等固定资产的折旧费；活劳动耗费的费用，如支付给工人的工资；其他费用，如办公费、差旅费等为组织和管理生产而发生的货币支出。构成产品成本的费用不论发生在何处，最终都要归集、分配到一定种类的产品中去。企业为生产一定种类、一定数量的产品所发生的直接材料、直接人工和间接制造费用的总和，就是产品的生产成本或制造成本。制造企业在生产经营过程中，除了发生构成产品成本的费用以外，因管理的需要，还会发生期间费用。期间费用是指不能直接归属于某个特定产品成本的费用，包括销售费用、管理费用和财务费用。期间费用容易确定其发生的期间，但难以确定其所应归属的产品，因此期间费用在发生的当期就全部从当期损益中扣除，而不计入产品成本。

为了反映和监督各种生产费用的发生、归集和分配，正确计算产品的生产成本，需要设置和运用以下几个账户。

（一）“生产成本”账户

“生产成本”账户是用来归集和分配产品生产过程中所发生的各种费用，计算产品生产成本的账户。该账户属于成本类账户，其借方登记为生产产品发生的各种费用，贷方登记完工入库产品的实际生产成本，月末借方余额表示尚未完工的在产品的实际生产成本。为了具体核算每一种产品的实际生产成本，应当按产品的品种设置明细分类账户，进行生产成本的明细分类核算，以计算出某种产品的生产成本。

（二）“制造费用”账户

“制造费用”账户是用来归集和分配生产车间为组织和管理车间生产活动发生的各项间接生产费用的账户。制造费用包括车间一般管理人员的薪酬，车间房屋建筑物提取的折旧费，车间办公活动支付的办公费、水电费以及机物料消耗等。“制造费用”账户属于成本类账户，账户的借方登记实际发生的各项制造费用额，通过借方的归集，月末在车间所生产的各种产品之间进行分配，贷方登记应转入“生产成本”账户的由各种产品负担的制造费用，该账户期末一般没有余额。为了具体核算制造费用的发生情况，应当按不同的车间或部门设置明细账，按费用项目进行明细分类核算。

（三）“应付职工薪酬”账户

“应付职工薪酬”账户是用来核算企业应付给职工的各种薪酬，反映和监督企业与职工薪酬结算情况的账户。“应付职工薪酬”账户属于负债类账户，账户的贷方登记月份内实际发生的应付职工的薪酬数，借方登记每月实际支付给职工的薪酬数。“应付职工薪酬”账户月末如果有余额，表示应付数和实际发放数之间的差额，如果为贷方余额，表示本月应付薪酬数额大于实际发放薪酬的数额，是应付未付的职工薪酬，是企业的债务。如果为借方余额，表示本月实际发放的数额大于应付的数额，是企业多支付的职工薪酬。这种差额的形成主要是由于计算应付职工薪酬与实发职工薪酬时所依据的职工出勤的日数不同引起的，应付职工薪酬一般是按本月考勤计算，但是实发职工薪酬一般按照上月份的考勤计算，由于计算出勤的月份不同，就会出现出勤日数的差异。如果企业实发职工薪酬和应付职工薪酬是按照同一月份的出勤计算，则该账户无余额。为了具体核算职工薪酬的支付与分配情况，应根据企业的实际情况，按职工的类别、部门等进行明细核算。

（四）“固定资产”账户

固定资产一般是指使用期限比较长、单位价值比较高、能在若干个生产周期中发挥作用并保持其原有实物形态的劳动资料。固定资产包括房屋及建筑物、机器设备、运输设备、工具、器具等。固定资产应该按取得时的实际成本即原始价值入账。实际成本是指为购建某项固定资产，达到可使用状态前所发生的一切合理必要的支出，买价、运杂费、包装费和安装费等。

“固定资产”账户是反映和监督企业固定资产的增减变动和结存情况的账户。账户的借方登记增加固定资产的原始价值，贷方登记减少固定资产的原始价值，余额在借方，表示期末结存固定资产的原始价值。

为了反映和监督固定资产的增减变动情况，应设置“固定资产”账户，该账户为资产类账户，其借方登记增加的固定资产原始价值，贷方登记减少的固定资产的原始价值，月末借方余额表示企业现有固定资产的原始价值。

（五）“累计折旧”账户

固定资产在使用过程中会不断地发生磨损，固定资产的价值将随着实物的磨损而逐渐地、部分地转移到所生产的产品中去。固定资产由于使用而逐渐转移到产品中去的价值，称为固定资产折旧。固定资产折旧反映了固定资产原始价值的减少。

“固定资产”账户按原始价值反映其增减变动和结存情况，固定资产因磨损而减少的价值本来可以通过固定资产账户贷方来反映，但是如果这样记录，固定资产账户借方期末余额就只能反映现有固定资产的折余价值，而不能反映固定资产的原值，而固定资产原值是企业管理中的一个重要数据资料。因此，为了在账簿上既反映固定资产的原始价值，又反映固定资产的折余价值，在会计核算中就设置了“累计折旧”账户。该账户属于资产类账户（反映固定资产的价值因使用而减少），其贷方登记月份内计提的固定资产折旧数，因出售、报废等原因引起的固定资产价值减少，在注销固定资产原始价值的同时，应该在“累计折旧”账户的借方同时注销其已提取的折旧额。“累计折旧”账户期末应为贷方余额，表示固定资产累计提取的折旧额，该账户一般不要求设置明细账户进行明细分类核算。如果需要查明某项固定资产已提折旧，可以根据固定资产卡片记录的资料来计算。

（六）“长期待摊费用”账户

长期待摊费用是指已经支付或发生，但应由本期和以后各期共同负担的费用，如预付保险费、以经营租赁方式租入的固定资产改良支出、预付租入固定资产的租金等。“长期待摊费用”账户是用来反映和监督企业长期待摊费用的支付和摊销情况的账户。该账户属于资产类账户，其借方登记已经支付或发生的各种长期待摊费用，贷方登记应由本期分摊的各种长期待摊费用，期末借方余额表示已经支付但尚未摊销的费用。为了详细地反映长期待摊费用的支付和摊销情况，应按费用的种类进行明细分类核算。

（七）“库存商品”账户

工业企业的库存商品主要指产成品。产成品是指企业已经完成生产各个阶段的生产，验收入库的产品。“库存商品”账户是用来反映和监督产成品的收入、发出和结存情况的账户。该账户属于资产类账户，其借方登记完工入库产成品的实际生产成本，贷方登记发出产成品的实际生产成本，期末如果有余额在借方，表示已入库但尚未出库的库存产品的实际成本。为了具体核算各种产成品的收入、发出和结存情况，应按库存商品的品种或类别开设明细分类账户，进行库存商品的明细分类核算。

生产业务的总分类核算可用图 5－5 表示。

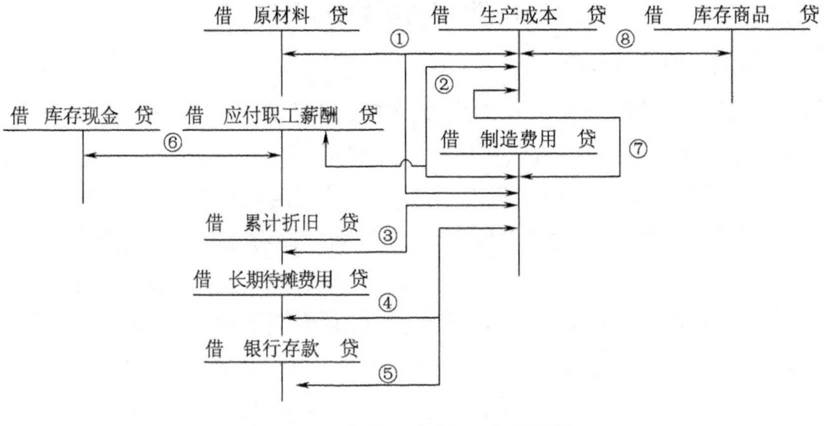

图 5－5 生产业务的总分类核算

说明：
①生产领用材料。
②结算应付职工薪酬。
③计提固定资产折旧。
④分期摊销长期待摊费用。
⑤支付其他费用。
⑥支付职工薪酬。
⑦将制造费用分配计入产品成本。
⑧结转完工入库产品的实际生产成本。

二、产品生产过程主要经济业务核算举例

京信公司20××年12月份发生的生产业务如下。

【例11】 22日，仓库发出下列材料（见表5-4）用于生产A、B两种产品和一般耗用。

表5-4

用　途	甲材料		乙材料		丙材料		合　计	
	数量（千克）	金额（元）	数量（千克）	金额（元）	数量（千克）	金额（元）	数量（千克）	金额（元）
生产产品耗用	1 200	4 800	2 400	7 080	3 500	12 250		24 130
A产品	700	2 800	1 600	4 720	2 500	8 750		16 270
B产品	500	2 000	800	2 360	1 000	3 500		7 860
车间一般耗用	200	800	700	2 065	260	910		3 775
企业管理部门一般耗用	62.5	250						250
合计	1 462.5	5 850	3 100	9 145	3 760	13 160		28 155

这项经济业务的发生，一方面使库存材料减少了28 155元，另一方面使生产成本增加了24 130元，使制造费用增加了3 775元，管理费用增加了250元。这项经济业务涉及"生产成本""制造费用"和"管理费用""材料"账户，生产A产品和B产品生产耗料直接计入"生产成本"账户的借方，车间一般消耗材料应记入"制造费用"账户的借方，企业管理部门一般耗用的材料应记入"管理费用"账户的借方，材料的减少应记入"原材料"账户的贷方，编制的会计分录如下：

借:生产成本　　24 130
　制造费用　　3 775
　管理费用　　250
　贷:原材料　　28 155

【例12】 14日,开出现金支票,从银行存款中提取现金20 520元,以备发放工资。

这项经济业务的发生,一方面使企业的现金增加了20 520元,另一方面使银行存款减少了20 520元。这项经济业务涉及"库存现金""银行存款"两个账户,现金的增加应记入"库存现金"账户的借方,银行存款的减少应记入"银行存款"账户的贷方,编制的会计分录如下:

借:库存现金　　20 520
　贷:银行存款　　20 520

【例13】 14日,以现金20 520元支付本月职工工资。

这项经济业务的发生,一方面使企业的现金减少了20 520元,另一方面使实际应支付给职工的工资债务减少了20 520元。这项经济业务涉及"库存现金""应付职工薪酬"两个账户,现金的减少应记入"库存现金"账户的贷方,实际支付给职工的工资应记入"应付职工薪酬"账户的借方,编制的会计分录如下:

借:应付职工薪酬　　20 520
　贷:库存现金　　20 520

【例14】 17日,以银行存款支付办公费1 100元,其中,车间办公费500元,企业行政部门办公费600元。

这项经济业务的发生,一方面使企业银行存款减少了1 100元,另一方面使制造费用增加了500元,管理费用增加600元。这项经济业务涉及"制造费用"和"管理费用""银行存款"三个账户,制造费用和管理费用的增加应记入"制造费用"和"管理费用"账户的借方,银行存款减少应记入"银行存款"账户的贷方,编制的会计分录如下:

借:制造费用　　500
　管理费用　　600
　贷:银行存款　　1 100

【例15】 20日,以银行存款预付两年的车间财产保险费6 000元。

这项经济业务的发生,一方面使银行存款减少了6 000元,另一方面使长期待摊费用增加了6 000元。这项经济业务涉及"长期待摊费用""银行存款"两个账户,银行存款的减少应记入"银行存款"账户的贷方,长期待摊费用的增加应记入"长期待摊费用"账户的借方,编制的会计分录如下:

借:长期待摊费用　　6 000
　　贷:银行存款　　6 000

【例 16】 31 日,按用途分配本月工资费用,其中:生产工人工资 13 680 元,制造 A 产品的工人工资 10 830 元,制造 B 产品的工人工资 2 850 元;车间管理人员工资 1 710 元;行政管理人员工资 5 130 元。

企业这项经济业务的发生,一方面使企业应付给职工的薪酬增加了 20 520 元,另一方面使企业的费用增加了 20 520 元,生产工人的薪酬增加了生产成本,车间管理人员的薪酬增加了制造费用,企业行政管理人员的薪酬增加了管理费用。这项经济业务涉及"生产成本""制造费用""管理费用""应付职工薪酬"四个账户,本月发生的工资费用,按用途分别记入"生产成本""制造费用""管理费用"账户的借方,应付给职工的工资费用的增加记入"应付职工薪酬"账户的贷方,编制的会计分录如下:

借:生产成本　　13 680
　　制造费用　　1 710
　　管理费用　　5 130
　　贷:应付职工薪酬　　20 520

【例 17】 31 日,计提本月固定资产折旧 10 000 元,其中车间使用的固定资产折旧费 6 000 元,行政管理部门使用的固定资产折旧费 4 000 元。

计提固定资产折旧这项经济业务,一方面表明固定资产因为使用其价值减少(折旧额增加),另一方面发生折旧费用使制造费用增加 6 000 元,管理费用增加 4 000 元。这项经济业务涉及"累计折旧""制造费用""管理费用"账户,折旧额增加应记入"累计折旧"账户的贷方,制造费用、管理费用增加应记入"制造费用""管理费用"账户的借方,编制的会计分录如下:

借:制造费用　　6 000
　　管理费用　　4 000
　　贷:累计折旧　　10 000

【例 18】 31 日,计算车间应支付的电费 2 015 元。

车间为生产产品发生的电费应作为当期费用。这项经济业务一方面使制造费用增加,另一方面使应付账款增加。这项经济业务涉及"制造费用""应付账款"账户,制造费用的增加应记入"制造费用"账户的借方,应付账款的增加应记入"应付账款"账户的贷方,编制的会计分录如下:

借:制造费用　　2 015
　　贷:应付账款　　2 015

【例19】 31日，摊销应由车间负担的本月保险费1 000元。

这项经济业务的发生，一方面使长期待摊费用减少了1 000元，另一方面使制造费用增加了1 000元。这项经济业务涉及“制造费用”“长期待摊费用”两个账户，制造费用的增加应记入“制造费用”账户的借方，长期待摊费用的减少应记入“长期待摊费用”账户的贷方，编制的会计分录如下：

借：制造费用　　1 000

　贷：长期待摊费用　　1 000

【例20】 31日，分配结转本月发生的制造费用总额15 000元。

制造费用是产品生产成本的一个组成部分，月末要将“制造费用”账户月份内归集的费用总额按一定标准分配计入A、B两种产品成本（制造费用分配见后），从“制造费用”账户的贷方转入“生产成本”账户的借方，编制的会计分录如下：

借：生产成本　　15 000

　贷：制造费用　　15 000

以上例17、例18、例19所编制的会计分录均为调账分录。调账是在会计期末按照权责发生制原则，对有关会计事项进行的调整。调账是会计循环的一个步骤。

【例21】 31日，A产品100件全部制造完工，已验收入库，结转其完工产品成本38 975元。

这项经济业务的发生，一方面使库存产成品增加了38 975元，另一方面使生产成本减少了38 975元。这项经济业务涉及“库存商品”“生产成本”两个账户，产成品增加应记入“库存商品”账户的借方，完工产品成本转出应记入“生产成本”账户的贷方，编制的会计分录如下：

借：库存商品　　38 975

　贷：生产成本　　38 975

月末，B产品尚未制造完工，“生产成本”账户的借方余额为B产品的在产品成本。

上述产品生产业务的主要会计分录在有关总分类账户中的登记情况如图5－6所示。

借方	库存现金		贷方
（12）	20 520	（13）	20 520
本期发生额	20 520	本期发生额	20 520

借方	累计折旧		贷方
		（17）	10 000
本期发生额	0	本期发生额	10 000
		期末余额	10 000

银行存款

借方		贷方	
（1）	200 000	（4）	100 000
（3）	100 000	（6）	19 800
（5）	700 000	（7）	3 410
		（8）	7 000
		（9）	3 000
		（12）	20 520
		（14）	1 100
		（15）	6 000
本期发生额	1 000 000	本期发生额	160 830
期末余额	839 170		

原材料

借方		贷方	
（10）	50 710	（11）	28 155
本期发生额	50 710	本期发生额	28 155
期末余额	22 555		

生产成本

借方		贷方	
（11）	24 130	（21）	38 975
（16）	13 680		
（20）	15 000		
本期发生额	52 810	本期发生额	38975
期末余额	13 835		

制造费用

借方		贷方	
（11）	3 775	（20）	15 000
（14）	500		
（16）	1 710		
（17）	6 000		
（18）	2 015		
（19）	1 000		
本期发生额	15 000	本期发生额	15 000

管理费用

借方		贷方	
（11）	250		
（14）	600		
（16）	5 130		
（17）	4 000		
本期发生额	9 980	本期发生额	9 980

图5－6　产品生产业务的总分类核算图

三、产品生产成本的计算

在制造企业应计入产品成本的费用，按其经济用途，可以分为以下产品成本项目：直接材料费、直接人工费、制造费用。

直接材料费是指直接用于产品生产，构成产品实体的原料、主要材料、外购半成品和有助于产品形成的辅助材料及其他直接材料。

直接人工费是指直接参加产品生产的职工薪酬总额。

制造费用是指企业各生产单位（如生产车间）为组织和管理车间生产而发生

的各项间接费用，如车间固定资产折旧费、办公费、水电费、劳动保险费以及其他制造费用，它不包括企业行政管理部门为组织和管理生产经营活动而发生的管理费用。

以上成本项目构成产品的生产成本。产品生产成本的计算是将企业在生产过程中发生的各项费用，按产品的品种、类别、批别进行归集和分配，并按成本项目计算产品的总成本和单位成本。产品生产成本的计算要根据生产的类型和管理上的要求采用不同的计算方法，如品种法、分批法、分步法等，这些方法将在以后的有关课程中介绍，这里只介绍成本的计算原理。

产品的生产成本是通过“生产成本”明细分类账户来归集、计算的。在计算产品成本时，凡是只生产一种产品的企业，其成本计算对象只有一个，所发生的各项生产费用，可以直接根据有关凭证，记入“生产成本”明细分类账户借方的有关成本项目。对于生产两种或两种以上产品的企业，凡是能够分清属于哪一种产品负担的费用，可以根据有关凭证，直接记入“生产成本”明细分类账户的有关成本项目；属于几种产品共同发生的费用，应选择合理的分配标准，在几种产品之间进行分配，然后将分配结果记入“生产成本”明细分类账户的有关成本项目中。在产品成本项目中，直接材料费、直接人工费可以直接记入产品的生产成本。制造费用作为生产费用的一部分，最终应由所生产的产品负担，构成产品成本的一个组成部分。制造费用是生产过程中发生的间接费用，要采用适当的标准分配记入产品的生产成本。制造费用的分配标准一般有生产工时、机器工时和生产工人工资。

下面仍以京信公司生产过程中发生的经济业务为例，说明产品生产成本的计算方法。

【例22】 京信公司20××年12月，生产A、B两种产品，有关资料如表5-5所示。

表5-5 单位：元

产品名称	完工产品数量（件）	原材料	生产工人工资	制造费用	合　计
A		16 270	10 830	15 000	
B		7 860	2 850		
合　计		24 130	13 680	15 000	52 810

从上述资料可以看出，京信公司生产A、B两种产品，应以A、B两种产品作为成本计算对象，开设A、B两种产品生产成本明细分类账户。在发生的费用中，材料费用可以根据有关凭证，直接记入A、B两种产品的生产成本明细分类账借方直接材料费一

栏；生产工人工资也可以根据有关凭证，直接记入A、B两种产品的生产成本明细分类账借方直接人工费一栏；制造费用15 000元，属于A、B两种产品应当共同负担的费用，要采用一定的标准在A、B两种产品之间进行分配，然后再记入两种产品的生产成本明细分类账借方制造费用栏。

制造费用的分配方法如下（分配标准为A、B产品的生产工时）。

分配率 = 制造费用总额 ÷ 生产工时总额 = 15 000 ÷ (9 500 + 2 500) = 1.25

某产品应负担的制造费用 = 该种产品生产工时 × 分配率

A、B两种产品应分摊的制造费用：

A产品应分摊的制造费用 = 9 500 × 1.25 = 11 875（元）

B产品应分摊的制造费用 = 2 500 × 1.25 = 3 125（元）

制造费用的分配一般通过编制制造费用分配表进行，以此作为记账的依据，其格式见表5－6。

表5－6　　制造费用分配表

产品名称	分配标准（生产工时总数）	分配率	分配金额（元）
A产品	9 500		11 875
B产品	2 500		3 125
合　计	12 000	1.25	15 000

根据制造费用分配表，登记A、B两种产品的生产成本明细账的借方制造费用项目栏，A、B两种产品的生产成本明细账见表5－7。

表5－7　　生产成本明细分类账

产品品种或类别：A产品　　　　单位：元

20××年		凭证	摘　要	借方（成本项目）				贷方	借或贷	金额
月	日	号数		直接材料费	直接人工费	制造费用	合计			
12	22	(11)	生产耗用材料	16 270			16 270		借	16 270
	31	(16)	分配生产工人工资		10 830		10 830		借	27 100
	31	(20)	分配制造费用			11 875	11 875		借	38 975
	31	(21)	结转完工产品100件的实际生产成本					38 975	平	0
12	31		本期发生额及余额	16 270	10 830	11 875	38 975	38 975		0

产品品种或类别:B 产品　　　　单位:元

20××年		凭证	摘　要	借方(成本项目)				贷方	借或贷	金额
月	日	号数		直接材料费	直接人工费	制造费用	合计			
12	22	(11)	生产耗用材料	7 860			7 860		借	7 860
	31	(16)	分配生产工人工资		2 850		2 850		借	10 710
	31	(20)	分配制造费用			3 125	3 125		借	13 835
12	31		本期发生额及余额	7 860	2 850	3 125	13 835		借	13 835

根据 A 产品生产成本明细账的资料编制产品生产成本计算表,计算已完工的 A 产品的总成本和单位成本(见表 5 –8)。

表 5 –8　　**产品生产成本计算表**　　单位:元

成本项目	A 产品	
	总成本(100 件)	单位成本
直接材料费	16 270.00	162.70
直接人工费	10 830.00	108.30
制造费用	11 875.00	118.75
合　计	38 975.00	389.75

根据 A 产品成本计算的资料编制 A 产品入库的会计分录,登记 A 产品生产成本明细分类账和库存商品明细分类账,编制的会计分录如下:

借:库存商品——A 产品　　38 975

　贷:生产成本——A 产品　　38 975

第五节　销售过程的核算

从产成品完工验收入库起到销售给购买方为止,是企业的销售过程。销售过程是企业生产经营过程的最后阶段,在销售过程中,产品的价值和使用价值将得到实现,企业要通过交换将产品销售出去，按销售价格向购买单位办理结算，取得货款，企业销售产品取得的货款称为销售收入。产品销售收入的确认是一个很重要的问题，关系到企业交纳税款的时间和金额。

企业为了销售产品，还要发生产品的包装费、广告费、运输费等费用，这些费用称为销售费用，销售费用要由本期的销售收入补偿。企业取得的销售收入要按税法规定的税率向国家交纳销售税金。为了取得一定量的销售收入，企业要付出一定量的产品，要确定并结转已销产品的生产成本。销售过程的主要经济业务是：发出产品对外销售；确认和记录销售收入；支付包装、运输、广告等费用；结算销售货款；计算销售税金；确定并结转销售成本。销售收入的确认是一项十分重要的工作，它关系到企业的纳税时间和经营成果的计算问题。企业应当按照收入确认的原则，合理地确认和计量销售收入。产品销售税金是根据产品销售收入和规定的税率计算的，企业应当按照税法的规定正确计算销售税金并及时上缴。产品销售成本是指已销售产品的实际生产成本。企业销售产品后获得了销售收入，同时需要结转与收入相配比的成本，产品销售成本应根据已销产品的数量和实际单位生产成本计算。销售费用是一种期间费用，应当按月归集，月终全部计入当期损益。

一、销售过程设置的主要账户

为了反映和监督销售过程中发生的主要经济业务，需要设置和运用以下几个账户。

（一）“主营业务收入”账户

“主营业务收入”账户是用来反映和监督企业销售产品或提供劳务所取得收入的账户。该账户属于损益类账户，账户的贷方登记企业销售产品所取得的收入，借方登记发生销售退回和销售折让时应冲减本期的产品销售收入以及期末将本期所发生的销售收入转入“本年利润”账户的全部金额。期末结转后，该账户无余额。该账户应该按照产品的品种或者劳务的类别设置明细账，进行明细分类核算。

（二）“主营业务成本”账户

“主营业务成本”账户是用来反映和监督企业销售产品或提供劳务所发生的销售成本的账户。该账户属于损益类账户，其借方登记从“库存商品”账户结转的已售出产品的实际生产成本，贷方登记月末转入“本年利润”账户的已售产品的销售成本。月末结转后，该账户无余额。该账户按照产品的品种或者劳务的类别设置明细账，进行明细分类核算。

（三）“营业税金及附加”账户

“营业税金及附加”账户是用来反映和监督应由销售产品和提供劳务等负担

的各种销售税金，比如营业税、消费税、城市维护建设税、教育费附加等。该账户属于损益类账户，账户借方登记按照规定的标准和计算方法计算出的应负担的产品销售税金，贷方登记期末转入“本年利润”账户的产品销售税金。月末结转后，该账户无余额。

（四）“销售费用”账户

“销售费用”账户是用来反映和监督企业在销售商品过程中发生的各项费用的账户。该账户属于损益类账户，其借方登记企业在销售过程中发生的各种销售费用，包括运输费、装卸费、包装费、保险费、展览费、广告费等，贷方登记月末转入“本年利润”账户的数额，月末结转后，本账户应无余额。该账户应按销售费用项目设置明细分类账，进行明细分类核算。

（五）“应收账款”账户

“应收账款”账户是用来核算企业因销售产品、提供劳务等应向购货方或接受劳务单位收取款项的账户。该账户借方登记由于销售产品而发生的应收款项，贷方登记收回的应收款项，期末余额在借方表示尚未收回的应收账款。为了具体核算企业与不同购买单位应收账款的结算情况，应按照购买单位名称开设明细分类账户，进行明细分类核算。

（六）“预收账款”账户

“预收账款”账户是用来反映和监督企业预收货款的发生与偿付情况的账户。企业由于业务的需要，根据合同预收购买单位一定数量的货款，是企业的一种负债。“预收账款”账户的贷方登记预收购买单位的款项，借方登记企业销售产品或者提供劳务抵偿的预收货款，期末贷方余额表示企业已经预收了货款，但尚未用产品或者劳务偿付的款项。为了具体核算企业与不同购买单位预收款项的结算情况，应按照购买单位名称设置明细账，进行明细分类核算。

（七）“应交税费”账户

“应交税费”账户是用来核算企业各种税费的计算和缴纳情况的账户。该账户贷方登记企业应缴纳的各种税费，借方登记企业实际缴纳的各种税费，月末贷方余额表示企业应缴未缴的各种税费。为了具体核算企业上缴国家税费的情况，应按照缴纳税费的种类设置明细账，进行明细分类核算。

销售业务的总分类核算可用图 5 – 7 表示。

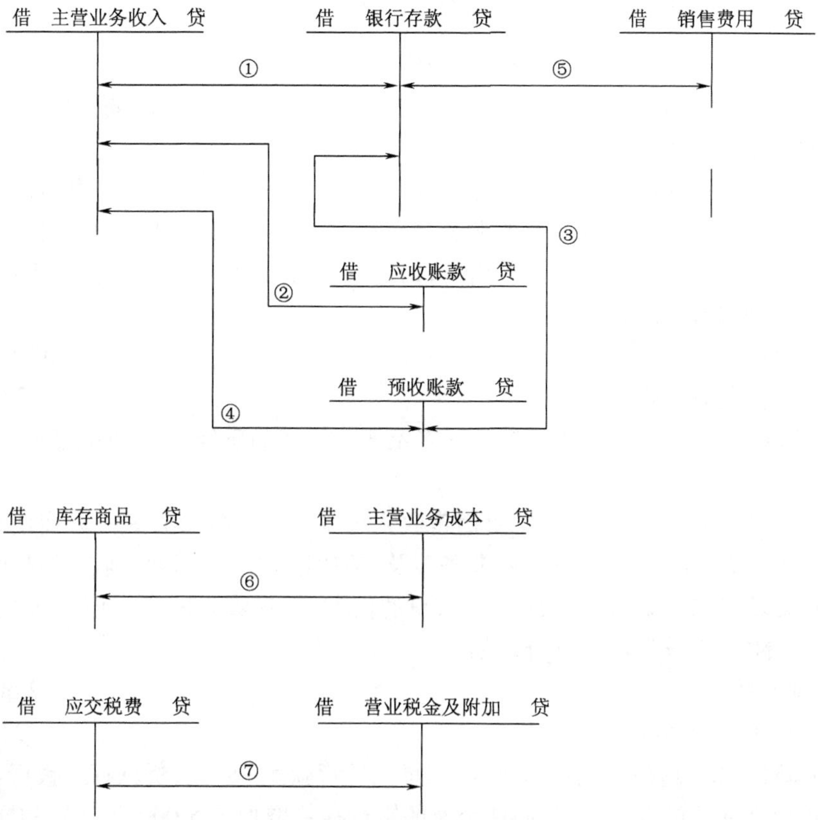

图 5－7　销售业务的总分类核算

说明：

①销售产品收到货款。

②销售产品尚未收到货款。

③预收货款存入银行。

④销售预收货款的产品。

⑤以银行存款支付销售费用。

⑥结转已销售产品的生产成本。

⑦计算应缴纳的销售税金。

二、销售过程主要经济业务核算举例

京信公司20××年12月份发生的销售业务如下：

【例23】 18日，向万方公司销售A产品50件，产品已经发出，每件售价750元，货款37 500元已存入银行。

这项经济业务的发生，一方面使银行存款增加了37 500元，另一方面使销售收入也增加了37 500元。这项经济业务涉及"银行存款""主营业务收入"两个账户，银行存款的增加应记入"银行存款"账户的借方，销售收入的增加应记入"主营业务收入"账户的贷方，编制的会计分录如下：

借：银行存款　　37 500

　　贷：主营业务收入　　37 500

【例24】 18日，向长宏工厂销售A产品30件，产品已经发出，每件售价750元，货款22 500元尚未收到。

这项经济业务的发生，一方面使销售收入增加了22 500元，另一方面使企业的应收账款增加了22 500元。这项经济业务涉及"应收账款""主营业务收入"两个账户，应收取销售货款增加应记入"应收账款"账户的借方，销售收入的增加应记入"主营业务收入"账户的贷方，编制的会计分录如下：

借：应收账款　　22 500

　　贷：主营业务收入　　22 500

【例25】 23日，按合同规定，预收三星工厂货款5 000元，货款存入银行。

这项经济业务的发生，一方面使企业的银行存款增加了5 000元，另一方面使预收购买单位的货款增加了5 000元。这项经济业务涉及"银行存款""预收账款"两个账户，银行存款的增加应记入"银行存款"账户的借方，预收货款的增加应记入"预收账款"账户的贷方，编制的会计分录如下：

借：银行存款　　5 000

　　贷：预收账款　　5 000

【例26】 28日，向三星工厂销售A产品12件，产品已经发出，每件售价750元，货款共计9 000元，其中5 000元为预收货款，其余4 000元销售货款收到后存入银行。

这项经济业务发生，产品销售实现一方面使销售收入增加了9 000元，另一方面使银行存款增加了4 000元，使预收货款减少了5 000元。这项经济业务涉及"银行存款""预收账款""主营业务收入"三个账户，银行存款增加应记入"银行存款"账户的借方，预收货款的减少应记入"预收账款"账户的借方，销售收入的增加应记入"主营业务收入”账户的贷方，编制的会计分录如下：

借：银行存款　　4 000

　预收账款　　5 000

　贷：主营业务收入　　9 000

【例 27】　29 日，以银行存款 4 000 元支付销售 A 产品的广告费。

这项经济业务的发生，一方面使企业银行存款减少了 4 000 元，另一方面使企业广告费增加了 4 000 元。这项经济业务涉及“银行存款”“销售费用”两个账户，产品销售费用的增加应记入“销售费用”账户的借方，银行存款的减少应记入“银行存款”账户的贷方，编制的会计分录如下：

借：销售费用　　4 000

　贷：银行存款　　4 000

【例 28】　31 日，按 10% 的税率计算并结转本月销售 A 产品应缴纳的消费税。

这项经济业务的发生，一方面使应缴纳的消费税增加，另一方面计提的税金尚未缴纳，使企业的负债增加。消费税是以销售收入为依据计算的，本月销售收入为 69 000 元，应缴纳的消费税为 69 000 元 × 10% = 6 900 元。这项经济业务涉及“营业税金及附加”“应交税费”两个账户，消费税的增加应记入“营业税金及附加”账户的借方，应交税金的增加应记入“应交税费”账户的贷方，编制的会计分录如下：

借：营业税金及附加　　6 900

　贷：应交税费　　6 900

【例 29】　31 日，结转上述销售 A 产品 92 件的实际生产成本 35 857 元。

本月销售的产品不一定都是本月生产的，而本月生产的产品也不一定都在本月销售出去，由于各个月份生产同一种产品的实际生产成本是不相同的，所以在确定已售产品生产成本时，就要计算本月销售产品的实际生产成本。可以采用一定的存货计价方法，如先进先出法、加权平均法等，期末结转本月已销售产品的生产成本。假定京信公司本月销售的 A 产品都是本月生产的，每件均为 389.75 元，销售数量为 92 件，已售产品实际生产成本合计为 35 857 元。这项经济业务的发生，一方面使销售产品的成本增加了 35 857 元，另一方面使库存商品减少了 35 857 元。这项经济业务涉及“主营业务成本”“库存商品”两个账户，销售产品成本增加应记入“主营业务成本”账户的借方，产成品成本减少应记入“库存商品”账户的贷方，编制的会计分录如下：

借：主营业务成本　　35 857

　贷：库存商品　　35 857

上述产品销售业务的会计分录，在有关总分类账户中的登记情况如图 5 - 8 所示。

应收账款

借方		贷方	
(24)	22 500		
本期发生额	22 500		
期末余额	22 500		

预收账款

借方		贷方	
(26)	5 000	(25)	5 000
本期发生额	5 000	本期发生额	5 000

银行存款

借方		贷方	
(1)	200 000	(4)	100 000
(3)	100 000	(6)	19 800
(5)	700 000	(7)	3 410
(23)	37 500	(8)	7 000
(25)	5 000	(9)	3 000
(26)	4 000	(12)	20 520
		(14)	1 100
		(15)	6 000
		(26)	4 000
本期发生额	1 046 500	本期发生额	164 830
期末余额	881 670		

主营业务收入

借方		贷方	
		(23)	37 500
		(24)	22 500
		(26)	9 000

主营业务成本

借方		贷方	
(29)	35 857		

营业税金及附加

借方		贷方	
(28)	6 900		

库存商品

借方		贷方	
(21)	38 975	(29)	35 857
本期发生额	38 975	本期发生额	35 857
期末余额	3 118		

管理费用

借方		贷方	
(11)	250		
(14)	600		
(16)	5 130		
(17)	4 000		

图 5-8　销售业务总分类核算图

第六节　财务成果的核算

财务成果通常是指企业的利润或亏损。利润是企业在一定期间所取得的经营成果，是企业各种收入减去各种支出后的最终成果。利润是企业经济效益的综合反映，也是会计应当提供的一个重要指标，企业的利润总额由营业利润和营业外收支净额两部分构成。

营业利润是企业利润的主要来源。其中，营业收入是指企业经营业务所确认的收入总额，包括主营业务收入和其他业务收入。营业成本是指企业经营业务所发生的实际成本总额，包括主营业务成本和其他业务成本。资产减值损失是指企业计提各项资产减值准备所形成的损失。

公允价值变动损益是指企业交易性金融资产等公允价值变动形成的应计入当期损益的利得或损失。投资收益是指企业以各种方式对外投资所取得的收益（或发生的损失）。另外，企业还可能发生一些与其生产经营无直接关系的、企业无法控制的收入和支出。营业外收入是指企业发生的与生产经营活动无直接关系的各项收入。营业外收入并不是企业经营资金耗费所产生的，不需要企业付出代价，实际上，营业外收入是经济利益的净流入，不可能也不需要与有关的费用进行配比。营业外收入主要包括捐赠利得、债务重组利得、政府补助、盘盈利得、处置固定资产的净收益、出售无形资产净收益、罚款收入等。营业外支出是指企业发生的与其生产经营活动无直接关系的各项支出，营业外支出与生产经营活动没有直接关系，但也是企业经济利益的净流出，应从企业实现的利润中扣除。营业外支出包括固定资产盘亏、处置固定资产净损失、出售无形资产净损失、债务重组损失、公益性捐赠支出、非常损失、罚款支出等。

企业在一定会计期间的利润可由以下步骤计算得出。

计算营业利润：

营业利润＝营业收入－营业成本－营业税金及附加－销售费用－管理费用－财务费用－资产减值损失＋公允价值变动收益＋投资收益

计算利润总额：

利润总额＝营业利润＋营业外收入－营业外支出

企业在一定时期内实现的利润，可先用于弥补以前年度（前五年内）发生的亏损，按国家有关规定作相应调整后，依照税法规定计算与缴纳所得税。企业的利润总额减去所得税费用后的余额为净利润。计算公式如下：

净利润＝利润总额－所得税费用

企业缴纳所得税后的净利润应当按照国家有关规定和企业章程、投资者的协议，对企业当年可供分配的利润进行分配。可供分配的利润等于企业当年实现的净利润减当年按规定提取的盈余公积，加上年初未分配利润（或减年初未弥补亏损）后的余额。

利润分配的顺序是：①提取法定盈余公积；②提取任意盈余公积金；③向投资者分配利润。

未分配利润是经过弥补亏损、提取法定盈余公积、提取任意盈余公积和向投资者分配利润等利润分配后剩余的利润，它是企业留待以后年度进行分配的历年结存的利润。从数量上看，未分配利润等于企业期初未分配利润，加上本期实现的净利润，减去提取的各种盈余公积和分出利润后的余额。

企业在一定会计期间内实现的利润或者发生的亏损取决于该期间全部收入和全部费用的对比。其中，有关产品销售利润的核算在上一节已经说明，本节主要阐述管理费用、财务费用、营业外收入、营业外支出以及利润总额和净利润的核算。

一、财务成果核算设置的主要账户

为了正确核算企业的财务成果，需要设置以下账户。

（一）“本年利润”账户

“本年利润”账户是用来反映和监督企业本年实现的利润或发生的亏损的账户。该账户的贷方登记从各收入账户转入的本期发生的各项收入，借方登记从各费用账户转入的本期发生的各项费用，将收入与费用相抵后，如果收入大于费用，即为“本年利润”账户的贷方余额，表示本期实现的利润。如果费用大于收入，即为“本年利润”账户的借方余额，表示本期发生的亏损。在年度中间，“本年利润”账户的余额保留在本账户，不予转账，表示从1月1日截至本期累计实现的利润或发生的亏损。年末时，应将“本年利润”余额转入“利润分配”账户，结转后“本年利润”账户没有余额。

（二）“管理费用”账户

“管理费用”账户是用来反映和监督企业行政管理部门为组织和管理整个生产经营活动而发生的各种管理费用的账户。该账户属于损益类账户，其借方登记企业实际发生的各项管理费用，主要包括管理人员的薪酬、折旧费、修理费、工会经费、房产税、车船使用税、土地使用税、印花税、研究费用、咨询费、业务招待费、技术转让费、无形资产摊销、劳动保险费等，贷方登记期末转入“本年利润”账户的数额，月末结转后本账户应无余额。为了具体核算管理费用的发生情况，应按费用的项目设置明细账，进行明细分类核算。

（三）“财务费用”账户

“财务费用”账户是用来反映和监督企业为筹集生产经营活动所需资金而发生的各项财务费用的账户。该账户属于损益类账户，其借方登记企业发生的各项财务费用，主要包括利息支出、汇兑损失、金融机构手续费、筹资发生的其他费用等，贷方登记期末转入“本年利润”账户的数额，月末结转后本账户应无余额。为了具体核算财务费用的发生情况，应按费用项目设置明细账，进行明细分类核算。

（四）“营业外收入”账户

“营业外收入”账户是用来反映和监督与企业生产经营活动无直接关系的各项收入的账户。该账户属于损益类账户，其贷方登记企业发生的各项营业外收入，借方登记期末转入“本年利润”账户的数额，结转后本账户应无余额。“营业外收入”账户应按收入项目设置明细分类账，进行明细分类核算。

（五）“营业外支出”账户

“营业外支出”账户是用来反映和监督与企业生产经营活动无直接关系的各项支出的账户。该账户属于损益类账户，其借方登记企业发生的各项营业外支出，贷方登记期末转入“本年利润”账户的数额，结转后本账户应无余额。“营业外支出”账户应按支出项目设置明细分类账，进行明细分类核算。

（六）“所得税费用”账户

为了核算和监督企业按规定从本期损益中扣除的所得税，应设置“所得税费用”账户。该账户属于损益类账户，其借方登记企业应计入本期损益的所得税费用，贷方登记期末转入“本年利润”账户的所得税费用。期末结转本年利润后，本账户无余额。

（七）“利润分配”账户

“利润分配”账户是用来核算企业利润分配情况或亏损弥补情况的账户。企业进行利润分配，意味着企业实现的利润这项所有者权益的减少，本应记入“本年利润”的借方，直接冲减本年实现的利润额。但是如果这样处理，“本年利润”账户的期末贷方余额只能表示未分配利润，不能提供本年累计实现的利润额。而本年累计实现的利润这个指标，是管理上所需要的重要指标。因此，为了使“本年利润”账户既能反映企业实现利润的原始数据，又能反映企业未分配利润的数额，核算中专门设置了“利润分配”账户，用以反映企业已分配的利润数额。“利润分配”账户的借方登记实际分配的利润数额，如提取的盈余公积金、应付给投资者的利润等，贷方平时一般不作登记，因而在年度中间该账户的期末余额一般为借方余额，表示截至本期企业累计已分配利润的数额。年末，企业将全年实现的净利润从本年利润账户的借方结转记入“利润分配”账户的贷方。结转后，“利润分配”账户如果为贷方余额，表示年末未分配的利润数额；如果为借方余额，表示年末未弥补的亏损额。

为了具体反映和监督企业利润分配的去向和历年分配后的结余金额，“利润分配”账户一般应设置“提取盈余公积”“应付利润”“未分配利润”等明细账户进行明细分类核算。

（八）“应付股利”账户

“应付股利”账户是用来反映和监督企业向投资者支付利润情况的账户。该账户属于负债类账户，其贷方登记企业计算出的应付给投资者的利润数额，借方登记实际支付给投资者的利润数额，期末余额如果在贷方，表示应付而尚未支付的利润额，如果在借方，则表示多支付的利润额。

（九）“盈余公积”账户

“盈余公积”账户是用来反映和监督企业从税后利润中提取的盈余公积金的增减变动和结余情况的账户。该账户属于所有者权益类账户，其贷方登记从税后利润中提取的盈余公积的数额，借方登记盈余公积金的支用数，如转增资本或者弥补亏损等。该账户的期末余额在贷方，表示期末盈余公积金的结余数额。

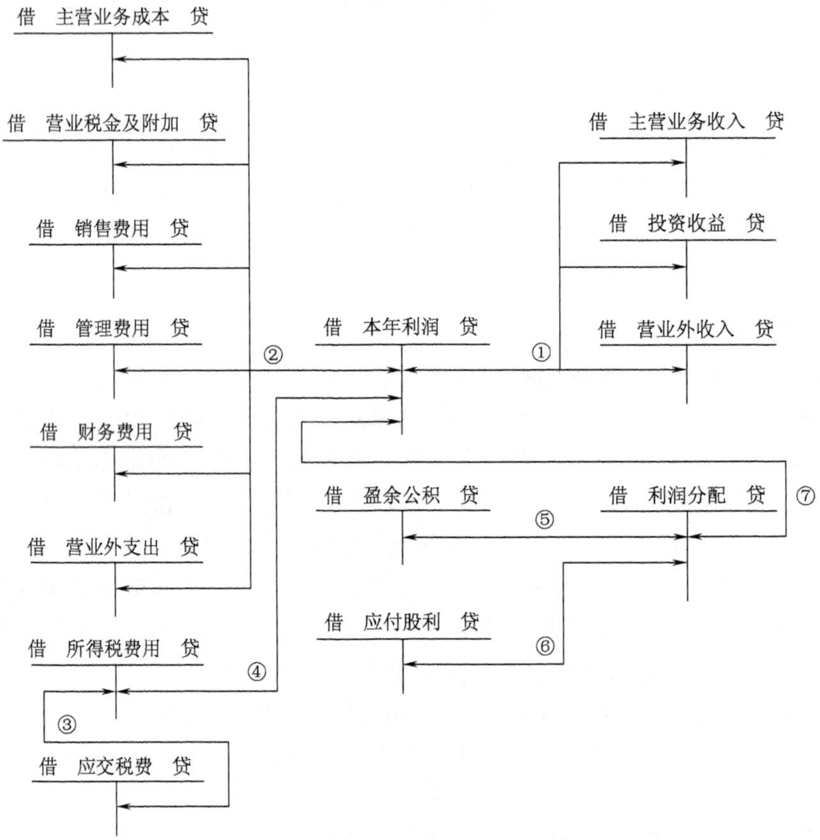

图 5－9　利润形成及分配业务的总分类核算

说明：

①期末结转各项收入。

②期末结转各项成本费用支出。

③计提应缴所得税。

④将所得税费用转入本年利润。

⑤提取盈余公积金。

⑥向投资者分配利润。

⑦年末，将本年利润账户的余额转入利润分配账户。

二、财务成果核算主要经济业务举例

京信公司20××年12月份发生下列有关经济业务：

【例30】 31日，计提本月银行短期借款利息1 200元。

这项经济业务的发生，一方面使财务费用增加了1 200元，另一方面使应付利息增加了1 200元。这项经济业务涉及“财务费用”“应付利息”两个账户，财务费用的增加应计入“财务费用”账户的借方，应付利息增加是负债的增加，应记入“应付利息”账户的贷方，编制的会计分录如下：

借：财务费用　　1 200

　　贷：应付利息　　1 200

【例31】 行政管理部门购买办公用品900元，以银行存款支付。

这项经济业务的发生，一方面使管理费用增加了900元，应该计入“管理费用”账户的借方，另一方面使银行存款减少，应计入“银行存款”账户的贷方，编制的会计分录如下：

借：管理费用　　900

　　贷：银行存款　　900

【例32】 31日，取得罚款收入3 000元，存入银行。

这项经济业务的发生，一方面使银行存款增加了3 000元，另一方面使营业外收入增加了3 000元。这项经济业务涉及“银行存款”“营业外收入”两个账户，银行存款的增加应记入“银行存款”账户的借方，营业外收入的增加应记入“营业外收入”账户的贷方，编制的会计分录如下：

借：银行存款　　3 000

　　贷：营业外收入　　3 000

【例33】 31日，向希望工程捐款2 300元，款项通过银行支付。

这项经济业务的发生，一方面使银行存款减少了2 300元，另一方面使营业外支出增加2 300元。这项经济业务涉及“营业外支出”“银行存款”两个账户，营业外支出的增加应记入“营业外支出”账户的借方，银行存款的减少应记入“银行存款”账户的贷方，编制的会计分录如下：

借：营业外支出　　2 300

　贷：银行存款　　2 300

【例 34】 31 日，将各收入类账户的余额转入“本年利润”账户。

收入类账户的余额有：“主营业务收入”账户贷方余额 69 000 元，“营业外收入”账户贷方余额 3 000 元。这项经济业务编制的会计分录如下：

借：主营业务收入　　69 000

　营业外收入　　3 000

　贷：本年利润　　72 000

【例 35】 31 日，将各成本、费用或支出类账户的余额转入“本年利润”账户。

成本、费用、支出类账户的余额有：“主营业务成本”账户借方余额 35 857 元，“营业税金及附加”账户借方余额 6 900 元，“销售费用”账户借方余额 4 000 元，“管理费用”账户借方余额 10 880 元，“财务费用”账户借方余额 1 200 元，“营业外支出”账户借方余额 2 300 元。这项经济业务编制的会计分录如下：

借：本年利润　　61 137

　贷：主营业务成本　　35 857

　　营业税金及附加　　6 900

　　销售费用　　4 000

　　管理费用　　10 880

　　财务费用　　1 200

　　营业外支出　　2 300

【例 36】 31 日，按 25% 的税率计算并结转本期应交所得税 2 715.75 元（10 863 元 ×25% =2 715.75 元）。

这项经济业务的发生使企业所得税费用增加 2 715.75 元，同时，企业应向国家缴纳的所得税也增加了 2 715.75 元。这项经济业务涉及“所得税费用”“应交税费”两个账户，所得税费用的增加应记入“所得税费用”账户的借方，应缴所得税是企业的一项负债，应记入“应交税费”账户的贷方，编制的会计分录如下：

（1）借：所得税费用　　2 715.75

　　　贷：应交税费　　2 715.75

本期发生的所得税费用应于期末结转到“本年利润”账户，以求出企业实现的净利润。

（2）借：本年利润　　2 715.75

　　贷:所得税费用　　　　　　　　　　　　　　　　　　　　2 715.75

净利润 = 10 863 元 - 2 715.75 元 = 8 147.25 元

通过“本年利润”账户的对比,本期实现的利润总额为 10 863 元。以上例 34、例 35 所编制的会计分录,均为会计循环中所讲的结账分录。例 34 的分录是将本期收入类账户的余额转入“本年利润”账户,例 35 的分录是将本期成本、费用、支出类账户的余额转入“本年利润”账户。

【例 37】 按税后利润的 10% 提取盈余公积金 814.73 元。

提取的盈余公积金 = 8 147.25 元 × 10% = 814.73 元

这项经济业务的发生,一方面使企业盈余公积金增加了 814.73 元,另一方面使利润分配增加了 814.73 元。这项经济业务涉及“利润分配”“盈余公积”两个账户,对实现的利润进行分配应记入“利润分配”账户的借方,盈余公积金增加应记入“盈余公积”账户的贷方,编制的会计分录如下:

借:利润分配———提取法定盈余公积　　　　　　　　　　814.73

　　贷:盈余公积———法定盈余公积　　　　　　　　　　814.73

【例 38】 企业决定,向投资者分配利润 2 500 元。

这项经济业务的发生,一方面使企业应付给投资者的利润增加 2 500 元,另一方面使利润分配增加了 2 500 元,这项经济业务涉及“利润分配”“应付股利”两个账户,对实现利润进行分配应记入“利润分配”账户的借方,应付给投资者利润增加应记入“应付股利”账户的贷方,编制的会计分录如下:

借:利润分配———应付股利　　　　　　　　　　　　　2 500

　　贷:应付股利　　　　　　　　　　　　　　　　　2 500

【例 39】 年末,应将全年实现的净利润由“本年利润”账户结转到“利润分配———未分配利润”账户,同时将“利润分配”其他明细账户的余额也结转到“利润分配———未分配利润”账户,编制的会计分录如下:

借:本年利润　　　　　　　　　　　　　　　　　　8 147.25

　　贷:利润分配———未分配利润　　　　　　　　　8 147.25

借:利润分配———未分配利润　　　　　　　　　　　3 314.73

　　贷:利润分配———提取法定盈余公积　　　　　　　814.73

　　　　　　　———应付股利　　　　　　　　　　　　2 500

结转后,“本年利润”账户应无余额,“利润分配”其他明细账户结转后也无余额。“利润分配———未分配利润”的年末余额,表示历年结存的未分配利润。

上述利润形成及分配业务的会计分录,在有关总分类账户中的登记情况如图5 - 10 所示。

借方　所得税费用　贷方

(36-1)	2 715.75	(36-2)	2 715.75

借方　应交税费　贷方

		(28)	6 900
		(36-1)	2 715.75
		本期发生额	9 615.75
		期末余额	9 615.75

借方　本年利润　贷方

(35)	61 137	(34)	72 000
(36-2)	2 715.75		
(39)	8 147.25		
本期发生额	72 000	本期发生额	72 000

借方　主营业务收入　贷方

(32)	69 000	(23)	37 500
		(24)	22 500
		(26)	9 000
本期发生额	69 000	本期发生额	69 000

借方　主营业务成本　贷方

(29)	35 857	(35)	35 857
本期发生额	35 857	本期发生额	35 857

借方　营业税金及附加　贷方

(28)	6 900	(35)	6 900
本期发生额	6 900	本期发生额	6 900

借方　销售费用　贷方

(27)	4 000	(35)	4 000
本期发生额	4 000	本期发生额	4 000

借方　管理费用　贷方

(11)	250	(35)	10 880
(14)	600		
(16)	5 130		
(17)	4 000		
(31)	900		
本期发生额	10 880	本期发生额	10 880

借方　利润分配　贷方

(37)	814.73	(39)	8 147.25
(38)	2 500	(39)	3 314.73
(39)	3 314.73		
本期发生额	6 629.46	本期发生额	11 461.98
			4 832.52

借方　营业外收入　贷方

(34)	3 000	(32)	3 000
本期发生额	3 000	本期发生额	3 000

借方　营业外支出　贷方

(33)	2 300	(35)	2 300
本期发生额	2 300	本期发生额	2 300

借方　盈余公积　贷方

		(37)	814.73
		本期发生额	814.73
		期末余额	814.73

图 5－10　利润形成及分配业务总分类核算图

根据本章列举的各项经济业务所编制的会计分录，编制京信公司总分类账户本期发生额及余额试算平衡表（见表5－9）。

表5－9 总分类账户本期发生额及余额试算平衡表

20××年12月31日 单位：元

账户名称	期初余额		本期发生额		期末余额	
	借 方	贷 方	借 方	贷 方	借 方	贷 方
库存现金			20 520	20 520		
银行存款			1 049 500	168 030	881 470	
应收账款			22 500		22 500	
预付账款			7 000	7 000	0	
材料采购			50 710	50 710	0	
原材料			50 710	28 155	22 555	
库存商品			38 975	35 857	3 118	
固定资产			300 000		300 000	
累计折旧				10 000		10 000
长期待摊费用			6 000	1 000	5 000	
短期借款			100 000	100 000		0
应付账款				19 515		19 515
预收账款			5 000	5 000		0
应付职工薪酬			20 520	20 520		0
应付股利				2 500		2 500
应交税费				9 615.75		9 615.75
应付利息				1 200		1 200
长期借款				700 000		700 000
实收资本				500 000		500 000
盈余公积				814.73		814.73
本年利润			72 000	72 000		
利润分配			6 629.46	11 461.98		4 832.52
生产成本			52 810	38 975	13 835	
制造费用			15 000	15 000		
主营业务收入			69 000	69 000		
主营业务成本			35 857	35 857		
销售费用			4 000	4 000		
管理费用			10 880	10 880		
财务费用			1 200	1 200		
营业外收入			3 000	3 000		
营业外支出			2 300	2 300		
所得税费用			2 715.75	2 715.75		
合 计			1 946 827.21	1 946 827.21	1 248 478	1 248 478

第七节　账户的分类

一、账户分类的意义

在前面的学习中,我们在结合工业企业主要经济业务阐述账户和借贷记账法的应用时设置了一系列的账户。每个账户都有自己的经济性质、用途和结构,从某个侧面反映和监督会计具体对象的变化情况和变动结果,为进行经济管理提供会计信息。虽然这些账户是在各种经济业务的核算中分别加以使用的,但它们彼此之间并不是孤立存在的,而是相互联系组成了一个完整的账户体系。为了更好地掌握和运用这些账户,有必要进一步研究账户的分类,即在认识各个账户特性的基础上概括它们的共性,从理论上探讨账户之间的内在联系,探讨每个账户在整个账户体系中的地位和作用,掌握各类账户在提供会计信息方面的规律性。

账户可以按不同的标准,即从不同的角度进行分类,其中,最主要的是按照账户的经济内容和用途、结构等进行分类。

二、按经济内容分类

账户的经济内容是指账户所反映的会计对象的具体内容。账户之间最本质的区别,在于其反映的经济业务内容的不同,因而账户的经济内容是账户分类的基础。按经济内容的分类是对账户最基本的分类,账户按其经济内容可以分为六类,即资产类账户、负债类账户、所有者权益类账户、成本类账户、损益类账户和共同类账户。

(一)资产类账户

资产类账户是用来反映企业资产的增减变动及结存情况的账户。按照资产的流动性,这类账户又可以分为:

反映流动资产的账户,如“库存现金”“银行存款”“应收账款”“材料”“库存商品”等。

反映非流动资产的账户,如“长期股权投资”“固定资产”“累计折旧”“无形资产”等。

(二)负债类账户

负债类账户是用来反映企业负债增减变动及其结存情况的账户。按照负债的流动性,这类账户又可以分为以下两类:

反映流动负债的账户，如“短期借款”“应付票据”“应付账款”“应付职工薪酬”“应交税费”“预提费用”等。

反映非流动负债的账户，如“长期借款”“应付债券”等。

（三）所有者权益类账户

所有者权益类账户是用来反映企业所有者权益增减变动及结存情况的账户。按照所有者权益来源的不同，这类账户又可以分为：

反映所有者原始投资的账户，如“实收资本”。

反映所有者投资收益的账户，如“本年利润”“利润分配”“盈余公积”等。

（四）成本类账户

成本类账户是用来反映和监督企业生产费用的发生和计算产品成本的账户。在制造企业，按照生产经营过程阶段划分，用来归集费用、计算成本的账户又可以分为：

在供应过程中，用来归集购入材料价款和采购费用，计算材料采购成本的账户，如“材料采购”账户。

在生产过程中，用来归集制造产品的生产费用，计算产品生产成本的账户，如“制造费用”和“生产成本”账户。

成本类账户与资产类账户有着密切的联系。资产一经耗用就转化为费用成本，成本类账户的期末借方余额属于企业的资产，如“材料采购”账户借方余额为在途材料的成本，“生产成本”账户的借方余额为在产品的成本，都是企业的流动资产。从这个意义上来讲，成本类账户也是资产类账户，在账户分类时，有的账户，如“材料采购”账户，既可以归入资产类账户，也可以归入成本类账户。

（五）损益类账户

损益类账户是指核算内容与损益的计算确定直接相关的账户，包括反映企业收入和费用的账户。这类账户按其与损益组成内容的关系，又可以分为：

用来反映营业损益的账户，如“主营业务收入”“主营业务成本”“营业税金及附加”“销售费用”“管理费用”“财务费用”等账户。这里的收入和费用之间有着直接配比或期间配比的关系。

用来反映营业外收支的账户，如“营业外收入”和“营业外支出”账户。

用来反映所得税的账户，如“所得税费用”账户。

三、按用途和结构的分类

账户的用途是指设置和运用账户的目的，即通过账户记录提供什么核算指标。账户的结构是指在账户中如何登记经济业务，以取得所需要的核算指标，即账户借方登记的内容；

贷方登记的内容;期末账户有无余额,如果有余额,在借方还是贷方,表示什么内容。为了深入地了解和掌握账户在提供核算指标方面的规律性,正确地设置和运用账户来记录经济业务,为决策提供有用的会计信息,有必要在账户按经济内容分类的基础上,进一步研究账户按结构和用途的分类,而这一点又恰好说明了两种分类的关系。账户按经济内容的分类是基本的、主要的分类;而账户按用途和结构的分类则是对账户按经济内容分类的必要补充。

下面仍以工业企业为例,在借贷记账法下,账户按其用途和结构的不同,可以分为盘存账户、结算账户、所有者投资账户、跨期摊配账户、集合分配账户、成本计算账户、收入账户、费用账户、财务成果账户、调整账户和计价对比账户 11 类账户,下面我们就介绍其中的几类账户。

(一)盘存账户

盘存账户是用来反映和监督各项财产物资和货币资金的增减变动及结存情况的账户。盘存账户包括"库存现金""银行存款""原材料""库存商品""固定资产"等账户。"生产成本"账户和"材料采购"账户如果期末有余额,就分别表示在产品和在途材料也具有盘存材料的性质。

盘存账户的特点有:

第一,所有的盘存账户都可以通过财产清查的方法确定其实有数,核对其实际结存数与账面结存数是否相符,检查实存的财产物资和货币资产在管理上和使用上是否存在问题。

第二,除"库存现金"和"银行存款"账户以外,其他盘存账户,如"材料""库存商品""固定资产"等账户,都可以通过设置明细账,提供实物数量和金额两种指标。盘存账户的结构见图 5-11 所示。

借方　　　　盘存账户	贷方
期初余额——财产物资、货币资产的实有数 发 生 额——财产物资、货币资产的增加数	发生额——财产物资、货币资产的减少数
期末余额——财产物资、货币资产的期末实有数	

图 5-11　盘存账户结构图

(二)结算账户

结算账户是用来反映和监督企业同其他单位或个人之间债权、债务结算情况的账户。由于结算业务的性质不同,决定了不同结算账户具有不同的用途和结构。因此,按照结算账户的用途和结构的不同，又可以具体分为债权结算账户、债务结算账户和债权债务结算账户三类。

1. 债权结算账户

债权结算账户又叫资产结算账户，是用来反映和监督企业同各债务单位或个人之间的债权结算业务的账户。属于这类账户的有“应收账款”“预付账款”和“其他应收款”等账户。债权结算账户的借方登记本期应收款项或者预付款项的增加数，贷方登记本期应收款项或预付款项的减少数。债权结算账户期末余额在借方，表示尚未结算的应收款项或预付款项的实有数。

债权结算账户的结构见图 5－12 所示。

借方　　　债权结算账户	贷方
期初余额——债权的期初实有数 发 生 额——债权的增加数	发生额——债权的减少数
期末余额——债权的期末实有数	

图 5－12　债权结算账户结构图

2. 债务结算账户

债务结算账户又叫负债结算账户，是用来反映和监督企业同债权单位和个人之间的债务结算业务的账户。属于这类账户的有“应付账款”“预收账款”“短期借款”“长期借款”“应付职工薪酬”“应交税费”“应付利润”“其他应付款”等账户。债务结算账户的贷方登记本期借入款项、应付款项或预收款项的增加数，借方登记本期借入款项、应付款项或预收款项的减少数。债务结算账户如果有余额在贷方，表示结算的借入款项、应付款项或尚未结算的预收款项的实有数。

债务结算账户的结构见图 5－13。

借方　　　债务结算账户	贷方
发 生 额—— 债务的减少数	期初余额—— 债务的期初实有数 发 生 额—— 债务的增加数
	期末余额—— 债务的期末实有数

图 5－13　债务结算账户结构图

3. 债权债务结算账户

债权债务结算账户又叫资产负债结算账户或往来结算账户，这类账户既反映债权结算业务,又反映债务结算业务,是双重性质的结算账户。

债权债务结算账户的借方登记的内容为本期债权的增加额和本期债务的减少额;账户的贷方登记的内容为本期债务的增加额和本期债权的减少额。这时候,债权债务结算账户的余额就出现了两种情况,第一种情况:这个账户月末有借方余额,表示尚未收回的债权净额,也就是尚未收回的债权大于尚未偿付的债务的差额。第二种情况:有贷方余额,则表示尚未偿付的债务净额,也就是尚未偿付的债务大于尚未收回的债权的差额。该账户所属明细账的借方余额之和与贷方余额之和的差额应当与这个总分类账户的余额相等。

在实际工作中,由于企业与债权单位或者债务单位结算业务发生的特点,经常需要设置债权债务这种双重性质的结算账户,如果企业预收款项的业务不多,就可以不单设"预收账款"账户,而用"应收账款"账户同时反映企业应收款项和预收款项的增减变动及其结果。此时,应收账款账户就是一个债权债务结算账户。如果企业预付款项的业务不多,也可以不单独设置"预付账款"账户,而是用"应付账款"账户同时反映企业应付款项和预付款项。此时,应付账款账户是一个债权债务结算账户。这样做可以集中反映企业同某一个往来单位的债权债务结算情况,但是,这时候企业用应收账款账户反映预收账款业务,用应付账款账户反映预付账款业务,就出现了账户名称与其所反映的经济业务内容不一致的情况,不便于初学者对账户的理解和运用。因此,在设置和运用这类账户时,应指明其双重性质的特点。

在借贷记账法下,结算账户中许多是双重性质的账户,除"应收账款""应付账款"等账户外,"应交税费"账户、"应付职工薪酬"账户也都具有双重性质,例如"应交税费"账户,从账户名称看属于债务结算账户,实际工作中,税金一般是按计划预交,预交时作为资产的增加,应记入"应交税费"账户的借方,月末计算出应交纳的税金,作为负债的增加,应记入"应交税费"账户的贷方,如果预交数大于应交数,就出现借方余额,属于债权;如果预交数与应交数相等,账户没有余额;如果预交数小于应交数,出现贷方余额,就转化为债务。又如,"应付职工薪酬"账户,这个账户主要是核算企业应付给职工的薪酬总额,它的贷方登记当月发生的应付职工薪酬总额,在登记该账户的同时,还要按工资的用途将其分配到有关账户的借方,它的借方登记当月实际支付的职工薪酬总额。由于分配工资要到月末才进行,而支付工资往往都在月末前,这样,该账户平时就会出现借方余额,月末分配工资后如有余额,则表示应付工资和已付工资之间的差额。如果这个差额不大;也可以将当月已支付的工资作为应付职工薪酬总额进行分配,分配后应无余额。

(三)跨期摊配账户

跨期摊配账户是用来核算应由各个成本计算期共同负担的费用(支出),并将这些费用

（支出）在各期进行摊配，借以正确计算各期盈亏的账户。跨期摊配账户主要包括“长期待摊费用”（或“待摊费用”）账户和“预提费用”①账户。开设这类账户是为了遵循权责发生制原则，严格划清费用（支出）的受益期限，正确计算盈亏。“长期待摊费用”和“预提费用”账户在结构上的特点有：

第一，“长期待摊费用”账户和“预提费用”账户都是为了正确计算各期盈亏而设置的，但是它们是两个性质不同的账户：“长期待摊费用”账户（或“待摊费用”账户）是反映生产过程的费用支出，因此属于资产类账户；“预提费用”账户是反映预先提取但尚未支付的费用，属于负债类账户。

第二，“长期待摊费用”（或“待摊费用”）账户和“预提费用”账户在结构上又有相同之处，它们的借方都是用来登记费用的实际支出和发生数，贷方都是用来登记应由各期负担的费用摊配数，因此可以把两个账户归为一类。

第三，由于性质不同，“长期待摊费用”账户（或“待摊费用”账户）和“预提费用”账户的余额方向相反。“长期待摊费用”账户（或“待摊费用”账户）的余额在借方，表示已经发生或支付而尚未摊配的待摊费用数；“预提费用”账户的余额一般在贷方，表示已经预提而尚未支付的预提费用数。当发生预提数少于支付数时，“预提费用”账户可能出现借方余额，这时就不是负债而是资产了，在编制资产负债表时，应将其借方余额并入“长期待摊费用”项目。

跨期摊配账户的结构见图 5－14。

借方　　　　　跨期摊配账户	贷方
期初余额——期初已经支付而尚未摊配的待摊费用（资产）数	或：期初余额——期初已经预提而尚未支付的预提费用数
发生额——本期待摊费用（资产）或预提费用的发生（支付）数	发生额——本期待摊费用（资产）的摊配数或预提费用的预提数
期末余额——期末已支付而尚未摊配的待摊费用（资产）数	或：期末余额——期末已预提而尚未支付的预提费用数

图 5－14　跨期摊配账户结构图

（四）集合分配账户

集合分配账户是用来归集和分配经营过程中某一阶段所发生的某种费用的账户。由于某些费用虽然是成本的组成部分，但又不便直接计入有关成本计算对象，这就需要设置集合分配账户，对这些费用进行归集，再按一定标准分配计入各成本计算对象。“制造费用”账户就是典型的集合分配账户。这类账户在结构上的特点是：借方登记费

① 我国在 2006 年颁布的《企业会计准则——应用指南》中，已不设置“待摊费用”和“预提费用”账户。

用的发生数，贷方登记费用的分配数，在分配后期末一般应无余额。集合分配账户的结构见图5－15。

借方　　　　集合分配账户	贷方
发 生 额——归集本期内某一经营过程中某种费用的发生（支付）数	发 生 额——分配到各成本计算对象的费用数额

图5－15　集合分配账户结构图

（五）成本计算账户

成本计算账户是用来核算经营过程中某一阶段或某种工程所发生的全部费用，并确定各该成本计算对象实际成本的账户。例如，“生产成本”“材料采购”等账户就是成本计算账户。这类账户在结构上的特点是：

为了加强成本管理，挖掘降低成本的潜力，成本计算账户应按成本计算对象设置明细账，进行明细分类核算。

这类账户的借方登记应计入本期某一过程成本计算对象的全部费用(包括能分清归属直接计入的和通过归集分配的费用)；贷方登记转出已完成该过程成本计算的实际成本；如有余额应在借方，表示尚未完工的在产品或在途材料的实际成本。

成本计算账户的结构见图5－16。

借方　　　　成本计算账户	贷方
期初余额——期初尚未完成某一过程的成本计算对象的实际成本 发 生 额——归集某一经营过程所发生的全部费用额	发 生 额——结转已完成某一经营过程的成本计算对象的实际成本
期末余额——尚未完成某一过程的成本计算对象的实际成本	

图5－16　成本计算账户结构图

（六）调整账户

调整账户是用来调整有关账户(即被调整账户)的账面余额，以便反映被调整账户实际余额的账户。在会计核算中，根据管理的要求，对某些资产或权益需要开设两个账户，用两种不同的数字进行反映。其中，一个账户反映原始数字；另一个账户反映对原始数字的调整数字。将被调整账户的余额与调整账户的余额相加或相减，即可求得被调整账户的实际余额。调整账户与被调整账户相互配合，既全面、完整地反映了同一会计核算内容，又满足了经营管理所需要的不同指标。

调整账户按调整方式的不同，可分为备抵账户、附加账户和备抵附加账户三类。

1. 备抵账户

备抵账户又称抵减账户，是用来抵减被调整账户的余额以求得被调整账户实际余额的账户，其调整方式可用下列计算公式表示：

被调整账户余额 - 备抵账户余额 = 被调整账户的实际余额

可见，被调整账户的余额与备抵账户的余额方向必定相反。如果被调整账户的余额在借方，则备抵账户的余额一定在贷方；如果被调整账户的余额在贷方，则备抵账户的余额一定在借方。

例如，“累计折旧”账户就是“固定资产”账户的备抵账户。为了全面反映固定资产的情况，需要取得两种指标：固定资产的原值和固定资产的损耗价值。前者是为了反映企业固定资产的最初投资额，以便了解企业的生产能力和正确地确定生产经营中所消耗的固定资产价值；后者是用来计算固定资产的损耗系数和确定固定资产的净值。在设置了“累计折旧”账户后，“固定资产”账户就始终反映固定资产的原始价值，“累计折旧”账户则专门反映固定资产的损耗价值。这样，“累计折旧”账户的余额抵减了“固定资产”账户的余额后，就可求得固定资产的净值。可见，设置这种账户可以满足经营管理所需要的不同指标。

备抵账户与被调整账户的关系及其在结构上的特点见图 5 - 17 和图 5 - 18 所示。

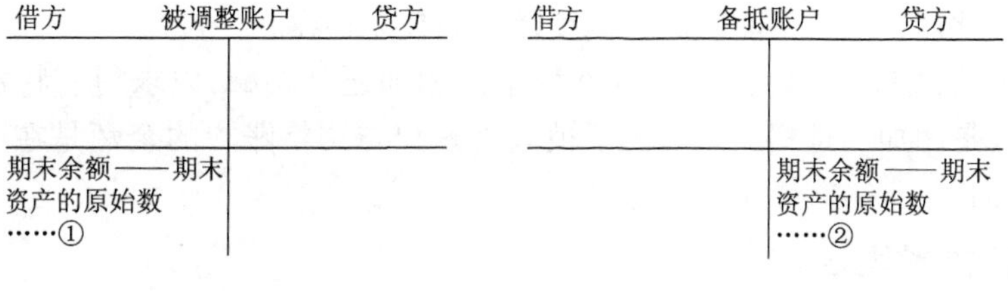

图 5 - 17　被调整账户与备抵账户结构图（资产类账户）

图中，① - ② = 期末资产的实有数

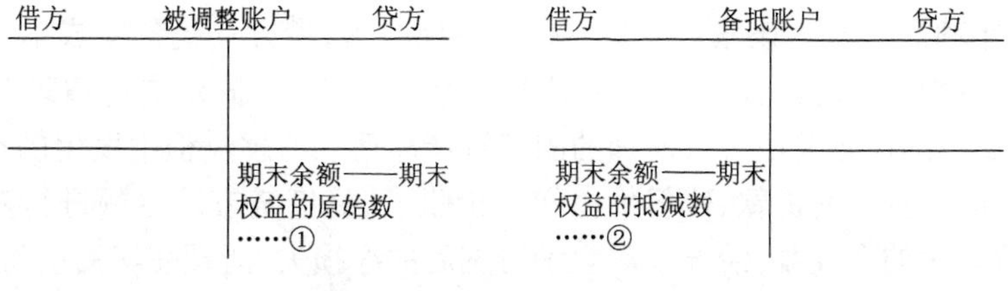

图 5 - 18　被调整账户与备抵账户结构图（所有者权益类账户）

图中，① - ② = 期末权益的实有数

(1)被调整账户为借方余额(一般是资产账户)。

(2)被调整账户为贷方余额,例如,“本年利润”尚未结转“利润分配”账户以前,“利润分配”账户就是“本年利润”账户的备抵账户。

2. 附加账户

附加账户是用来增加被调整账户的余额,以确定被调整账户实际余额的账户。这类账户与备抵账户的调整方式恰好相反,是将附加账户的余额与被调整账户相加,得出被调整账户的实有余额。因此,附加账户与被调整账户的余额方向一致。其调整方式可用下列公式表示:

被调整账户余额 + 附加账户余额 = 被调整账户的实际余额

单纯的附加账户在实际工作中很少设置使用,故略而不述。

3. 备抵附加账户

备抵附加账户兼有备抵账户和附加账户的双重功能,但备抵作用和附加作用不能同时发生。备抵附加账户的余额与被调整账户的余额如果是在相同的方向,就是附加账户;如果是在相反的方向,则起备抵账户的作用。典型的备抵附加账户是“材料成本差异”账户,这个账户将在财务会计课程中详细讲述,此处从略。

综上所述,可以看出调整账户具有以下三个特点:

(1)调整账户与被调整账户反映的经济内容相同,但用途和结构不同。

(2)被调整账户反映的是会计要素的原始数字,而调整账户反映的是会计要素的调整数字,因此调整账户不能脱离被调整账户而独立存在。

(3)调整方式是指原始数字与调整数字是相加还是相减,以求得有特定含义的数字,调整方式是相加还是相加减取决于被调整账户与调整账户的余额是在同一方向还是在相反方向。

(七)计价对比账户

计价对比账户是指对某项经济业务,按两种不同的计价进行核算对比,借以确定其业务成果的账户。计价对比账户的特点是:借方登记某项经济业务的一种计价,贷方登记该项业务的另一种计价;期末将两种计价进行对比,据以确定成果。典型的计价对比账户是“本年利润”账户,该账户的贷方登记各项收入,借方登记各项成本和费用,期末将借贷方发生额进行对比,即可确定出本期的经营成果。“固定资产清理”也是计价对比账户,该账户的借方登记转入清理的固定资产净值和清理过程中发生的费用,贷方登记收回出售固定资产的价款、残料价值和变价收入,将借贷方发生额进行对比,其贷方余额表示清理后的净收益,借方余额表示清理后的净损失,清理完毕后应将其贷方或借方余额转入“营业外收入”或“营业外支出”账户。

“固定资产清理”账户的结构见图 5 - 19。

借方	固定资产清理　贷方
发生额——转入清理的固定资产净值；清理过程中发生的费用；应交纳的税金；期末结转的固定资产清理净收益	发生额——收回出售固定资产的价款；残料价值和变价收入；期末结转的固定资产清理净损失
期末余额——尚未完成的清理净损失	期末余额——尚未完成的清理净收益

图 5－19　“固定资产清理”账户结构图

综上所述,可将账户按用途和结构的分类用图 5－20 表示如下。

- 账户按用途、结构的分类
  - 盘存账户
    - 库存现金
    - 银行存款
    - 原材料
    - 库存商品
    - 固定资产
  - 结算账户
    - 应收账款
    - 预付账款
    - 应付职工薪酬
    - 应交税费
    - 应付股利
  - 跨期摊配账户
    - 长期待摊费用(或待摊费用)
    - 预提费用
  - 集合分配账户——制造费用
  - 成本计算账户
    - 生产成本
    - 材料采购
  - 调整账户
    - 累计折旧
    - 利润分配
    - 材料成本差异
    - 坏账准备
  - 计价对比——固定资产清理

图 5－20　账户按用途和结构的分类

第八节　制造业会计核算案例

一、基本资料

大中公司是一个工业企业,公司生产和销售两种产品——甲产品和乙产品,该公司2015年12月1日有关账户的期初余额如下:

库存现金	6 000 元	
银行存款	1 000 000 元	
应收账款	250 000 元	
库存商品	750 000 元	
原材料	200 000 元	
固定资产	5 000 000 元	
累计折旧	(600 000 元)	
长期待摊费用	60 000 元	
短期借款		500 000 元
应付账款		300 000 元
应付职工薪酬		21 000 元
长期借款		1 000 000 元
实收资本		3 500 000 元
资本公积		400 000 元
盈余公积		200 000 元
未分配利润		745 000 元
合计	6 666 000 元	6 666 000 元

库存商品750 000元,其中:

甲产品400件,1 000元/件,计400 000元;

乙产品700件,500元/件,计350 000元。

应收账款250 000元,其中:

应收海天公司150 000元;

应收大生公司100 000元。

原材料200 000元,其中:

A材料1 200千克,125元/千克,计150 000元;

B 材料 1 000 件,50 元/件,计 50 000 元。

应付账款 300 000 元为应付京信公司的购料款。

未分配利润 745 000 元是公司截至 2015 年 11 月末累计实现的利润。

大中公司在 2015 年 12 月份发生如下经济业务:

(1)1 日,从京信公司购入 A 材料 1 000 千克,125 元/千克,从京海公司购入 B 材料 500 件,50 元/件,材料验收入库,开出银行转账支票支付货款。

(2)2 日,车间从仓库领用生产用材料,其中,A 材料 1 000 千克,125 元/千克,用于生产甲产品;B 材料 1 100 件,单价 50 元/件,用于生产乙产品。

(3)5 日,公司销售给海天公司甲产品 400 件,单价 1 500 元/件;销售给大生公司乙产品 500 件,800 元/件,货款尚未收回。

(4)8 日,收到海天公司所欠货款 150 000 元,大生公司所欠货款 100 000 元,存入银行。

(5)10 日,公司从京信公司购入 A 材料 500 千克,125 元/千克;从京海公司购入 B 材料 2 000 件,单价 50 元/件。材料运到并验收入库,货款尚未支付。

(6)15 日,以银行存款 300 000 元支付欠京信公司的材料款。

(7)18 日,从银行存款中提取现金 5 000 元备用。

(8)20 日,销售科业务员李杰出差,预借差旅费 10 000 元,付现金。

(9)22 日,领用 A 材料 100 千克,单价 125 元/千克,用于车间一般消耗。

(10)24 日,用银行存款 200 000 元,购置新设备一台。

(11)28 日,销售科业务员李杰报销差旅费 7 500 元,余款 2 500 元退回现金。

(12)31 日,计算分配本月职工工资:生产甲产品工人工资 285 000 元,乙产品工人工资 34 200 元,车间管理人员工资 57 000 元,企业行政管理人员工资 68 400 元。

(13) 31 日,计提固定资产折旧:生产车间使用的固定资产折旧费 31 300 元,企业行政管理部门使用的固定资产折旧费 24 000 元。

(14)31 日,计提公司本月应负担的银行借款利息 12 000 元。

(15)31 日,将本月制造费用 100 800 元按照生产工时比例分配计入所生产甲、乙产品的生产成本。甲产品应分担的制造费用为 90 000 元,乙产品应分担的制造费用为 10 800元。

(16)31 日,公司本月份生产甲、乙产品全部完工,验收入库。结转已完工产品的生产成本。甲产品成本为 500 000 元,产量 500 件,单位成本 1 000 元/件;乙产品成本 100 000元,产量 200 件,单位成本 500 元/件。

(17)31 日,计算并结转应交纳的 11 000 元销售税金。

(18)31 日,结转已销甲、乙产品的实际生产成本,其中,甲产品 400 件,单位成本

1 000元/件,乙产品500件,单位成本500元/件。

(19)31日,摊销公司本月应负担的财产保险费5 000元。

(20)31日,以现金支付罚款1 000元。

(21)31日,将公司本月实现的销售收入1 000 000元结转“本年利润”账户。

(22)31日,将公司本月发生的主营业务成本650 000元、销售费用7 500元、营业税金及附加11 000元、管理费用97 400元、财务费用12 000元、营业外支出1 000元结转“本年利润”账户。

(23)31日,按25%的税率,计算企业应缴纳的所得税。企业本月实现的利润总额为221 100元,应交所得税为55 275元(221 100×25%)。

(24)31日,将所得税费用55 275元结转“本年利润”账户。

(25)31日,按公司本月净利润的10%提取法定盈余公积金。公司本月的净利润为165 825元(221 100 − 55 275),应提取的盈余公积为,16 582.50元(165 825×10%)。

(26)企业将实现的净利润165 825元转入“利润分配——未分配利润”账户。

(27)将“利润分配”账户下“提取盈余公积”明细账户的余额,转入“利润分配——未分配利润”明细账户。

二、编制记账凭证

根据各业务的原始凭证,逐笔编制记账凭证,如表5−10至表5−37所示。

表5−10　　付款凭证

贷方科目:银行存款　　2015年12月1日　　银付第1号

摘要	借方总账科目	明细科目	账页	金额 千	百	十	万	千	百	十	元	角	分
购买材料	原材料	A材料			¥	1	2	5	0	0	0	0	0
		B材料					2	5	0	0	0	0	0
合计					¥	1	5	0	0	0	0	0	0

附单据×张

财务主管:　记账:　出纳:　审核:　制单:

表 5－11　　**转账凭证**

2015 年 12 月 2 日　　转字第 1 号

摘　要	总账科目	明细科目	账页	借方金额										账页	贷方金额									
				千	百	十	万	千	百	十	元	角	分		千	百	十	万	千	百	十	元	角	分
生产材料	生产成本	甲产品			¥	1	2	5	0	0	0	0	0											
		乙产品				¥	5	5	0	0	0	0	0											
	原材料	A 材料														¥	1	2	5	0	0	0	0	0
		B 材料															¥	5	5	0	0	0	0	0
合　计					¥	1	8	0	0	0	0	0	0			¥	1	8	0	0	0	0	0	0

附单据×张

财务主管：　　记账：　　出纳：　　审核：　　制单：

表 5－12　　**转账凭证**

2015 年 12 月 5 日　　转字第 2 号

摘　要	总账科目	明细科目	账页	借方金额										账页	贷方金额									
				千	百	十	万	千	百	十	元	角	分		千	百	十	万	千	百	十	元	角	分
销售产品	应收账款	海天公司			¥	6	0	0	0	0	0	0	0											
		大生公司			¥	4	0	0	0	0	0	0	0											
	主营业务收入														¥	1	0	0	0	0	0	0	0	0
合　计				¥	1	0	0	0	0	0	0	0	0		¥	1	0	0	0	0	0	0	0	0

附单据×张

财务主管：　　记账：　　出纳：　　审核：　　制单：

表 5－13　　**收款凭证**

借方科目：银行存款　　2015 年 12 月 8 日　　银收第 1 号

摘　要	贷方总账科目	明细科目	账页	金额									
				千	百	十	万	千	百	十	元	角	分
收到客户所欠货款	应收账款	海天公司			¥	1	5	0	0	0	0	0	0
		大生公司			¥	1	0	0	0	0	0	0	0
合　计					¥	2	5	0	0	0	0	0	0

附单据×张

财务主管：　　记账：　　出纳：　　审核：　　制单：

表 5－14 **转账凭证**

2015 年 12 月 10 日 转字第 3 号

摘　要	总账科目	明细科目	账页	借方金额										账页	贷方金额									
				千	百	十	万	千	百	十	元	角	分		千	百	十	万	千	百	十	元	角	分
赊购材料	原材料	A 材料				¥	6	2	5	0	0	0	0											
		B 材料			¥	1	0	0	0	0	0	0	0											
	应付账款	京信公司															¥	6	2	5	0	0	0	0
		京海公司														¥	1	0	0	0	0	0	0	0
合　计					¥	1	6	2	5	0	0	0	0			¥	1	6	2	5	0	0	0	0

附单据×张

财务主管：　记账：　出纳：　审核：　制单：

表 5－15 **付款凭证**

贷方科目：银行存款　2015 年 12 月 15 日　银付第 2 号

摘　要	借方总账科目	明细科目	账　页	金　额									
				千	百	十	万	千	百	十	元	角	分
支付所欠货款	应付账款	京信公司			¥	3	0	0	0	0	0	0	0
合　计					¥	3	0	0	0	0	0	0	0

附单据×张

财务主管：　记账：　出纳：　审核：　制单：

表 5－16 **付款凭证**

贷方科目：银行存款　2015 年 12 月 18 日　银付第 3 号

摘　要	借方总账科目	明细科目	账　页	金　额									
				千	百	十	万	千	百	十	元	角	分
提　现	库存现金						¥	5	0	0	0	0	0
合　计							¥	5	0	0	0	0	0

附单据×张

财务主管：　记账：　出纳：　审核：　制单：

表 5－17　　　　**付款凭证**

贷方科目：库存现金　　　　2015 年 12 月 20 日　　　　现付第 1 号

摘　要	借方总账科目	明细科目	账页	金额									
				千	百	十	万	千	百	十	元	角	分
业务员预借差旅费	其他应收款	李杰				¥	1	0	0	0	0	0	0
合　计						¥	1	0	0	0	0	0	0

附单据×张

财务主管：　　记账：　　出纳：　　审核：　　制单：

表 5－18　　　　**转账凭证**

2015 年 12 月 22 日　　　　转字第 4 号

摘　要	总账科目	明细科目	账页	借方金额										账页	贷方金额									
				千	百	十	万	千	百	十	元	角	分		千	百	十	万	千	百	十	元	角	分
车间领用一般性消耗材料	制造费用					¥	1	2	5	0	0	0	0											
	原材料	A 材料															¥	1	2	5	0	0	0	0
合　计						¥	1	2	5	0	0	0	0				¥	1	2	5	0	0	0	0

附单据×张

财务主管：　　记账：　　出纳：　　审核：　　制单：

表 5－19　　　　**付款凭证**

贷方科目：银行存款　　　　2015 年 12 月 24 日　　　　银付第 4 号

摘　要	借方总账科目	明细科目	账页	金额									
				千	百	十	万	千	百	十	元	角	分
购置固定资产	固定资产				¥	2	0	0	0	0	0	0	0
合　计					¥	2	0	0	0	0	0	0	0

附单据×张

财务主管：　　记账：　　出纳：　　审核：　　制单：

表 5－20 **转账凭证**

2015 年 12 月 28 日 转字第 5 号

摘　要	总账科目	明细科目	账页	借方金额										账页	贷方金额									
				千	百	十	万	千	百	十	元	角	分		千	百	十	万	千	百	十	元	角	分
业务员报销差旅费	销售费用						¥	7	5	0	0	0	0											
	其他应收款																	¥	7	5	0	0	0	0
合　计							¥	7	5	0	0	0	0					¥	7	5	0	0	0	0

附单据×张

财务主管：　　记账：　　出纳：　　审核：　　制单：

表 5－21 **收款凭证**

借方科目：库存现金　　2015 年 12 月 28 日　　现收第 1 号

摘　要	贷方总账科目	明细科目	账　页	金　额									
				千	百	十	万	千	百	十	元	角	分
收回差旅费余款	其他应收款	李　杰					¥	2	5	0	0	0	0
合　计							¥	2	5	0	0	0	0

附单据×张

财务主管：　　记账：　　出纳：　　审核：　　制单：

表 5－22 **转账凭证**

2015 年 12 月 31 日 转字第 6 号

摘　要	总账科目	明细科目	账页	借方金额										账页	贷方金额									
				千	百	十	万	千	百	十	元	角	分		千	百	十	万	千	百	十	元	角	分
分配本月职工工资	生产成本	甲产品			¥	2	8	5	0	0	0	0	0											
		乙产品				¥	3	4	2	0	0	0	0											
	制造费用					¥	5	7	0	0	0	0	0											
	管理费用					¥	6	8	4	0	0	0	0											
	应付职工薪酬															¥	4	4	4	6	0	0	0	0
合　计					¥	4	4	4	6	0	0	0	0			¥	4	4	4	6	0	0	0	0

附单据×张

财务主管：　　记账：　　出纳：　　审核：　　制单：

表 5－23　　**转账凭证**

2015 年 12 月 31 日　　转字第 7 号

摘　要	总账科目	明细科目	账页	借方金额										账页	贷方金额									
				千	百	十	万	千	百	十	元	角	分		千	百	十	万	千	百	十	元	角	分
计提折旧	制造费用					¥	3	1	3	0	0	0	0											
	管理费用					¥	2	4	0	0	0	0	0											
	累计折旧																¥	5	5	3	0	0	0	0
合　计						¥	5	5	3	0	0	0	0				¥	5	5	3	0	0	0	0

附单据×张

财务主管：　　记账：　　出纳：　　审核：　　制单：

表 5－24　　**转账凭证**

2015 年 12 月 31 日　　转字第 8 号

摘　要	总账科目	明细科目	账页	借方金额										账页	贷方金额									
				千	百	十	万	千	百	十	元	角	分		千	百	十	万	千	百	十	元	角	分
计提借款利息	财务费用					¥	1	2	0	0	0	0	0											
	应付利息																¥	1	2	0	0	0	0	0
合　计						¥	1	2	0	0	0	0	0				¥	1	2	0	0	0	0	0

附单据×张

财务主管：　　记账：　　出纳：　　审核：　　制单：

表 5－25　　**转账凭证**

2015 年 12 月 31 日　　转字第 9 号

摘　要	总账科目	明细科目	账页	借方金额										账页	贷方金额									
				千	百	十	万	千	百	十	元	角	分		千	百	十	万	千	百	十	元	角	分
分配制造费用	生产成本	甲产品				¥	9	0	0	0	0	0	0											
		乙产品				¥	1	0	8	0	0	0	0											
	制造费用															¥	1	0	0	8	0	0	0	0
合　计					¥	1	0	0	8	0	0	0	0			¥	1	0	0	8	0	0	0	0

附单据×张

财务主管：　　记账：　　出纳：　　审核：　　制单：

表 5-26　　　　**转账凭证**

2015 年 12 月 31 日　　　　转字第 10 号

摘要	总账科目	明细科目	账页	借方金额										账页	贷方金额									
				千	百	十	万	千	百	十	元	角	分		千	百	十	万	千	百	十	元	角	分
结转完工产品成本	库存商品	甲产品			¥	5	0	0	0	0	0	0	0											
		乙产品			¥	1	0	0	0	0	0	0	0											
	生产成本	甲产品														¥	5	0	0	0	0	0	0	0
		乙产品														¥	1	0	0	0	0	0	0	0
合计					¥	6	0	0	0	0	0	0	0			¥	6	0	0	0	0	0	0	0

附单据×张

财务主管：　记账：　出纳：　审核：　制单：

表 5-27　　　　**转账凭证**

2015 年 12 月 31 日　　　　转字第 11 号

摘要	总账科目	明细科目	账页	借方金额										账页	贷方金额									
				千	百	十	万	千	百	十	元	角	分		千	百	十	万	千	百	十	元	角	分
计算共结转销售税金	营业税金及附加	甲产品				¥	1	1	0	0	0	0	0											
	应交税费																¥	1	1	0	0	0	0	0
合计						¥	1	1	0	0	0	0	0				¥	1	1	0	0	0	0	0

附单据×张

财务主管：　记账：　出纳：　审核：　制单：

表 5-28　　　　**转账凭证**

2015 年 12 月 31 日　　　　转字第 12 号

摘要	总账科目	明细科目	账页	借方金额										账页	贷方金额									
				千	百	十	万	千	百	十	元	角	分		千	百	十	万	千	百	十	元	角	分
结转已销产品成本	主营业务成本				¥	6	5	0	0	0	0	0	0											
	库存商品	甲产品														¥	4	0	0	0	0	0	0	0
		乙产品														¥	2	5	0	0	0	0	0	0
合计					¥	6	5	0	0	0	0	0	0			¥	6	5	0	0	0	0	0	0

附单据×张

财务主管：　记账：　出纳：　审核：　制单：

表 5－29　　**转账凭证**

2015 年 12 月 31 日　　转字第 13 号

摘　要	总账科目	明细科目	账页	借方金额										账页	贷方金额									
				千	百	十	万	千	百	十	元	角	分		千	百	十	万	千	百	十	元	角	分
摊销财产保险费	管理费用						¥	5	0	0	0	0	0											
	长期待摊费用																	¥	5	0	0	0	0	0
合　计							¥	5	0	0	0	0	0					¥	5	0	0	0	0	0

附单据×张

财务主管：　记账：　出纳：　审核：　制单：

表 5－30　　**付款凭证**

贷方科目：库存现金　　2015 年 12 月 20 日　　现付第 2 号

摘　要	借方总账科目	明细科目	账　页	金　额									
				千	百	十	万	千	百	十	元	角	分
支付罚款	营业外支出						¥	1	0	0	0	0	0
合　计							¥	1	0	0	0	0	0

附单据×张

财务主管：　记账：　出纳：　审核：　制单：

表 5－31　　**转账凭证**

2015 年 12 月 31 日　　转字第 14 号

摘　要	总账科目	明细科目	账页	借方金额										账页	贷方金额									
				千	百	十	万	千	百	十	元	角	分		千	百	十	万	千	百	十	元	角	分
结转本期销售收入	主营业务收入			¥	1	0	0	0	0	0	0	0	0											
	本年利润														¥	1	0	0	0	0	0	0	0	0
合　计				¥	1	0	0	0	0	0	0	0	0		¥	1	0	0	0	0	0	0	0	0

附单据×张

财务主管：　记账：　出纳：　审核：　制单：

表 5 - 32　　　　**转账凭证**

2015 年 12 月 31 日　　　　转字第 15 号

摘要	总账科目	明细科目	账页	借方金额										账页	贷方金额								
				千	百	十	万	千	百	十	元	角	分		千	百	十	万	千	百	十	元	角	分
结转本月费用账户	本年利润				¥	7	7	8	9	0	0	0	0											
	主营业务成本															¥	6	5	0	0	0	0	0	0
	营业税金及附加																¥	1	1	0	0	0	0	0
	销售费用																	¥	7	5	0	0	0	0
	管理费用																¥	9	7	4	0	0	0	0
	财务费用																¥	1	2	0	0	0	0	0
	营业外支出																	¥	1	0	0	0	0	0
合计					¥	7	7	8	9	0	0	0	0			¥	7	7	8	9	0	0	0	0

附单据×张

财务主管：　　记账：　　出纳：　　审核：　　制单：

表 5 - 33　　　　**转账凭证**

2015 年 12 月 31 日　　　　转字第 16 号

摘要	总账科目	明细科目	账页	借方金额										账页	贷方金额								
				千	百	十	万	千	百	十	元	角	分		千	百	十	万	千	百	十	元	角	分
计算应纳所得税	所得税费用					¥	5	5	2	7	5	0	0											
	应交税费																¥	5	5	2	7	5	0	0
合计						¥	5	5	2	7	5	0	0				¥	5	5	2	7	5	0	0

附单据×张

财务主管：　　记账：　　出纳：　　审核：　　制单：

表 5 - 34　　　　**转账凭证**

2015 年 12 月 31 日　　　　转字第 17 号

摘要	总账科目	明细科目	账页	借方金额										账页	贷方金额								
				千	百	十	万	千	百	十	元	角	分		千	百	十	万	千	百	十	元	角	分
结转所得税	本年利润					¥	5	5	2	7	5	0	0											
	所得税费用																¥	5	5	2	7	5	0	0
合计						¥	5	5	2	7	5	0	0				¥	5	5	2	7	5	0	0

附单据×张

财务主管：　　记账：　　出纳：　　审核：　　制单：

表 5－35　　　　　　　　**转账凭证**

2015 年 12 月 31 日　　　　　　　　转字第 18 号

摘　要	总账科目	明细科目	账页	借方金额										账页	贷方金额									
				千	百	十	万	千	百	十	元	角	分		千	百	十	万	千	百	十	元	角	分
计提盈余公积	利润分配	提取法定盈余公积				¥	1	6	5	8	2	5	0											
	盈余公积	法定公积金															¥	1	6	5	8	2	5	0
合　计						¥	1	6	5	8	2	5	0				¥	1	6	5	8	2	5	0

附单据×张

财务主管：　　记账：　　出纳：　　审核：　　制单：

表 5－36　　　　　　　　**转账凭证**

2015 年 12 月 31 日　　　　　　　　转字第 19 号

摘　要	总账科目	明细科目	账页	借方金额										账页	贷方金额									
				千	百	十	万	千	百	十	元	角	分		千	百	十	万	千	百	十	元	角	分
结转净利润	本年利润				¥	1	6	5	8	2	5	0	0											
	利润分配	未利润分配														¥	1	6	5	8	2	5	0	0
合　计					¥	1	6	5	8	2	5	0	0			¥	1	6	5	8	2	5	0	0

附单据×张

财务主管：　　记账：　　出纳：　　审核：　　制单：

表 5－37　　　　　　　　**转账凭证**

2015 年 12 月 31 日　　　　　　　　转字第 20 号

摘　要	总账科目	明细科目	账页	借方金额										账页	贷方金额									
				千	百	十	万	千	百	十	元	角	分		千	百	十	万	千	百	十	元	角	分
将提取的盈余公积转入未分配利润	利润分配	未分配利润				¥	1	6	5	8	2	5	0											
		提取法定盈余公积															¥	1	6	5	8	2	5	0
合　计						¥	1	6	5	8	2	5	0				¥	1	6	5	8	2	5	0

附单据×张

财务主管：　　记账：　　出纳：　　审核：　　制单：

三、登记库存现金日记账和银行存款日记账

根据收款凭证、付款凭证登记库存现金日记账和银行存款日记账，见表5－38、表5－39所示。

表5－38 **库存现金日记账**

2015年		凭证号数	摘要	对方科目	收入	支出	结余
月	日						
12	1		上月结余				6 000
	18	银付3	提现	银行存款	5 000		11 000
			本日合计		5 000		11 000
	20	现付1	业务员预借差旅费	其他应收款		10 000	1 000
			本日合计			10 000	1 000
	28	现收1	退回差旅费余款	其他应收款	2 500		3 500
			本日合计		2 500		3 500
	31	现付2	支付罚款	营业外支出		1 000	2 500
			本日合计			1 000	2 500
	31		本月合计		7 500	11 000	2 500

表5－39 **银行存款日记账**

2015年		凭证号数	摘要	对方科目	借方	贷方	借或贷	余额
月	日							
12	1		上月结余				借	1 000 000
	1	银付1	购买材料	原材料		150 000	借	850 000
			本日合计			150 000	借	850 000
	8	银收1	回收已销产品款	应收账款	250 000		借	1 100 000
			本日合计		250 000		借	1 100 000
	15	银付2	支付前欠购料款	应付账款		300 000	借	800 000
			本日合计			300 000	借	800 000
	18	银付3	提现	现金		5 000	借	795 000
			本日合计			5 000	借	795 000
	24	银付4	购置固定资产	固定资产		200 000	借	595 000
			本日合计			200 000	借	595 000
	31		本月合计		250 000	655 000	借	595 000

四、登记明细账

根据原始凭证和记账凭证登记各种明细账,如表5-40至表5-47所示。

表5-40　　原材料明细分类账

计量单位:千克

材料名称:A材料　　金额单位:元

2015年		凭证编号	摘　要	收　入			发　出			结　存		
月	日			数量	单价	金额	数量	单价	金额	数量	单价	金额
12	1		期初余额							1 200	125	150 000
	1	银付1	购入	1 000	125	125 000				2 200	125	275 000
	2	转1	领用				1 000	125	125 000	1 200	125	150 000
	10	转3	购入	500	125	62 500				1 700	125	212 500
	22	转4	领用				100	125	12 500	1 600	125	200 000
	31		本月合计	1 500	125	187 500	1 100	125	137 500	1 600	125	200 000

表5-41　　原材料明细分类账

计量单位:件

材料名称:B材料　　金额单位:元

2015年		凭证编号	摘　要	收　入			发　出			结　存		
月	日			数量	单价	金额	数量	单价	金额	数量	单价	金额
12	1		期初余额							1 000	50	50 000
	1	银付1	购入	500	50	25 000				1 500	50	75 000
	2	转1	领用				1 100	50	55 000	400	50	20 000
	10	转3	购入	2 000	50	100 000				2 400	50	120 000
	31		本月合计	2 500	50	125 000	1 100			2 400	50	120 000

表5-42　　库存商品明细分类账

计量单位:件

产品名称:甲产品　　金额单位:元

2015年		凭证编号	摘　要	收　入			发　出			结　存		
月	日			数量	单价	金额	数量	单价	金额	数量	单价	金额
12	1		期初余额							400	1 000	400 000
	31	转10	完工入库	500	1 000	500 000				900	1 000	900 000

续表

2015年		凭证编号	摘要	收入			发出			结存		
月	日			数量	单价	金额	数量	单价	金额	数量	单价	金额
	31	转12	结转销售成本				400	1 000	400 000	500	1 000	500 000
	31		本月合计	500	1 000	500 000	400	1 000	400 000	500	1 000	500 000

表5-43　　库存商品明细分类账

计量单位:件

产品名称:乙产品　　金额单位:元

2015年		凭证编号	摘要	收入			发出			结存		
月	日			数量	单价	金额	数量	单价	金额	数量	单价	金额
12	1		期初余额							700	500	350 000
	31	转10	完工入库	200	500	100 000				900	500	450 000
	31	转12	结转销售成本				500	500	250 000	400	500	200 000
	31		本月合计	200	500	100 000	500	500	250 000	400	500	200 000

表5-44　　应收账款明细分类账

明细科目名称:海天公司　　金额单位:元

2015年		凭证号数	摘要	借方	贷方	借或贷	余额
月	日						
12	1		上月结余			借	150 000
	5	转2	赊销	600 000		借	750 000
	8	银收1	收回货款		150 000	借	600 000
	31		本月合计	600 000	150 000	借	600 000

表5-45　　应收账款明细分类账

明细科目名称:大生公司　　金额单位:元

2015年		凭证号数	摘要	借方	贷方	借或贷	余额
月	日						
12	1		上月结余			借	100 000
	5	转2	赊销	400 000		借	500 000
	8	银收1	收回货款		100 000	借	400 000
	31		本月合计	400 000	100 000	借	400 000

表 5－46　　　　　　　　　　　　**应付账款明细分类账**

明细科目名称:京信公司　　　　　　　　　　　　　　　　　　　　　　　　　　金额单位:元

2015 年		凭证号数	摘　要	借　方	贷　方	借或贷	余　额
月	日						
12	1		上月结余			贷	300 000
	10	转 3	赊购			贷	362 500
	15	银付 2	支付前欠料款	300 000	62 500	贷	62 500
	31		本月合计	300 000	62 500	贷	62 500

表 5－47　　　　　　　　　　　　**应付账款明细分类账**

明细科目名称:京海公司　　　　　　　　　　　　　　　　　　　　　　　　　　金额单位:元

2015 年		凭证号数	摘　要	借　方	贷　方	借或贷	余　额
月	日						
12	10	转 3	赊购		100 000	贷	100 000
	31		本月合计		100 000	贷	100 000

生产成本明细分类账

产品名称:甲产品　　　　　　　　　　　　　　　　　　　　　　　　　　完工产量:500 件

2015 年		凭证号数	摘　要	借方(成本项目)				贷　方	余　额
月	日			直接材料	直接人工	制造费用	合　计		
12	2	转 1	领用材料	125 000			125 000		125 000
	31	转 6	生产工人工资		285 000		285 000		410 000
		转 9	分配制造费用			90 000	90 000		500 000
			本月生产费用合计	125 000	285 000	90 000	500 000		
		转 10	结转完工产品成本					500 000	
			月末在产品成本						

生产成本明细分类账

产品名称: 乙产品　　　　　　　　　　　　　　　　　　　　　　　　　　完工产量: 200 件

2015 年		凭证号数	摘　要	借方(成本项目)				贷　方	余　额
月	日			直接材料	直接人工	制造费用	合　计		
12	2	转 1	领用材料	55 000			55 000		55 000
	31	转 6	生产工人工资		34 200		34 200		89 200
		转 9	分配制造费用			10 800	10 800		100 000

续表

2015 年		凭证号数	摘要	借方（成本项目）				贷方	余额
月	日			直接材料	直接人工	制造费用	合计		
			本月生产费用合计	55 000	34 200	10 800			
		转 10	结转完工产品成本					100 000	
			月末在产品成本						

五、登记总分类账

根据各种记账凭证逐笔登记总分类账，见表 5－48 至表 5－77 所示。

表 5－48 **总分类账**

会计科目：库存现金

2015 年		凭证号数	摘要	借方	贷方	借或贷	余额
月	日						
12	1		期初余额			借	6 000
	18	银付 3	提现	5 000		借	11 000
	20	现付 1	业务员预借差旅费		10 000	借	1 000
	28	现收 1	退回差旅费余款	2 500		借	3 500
	31	现付 2	支付罚款		1 000	借	2 500
			本月合计	7 500	11 000	借	2 500

表 5－49 **总分类账**

会计科目：银行存款

2015 年		凭证号数	摘要	借方	贷方	借或贷	余额
月	日						
12	1		期初余额			借	1 000 000
	1	银付 1	购买材料		150 000	借	850 000
	8	银收 1	收回已销产品款	250 000		借	1 100 000
	15	银付 2	支付前欠购料款		300 000	借	800 000
	18	银付 3	提现		5 000	借	795 000
	24	银付 4	购置固定资产		200 000	借	595 000
	21		本月合计	250 000	655 000	借	595 000

表 5－50　　　　**总分类账**

会计科目:应收账款

2015 年		凭证号数	摘　要	借　方	贷　方	借或贷	余　额
月	日						
12	1		期初余额			借	250 000
	5	转 2	赊销产品	1 000 000		借	1 250 000
	8	银收 1	收回销货款		250 000	借	1 000 000
	31		本月合计	1 000 000	250 000	借	1 000 000

表 5－51　　　　**总分类账**

会计科目:库存商品

2015 年		凭证号数	摘　要	借　方	贷　方	借或贷	余　额
月	日						
12	1		期初余额			借	750 000
	31	转 10	产品完工入库	600 000		借	1 350 000
	31	转 12	结转销售产品成本		650 000	借	700 000
			本月合计	600 000	650 000	借	700 000

表 5－52　　　　**总分类账**

会计科目:原材料

2015 年		凭证号数	摘　要	借　方	贷　方	借或贷	余　额
月	日						
12	1		期初余额			借	200 000
	1	银付 1	购入	150 000		借	350 000
	2	转 1	领用		180 000	借	170 000
	10	转 3	购入	162 500		借	332 500
	22	转 4	领用		12 500	借	320 000
	31		本月合计	312 500	192 500	借	320 000

表 5－53　　　　**总分类账**

会计科目:其他应收款

2015 年		凭证号数	摘　要	借　方	贷　方	借或贷	余　额
月	日						
12	20	现付 1	业务员预借差旅费	10 000		借	10 000
	28	转 5	报销差旅费		7 500	借	2 500
	28	现收 1	退回余款		2 500	平	0
	31		本月合计	10 000	10 000	平	0

表 5－54 **总分类账**

会计科目：长期待摊费用

2015 年		凭证号数	摘 要	借 方	贷 方	借或贷	余 额
月	日						
12	1		期初余额			借	60 000
	31	转 13	摊销预付的保险费		5 000	借	55 000
	31		本月合计		5 000	借	55 000

表 5－55 **总分类账**

会计科目：固定资产

2015 年		凭证号数	摘 要	借 方	贷 方	借或贷	余 额
月	日						
12	1		期初余额			借	5 000 000
	24	银付 4	购置设备	200 000		借	5 200 000
	31		本月合计	200 000		借	5 200 000

表 5－56 **总分类账**

会计科目：累计折旧

2015 年		凭证号数	摘 要	借 方	贷 方	借或贷	余 额
月	日						
12	1		期初余额			贷	600 000
	31	转 7	计提折旧		55 300	贷	655 300
			本月合计		55 300	贷	655 300

表 5－57 **总分类账**

会计科目：应付账款

2015 年		凭证号数	摘 要	借 方	贷 方	借或贷	余 额
月	日						
12	1		期初余额			贷	300 000
	10	转 3	赊购材料		162 500	贷	462 500
	15	银付 2	偿付购料款	300 000		贷	162 500
	31		本月合计	300 000	162 500	贷	162 500

表 5－58　　　　总分类账

会计科目:应付职工薪酬

2015 年		凭证号数	摘　要	借　方	贷　方	借或贷	余　额
月	日						
12	1		期初余额			贷	21 000
12	31	转 6	分配工资		444 600	贷	465 600
			本月合计		444 600	贷	465 600

表 5－59　　　　总分类账

会计科目:应付利息

2015 年		凭证号数	摘　要	借　方	贷　方	借或贷	余　额
月	日						
12	31	转 8	计提本月借款利息		12 000	贷	12 000
			本月合计		12 000	贷	12 000

表 5－60　　　　总分类账

会计科目:应交税费

2015 年		凭证号数	摘　要	借　方	贷　方	借或贷	余　额
月	日						
12	31	转 11	计算本月销售税金		11 000	贷	11 000
		转 16	计算本月所得税费用		55 275	贷	66 275
			本月合计		66 275	贷	66 275

表 5－61　　　　总分类账

会计科目:短期借款

2015 年		凭证号数	摘　要	借　方	贷　方	借或贷	余　额
月	日						
12	1		期初余额			贷	500 000
	31		本月合计			贷	500 000

表 5－62　　　　总分类账

会计科目:长期借款

2015 年		凭证号数	摘　要	借　方	贷　方	借或贷	余　额
月	日						
12	1		期初余额			贷	1 000 000
	31		本月合计			贷	1 000 000

表 5-63　　总分类账

会计科目:实收资本

2015 年		凭证号数	摘　要	借　方	贷　方	借或贷	余　额
月	日						
12	1		期初余额			贷	3 500 000
	31		本月合计			贷	3 500 000

表 5-64　　总分类账

会计科目:资本公积

2015 年		凭证号数	摘　要	借　方	贷　方	借或贷	余　额
月	日						
12	1		期初余额			贷	400 000
	31		本月合计			贷	400 000

表 5-65　　总分类账

会计科目:盈余公积

2015 年		凭证号数	摘　要	借　方	贷　方	借或贷	余　额
月	日						
12	1		期初余额			贷	200 000
	31	转 18	提取法定盈余公积		16 582.50	贷	216 582.50
			本月合计		16 582.50	贷	216 582.50

表 5-66　　总分类账

会计科目:生产成本

2015 年		凭证号数	摘　要	借　方	贷　方	借或贷	余　额
月	日						
12	2	转 1	领用材料	180 000		借	180 000
	31	转 6	分配工资	319 200		借	499 200
		转 9	结转制造费用	100 800		借	600 000
		转 10	结转完工产品成本		600 000	平	0
			本月合计	600 000	600 000	平	0

表 5－67　　总分类账

会计科目:制造费用

2015 年		凭证号数	摘　要	借　方	贷　方	借或贷	余　额
月	日						
12	22	转 4	领用材料	12 500		借	12 500
	31	转 6	分配工资	57 000		借	69 500
		转 7	计提折旧	31 300		借	100 800
		转 9	结转制造费用		100 800	平	0
			本月合计	100 800	100 800	平	0

表 5－68　　总分类账

会计科目:主营业务收入

2015 年		凭证号数	摘　要	借　方	贷　方	借或贷	余　额
月	日						
12	5	转 2	销售产品		1 000 000	贷	1 000 000
	31	转 14	结转销售收入	1 000 000		平	0
			本月合计	1 000 000	1 000 000	平	0

表 5－69　　总分类账

会计科目:主营业务成本

2015 年		凭证号数	摘　要	借　方	贷　方	借或贷	余　额
月	日						
12	31	转 12	产品成本	650 000		借	650 000
		转 15	结转销售成本		650 000	平	650 000
			本月合计	650 000	650 000	平	0

表 5－70　　总分类账

会计科目:营业税金及附加

2015 年		凭证号数	摘　要	借　方	贷　方	借或贷	余　额
月	日						
12	31	转 11	计算本月销售税金	11 000		借	11 000
		转 15	结转销售税金		11 000	平	0
			本月合计	11 000	11 000	平	0

表 5－71　　总分类账

会计科目:销售费用

2015 年		凭证号数	摘　要	借　方	贷　方	借或贷	余　额
月	日						
12	28	转 5	业务员报销差旅费	7 500		借	7 500
	31	转 15	结转销售费用		7 500	平	0
			本月合计	7 500	7 500	平	0

表 5－72　　总分类账

会计科目:管理费用

2015 年		凭证号数	摘　要	借　方	贷　方	借或贷	余　额
月	日						
12	31	转 6	分配工资	68 400		借	68 400
		转 7	计提折旧	24 000		借	92 400
		转 13	摊销预付保险费	5 000		借	97 400
		转 15	结转管理费用		97 400	平	0
			本月合计	97 400	97 400	平	0

表 5－73　　总分类账

会计科目:财务费用

2015 年		凭证号数	摘　要	借　方	贷　方	借或贷	余　额
月	日						
12	31	转 8	计提借款利息	12 000		借	12 000
		转 15	结转财务费用		12 000	平	0
			本月合计	12 000	12 000	平	0

表 5－74　　总分类账

会计科目:营业外支出

2015 年		凭证号数	摘　要	借　方	贷　方	借或贷	余　额
月	日						
12	31	现付 2	支付罚款	1 000		借	1 000
		转 15	结转营业外支出		1 000	平	0
			本月合计	1 000	1 000	平	0

表 5－75　　　　　　　　　　　　　　总分类账

会计科目:所得税费用

2015 年		凭证号数	摘　要	借　方	贷　方	借或贷	余　额
月	日						
12	31	转 16	计算本月所得税	55 275		借	55 275
		转 17	结转所得税费用		55 275	平	0
			本月合计	55 275	55 275	平	0

表 5－76　　　　　　　　　　　　　　总分类账

会计科目:本年利润

2015 年		凭证号数	摘　要	借　方	贷　方	借或贷	余　额
月	日						
12	31	转 14	结转本月销售收入		1 000 000	贷	1 000 000
		转 15	结转本月费用	778 900		贷	221 100
		转 17	结转所得税费用	55 275		贷	165 825
		转 19	结转本月净利润	165 825		平	0
			本月合计	1 000 000	1 000 000	平	0

表 5－77　　　　　　　　　　　　　　总分类账

会计科目:利润分配

2015 年		凭证号数	摘　要	借　方	贷　方	借或贷	余　额
月	日						
12	1		期初余额			贷	745 000
	31	转 18	计提盈余公积	16 582.50		贷	728 417.50
		转 19	结转净利润		165 825	贷	894 242.50
		转 20	结转利润分配	16 582.50	16 582.5	贷	894 242.50
			本月合计	33 165	182 407.5	贷	894 242.50

六、编制报表

根据各总账和明细账的发生额和余额编制公司 2015 年 12 月份的报表,如表 5－78 所示。

表 5－78　　　　　　　　　　　　　　利润表

编制单位:大中公司　　　　　　　2015 年 12 月份　　　　　　　金额单位:元

项　目	本月数	本年累计数
一、营业收入	1 000 000	略

续表

项　目	本月数	本年累计数
减:营业成本	650 000	
营业税金及附加	11 000	
管理费用	97 400	
销售费用	7 500	
财务费用	12 000	
资产减值损失	0	
加:公允价值变动收益	0	
投资收益	0	
二、营业利润	222 100	
加:营业外收入	0	
减:营业外支出	1 000	
三、利润总额	221 100	
减:所得税费用	55 275	
四、净利润	165 825	
五、每股收益		
(一)基本每股收益		
(二)稀释每股收益		

表 5－79　　**资产负债表(简表)**

编制单位:大中公司　　2015 年 12 月 31 日　　金额单位:元

资　产	期末余额	年初余额	负债及所有者权益	期末余额	年初余额
流动资产:		略	流动负债:		略
货币资金	597 500		短期借款	500 000	
交易性金融资产			应付账款	162 500	
应收账款	1 000 000		应付职工薪酬	465 600	
存货	1 020 000		应交税费	66 275	
			应付利息	12 000	
流动资产合计	2 617 500		流动负债合计	1 206 375	
非流动资产:			长期借款	1 000 000	

续表

资　产	期末余额	年初余额	负债及所有者权益	期末余额	年初余额
可供出售金融资产			长期负债合计	1 000 000	
持有至到期投资			负债合计	2 206 375	
长期股权投资			所有者权益：		
投资性房地产			实收资本	3 500 000	
固定资产	4 544 700		资本公积	400 000	
无形资产			盈余公积	216 582.50	
长期待摊费用	55 000		未分配利润	894 242.50	
非流动资产合计	4 599 700		所有者权益合计	5 010 825	
资产合计	7 217 200		负债及所有者权益合计	7 217 200	

【案例分析】　京发公司的利润应该是多少？

诚信会计师事务所在审查京发公司 2015 年财务报表时发现下列问题：

1. 由于电表存在问题，导致京发公司 12 月多计电费 18 000 元。该公司经与供电部门协商，供电部门同意按实际用电量收取电费，在会计账上尚未进行调整。

2. 12 月末将兼职人员的薪酬 28 000 元漏记。

3. 年末“库存商品”账户余额 200 000 元，为了稳健，全部转计入主营业务成本。

4. 京发公司拥有产权的一栋房屋价格比原来上涨了 2 000 000 元，公司依其增值金额调整了固定资产，并增加了营业外收入。

5. 2015 年 12 月京发公司收到 G 公司购货订单，购买其生产的产品 500 000 元，商品于 2016 年 1 月发出，但京发公司于 2015 年 12 月增加应收账款和主营业务收入 500 000元。

6. 京发公司以经营租赁方式出租设备 2 台，该公司财务部门认为应该由设备的承租方提取折旧 40 000 元。

7. 应付销售人员薪金 26 800 元，误记为 28 600 元。

【要求】

1. 上述各项错误对京发公司的利润会产生什么影响？

2. 上述错误应如何更正？更正后京发公司的利润会产生什么变化？

第六章

内部控制与财产清查

导读

内部控制与财产清查

- 内部控制制度
  - ·内部控制的概念
  - ·内部控制的基本方式
  - ·内部控制的检查和评价
- 内部控制方法的应用
  - ·货币资金管理的内部控制
  - ·存货管理的内部控制
- 财产清查
  - ·财产清查的概念和意义
  - ·财产清查的程序
  - ·财产清查的种类与盘存制度
  - ·财产清查结果的账务处理

说明：

本章要求掌握内部控制制度的基本概念和基本内容；了解内部控制基本目标和内部控制的检查和评价；了解相关人员在内部会计监督中的职责权限；掌握财产清查的意义与方法以及财产物资的盘存制度。

会计监督是会计的基本职能之一，也是我国经济监督体系的重要组成部分。在社会主义市场经济条件下，必须加强会计监督。市场经济是法制经济，社会主义市场经济也不例外。活而有序的社会主义市场经济要求各单位的经济活动在法律、法规、制度允许的范围内进行,任何违法活动都是成熟的市场经济国家所不允许的。为了促进有序竞争和有效配置资源,必须实行有效的会计监督,规范会计工作,打击违法行为,保证会计资料的质量,为投资者、债权人、社会公众以及政府宏观调控部门提供真实、准确的会计资料,为维护社会主义市场经济秩序服务。

加强会计监督,必须健全和完善与新形势要求相适应的三位一体的会计监督体系。单位内部会计监督应当突出内部控制和内部约束机制,强化单位负责人的会计责任,会计人员在对单位负责人负责的同时,还要受职业道德纪律的约束;由政府部门行使的国家监督,应当明确主体,权责统一,并不断转变监督职能和监督方式;发挥注册会计师及其会计师事务所在维护会计监督中的作用,政府部门应当加强对注册会计师及会计师事务所的再监督,同时发挥社会公众的检举、监督作用。

本章主要讲解内部控制制度的基本内容和基本方法,财产清查是内部控制制度的重要内容,又是会计核算的一种专门方法,因而也放在本章论述。

第一节　内部控制制度

一、内部控制的概念

(一)什么是内部控制

内部控制最初称为内部牵制,其主要特点是:以任何个人或部门不能单独控制任何一项或一部分业务权力的方式进行组织上的责任分工,从而使该项业务权力通过发挥其他个人或部门的职能进行交叉检查或交叉控制。内部牵制基于这样一种假设,即两个或两个以上的个人或部门无意识地犯同样错误的机会是很小的。内部牵制侧重于单位组织分工的控制,是内部控制的最初形式,随着经济的发展,在内部牵制的基础上产生了内部控制。

内部控制是指一个单位的各级管理层为了保护其经济资源的安全、完整,确保经济和会计信息的正确可靠,协调经济行为,控制经济活动,利用单位内部分工产生的相互制约、相互联系的关系,形成一系列具有控制职能的方法、措施、程序,并予以规范化和系统化,使之成为一个严密的、较为完整的体系。

内部控制按其控制目的的不同,可分为会计控制和管理控制。会计控制是指与保护财产物资的安全性、会计信息的真实性和完整性以及财务活动的合法性有关的控制;

管理控制是指与保证经营方针、决策的贯彻执行，促进经营活动的经济性、效率性、效果性以及经营目标的实现有关的控制。会计控制与管理控制并不是相互排斥、互不相容的，有些控制措施既可以用于会计控制，也可以用于管理控制。

（二）内部控制的目标

早期内部控制的目标是比较狭隘的，多局限于资金和财产的保护，防止欺诈和舞弊行为。现代意义上的内部控制是单位内部科学管理的重要内容，其基本目标是确保单位经营活动的效率性和效果性、资产的安全性、经营信息和财务报告的可靠性。

1. 有助于管理层实现其经营方针和目标

内部控制由若干具体政策、制度和程序所组成，它们首先是为了实现管理层的经营方针和目标而设计的。内部控制渗透于一个单位经营活动的各个方面，只要单位内存在经营活动和经营管理环节，就需要有相应的内部控制。

2. 保护单位各项资产的安全和完整，防止资产流失

保护资产一般是指对本单位的现金、银行存款和其他货币资金、股票、债券等有价证券以及商品、产品和其他重要实物资产的安全和完整进行保护。资产管理混乱，就可能使资产被盗、偷拿、占为己有，或者被滥用和损坏。如果一个单位出现资产经常被盗或流失，就足以说明该单位缺乏科学有效的内部控制制度。

3. 保证业务经营信息和财务会计资料的真实性、完整性

对一个单位的管理层来说，要实现其经营方针和目标，就需要通过各种形式的报告及时占有准确的资料和信息，以便做出正确的判断和决策。这些资料和信息主要包括两大类：一类是指经营管理及业务活动方面的报告信息，这些报告信息没有固定的格式，具有灵活性和及时性的特点，在会计上属于管理会计的范畴。另一类主要指财务会计报告信息。财务会计报告在企业会计制度中规定了固定的格式和内容，比如资产负债表、利润表、现金流量表和财务情况说明书等。

（三）内部控制的局限性

良好的内部控制虽然能够达到上述目标，但无论内部控制的设计和运行多么完善，它都无法消除其本身所固有的局限性。这种局限性必须明确并加以预防，这主要表现在以下几个方面。

第一，受成本效益原则的局限。管理层在设计和实施某项内部控制时，必然要权衡强化内部控制的利弊得失，如果增加控制环节会过分降低办事效率，就可能放弃设计或实施这项内部控制。

第二，如果负有不同责任的职员忽视控制程序，判断错误，甚至相互勾结、内外串通舞弊等，往往会导致内部控制失灵。

第三，管理人员滥用职权，逾越控制，对设置或实施的内部控制不予理睬，也会使建立的内部控制形同虚设。

二、内部控制的基本方式

一个单位要实行内部控制，重点应当在组织结构及职责分工、授权批准、会计记录、资产保护、职工素质、预算管理、风险和报告制度等环节组织实施。

（一）组织结构控制

实行和完善内部控制首先要从本单位的组织结构开始，单位的组织结构主要包括：确定单位的组织形式、明确相关的管理职能和报告关系以及为每个组织单位内部划分责任权限。

（二）授权批准控制

授权批准是指单位在处理经济业务的过程中必须经授权批准以进行控制。在公司制企业中，一般由股东会授权给董事会，然后再由董事会授予企业的总经理和有关管理人员。企业每一层的管理人员既是上级管理人员的授权客体，又是对下级管理人员授权的主体。

内部控制要求明确一般授权和特别授权的责任和权限，以及每笔经济业务的授权批准程序。企业的经济业务既涉及企业与外单位之间资产与劳务的交换，也包括企业内部资产和劳务的转移和使用。因此，每笔经济业务都会有一系列内部相互联系的授权批准程序。

（三）会计记录控制

会计记录反映了经济业务的发生、处理和结果。会计记录控制的要求是保证会计信息反映及时、完整、准确、合法。其主要内容有：

1. 建立岗位责任制

实行会计记录控制，要从会计人员岗位责任制开始，对会计人员进行科学的分工，使之形成相互分离和制约的状态。各单位可以根据本单位的实际情况，实行一人多岗或一岗多人，但出纳岗位一般应当分设，出纳人员不得兼管稽核、债权债务和会计档案保管工作。

2. 对会计凭证进行编号

经济业务一经发生，就应对记载经济业务的所有凭证进行连续编号。销售发票、支票、结算单、入库单、出库单等重要的原始凭证在印制时就已连续编号，收款凭证、付款凭证和转账凭证等记账凭证编制时也必须连续编号。

3. 复式记账和科学的凭证传递程序

通过复式记账和科学的凭证传递程序，使单位办理的经济业务事项在会计人员之间相互分离和制约。

4. 总账及编制财务会计报告

实际工作中,总账及编制财务会计报告一般由某一专职会计人员或会计机构负责人负责,而明细账的记录则由若干人员分工负责,这样,总账记录要与其所属的相关明细账核对相符,从而使总账与其所属的相关明细账之间形成一种控制关系。通过财务报告与账簿记录的核对,使财务会计报告与总账、有关明细账之间也形成一种控制关系。

5. 定额备用金制度

定额备用金制度是用来建立内部控制的另一种方式,这种制度同样可以用于建立对企业分支机构或各部门的现金控制。

(四)资产保护控制

资产保护控制主要包括接近控制、定期盘点控制等。广义上说,资产保护控制包括对实物的采购、保管、发货及销售等各个环节进行控制。

接近控制主要是指严格控制无关人员对资产的接触,只有经过授权批准的人员才能够接触资产。

定期盘点控制是指对实物资产进行盘点,并将盘点结果与会计记录进行比较,盘点结果与会计记录如果不一致,可能说明资产管理上存在浪费、损失或其他不正常现象。为了防止差异再次发生,应当进一步加强资产保护控制。

(五)职工素质控制

职工素质控制包括单位在招聘、使用、培养、奖惩等方面对职工素质进行控制。为此,应当建立对职工的培养、选拔、管理、考核、监督的办法,并逐步实现制度化、规范化。

(六)预算控制

预算控制是内部控制的一个重要方面。经过批准的预算就是单位的法令,单位内部各部门都必须严格履行,完不成预算将要受到处罚。预算控制也是一个系统,该系统的组织由预算编制、预算执行、预算考核等构成。预算控制的内容可以涵盖单位经营活动的全过程,包括筹资、融资、采购、生产、销售、投资、管理等诸多方面,也可以就某些方面实行预算控制。

(七)风险控制

风险一般是指某一行动的结果具有变动性。与风险相关联的另一个概念是不确定性。经营决策一般都是在不确定的情况下做出的。在实际工作中,某一行动的结果具有多种可能而不确定,就叫风险;反之,若某一行动的结果很肯定,就叫没有风险。风险控制就是尽可能地防止和避免出现不利的结果。

按形成的原因,企业所面临的风险一般可分为经营风险和财务风险两大类。

1. 经营风险

经营风险是指因生产经营方面的原因给企业盈利带来的不确定性。经营风险多数来源于企业外部,尽管如此,企业仍应采取有效的内控措施加以防范。

2. 财务风险

财务风险又称筹资风险,是指由于举债而给企业财务成果带来的不确定性。对财务风险的控制,关键是保证有一个合理的资金结构,维持适当的负债水平,既要充分利用举债经营这一手段获取财务杠杆的收益,提高自有资金盈利能力,同时也要注意防止过度举债引起的财务风险加大,避免陷入财务困境。

(八)编制业绩报告控制

业绩报告也称责任报告,是单位内部各级管理层掌握信息、加强内部控制的报告性文件,也是内部控制的重要组成部分。业绩报告是为单位内部控制服务的,属于管理会计的范畴,因此,编制业绩报告必须与单位内部的组织结构和其他控制方式相结合,明确反映各级管理层负责人的责任。单位各级管理层所需的业绩报告应遵循金字塔原则,以单位内部的组织结构为依据,由低层向高层逐级定期报告内部控制的实施及责任的履行情况、差异的说明及改进措施和意见。

三、内部控制的检查和评价

内部控制的检查与评价是通过内部审计来完成的。内部审计作为本单位最高管理层的代表,其主要职责是协助单位的最高管理层,使其能够有效地履行管理职责,内部审计是对内部控制执行情况进行检查和评价的监督形式,可以理解为对内部控制的控制。内部审计的结论只能作为本单位改善经营管理的参考,对外不起鉴证作用。单位内部审计的职责决定了其机构必须独立于被审计单位直接向最高管理层负责和报告。

内部审计在履行对内部控制进行检查和评价的职责时,通常可按下列程序和步骤进行:

第一,确定被审计单位内部控制的标准。内部审计将根据标准对被审计单位内部控制的现状进行检查和判断。

第二,检查、判断被审计单位内部控制的健全情况。在分析被审计单位控制缺陷及潜在影响的基础上,即可对被审计单位内部控制的健全性做出评价。

第三,测试被审计单位内部控制的有效性。测试内部控制有效性的方法主要是定性的统计抽样检查。在抽样检查中,内部审计应当科学地选定具有代表性的测试样本,借以正确判断被审计单位内部控制的质量状况。

第四,写出内部控制检查与评价的最终报告。在这一步骤中,审计人员要提出若干具体的调查结论、意见、评价和建议,以供单位最高管理层采纳,同时也要送交被审计单位的管理人员以改进内部控制。

第二节 内部控制方法的应用

一、货币资金管理的内部控制

货币资金是企业资产中流动性较强的资产,加强对其的管理和控制,对保障企业资产安全、完整,提高货币资金管理的内部周转速度和使用效益,具有重要意义。加强对货币资金管理的内部控制应当结合企业生产经营的特点,制定相应的控制制度并监督实施。尤其是现金,它由单位出纳人员保管,是流动性最强的资产,易携带,易被挪用、贪污和盗窃,因此,更应建立现金管理的内部控制制度,以加强对它的管理。

(一)货币资金的管理和控制应遵循的原则

货币资金的管理和控制应遵循如下原则:

第一,严格职责分工。将涉及货币资金的、不相容的职责分由不同的人员担任,形成严密的内部牵制制度,以减少和降低货币资金管理上舞弊的可能性。

第二,实行交易分开。将现金支出业务和现金收入业务分开进行处理,防止将现金收入直接用于现金支出的坐支行为。

第三,实施内部稽核。设置内部稽核单位和人员,建立内部稽核制度,以加强对货币资金管理的监督,及时发现货币资金管理中存在的问题并加以改进。

第四,实施定期轮岗制度。对涉及货币资金管理和控制的业务人员定期轮换岗位。通过轮换岗位,减少货币资金管理和控制中产生舞弊的可能性,并及时发现有关人员的舞弊行为。

(二)现金管理的内部控制制度

建立现金管理内部控制制度的基本原则,是将现金业务的实际处理工作与记录业务的会计工作独立开来,即遵循不相容职务分离原则。建立现金管理内部控制的要点如下:

第一,现金的收付及保管工作只能由经授权批准的专职出纳负责处理,其他职员均不得接触支付前的现金,即实施实物安全控制——限制接近。

第二,现金的使用必须严格遵守国家关于现金使用范围的规定,必须经财务核准,且取得有关凭证,同时核准人和出纳及记账员要分离。

第三，必须严格遵守国家银行现金管理制度的规定，一切工商企业都必须在银行开户，通过银行收支款项。企业应当按照《银行账户管理办法》的规定开立和使用基本存款账户、一般存款账户、临时存款账户和专用存款账户。其中，基本存款账户是指企业办理日常转账结算和现金收付的账户；一般存款账户是指企业在基本存款账户以外的银行借款转存、与基本存款账户的企业不在同一地点的附属非独立核算单位开立的账户，本账户可以办理转账结算和现金缴存，但不能支取现金；临时存款账户是指企业因临时生产经营活动的需要而开立的账户，本账户既可以办理转账结算，又可以根据国家现金管理制度的规定存取现金；专用存款账户是指企业因特定用途需要而开立的账户。

第四，由开户银行根据单位的实际需要核定库存现金限额。库存现金限额是指为了保证单位日常零星开支的需要，允许企业留存现金的最高数额。一般按照单位 3～5 天日常零星开支的需要来确定，边远地区和交通不便地区开户单位的库存现金限额可多于 5 天，但不得超过 15 天的日常零星开支。核定后的库存现金限额，开户单位必须严格遵守，超过部分应于当日终了前存入银行。需要增加或减少库存现金限额的单位，应向开户银行提出申请，由开户银行核定。

第五，现金收支的规定。开户单位收入现金应于当日送存开户银行，当日送存确有困难的，由开户银行确定送存时间。开户单位支付现金，可以从本单位库存现金中支付或从开户银行提取，不得从本单位的现金收入中直接支付，即不得“坐支现金”，因特殊情况需要坐支现金的单位，应事先报经开户银行审查批准，由开户银行核定坐支范围和限额，坐支单位应按月向开户银行报送坐支金额及其使用情况。开户单位从开户银行提取现金时，应如实写明提取现金的用途，由本单位财会部门负责人签字盖章，并经开户银行审查批准后予以支付。因采购地点不确定、交通不便、抢险救灾及其他特殊情况必须使用现金的单位，应向开户银行提出书面申请，由本单位财会部门负责人签字盖章，并经开户银行审查批准后予以支付。

此外，不准用不符合财务制度的凭证顶替库存现金，即不得“白条顶库”；不准谎报用途套取现金；不准用银行账户代其他单位和个人存入或支取现金；不准将单位收入的现金以个人名义存入储蓄；不准保留账外公款，即不得“公款私存”；不得设置“小金库”；等等。银行对于违反上述规定的单位，将按照违规金额的一定比例予以处罚。

第六，库存现金应日清、日结、日对，保证账实相符。现金清查是指对库存现金的盘点与核对，包括出纳人员每日终了前进行的现金账款核对和清查小组进行的定期或不定期的现金盘点、核对。现金清查一般采用实地盘点法。清查小组清查时，出纳人员必须在场，清查的内容主要是检查是否有挪用现金、白条顶库、超限额留存现金，以及账款是否相符等。会计部门应随时派出纳员以外的人员抽查盘点现金。关于现金清查的具体方法将在本章下一节中学习。

二、存货管理的内部控制

存货是指企业为销售或耗用而储存的各种资产，在不同性质的企业，其存在形态不同。如在工业企业，存货主要包括原材料、辅助材料、在产品、产成品、包装物、低值易耗品等；在商品流通企业，存货则包括库存商品、材料物资、包装物、低值易耗品等；在服务业企业，如旅行社、饭店、宾馆、游乐场所、美容美发、照相、修理、中介机构等，由于其既不生产产品也不经销产品，这些单位一般存有各种少量物料用品、办公用品、家具等供业务活动时使用，这些用品也作为存货处理。存货的种类繁多、存放分散、变动频繁，较易发生记账错误、损坏变质、短缺和被盗等情况，存货是流动资产中比重最大的项目，其计价是否合理、正确对企业的财务状况影响很大。因此，建立相应的内部控制制度至关重要。

（一）存货内部控制的目标

1. 保护存货

存货种类数量繁多、流动性强、存放地点分散，因此易发生损坏、变质、短缺和被盗等情况。如何使这些情况发生的可能性降低到最低程度，是存货内部控制的重要目标。

2. 合理购入和制造存货

购入的材料、商品等既要符合生产制造和销售的要求，也要经济、合理，否则会造成存货积压乃至变质、损失和被盗，造成巨大浪费，增加销售成本，降低盈利水平。

3. 存货的计价方法合理

存货的计价方法是否正确直接影响着当期资产和当期净利润的计算。比如，存货采用个别计价法、先进先出法、加权平均法、移动加权平均法、计划成本计价法等不同方法计价会对资产价值的确定和企业净利润产生重大影响。内部控制制度能对存货计价方法进行有效控制。

（二）存货的内部控制制度

1. 存货业务中的职务分离制度

具体来说，存货业务中的职务分离制度包括以下内容：

（1）存货的采购、制造（部门）人员与验收、保管人员（部门）适当分离。

（2）负责存货储存保管职责的人不能同时负责存货账户的会计记录。

（3）存货的盘点不能由负责保管、使用存货或负责记账的职员单独进行，应由负责这些职责的职员以及独立于这些职能的其他人员共同进行。

2. 存货的储存保管制度

仓储部门收到存货时，首先应对其数量进行验点，并将验点结果同有关发票、订货单等单据核对无误后填制事先连续编号的入库通知单给交接各方留存。仓储部门对验收入库的存货的数量应及时记入存货明细账，并标明它们的存放地点、仓号和仓位等，以避免存货存放久了而被遗忘。良好的内部控制制度还要求对收入的各种存货加以合理分类，以便各类存货的集中存放和指定专人负责其保管，有利于记录和同会计部门的账户记录相核对。仓储部门只有经授权批准的人才能进入，能接触入库存货的人员应严格限制。存货流转各环节应受到多方的牵制。凡从仓库发出存货都要经审核批准的凭证为依据，如领料单、提货单或销售发票的一联。仓储部门应经常对存放的实物进行检查，查看是否损坏、变质或长期积压的情况，以便及时报告、及时处理。

3. 存货盘存控制制度

根据企业经营方式、存货性质和其他有关控制的要求，对存货至少每年进行一次实地盘点。盘存数和账面数之间的差异要查明原因，分清责任，及时进行处理。此外，存货还应保持永续盘存制，这是防止贪污盗窃或损失的有效办法。存货盘存通过在会计部门设控制账户、仓库设明细账的方法进行内部控制，目的是随时查明存货库存数量和金额，并将这个记录数字与实物盘存的结果相对照，形成一种牵制关系。各种库存存货的明细账按每一品种规格设置，仓储部门根据收、发货单登记收发数量，进行数量控制；会计部门则定期登记收发金额，进行金额控制，并定期与总分类账账户核对一致，以随时反映库存情况和保护存货安全。

4. 存货计价方法的控制制度

存货计价方法控制制度应使各种存货采用的计价方法所产生的计价结果尽可能地反映存货的实际价值，从而使销售成本的确定更为合理、准确。

存货的计价方法有先进先出法、加权平均法、个别计价法、移动加权平均法、计划成本计价法等，企业应根据具体情况选择适当的计价方法。无论采用何种存货计价方法，一经确定后，必须遵循一致性原则，不得随意变动，并应在会计报表附注中揭示，否则会导致人为增减利润行为，使各期会计信息失去可比性。如果需要变更计价方法，应在会计报表附注中揭示变更原因和由此对企业造成的影响。

第三节　财产清查

一、财产清查的概念和意义

（一）财产清查的概念

财产清查是指通过对各项财产的盘点与核对，查明财产在一定时期的实存数额，并与账面结存数进行核对,确定账实是否相符的一种专门方法。任何企事业单位各项财产的增减变动及其结存情况,通过凭证编制与审核、账簿登记与核对已经得到了正确的反映。但是,账簿记录的正确性不足以说明账簿记录的真实性。鉴于以下原因,即使在账证相符、账账相符的情况下,也可能出现财产账面结存数与实际结存数不一致,如财产计量计价不准、验收不严、自然升溢、自然损耗、丢失、霉烂变质、毁损以及贪污盗窃、营私舞弊等非法行为等。因此,为准确如实地反映企业各项财产收发结存情况,保证会计核算资料真实可靠,单凭日常凭证的审核,账证、账账之间的核对是不够的,还必须在填制凭证、登记账簿的基础上,运用财产清查这一专门方法,对各项财产进行定期与不定期的盘点与核对,做到账实相符。

(二)财产清查的意义

首先,通过财产清查,可以确定各项财产的实有数额,并通过实存数与账存数之间的相互核对,确定账实相符的程度,查明发生盈亏的原因及责任,便于及时调整账簿记录,做到账实相符,为编制会计报表奠定基础。

其次,财产清查是检查财产内部管理控制制度是否有效的控制措施。财产清查不仅是编好会计报表的基础工作,更是财产安全、完善、有效的有力保证,还是检查内部控制制度是否有效的必要措施。建立合适的财产内部管理控制制度的目的之一,便是保护财产的安全与完整,提高经营效率。通过财产清查,可以掌握实物财产的储存、利用和保管情况,有无毁损、变质,被非法挪用、贪污、盗窃等,有无储备不足,有无超储、积压、呆滞现象等,以便及时采取措施,处理积压、闲置和不配套的资产,减少资产占用,并挖掘实物财产的潜力,调剂余缺,补充储备资金的不足,从而保证业务活动的正常进行。对于尚未结清的结算资产,应积极清理,减少坏账损失,对已确认的坏账,应及时调整账簿记录,保证会计核算资料的真实。

二、财产清查的程序

为了保证财产清查的质量,充分发挥财产清查的作用,必须按照规定的程序,科学合理地组织清查工作。财产清查的程序一般包括准备、实施、终结三个相互联系的阶段。

(一)财产清查的准备阶段

1. 组织准备

为做好清查工作,应该成立专门的清查小组,组成由会计部门、财产管理和使用部门参加的清查小组。小组成员应包括领导人员、专业人员和有关人员,负责组织领导该项工作。清查小组根据清查任务、对象、范围及时间要求,制订财产清查详细计划、安排清查工作进度、配备清查人员。在清查过程中，清查小组必须做好清查活动的组织及质量监督检查工作，清查完毕，应将清查结果及处理意见或建议以书面形式报告有关部门审批处理。

2. 业务准备

财产清查涉及面广、工作量大，对此，与财产管理、使用相关的各职能部门应分别做好以下业务准备工作。

(1)会计部门和财产管理部门在财产清查前，应将截至清查日所有资产账簿登记齐全，并结出账面余额，核对清楚，保证账簿记录的正确性，便于确定账实之间的差异。

(2)财产使用部门对其使用和保管的所有财产，应按其自然属性予以整理，堆放整齐，排列清楚，并挂有标签，标明品种、规格和结存数量，以便盘点核对。

(3)财产清查人员还需准备好盘点清册和计量用具，并对度量衡器进行检查和校正，以保证计量准确可靠。

(二)财产清查的实施阶段

财产清查准备工作就绪，由清查人员根据各种资产的自然属性，采取以下方法对其数量与质量予以清查。

1. 实地盘点法

实地盘点法是通过点数、过磅、量尺等方式，确定财产实有数量的方法。这种方法简便，适用范围广，一般实物资产均可采用。

2. 技术推算法

技术推算法是通过技术推算(如量方、计尺等方法)确定财产实有数量的方法。这种方法一般适用于物体笨重或数量多、价值低、难以逐一清点的实物财产。

3. 查询法

查询法是根据账簿记录，采取当面查对或函调方式核查实物资产、应收项目实有数额的一种方法。这种方法一般适用于委托加工、出租出借以及应收项目等资产的清查。

4. 对账单法

对账单法是指将账簿记录与对方开出的对账单进行核对或者根据账簿记录给对方开出对账单与之核对。这种方法适用于银行存款及应收项目的核对。

为明确责任，对实物财产进行盘点时必须有实物经管人员在场。盘点时，清查人员要认真盘点核对，做好记录，并对清查中发现的异常情况，如霉烂、破损、不配套、失效过期等，致使资产不能正常出售或耗用予以注明，并提出处理意见。盘点结束，需由盘点人员根据盘点结果填制“盘存单”，并由盘点人员和实物保管人员签字或盖章。

“盘存单”是记录实物盘点结果，据以确定实物资产实有数额的原始凭证，其格式如表6－1所示。

表6－1　　盘存单

财产类别＿＿＿＿＿＿　　编号＿＿＿＿＿＿

存放地点＿＿＿＿＿＿　　盘点日期：　年　月　日

编　号	名　称	规　格	计量单位	数　量	单　价	金　额	备　注

盘点人：　　实物保管人：

(三)财产清查的终结阶段

在财产清查的终结阶段,首先根据清查结果编制“实存账存对比表”(见表6－2)。

表6－2　　实存账存对比表

单位名称:＿＿＿＿　　年　月　日

编　号	类别及名称	计量单位	单　价	实　存		账　存		对比结果				备　注
								盘盈		盘亏		
				数量	金额	数量	金额	数量	金额	数量	金额	

该表是用以确定实存数与账存数之间的差异,作为调整账面记录的依据。首先,以该表为基础核准各类资产的盈亏情况,分析与查明账实不符的性质与原因,明确责任,按规定程序报请有关部门及领导处理,并针对清查中发现的资产管理方面的问题,总结经验,提出改进措施,健全和完善有关资产管理的各种规章制度。其次,对清查中发现的盘盈、盘亏资产,按规定程序报经有关部门批准后,及时调整记录。

三、财产清查的分类与盘存制度

(一)财产清查的分类

1. 全面清查和局部清查

按清查的对象和范围,财产清查分为全面清查和局部清查。

(1)全面清查就是对企业所有资产进行全面盘点与核对。通过全面清查,可以全面了解企业资产状况,但由于投入人力多、花费时间长,一般只在下述情况下才实施全面清查:①年终编制决算财务报表前;②企业撤销、合并或隶属关系改变;③按规定开展清产核资时;④企业更换主要负责人时。

(2)局部清查是指对企业部分资产进行的盘点与核对。局部清查具有清查范围小、专业性强的特点。其清查对象主要是流动性强、易于损耗的资产以及一些贵重的财产物资。属于局部清查的主要有:①材料、商品、在产品、产成品等在年中进行的轮流盘点或重点清查;②贵重物资进行的经常盘点;③库存现金于每日营业终了进行的清点盘库;④企业与银行之间款项的核对;⑤企业与外单位各项应收项目的经常查询。

2. 定期清查和不定期清查

按照财产清查的时间,财产清查可分为定期清查和不定期清查。

(1)定期清查就是根据预先计划安排的时间进行的清查,如月末、季末和年末结账时进行的清查。定期清查可以是全面清查,也可以是局部清查,如月末结账时清查为定期局部清查,而年终决算时的清查则为定期的全面清查。

(2)不定期清查是指预先不规定清查时间,根据特殊需要而进行的临时清查。例如:①资产经管人员(出纳员、仓库保管员)调离工作岗位时;②资产遭受自然或其他非常损失时;③按规定开展临时性清产核资工作时;④财政、税务、银行、审计等部门进行查账时。

(二)各种资产清查的方法

1. 货币资金的清查

(1)库存现金的清查。清查库存现金主要方法是实地盘点,一般由出纳人员于每日结账后对其经管的现金进行盘点,清查小组还应对库存现金进行定期的和不定期的清查。盘点时,既要清点现金实存数并与现金日记账余额进行核对,查明盈亏,又要严格检查库存现金限额遵守的情况以及有无以白条抵充现金的现象。盘点结束,应根据盘点结果和账簿记录填制"现金盘点表"(如表 6-3 所示)。

表 6-3　　　　**现金盘点表**

单位名称:________　　　　20××年5月30日

实存金额	账存金额	对比结果		备　注
		长款	短款	
545	495	50		

盘点人签章:张利　　　　出纳员签章:李红

该表兼有盘存单和实存账存对比表的作用,是对库存现金进行账项调整和差异分析的原始凭证。

(2)银行存款的清查。清查银行存款采用与银行核对账目的方法进行,银行定期将企业、单位一定时期在该行的存款情况,以对账单形式寄给存户(即企业、单位),供企业、单位核对,接到银行对账单后,企业、单位要与银行存款日记账逐笔核对其发生额及余额，检查账单相符程度。

银行对账单上的余额常与企业、单位银行存款日记账上的余额不一致，其原因有：

第一，企业、单位或银行记账错误，如企业、单位在几家银行同时开户，记账时可能发生银行之间串户错误，同理，银行也可能把各存款单位账目相互混淆。

第二，未达账项，即企业、单位与银行之间，由于双方记账时间不一致而发生的一方已入账而另一方尚未入账的事项。未达账项一般有以下四种情况：①存入银行的款项，企业、单位已作为存款入账，但银行尚未办理存款手续，未记入企业、单位的存款户；②企业、单位开出支票或其他支出凭证后，已按减少银行存款登记入账，但银行尚未办理转账手续，未记入企业、单位存款户；③银行代企业、单位收进的款项，银行已登记入账，增加了企业、单位的存款，但企业、单位尚未收到通知，因而尚未登记入账；④银行代企业、单位支付的款项，银行已登记入账，减少了企业、单位的存款，但企业、单位尚未收到通知，因而还未登记入账。

对于企业、单位与银行双方记账差错而引起的账单不符，分别由双方按规定的错账更正方法予以更正；而对于未达账项引起的账单余额不符，则在清查银行存款时，先编制“银行存款余额调节表”揭示与调整银行与企业、单位之间在银行存款余额记录上的差异，据以核实银行与企业、单位双方账目是否正确。

银行存款余额调节表的编制方法有多种，主要介绍以下两种：

方法一：从银行对账单余额开始，对造成银行对账单余额差异的有关事项进行调整，使银行对账单余额在调整了所有应调节的账项后，与企业、单位银行存款日记账余额相一致。

将银行对账单余额调整到企业、单位的账面余额，其方法如下：

银行对账单存款余额
+ 企业已经收款入账而银行尚未入账事项
   银行已经付款入账而企业尚未入账事项
− 企业已经付款入账而银行尚未入账事项
   银行已经收款入账而企业尚未入账事项
= 企业银行存款日记账余额

方法二：将企业、单位银行存款日记账余额与银行对账单存款余额都调整到正确余额，即以双方调整前的账面余额为基础，各自补记对方已入账（包括增加和减少金额）而本方尚未入账的未达账项，算出双方各自调整后的余额。若双方调节后的余额相等，一般说明双方记账正确；如不等，则说明某一方（或双方）记账有误。

银行存款日记账余额		银行对账单余额
＋银行已经收款入账而企业尚未入账事项		＋企业已经收款入账而银行尚未入账事项
－银行已经付款入账而企业尚未入账事项		－企业已经付款入账而银行尚未入账事项
调整后余额	=	调整后余额

【例1】 某企业20××年9月30日银行存款日记账余额为51 400元，而银行对账单余额为52 100元，经逐笔核对，发现有以下未达账项：

①企业28日送存银行转账支票一张，计15 000元，银行尚未入账；

②企业29日开出现金支票一张，支付费用3 500元，银行尚未收到支票；

③企业委托银行代销货款12 500元，银行已收款入账，企业尚未收到银行收款通知，未入账；

④银行代企业支付本月水费850元、电费650元，银行已付款入账，企业尚未收到付款通知；

⑤银行已结算本季度存款利息1 200元，企业尚未转账。

根据上述未达账项编制"银行存款余额调节表"（见表6－4和表6－5）。

表6－4　　银行存款余额调节表（方法一）

户名：结算户存款

账号：9671164－29　　20××年9月30日　　编号：×××

项　目	金　额
银行对账单存款余额	52 100
加：企业已收银行未收款项	
①企业送存银行的转账支票	15 000
银行已付企业未付的款项	
④银行代付水费	850
电费	650
减：企业已付银行未付的款项	
②企业开出的现金支票	3 500
银行已收企业未收的款项	
③银行代收销货款	12 500
⑤银行结算的存款利息	1 200
企业银行存款日记账余额	51 400

表6－5　　银行存款余额调节表（方法二）

户名：结算户存款

账号：9671164－29　　20××年9月30日　　编号：×××

项　目	金　额	项　目	金　额
银行存款日记账余额	51 400	银行对账单余额	52 100

续表

项　目	金　额	项　目	金　额
加:银行已收企业未收款项		加:企业已收银行未收款项	
③银行代收销货款	12 500	① 企业送存银行转账支票	15 000
⑤银行结算存款利息	1 200	减:企业已付银行未付款项	
减:银行已付企业未付款项		②企业开出现金支票	3 500
④银行代付水费	850		
电费	650		
调整后余额	63 600	调整后余额	63 600

需要注意的是,银行存款余额调节表只起调节与试算企业与银行之间账款是否相符的作用,对于它们之间的未达账项,必须等收到结算凭证后方可记账,不能依照此表编制凭证,调整账簿记录。

2. 应收项目的清查

应收项目清查的主要方法是函询法,即企业应将清查日截止时的有关应收项目的结算凭证全部登记入账,在其正确基础上,编制对账单一式两联,送交对方单位进行核对。核对相符与否,均需在对账单上注明,并盖章退回清查单位。对于清查过程中有争议或确实无法收回的款项,要及时采取措施予以处理,减少坏账损失。

为个人垫付的款项(如职工家属医药费等)也应定期抄列清单与本人核对,督促及时归还。

3. 存货的清查

存货的清查一般采用实地盘点的方法。盘点前,应将存货的有关账簿登记齐全,结出余额,并将账面结存数量填入存货盘存表;盘点时,依据存货的不同性质,分别采用点数、过秤、量尺以及适当技术方法点清实有数量,然后填入存货盘存表,并与账面结存数量相核对,确定盈亏。

对于在途存货和委托其他企业加工的存货,也要根据明细账和有关凭证进行清查,必要时需向对方企业进行查询和对证,查明账实是否相符一致。

4. 固定资产的清查

固定资产的清查是将固定资产实物与固定资产卡片账相核对,检查两者的相符程度。其核对方法有以下两种:

(1)抄列实存清单法,就是将经过盘点后的固定资产全部抄入固定资产实存清单,然后将清单所列固定资产与卡片逐一核对,对于两者的差异再填列“固定资产盈亏报告表”。

（2）卡实直接核对法，即指将固定资产卡片直接与固定资产实物进行核对，账实相符，在卡片中做出标记；若不符则需填列“固定资产盈亏报告表”。

进行固定资产清查，不仅应查明账实是否相符，还需进一步检查固定资产的使用、保管和维修情况，以便采取措施，改进固定资产管理，发挥其效能。

（三）存货的盘存制度

正确地确定存货的数量是进行存货计价与核算的基础，而存货期末数量的确定方法又取决于存货的盘存制度。在实际工作中，存货的盘存制度主要有两种，即永续盘存制和实地盘存制。

1. 永续盘存制

永续盘存制又称账面盘存制，是根据存货的收发业务进行账簿增减变动记录，由此来确定存货期末数量的盘存核算方法。采用永续盘存制需要对每一品种、规格的存货开设明细分类账户，通过对存货的收发进行明细分类核算，平时逐日或逐笔在存货明细账中登记增加数和减少数，并随时结出结存数。确定期末存货数量的计算公式为：

期末存货数量 = 期初存货数量 + 本期存货增加数量 − 本期存货减少数量

【例2】 永安公司20××年12月1日结存A商品200件，每件实际成本为10元；12月8日和22日分别购入A商品500件和400件，每件实际成本均为10元；12月12日和25日分别发出A商品600件和320件。按永续盘存制计算本月发出和结存A商品的成本，如表6－6所示。

表6－6　　**库存商品明细分类账**

商品名称：A商品　　单位：元

20××年		凭证字号	摘　要	收　入			发　出			结　存		
月	日			数量	单价	金额	数量	单价	金额	数量	单价	金额
12	1	略	期初结存							200	10	2 000
	8		购入	500	10	5 000				700	10	7 000
	12		发出				600	10	6 000	100	10	1 000
	22		购入	400	10	4 000				500	10	5 000
	25		发出				320	10	3 200	180	10	1 800
	31		合计	900		9 000	920		9 200	180	10	1 800

本月发出A商品成本 = 600 × 10 + 320 × 10 = 9 200（元）

月末库存 A 商品实际成本 =2 000 +9 000 -9 200 =1 800(元)

永续盘存制的特征是形成了一种连续不断的库存存货记录。当存货发生变动时,就要把这些变动记录在存货账户。例如,上述例题中购进的 A 商品要按照成本记在收入栏中,减少的 A 商品要按照成本记在发出栏中。

采用永续盘存制可以随时反映存货的增减变动与结存情况,有利于加强存货的管理,为正确计算耗用和销售成本提供保证。通过存货账面结存数量与实地盘点数量的核对,还可以及时发现和解决存货短缺和毁损等现象,有利于保护企业财产物资的安全与完整,但对于存货品种繁多、收发业务频繁的企业,若采用这种方法,则工作量较大。

2. 实地盘存制

实地盘存制又称定期盘存制,是通过对存货的定期清查、盘点结果来确定存货期末数量的盘存核算方法。采用实地盘存制,平时存货核算只登记存货的增加数,不登记减少数,期末通过实地盘点确定实际存货数量,并按一定计价方法计算期末存货金额,最后倒挤确定本期销售或耗用存货的数量和金额。其计算公式为:

本期存货减少数量 = 期初存货数量 + 本期存货增加数量 - 期末存货数量

【例 3】 假定永安公司 20××年 12 月 1 日结存 A 商品 200 件,每件实际成本为 10 元;12 月 8 日和 22 日分别购入 A 商品 500 件和 400 件,每件实际成本均为 10 元;12 月 31 日对库存 A 商品进行盘点,实际库存 160 件。按实地盘存制计算本月发出和结存 A 商品的成本,如表 6 -7 所示。

表 6 -7 **库存商品明细分类账** 单位:元

商品名称:A 商品

20××年		凭证号数	摘 要	收 入			发 出			结 存		
月	日			数量	单价	金额	数量	单价	金额	数量	单价	金额
12	1	略	期初结存							200	10	2 000
	8		购入	500	10	5 000						
	12		发出									
	22		购入	400	10	4 000						
	25		发出									
	31		合计	900		9 000				160	10	1 600

月末库存 A 商品实际成本 =160 ×10 =1 600(元)

本月发出 A 商品成本 =2 000 +9 000 -1 600 =9 400(元)

上述例题中，购进的 A 商品要按照成本记在收入栏中，平时不记录 A 商品的减少数；期末必须通过实地盘点确定 A 商品的库存数量 160 件，据以计算 A 商品的期末库存成本，最后倒算出本期发出 A 商品的成本。

采用实地盘存制可以简化日常核算工作，但由于日常核算中不反映存货的减少与结存情况，很难对存货进行控制和管理。同时，采用此法，企业的耗用或销售成本是以倒挤的方法推算出来的，这样就会把计量、收发、保管中产生的差错、浪费以及被盗等各种非销售和领用的损耗全部计入耗用成本或销售成本，影响成本核算的正确性，不利于保护企业财产物资的安全与完整。因此，此方法只适用于存货品种多、价值低、收发频繁、损耗大以及不便于实行永续盘存制的企业。

四、财产清查结果的账务处理

财产清查中发现的盘盈、盘亏或毁损一般分以下两个步骤进行账务处理：

第一步，根据复查核实后的盘盈、盘亏情况，应按规定的审批权限，向企业领导或有关部门办理报批手续，并调整账簿记录，做到账实相符，将盈亏数额转入"待处理财产损溢"账户。

第二步，审批后，根据批复处理意见，结合盈亏发生的原因及性质，编制记账凭证，登记有关账簿，追回应由责任者负担的损失，并核销"待处理财产损溢"账户。

"待处理财产损溢"账户是核算企业在财产清查过程中查明的各种财产物资的盘盈、盘亏和毁损，其借方登记发生的待处理财产盘亏和毁损数以及结转已批准处理的财产盘盈数，贷方登记发生的待处理财产盘盈数及转销已批准处理的财产盘亏和毁损数。借方余额表示尚待批准处理的财产物资的净损失，贷方余额则表示尚待批准处理的财产物资的净溢余。期末处理后本科目应无余额。

（一）库存现金清查结果的账务处理

每日终了结算现金收支、财产清查等发现的有待查明原因的现金短缺或溢余，应通过"待处理财产损溢"科目核算：属于现金短缺，应按实际短缺的金额借记"待处理财产损溢——待处理流动资产损溢"科目；贷记"库存现金"科目；属于现金溢余，按实际溢余的金额，借记"库存现金"科目，贷记"待处理财产损溢——待处理流动资产损溢"科目。待查明原因后作如下处理：

如为现金短缺，属于应由责任人赔偿的部分，借记"其他应收款——应收现金短缺款（××个人）"或"库存现金"等科目，贷记"待处理财产损溢——待处理流动资产损溢"科目；属于应由保险公司赔偿的部分，借记"其他应收款——应收保险赔款"科目，贷记"待处理财产损溢——待处理流动资产损溢"科目；属于无法查明的其他原因，根据管理权限,经批准后处理,借记“管理费用——现金短缺”科目,贷记“待处理财产损溢——待处理流动资产损溢”科目。

如为现金溢余,属于应支付给有关人员或单位的,应借记“待处理财产损溢——待处理流动资产损溢”科目,贷记“其他应付款——应付现金溢余(××个人或单位)”科目;属于无法查明原因的现金溢余,经批准后,借记“待处理财产损溢——待处理流动资产损溢”科目,贷记“营业外收入——盘盈利得”科目。

【例4】 根据“现金盘点表”(见表6-3)编制会计分录:

借:库存现金 50

贷:待处理财产损溢——待处理流动资产损溢 50

查明原因后,经批准处理,转做营业外收入:

借:待处理财产损溢——待处理流动资产损溢 50

贷:营业外收入——盘盈利得 50

若短款时,则作以下账务处理:

借:待处理财产损溢——待处理流动资产损溢 50

贷:库存现金 50

查明原因后,若是有关人员的责任造成的,则由有关人员赔偿。

借:其他应收款——应收现金短缺款(××个人) 50

贷:待处理财产损溢——待处理流动资产损溢 50

收到有关人员的赔偿后,作以下账务处理:

借:库存现金 50

贷:其他应收款——应收现金短缺款(××个人) 50

(二)存货盘亏或毁损的账务处理

为了反映企业在财产清查中查明的各种存货的盘盈、盘亏和毁损情况,应设置“待处理财产损溢”科目,借方登记存货的盘亏、毁损数额及盘盈的转销数额,贷方登记存货的盘盈数额及盘亏的转销数额,本科目处理前的借方余额反映企业尚未处理财产的净损失,本科目处理前的贷方余额反映企业尚未处理财产的净溢余。期末处理后本科目应无余额。

1. 存货盘盈的会计处理

企业发生存货盘盈时,查明是由于收发计量或核算上的误差等原因造成的,应及时办理存货入账手续,调整存货账的实存数,按盘盈存货的计划成本或估计成本记入“待处理财产损溢——待处理流动资产损溢”科目;应借记有关存货科目,贷记“待处理财产损溢——待处理流动资产损溢”科目;在报经批准处理后,应借记“待处理财产损溢——待处理流动资产损溢”科目,贷记“管理费用”科目。

【例5】 A公司在财产清查中,盘盈乙材料100千克,实际单位成本60元,经查属于材料收发计量方面的错误。

批准处理前:

借:原材料——乙材料　　6 000

　贷:待处理财产损溢——待处理流动资产损溢　　6 000

批准处理后:

借:待处理财产损溢——待处理流动资产损溢　　6 000

　贷:管理费用　　6 000

2. 存货盘亏及毁损的会计处理

企业发生存货盘亏及毁损时,应按其成本(计划成本或实际成本)借记“待处理财产损溢——待处理流动资产损溢”科目,贷记有关存货科目。期末再根据造成盘亏和毁损的原因,分以下情况进行处理:

(1)属于自然损耗产生的定额内损耗,记入“管理费用”。

(2)对于入库的残料价值,记入“原材料”科目。

(3)对于应由保险公司和过失人支付的赔款,记入“其他应收款”科目。

(4)扣除残料价值和应由保险公司、过失人赔款后的净损失的处理:①属于计量收发差错和管理不善等原因造成的存货短缺或毁损,应先扣除残料价值、可以收回的保险赔款和过失人的赔偿,然后将净损失计入“管理费用”;②属于自然灾害或意外事故等非常原因造成的存货毁损,应先扣除残料价值、可以收回的保险赔款和过失人的赔偿,然后将净损失计入“营业外支出——盘亏损失或非常损失”科目。

如果有关部门批准处理的金额与已处理的存货的盘盈、盘亏和毁损的金额不一致,应当调整当期会计报表相关项目的年初数。

【例6】 某企业年终进行财产清查,发现库存材料盘亏14 000元,其中,由于计量器具不准造成材料盘亏4 000元,定额内的自然损耗2 000元,由于火灾造成材料毁损8 000元。

根据实存账存对比表对材料盘亏、毁损核实后,编制会计分录如下:

借:待处理财产损溢——待处理流动资产损溢　　14 000

　贷:原材料　　14 000

该项材料的盘亏毁损按照规定报经批准后作以下处理:①由于计量不准和定额内自然损耗而造成的材料盘亏列做管理费用;②由于火灾造成的材料毁损,其中,6 000元应向保险公司索赔,其余2 000元损失列做营业外支出处理。

根据上述处理办法,编制会计分录如下:

借:其他应收款——保险公司 6 000

管理费用 6 000

营业外支出——非常损失 2 000

贷:待处理财产损溢——待处理流动资产损溢 14 000

(三)固定资产盘亏的账务处理

企业应定期对固定资产进行盘点清查,每年至少实地盘点清查一次,以保证固定资产核算的真实性,充分挖掘企业现有固定资产的潜力。在固定资产清查过程中,如果发现盘盈、盘亏的固定资产,应填制固定资产盘盈盘亏报告表。清查固定资产的损溢,应查明原因,并根据企业的管理权限,经股东大会或董事会或经理(厂长)会议或类似机构批准后,在期末结账前处理完毕。若盘盈、盘亏或毁损的固定资产在期末结账前尚未经批准处理的,在对外提供财务会计报告时应按上述原则进行处理,并在会计报表附注中做出说明;如果其后批准处理的金额与已处理的金额不一致,应按其差额调整会计报表相关项目的年初数。

1. 固定资产盘盈的会计处理

企业在财产清查中盘盈的固定资产,作为前期差错处理,先通过“以前年度损益调整”科目核算,盘盈固定资产按同类或类似固定资产市场价格,减去按该项资产的新旧程度估计的价值损耗后的余额,借记“固定资产”科目,贷记“以前年度损益调整”科目。

【例7】 某企业盘盈设备一台,同类固定资产市场价格为16 000元,按七成确定其新旧程度。假定企业所得税率为25%,按净利润10%计提法定盈余公积。

(1)盘盈时:

借:固定资产 11 200

贷:以前年度损益调整 11 200

(2)确定应交纳的所得税时:

借:以前年度损益调整 2 800

贷:应交税费——应交所得税 2 800

(3)结转为留存收益时:

借:以前年度损益调整 8 400

贷:盈余公积——法定盈余公积 840

利润分配——未分配利润 7 560

2. 固定资产盘亏的会计处理

企业盘亏的固定资产应先通过“待处理财产损溢”科目核算,转销时转入“营业外支出”科目。企业发生固定资产盘亏时,按盘亏固定资产的账面价值,借记“待处理财产损溢——待处理固定资产损溢”科目，按已提折旧，借记“累计折旧”科目（如果已提固定资产减值准备的，还应按已提的减值准备，借记“固定资产减值准备”科目），按固定资产原价，贷记“固定资产”科目。盘亏的固定资产转销时，借记“营业外支出——盘亏损失”科目，贷记“待处理财产损溢——待处理固定资产损溢”科目。

【例 8】 某企业盘亏设备一台，原价 16 500 元，已提折旧 2 500 元，根据有关凭证，编制如下会计分录：

（1）注销设备原值和已提折旧：

借：待处理财产损溢——待处理固定资产损溢	14 000	
累计折旧	2 500	
贷：固定资产		16 500

（2）盘亏设备净值转做营业外支出：

借：营业外支出——盘亏损失	14 000	
贷：待处理财产损溢——待处理固定资产损溢		14 000

【案例分析】　内部控制制度的建设

【资料】

2015 年 2 月，A 公司（国有企业）按照财政部门要求，决定在公司系统全面开展《会计法》执行情况检查。4 月初，公司派出检查组对设在外省的销售分公司 B 公司（以下简称 B 公司）进行检查，发现 B 公司存在多头开户、私设小金库等问题。正当检查组准备对有关问题进行深入检查时，A 公司接到有关部门通报，A 公司财会部经理王立、B 公司经理赵海、副经理刘华携巨款潜逃国外。A 公司立即向公安机关报案，同时决定对 B 公司几年来的经营管理和财务会计工作情况进行全面检查。经过 6 个多月的检查，一桩作案多年、涉案金额高达近 2 000 万元的资金盗用案被揭开了面纱。

经查，王立等人的主要作案手段和有关情况如下：

2012 年，王立被任命为 B 公司经理，赵海担任 B 公司副经理，刘华任会计兼出纳。当时，A 公司出于开拓市场、扩大经营规模等考虑，授予 B 公司产品销售定价自主权和对外投资自主权。由于尚未建立销售网络计算机控制系统，对各销售分公司的销售情况，A 公司每月手工统计汇总一次，并要求各销售分公司每月末将当月销售款集中汇缴

A 公司账户，确认销售收入。王立等人利用 A 公司授予的销售定价权，采用高价销售、低价向 A 公司汇总报账的手法截留销货款，形成“小金库”，并利用销售货款上缴的时间差，挪用销售货款用于炒股，非法所得也流入“小金库”。然后，由会计兼出纳的刘华将“小金库”款项源源不断地汇往境外王立等人控制的账户。

2013 年，王立调任 A 公司财会部经理，赵海接任 B 公司经理，刘华任副经理仍兼任会计及出纳工作。此后的几年间，王立、赵海、刘华三人继续采用上述手法大肆作案，直到 2015 年 4 月 A 公司检查组进驻。

案发后，A 公司对此案高度重视，针对此案暴露出的分公司权力过大及内部控制方面存在的缺陷等问题，A 公司董事会做出以下决定：

第一，建立健全公司的内部控制制度，由总经理组织制定与实施，今后如果内部控制方面再出现问题，应由总经理承担全部责任。

第二，加强对外投资的控制，收回各分公司的对外投资权，公司所有的投资均由 A 公司董事长审批。

第三，加强财务管理，会计和出纳人员分设，出纳人员不得兼任账目登记工作，A 公司的银行预留印鉴的印章全部由总会计师统一保管。

第四，加强销售与收款的控制，所有的销售业务（包括制定销售价格、签订销售合同、组织货物发运、结算销售货款等）均由 A 公司销售统一负责，各销售分公司仅负责市场宣传推广、协助催收货款。

第五，加强计算机系统建设和内部审计工作，实现销售网点计算机控制，由 A 公司财会部每年组织对本公司及下属分、子公司内部控制制度执行情况和会计资料进行审计。

【要求】

1. 针对 A 公司发生的案件，分析其内部控制方面的缺陷，并说明理由。
2. 从内部控制角度，指出 A 公司董事会所作决定的不当之处，并说明理由。

第七章

会计规范和会计工作组织

导读

会计规范和会计工作组织

- 会计规范
  - 会计法
  - 会计准则
  - 会计制度
- 会计基本假设、会计基础和会计信息质量要求
  - 会计基本假设
  - 会计基础
  - 会计信息质量要求
- 会计机构和会计人员
  - 会计机构设置
  - 会计工作的组织形式
  - 会计机构内部的分工
  - 会计人员的从业资格
  - 会计专业职务与会计专业技术资格
  - 总会计师
- 会计职业道德
  - 会计职业道德的含义
  - 会计职业道德的特征和作用
  - 会计职业道德的内容：爱岗敬业、诚实守信、廉洁自律、客观公正、坚持准则、提高技能、参与管理和强化服务
- 会计档案
  - 会计档案的归档和保管
  - 会计档案的查阅和复制
  - 会计档案的保管期限

说明：

本章主要介绍了我国的会计规范体系、会计基本假设和会计原则、会计机构和会计人员、会计职业道德、会计档案等内容。通过本章的学习，要求掌握会计规范体系的构成，理解和掌握会计基本假设的内容及会计核算原则；了解会计机构的设置、会计人员的基本职责和权限、会计职业道德等。

在前面各章中，我们分别阐述了会计的基本概念、基本方法和技能，为了更深入地理解前面所学的知识，从总体上认识和把握会计学，本章将介绍会计规范体系、会计机构和会计人员以及会计职业道德。

第一节　会计规范

会计是单位内部的一项经济管理活动，即对本单位所发生的经济业务进行确认、计量、记录和报告。但是，会计在处理各项经济业务时所涉及的经济利益关系不仅限于本单位，而是直接或间接地影响有关各方的利益。因为任何一个单位的经济活动都不是孤立进行的。例如，某一个工厂生产产品要使用材料，与材料的供应商会发生供货关系；生产出的产品要销售，与购买方会发生销货关系；与银行等职能机构会发出信贷关系；与投资人会产生分配关系；等等。会计如何处理这些关系，不仅对本单位的财务收支、利益分配产生影响，而且对国家、其他单位和职工也会产生影响。因此，会计在处理各项经济业务时，必须有一个具有约束力的规范，这是各方利益关系人的客观要求。会计规范就是关于会计工作的法律、行政法规、制度的总称，是会计行为的标准。

会计规范是经济规范体系的重要组成部分。我国经济规范体系中，除了会计规范外，其他有关法律法规对会计也提出了要求，例如，公司法、税法、证券法等对会计工作、会计信息的对外披露都有规定。会计规范包括会计法、会计准则和会计制度。

一、会计法

《中华人民共和国会计法》（以下简称《会计法》）是从事会计工作、办理会计事务的法律规范。《会计法》是会计工作中最高层次的法律规范，是指导会计工作的最高准则，也是制定其他会计法规的依据。我国的《会计法》于 1985 年 1 月 21 日由第六届全国人民代表大会常务委员会第九次会议通过并公布，自 1985 年 5 月 1 日起实施。为适应改革开放和经济发展的要求，第八届全国人民代表大会常务委员会第五次会议于 1993 年 12 月 29 日，通过并公布了第一次修改后的《会计法》。随着社会经济环境的变化，会计信息成为社会各界关注的焦点，为了规范会计信息的生成和披露，适应改革和发展的需要，1999 年 10 月 31 日，第九届全国人民代表大会常务委员会第十二次会议第二次对《会计法》进行了修订，并自 2000 年 7 月 1 日起施行。再次修订的《会计法》对规范会计行为，保证会计资料真实、完整，充分发挥会计在加强财务管理和经济管理、提高经济效益、维护社会主义市场经济秩序中的作用，具有非常重要的意义。

修订并重新发布后的《会计法》共有 7 章 52 条，包括以下几部分内容。

总则部分。本部分规定了《会计法》的立法宗旨；适用范围；依法建账的基本要求；单位负责人的会计责任；会计机构、会计人员的基本职责；对会计人员的法律保护；会计工作管理体制七个方面的问题。

会计核算部分。本部分规定了以下几个方面的问题：会计核算的基本要求；会计核算的内容；会计年度；记账本位币；会计凭证；会计账簿；账目核对；会计处理方法；或有事项的披露；财务会计报告；会计记录文字；会计档案管理。

公司、企业会计核算的特别规定。本部分规定了公司、企业确认、计量、记录会计要素的基本要求和公司、企业会计核算的禁止性规定两个方面的问题。

会计监督部分。本部分规定了五个方面的问题：单位内部会计监督制度；相关人员在单位内部会计监督中的职责；对违法会计行为的检举；会计工作的社会监督；会计工作的国家监督。

会计机构和会计人员部分。本部分规定了七个方面的问题：会计机构的设置；总会计师的设置；会计机构内部稽核制度和内部牵制制度；会计人员从业资格；会计机构负责人的任职资格；会计人员业务培训与教育；会计工作交接。

法律责任部分。本部分主要规定了会计机构、单位负责人、会计人员和其他有关人员违反《会计法》应当承担的法律责任。法律责任包括行政责任和刑事责任两种。

二、会计准则

会计标准是会计人员从事会计工作必须遵循的基本原则，是会计行为的规范化要求，其表现形式主要有会计准则和会计制度。

会计准则是会计确认、计量、记录和报告所依据的标准和规则。由于社会经济背景不同，会计准则的制定机构不同，各国会计准则的内容也不同。

我国企业会计准则起始于 1992 年 11 月第一次颁布的《企业会计准则》，它是在我国由计划经济明确向市场经济转变后，财政部根据当时的国情，借鉴国际惯例出台的第一个会计准则。

随着改革的进一步深化，世界经济的全球化趋势以及知识经济的飞速发展，会计理论也在不断发展并日臻完善。为了使会计信息更准确、客观地反映各种复杂的经济业务，我国从 1997 年开始陆续颁布、施行了 16 项具体会计准则以及《企业会计制度》《金融企业会计制度》和《小企业会计制度》。

近几年来，国际范围内关于会计标准国际协调的呼声越来越高，会计标准趋同的趋势也愈加明显。我国加入世界贸易组织（WTO）以后，为了在更广的范围内获得市场经济国家地位的认同，更好地适应经济全球化的趋势，会计准则的国际化趋同需要也日益迫切。

我国与国际会计准则理事会在充分协调之后，于 2005 年 11 月发表了联合声明。声明指出，建立和完善一套全球高质量的会计准则，是适应经济全球化发展趋势的必然要求。会计国际趋同需要一个过程，国际会计准则理事会和各国会计准则制定机构应持续不懈地共同努力。我们认为，趋同是会计准则制定工作的基本目标之一，旨在使企业按照中国会计准则编制的财务报表与按照国际财务报告准则编制的财务报表相同，趋同的具体方式由中国确定。2006 年 2 月 15 日，我国发布了企业会计准则体系，新的会计准则体系不但与我国国情相适应，而且充分与国际财务报告准则趋同，涵盖了各类企业（小企业除外）的各项经济业务，并且能够独立实施。

企业会计准则体系包括 1 项基本会计准则、41 项具体会计准则和企业会计准则应用指南，其内容包括三个层次：

一是基本会计准则，在整个企业会计准则体系中起统驭作用，主要规范会计目标、会计基本假设、会计信息质量要求、会计要素的确认、计量和报告原则等。基本会计准则的作用是指导具体准则的制定和为尚未有具体准则规范的会计实务问题提供处理原则。基本会计准则适用于在中华人民共和国境内设立的所有企业。

二是具体会计准则，包括存货、固定资产、无形资产等 41 项准则，主要规范企业发生的具体交易或事项的会计处理，为企业处理会计实务问题提供具体而统一的标准。

三是会计准则应用指南，主要包括具体准则解释、会计科目和主要账务处理等，为企业执行会计准则提供操作性规范。

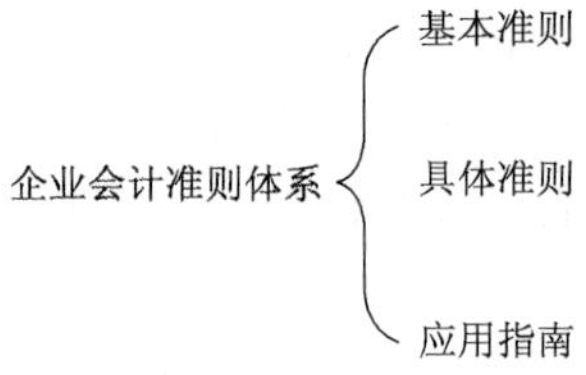

图 7－1　企业会计准则体系

（一）基本会计准则

《企业会计准则——基本准则》的具体内容包括 11 章共 50 条，主要包括：

1. 总则（第一章，共 11 条）
2. 会计信息质量要求（第二章，共 8 条）
3. 会计要素（第三至八章，共 21 条）
4. 会计计量（第九章，共 3 条）
5. 财务会计报告准则（第十章，共 5 条）
6. 附则（第十一章，共 2 条）

（二）具体会计准则

具体会计准则是以基本会计准则为根据，对经济业务的会计处理及其程序提出的具体要求。具体会计准则共有 41 项，具体包括：

企业会计准则第 1 号——存货
企业会计准则第 2 号——长期股权投资
企业会计准则第 3 号——投资性房地产
企业会计准则第 4 号——固定资产
企业会计准则第 5 号——生物资产
企业会计准则第 6 号——无形资产
企业会计准则第 7 号——非货币性资产交换
企业会计准则第 8 号——资产减值
企业会计准则第 9 号——职工薪酬
企业会计准则第 10 号——企业年金基金
企业会计准则第 11 号——股份支付
企业会计准则第 12 号——债务重组
企业会计准则第 13 号——或有事项
企业会计准则第 14 号——收入
企业会计准则第 15 号——建造合同
企业会计准则第 16 号——政府补助
企业会计准则第 17 号——借款费用
企业会计准则第 18 号——所得税
企业会计准则第 19 号——外币折算
企业会计准则第 20 号——企业合并
企业会计准则第 21 号——租赁

企业会计准则第 22 号——金融工具确认和计量
企业会计准则第 23 号——金融资产转移
企业会计准则第 24 号——套期保值
企业会计准则第 25 号——原保险合同
企业会计准则第 26 号——再保险合同
企业会计准则第 27 号——石油天然气开采
企业会计准则第 28 号——会计政策、会计估计变更和差错更正
企业会计准则第 29 号——资产负债表日后事项
企业会计准则第 30 号——财务报表列报
企业会计准则第 31 号——现金流量表
企业会计准则第 32 号——中期财务报告
企业会计准则第 33 号——合并财务报表
企业会计准则第 34 号——每股收益
企业会计准则第 35 号——分部报告
企业会计准则第 36 号——关联方披露
企业会计准则第 37 号——金融工具列报
企业会计准则第 38 号——首次执行企业会计准则
企业会计准则第 39 号——公允价值计量
企业会计准则第 40 号——合营安排
企业会计准则第 41 号——在其他主体中权益的披露

2014 年对《企业会计准则第 2 号——长期股权投资》《企业会计准则第 9 号——职工薪酬》《企业会计准则第 30 号——财务报表列报》《企业会计准则第 33 号——合并财务报表》等四个准则进行了修订。

具体会计准则可以划分为三个层次：

第一层次：一般业务准则。一般业务准则主要规范各类企业普遍适用的一般经济业务的确认和计量要求，包括存货、长期股权投资、投资性房地产、固定资产、无形资产、资产减值、所得税、职工薪酬、股份支付等准则。

第二层次：特殊行业的特定业务准则。特殊行业的特定业务准则主要规范特殊行业的特定业务的确认和计量要求，如金融工具确认和计量、金融资产转移、套期保值、金融工具列报、原保险合同、再保险合同等准则。

第三层次：报告类准则。报告类准则主要规范普遍适用于各类企业的报告类准则，如财务报表列报、现金流量表、合并财务报表、中期财务报告、分部报告、关联方披露等准则。

（三）会计准则应用指南

企业会计准则应用指南是对具体会计准则中的重点、难点和关键做出的解释。指南中还包括会计科目和主要账务处理。

为了规范小企业会计确认、计量和报告行为，促进可持续发展，发挥小企业在国民经济和社会发展中的重要作用，财政部于 2011 年 10 月 18 日制定并发布了《小企业会计准则》，已于 2013 年 1 月 1 日起在小企业范围内施行。

《企业会计准则》和《小企业会计准则》是基本准则框架下的两个子系统，分别适用于大中型企业和小企业。

三、会计制度

会计制度是根据《会计法》和会计准则的要求进行会计工作所应遵循的规则、方法和程序的总称。根据《会计法》的规定，我国的会计制度由财政部门统一制定，是具有一定强制性的法律规范。

从广义上讲，国家统一的会计制度包括会计核算、会计监督、会计机构和会计人员以及会计工作管理的制度。习惯上所讲的会计制度，是指国家财政部门统一制定的会计核算制度。

新中国成立以后，我国一直以统一的会计制度作为会计核算的规范形式。直到 1993 年，随着经济体制改革的不断变化，我国的经济体制由计划经济转换为市场经济，1993 年实施的企业会计准则结束了新中国成立以后计划经济的会计体系，建立了会计准则型的会计模式。目前，我国会计准则和会计制度并用。

我国会计制度分为企业会计制度和预算会计制度。企业会计制度是以盈利为目的的企业法人从事生产经营业务、进行会计核算的规范。1992～1993 年，我国进行了重大的财务会计制度改革，先后发布了《企业会计准则——基本准则》《企业财务通则》以及分行业的财务会计制度，并于 1993 年 7 月 1 日起在所有企业实施。"两则两制"的发布与实施，实现了我国会计核算模式的转换，即由适应高度统一的计划经济体制的财务会计核算模式，转换为适应社会主义市场经济体制的财务会计核算模式。

随着市场经济的深入发展，财务会计制度已不适应市场经济发展的需要，也不适应企业实际工作的需要，"两则两制"时发布的分行业财务会计制度是在我国市场经济刚起步时所制定的，带有较多的计划经济痕迹，不能真实地反映企业的财务状况和经营成果，已成为企业会计信息不可靠的主要原因之一。财务会计制度所规定的某些会计政策和会计估计已不能适应企业的需要，导致企业所反映的各项会计要素缺乏可靠性。

1999年发布的新修订的《会计法》要求企业保证会计资料的真实、完整，并且规定国家实行统一的会计制度，而国家统一的会计核算制度是其中重要的组成部分。国务院发布的《企业财务会计报告条例》要求企业提供真实、完整的会计信息，同时，对1992年发布的《企业会计准则》中有关会计要素作了重新定义。按照重新定义后的会计要素重新审视现行会计制度，仍然存在着与会计要素定义不一致的地方，如固定资产的核算仍然没有满足资产定义的要求。例如，有些公司将已经淘汰的机器设备的价值仍然作为固定资产在资产负债表固定资产项目中反映，这些资产已经预期不会给企业带来经济利益，必须从会计制度上严格按照《企业财务会计报告条例》的要求予以规范。

2001年1月1日，财政部发布并实施了《企业会计制度》，《企业会计制度》打破了行业、所有制的界限，集财务会计于一体，包括会计要素的确认、计量、记录和报告全过程的会计核算标准，它是我国会计核算制度走向成熟的标志。

第二节　会计基本假设和会计信息质量要求

为了给会计信息的使用者提供高质量的会计信息，正确地对会计要素进行确认、计量、记录和报告，对会计必然要提出某些要求和规定，要求会计核算应该符合特定的环境假设，遵守一定的行为规范，这就是会计基本假设和会计原则。

一、会计基本假设

在商品经济条件下，会计活动存在一些不确定的因素，面对这些不确定的因素，会计基本要运用估计和判断，预先做出一定的假设。会计基本假设就是指对那些未被确切认识的事物，根据客观的、正确的情况或趋势所作出的一种合理判断。会计基本假设一般包括会计主体、持续经营、会计分期和货币计量。

（一）会计主体

会计主体也称会计个体或会计实体，是指会计工作为之服务的一个特定单位。进行会计工作，首先要明确会计核算的空间范围，即为谁核算，核算谁的经济业务。会计服务的这个特定单位可以是企业，也可以事业单位、机关团体，但是这些单位在经济上应是独立或相对独立的。这些单位应拥有一定数量的资产，能独立进行生产经营或业务活动，能独立编制财务会计报表。

企业、事业单位、机关团体都是由一定的投资人举办的。企业是通过吸收投资方式取得资金；股份公司是通过发行股票的方式取得资金；事业单位和行政单位是通过国家拨款取得资金。这些单位在经营活动、事业活动中使用了资金，企业在经营活动中使用资金的同时也取得了收入，因此有必要将这些单位作为一个会计主体反映。

会计主体和法律主体不同。法律主体是指由出资人出资组建，在政府指定部门注册登记，拥有法人财产权，具有独立民事行为能力的单位。会计主体与法律主体的关系有以下三种情况：

第一，某一个单位既是会计主体，也是法律主体。例如，股份有限公司、有限责任公司。这些公司具有法人资格，可以以公司的名义拥有资产，承担债务，进行生产经营活动。作为会计主体，要反映公司的经营活动过程及结果。

第二，某一个单位是会计主体但不是法律主体。例如，由自然人所创办的独资企业和合伙企业，这类企业在会计核算上是一个会计主体，以便将企业的经济活动与投资者个人的经济活动及其他主体的经济活动区分开。但它们不是法律主体，独资企业和合伙企业不是独立的法人，因而不能履行法人的权利和义务，即独资企业和合伙企业所拥有的财产和承担的债务在法律上是属于业主或合伙人的。

第三，某一个单位是法律主体但不一定是会计主体。例如，集团公司下属的子公司是一个独立的法律主体，但集团公司在编制合并会计报表时，要将子公司的会计报表合并到集团公司的会计报表中，这时，子公司就不是一个会计主体了。

会计主体假设的意义在于，明确了会计反映和监督的空间范围。以企业为例，首先要区分企业的经济活动与企业所有者的经济活动，会计只记录企业的经济活动，而不记录所有者的经济活动。无论投资人和企业之间的关系多么密切，二者也不能混淆。其次要区分企业自身的经济活动和其他企业的经济活动。

（二）持续经营

持续经营是假设会计主体的经营活动在可以预见的未来，按照现在的形式和目标无限期地继续下去，不会进行破产清算。

持续经营假设规定了会计的时间范围。在市场经济条件下，企业之间存在着激烈的竞争，其生产经营活动带有很大的不确定性。作为会计主体的企业，在激烈的市场竞争中可能持续经营下去，也可能失败倒闭。作为会计，在处理经济业务时，是基于企业随时可能倒闭来反映？还是基于企业持续经营来反映？从企业的主观愿望看，绝大部分都是要在竞争中不断发展、壮大，持续经营下去。因此，在没有确凿证据证明企业将要倒闭之前，可以假设企业按照现在的形式和目标持续经营下去。

持续经营假设要求将会计建立在一个正常状态下，取得的资产可以按原定的用途使用,固定资产的价值要在其使用年限内通过折旧转为费用;负债可以到期才予以清偿;对于跨期的收入和支出,要按照权责发生制确认归属期,以便正确计算各会计期间的经营成果。持续经营假设最主要的意义在于,使会计原则建立在非清算基础之上,从而解决了会计上资产的分类、计价以及收入、费用的确认等问题。例如,资产、负债要按流动和固定分类、按实际成本计价,收入和费用要按权责发生制确定。

如果一个企业破产,持续经营假设便不存在。在企业清算过程中,资产和负债不需要按流动和固定分类,因为资产要立刻变卖,资产和负债要按照清算价值计价,不能再按实际成本计价。

(三)会计分期

会计分期假设是将企业持续不断的经营过程,人为地划分为一定的时间段,以便核算和报告会计主体的财务状况和经营成果。

企业的生产经营活动在时间上是连续不断地进行的,不能等到企业解散或经济活动停止再提供财务会计报告,投资人、债权人、管理者是不允许这样的。为了定期报告企业的财务状况和经营成果,就要假定一个起讫日期作为会计核算的前提条件。会计分期假设就是为了定期进行会计核算,人为地将企业持续经营的期间划分为若干个相等的时间段,以便确定一定期间的财务成果。每一个段落称为一个会计期间,通常以一年为一个会计期间,也叫会计年度。会计年度有不同的划分方法,可以是以十二个月份为终止的历年制,也可以是以一个月份为终止的营业年。我国《会计法》第 11 条规定,我国以公历年度作为会计年度,即每年的 1 月 1 日起至 12 月 31 日止为一个会计年度。我国的会计年度与财政预算年度是一致的。有些国家的会计年度是从 10 月 1 日开始到第二年的 9 月 30 日终止。要注意的是,会计期间的长度应该是相等的,以便各期的财务会计报表进行比较。为了及时了解企业的经营情况,在会计年度内还要按季度、月份结账,编制财务会计报告。

会计分期假设和持续经营假设二者都是对会计主体时间范围的假定。会计分期是持续经营的一个补充。持续经营假设将会计主体的经营活动看做是连续不断的河流,要测量河流的流量,就要人为地把河流截断。会计分期就是将会计主体的经营活动人为地截成时间段,以便测量其经营成果。

会计分期假设的意义在于,界定了会计信息的时间长度。会计主体要定期结算账目,报告财务状况和经营成果,为投资人、债权人、政府部门和企业管理部门及时提供财务会计信息。由于有了会计分期假定,才产生了本期和非本期的概念;才有了权责发生制和收付实现制这两种不同的会计基础;才产生了收入和费用相配比,划分收益性支出与资本性支出等会计原则。

（四）货币计量

货币计量假设是指在会计核算中，要以货币作为统一的尺度，计量、记录和报告企业的经营活动及其结果。我国《会计法》第 12 条规定，会计核算以人民币为记账本位币。业务收支以人民币以外的货币为主的单位可以选定其中一种货币作为记账本位币，但是编报的财务会计报告应当折算为人民币。记账本位币是指日常登记会计账簿和编制财务会计报告的、用以计量的货币。

在运用货币计量假设时，还必须假定货币本身的币值不变，即使有波动，也是少量的，可以抵消，忽略不计。有了这一假定，会计核算才能采用实际成本原则，才能对不同时期的经济业务进行记录和比较。

事实上，作为特殊商品的货币，其币值是不断变动的。但是，如果每发生一次币值变动会计就要做出相应的调整，很难做到。因此，在货币计量假设中，必须以币值不变作为前提，即使发生变动，除非必须，一般也不进行调整。在币值变动幅度不大的情况下，采用币值不变假设进行会计核算所提供的信息基本上能反映企业的经营情况。但是，如果物价变动的幅度很大，币值不变假设显然不符合事实，货币计量不能反映资产的真实价值，会计信息的正确性和有用性也受到了影响。如何解决物价变动情况下会计的计量问题是当代财务会计所面临的一个难题，其已引起了各国会计学家的重视。

二、会计基础

企业会计的确认、计量和报告应当以权责发生制为基础。权责发生制又称为应计制，是与收付实现制相对应的一种会计处理基础。权责发生制是以经济业务是否实际发生为标准来进行会计核算，而不是以现金是否实际收支为标准来进行会计核算。

关于权责发生制在第四章已经作过介绍，归纳起来，以权责发生制为基础进行会计处理，企业确认的收入不一定收到现金，而收到的现金也不一定是收入。企业发生的费用不一定支付现金，而支付的现金也不一定是费用。按照权责发生制进行会计核算，能够准确地提供企业在某一会计期间真正的财务状况和经营成果。

收付实现制也称现金制，是以现金的实际收支为标准确认收入和费用。行政事业单位会计核算一般采用收付实现制。

三、会计信息质量要求

会计信息质量要求是为了保证对外报送的会计信息质量而提出的，根据《企业会计准则——基本准则》的要求，我国会计信息质量要求共包括八个方面的内容，它是我国企业会计核算工作必须遵守的最基本的要求。

（一）可靠性

企业应当以实际发生的交易或者事项为依据进行会计确认、计量和报告，如实反映符合确认和计量要求的各项会计要素及其他相关信息，保证会计信息真实可靠、内容完整。

可靠性是会计信息的一项基本质量要求。可靠性必须建立在如实反映和内容完整的基础上，企业要如实反映实际发生的交易或事项，反映的程序是确认、计量和报告。确认、计量与报告的交易和事项应该是企业实际发生的，而不是虚构的，也不是未来发生的。

会计信息的一个本质特征就是可靠性，它是会计信息生命力的源泉。不可靠的会计信息对投资者是无用的，而及时发布的历史信息也会是相关的。因此，会计信息的相关性是建立在可靠性基础之上的。正因为如此，会计信息的可靠性成为财务会计报告使用者，如投资者、债权人、政府及其有关部门和社会公众，普遍关注的焦点。基本准则明确规定了会计信息质量要求的第一条就是可靠性，表明企业会计准则对可靠性的倚重。同时也要求企业在理解和应用各项具体会计准则时，要结合基本准则对会计信息可靠性的要求，完整把握各项具体会计准则的内涵。

（二）相关性

所谓相关性，是指财务会计报告所提供的会计信息与使用者所进行的决策有关。会计信息如果不具有相关性，即使如实反映财务状况，也是没有用处的。相关的会计信息能够帮助投资人、债权人、管理当局和其他决策者在几个备选方案中做出最佳决策。

我国企业会计准则要求企业提供的会计信息应当与财务会计报告使用者的经济决策需要相关，有助于财务会计报告使用者对企业过去、现在或者未来的情况做出评价或者预测。

（三）可理解性

可理解性是指企业提供的会计信息应当清晰明了，便于财务会计报告使用者理解和使用。提供会计信息的目的就是要使用会计信息，而使用会计信息必须看懂会计报告的内容，弄清有关财务指称的内涵。如果连会计报告的内容都弄不清楚，就谈不上利用会计信息。可理解性要求会计核算所提供的信息应当简明。能够简单明了地反映主体的财务状况和经营成果，以便使用者准确、完整地理解会计信息内容，更好地利用会计信息。

（四）可比性

可比性是指同一企业不同时期发生的相同或者相似的交易或者事项，应当采用一致的会计政策，不得随意变更，确需变更的，应当在附注中说明。不同企业发生的相同或者相似的交易或者事项，应当采用规定的会计政策，以确保会计信息口径一致、相互可比。可比性原则的目的,是为了使会计信息的使用者便于在不同企业之间、同一企业前后各期之间进行比较,从而有效地判断企业经营的优劣,据以做出正确的决策。

按可比性原则进行会计核算,有利于提高会计信息的使用价值;有利于分析、判断企业的经营情况和未来的发展趋势;有利于防止企业通过变更会计处理方法,弄虚作假,粉饰财务会计报告。

强调可比性,并不是说企业采用的会计处理方法绝对不能变动。如果采用另外一种会计处理方法能客观地反映企业的情况,为使用者提供更加有用的信息,企业可以变动会计程序和会计处理方法,但是应当将变动的原因及其对财务成果的影响在财务会计报告中加以注明。

可比性是以客观性为基础的,不能为了追求可比而忽略客观情况,过分强调使用统一的会计处理方法。

(五)实质重于形式

企业应当按照交易或者事项的经济实质进行会计确认、计量和报告,不应仅以交易或者事项的法律形式为依据。具体来说,交易或事项的实质不总是与它们外在的法律形式相一致的,当交易或事项的实质与其法律形式不一致时,会计人员应当根据其经济实质而不是法律形式进行核算和反映。

(六)重要性

重要性是指企业提供的会计信息应当反映与企业财务状况、经营成果和现金流量等有关的所有重要交易或事项。对经济业务的处理和提供会计信息要突出重点,分清主次,即对于企业和会计信息的使用者来说,重要的会计事项必须充分反映,在财务会计报告中作重点说明;而对于次要的会计事项,可以采用简化的核算方法进行处理,不必完全遵守会计原则。例如,企业办公用的订书机等可以使用数年,但是金额很小,购进时不作为资产进行核算,也不提取折旧,而是作为费用一次处理。

重要性是相对的,对某一个企业是重大的事项,可能对另一个企业却不是重大的事项。一般来说,判断某一项目是否重要,不仅要看金额,而且要看性质。凡是金额巨大或性质严重的,可以确定为是重要事项,反之就是不重要事项。会计人员在确定某个项目的重要性时,要看该项目是否会影响会计信息使用者的决策。

(七)谨慎性

谨慎性又称稳健性,是指企业对交易或者事项进行会计确认、计量和报告时,应当保持应有的谨慎,不应高估资产或者收益、低估负债或者费用。

谨慎性是针对经济活动中的不确定因素提出的,要求会计人员在进行会计处理时要保持谨慎小心的态度,要充分考虑到可能发生的风险,尽量少计或不计可能发生的收益。会计上体现谨慎性要求的方法有:对应收账款计提坏账准备,对存货发出采用成本与可变现净值孰低法,对固定资产采用快速折旧法计提折旧等。

运用谨慎性原则的目的,是为了尽量减少企业经营中的风险,当采用了低估资产和收益的会计处理方法时,企业减少了利润,同时也减少了投资人对企业的要求权,能够增强企业承担风险的能力。但是,会计核算中贯彻谨慎性原则并不是可以随意使用。企业不能过度地运用谨慎性原则,歪曲其财务状况和经营成果。

(八)及时性

会计信息必须及时提供,对使用者才会有价值。及时性是指企业对于已经发生的交易或者事项,应当及时进行会计确认、计量和报告,不得提前或者延后。

在市场经济条件下,竞争日益激烈,信息使用者应及时了解、掌握不断变化的情况,因此,会计信息的及时性显得越来越重要。及时性在会计上主要体现在以下三个方面:一要及时收集会计信息,经济业务发生以后,会计人员要将有关的凭证资料及时收集整理;二要及时进行会计处理,编制财务会计报告;三要及时将财务会计报告对外报送出去,以便报表使用者使用。

第三节　会计机构和会计人员

各单位要做好会计工作,充分发挥会计的职能作用,除了要有必要的会计规范外,还必须建立会计机构,配备合格的会计人员,这是完成会计任务、顺利进行会计工作的前提条件。

一、会计机构

(一)会计机构的设置

会计机构是组织领导和直接从事会计工作的职能部门。我国《会计法》第 36 条规定:“各单位应当根据会计业务的需要,设置会计机构,或者在有关机构中设置会计人员并指定会计主管人员;不具备设置条件的,应当委托经批准设立从事会计代理记账业务的中介机构代理记账。”

为了科学、合理地组织开展会计工作,凡实行独立核算的企业和行政事业单位都应当设置会计工作的专职机构。在我国,由于财务工作和会计工作都属于综合性的经济管理工作,通常把财务工作和会计工作合并在一起,设置一个财务会计机构,统一办理财务工作和会计工作。在实际工作中,各单位对会计机构的叫法也不一样,如“财务部

(处、科、股)”“会计部”“计财部”“财会部”等。名称虽然不同,实际上都是我们所讲的会计机构。单独设置会计机构可以使会计机构独立地行使对经济工作的监督职能,发挥会计在经济管理中的作用。不能单独设置会计机构的单位,应当在有关机构中设置会计人员并指定会计主管人员。有些单位规模较小,会计业务比较简单,财务收支数额也较小,可以不单独设置会计机构,但要配备专职的会计人员办理会计事项。为了明确责任,应在会计人员中指定会计主管人员,行使会计机构负责人的职权。

对于不具备设置会计机构和会计人员条件的单位,可以实行代理记账。随着我国经济的迅速发展,经济组织形式发生了很大变化,出现了大量的民营经济和个体经济。这些经济组织规模较小、人员也少,不可能也没有必要设置专门的会计机构或配备专职的会计人员,这样的单位可实行代理记账。代理记账就是由经有关部门批准的代理记账机构根据委托人的委托,进行会计核算,包括审核原始凭证、填制记账凭证、登记会计账簿、编制财务会计报告、定期向有关部门提供财务会计报告、定期向税务机构提供税务资料等。

按照会计机构的职能划分,可将我国的会计机构分为两类。一类是主管会计工作的机构。我国主管会计工作的机构是国务院财政部门,如各级财政部门设置的会计管理机构。另一类是各单位设置的会计机构,如单位设置的会计处(科)等。

国务院财政部门设置的会计管理机构主管全国的会计工作,县级以上各级人民政府财政部门负责管理本地区的会计工作,在管理体制上实行统一领导、分级管理的原则。由各级财政部门负责管理会计工作,体现了政府对会计工作的管理职能,会计在为各单位经营管理和业务活动服务的同时,要为国家的宏观调控服务。

中央各部、委设置的财务会计司以及地方各厅、局设置的财务会计处,主要负责组织、领导和监督本系统下属单位的会计工作。这些会计机构实际上具有双重任务,既公告本系统会计事务的管理工作,比如根据国家的法规政策,制定适合本系统具体情况的政策和制度,又承担着本系统的会计业务工作,比如汇总编制本系统的会计报表等。随着我国经济体制改革的不断深化和国家宏观调控经济机制的形成,这些会计机构的形式和内容将会发生重大的变化。

(二)会计工作的组织形式

在实际工作中,会计核算有两种形式,一种是集中核算形式,一种是分散核算形式。

集中核算形式是指企业的主要会计工作都集中在财务会计部门进行。与这种核算形式相适应,企业可以集中设置一个会计机构,配备专职的会计人员进行工作。在这种核算形式下,企业内部有关部门发生的经济业务可以不进行全面、完整的核算,只需取得或填制原始凭证,并对原始凭证进行适当的汇总,定期将其送到企业财务会计部门,由财务会计部门进行审核，登记入账。集中核算形式有利于会计工作分工协作，精减人员，提高会计工作的效率，但不利于企业内部各有关部门经济核算的积极性。因此，集中核算形式适合那些规模小，部门、机构设置简单的企业。

分散核算形式也称非集中核算形式，是指对企业内部各部门发生的经济业务，由各部门进行核算。与这种核算形式相适应，企业除了要设置总的会计机构以外，还要在所属部门设置会计分支机构，比如大型工业企业，在厂部设财务处，在车间设财务组。在这种核算形式下，企业内部有关部门发生的经济业务由所设的会计分支机构负责核算，包括填制原始凭证或原始凭证汇总表、登记有关账簿、单独核算成本费用、计算盈亏及编制会计报表。会计报表要定期报送到企业会计部门。分散核算形式有利于企业内部单位开展全面经济核算，也有利于加强内部的会计管理。因此，分散核算形式适合已具备一定规模的企业。

在一些实行分散核算形式的企业，企业内部有关部门拥有一定的经营管理权利，有一定数量的资金，同时也负有一定的经济责任。对这些部门可以进行比较全面的核算，单独计算盈亏，编制会计报表。但是这些内部部门不能在银行开设账户，不能单独与外部单位签订合同，也不能单独进行债权债务的核算，这样的部门通常称为半独立核算单位。

在企业内部还有一些部门，如商品流通企业所属的门市部，一般只向上级领取备用金和一定数量的商品，收入全部上交，支付的各项费用由上级报销。这些部门不单独计算盈亏，只计算一部分指标，不设置会计账簿，也不需要编制会计报表，大部分经济业务由所在的财务会计部门集中核算，这样的部门通常称为报账制单位。

（三）会计机构内部的分工

会计机构内部的分工就是按照会计人员的配备情况和会计工作的内容进行合理的分工。

在一个单位，究竟需要配备多少会计人员、设置几个会计岗位，主要取决于单位的经营规模、组织结构形式和业务工作量，不同的单位有不同的要求。由于各个单位经济业务的繁简不同，会计工作的内容不同，会计人员的配备不同，会计机构内部的分工可以有所区别。对于大中型企业，可以根据需要，在会计机构内部设置几个组，由每个组负责有关的会计工作，比如，在大中型工业企业，可以根据情况设置材料组、工资组、成本组和综合组。各组的会计人员也要有分工，负责各种会计工作。

我国有关法规对会计人员配备、会计岗位人员配备、会计岗位设置的原则有具体规定，即规定会计工作岗位可以一人一岗、一人多岗或一岗多人。会计岗位包括会计负责人（会计主管人员）、出纳、财产物资核算、工资核算、成本费用核算、财务成果核算、资金核算、往来核算、总账报表、档案管理等。

在会计机构内部分工时，既要明确每个人的工作范围和职责，也要体现内部稽核制度和内部牵制制度。《会计法》中明确规定："会计机构内部应当建立稽核制度。出纳人员不得兼任稽核、会计档案保管和收入、支出、费用、债权债务账目的登记工作。"

会计机构内部的稽核制度是内部控制的重要组成部分。稽核是稽查与复核的简称。会计机构内部稽核制度是指要指定专人对会计凭证、会计账簿和会计报表以及其他会计资料进行审核，包括事前审核和事后审核。建立会计机构内部的稽核制度，可以防止会计核算工作中的差错，也可以防止舞弊行为。

内部牵制制度也称钱账分管制度，是指凡是涉及款项和财物收付、结算及登记的任何一件工作，必须由两人或两人以上分工办理，以起到相互制约作用的一种制度。内部牵制制度是内部控制制度的一个重要组成部分。实行内部牵制制度，可以加强会计人员之间的相互制约、相互监督和相互核对，提高会计核算的质量。

二、会计人员

设置会计机构以后，就要配备相应的会计人员。一般来说，每一个会计机构内部都要有会计机构负责人（也称会计主管人员）。会计机构负责人是一个单位内部具体负责会计工作的领导人员，其在单位负责人的领导下开展会计工作。另外，按照《会计法》的规定，我国国有和国有资产占控股地位或者主导地位的大、中型企业都必须设置总会计师。总会计师是单位领导成员，全面负责本单位的财务会计管理和经济核算，参与本单位的重大经营决策。

（一）会计人员从业资格

会计从业资格是指从事会计工作的一种职业资质，是进入会计职业的"门槛"。会计是一项经济管理活动，发挥着加强经济和财务管理、提高经济效益、维护社会主义市场经济秩序的作用。实行会计从业资格准入制度，意味着从事会计职业必须具备一定的会计专业能力和职业道德水平，并经考试合格，取得会计从业资格证书后才能从事会计工作。

1. 取得会计从业资格的范围

在国家机关、社会团体、公司、企业、事业单位和其他组织（以下统称单位）从事会计工作的人员必须取得会计从业资格。这里的"其他组织"，是指除了国家机关、社会团体、公司、企业、事业单位以外的依法应当设置会计账簿和实行会计核算的社会组织，如村民委员会、外国在我国的常驻机构等。

在上述单位中，从事下列会计工作的人员必须取得会计从业资格：①出纳；②稽核；③资本、基金核算；④收入、支出、债权债务核算；⑤职工薪酬、成本费用、财务成果核算；

⑥财产物资的收发、增减核算;⑦总账;⑧财务会计报告编制;⑨会计机构内会计档案管理;⑩其他会计工作。

各单位不得任用(聘用)不具备会计从业资格的人员从事会计工作。不具备会计从业资格的人员,不得从事会计工作,不得参加会计专业技术资格考试或评审、会计专业职务的聘任,不得申请取得会计人员荣誉证书。

目前我国会计人员管理制度,除会计从业资格外,还有会计专业技术资格考试或评审、会计专业职务聘任和荣誉证书制度。

(1)会计专业技术资格考试或评审制度。《会计专业职务试行条例》规定,会计专业职务包括:高级会计师、会计师、助理会计师、会计员。高级会计师为高级职务,会计师为中级职务,助理会计师、会计员为初级职务。会计专业技术资格,是指担任会计专业职务的任职资格,包括初级(会计员、助理会计师)、中级(会计师)和高级(高级会计师)三个级别。从1992年起,初级和中级会计资格实行国家统一考试制度。报名参加初级、中级资格考试的人员,应具备会计从业资格,持有会计从业资格证书。从2003年起,高级会计资格实行考试与评审相结合试点,经考试合格后才能参加评审。

(2)会计专业职务聘任制度。会计专业职务实行聘任制,通过考试取得会计专业技术资格的会计人员,表明其已具备担任相应级别会计专业职务的任职资格,用人单位可根据工作需要和德才兼备的原则,从获得会计专业技术资格的会计人员中择优聘任。不具备会计从业资格证书的人员,不得参加会计专业职务的聘任。

(3)荣誉证书制度。《会计法》第六条规定:“对认真执行本法,忠于职守,坚持原则,做出显著成绩的会计人员,给予精神的或者物质的奖励。”《颁发会计人员荣誉证书试行规定》中规定:“凡在全民所有制企业、事业单位、国家机关、军队、社会团体、县以上集体所有制企业以及中外合资、合作和外资经营企业从事财务会计工作满三十年、属于会计专业职务评聘范围的现职会计人员,可按本规定颁发《会计人员荣誉证书》。”要从事财务会计工作满三十年,且属于会计专业职务评聘范围的现职会计人员,必然持有会计从业资格证书。因此,不具备会计从业资格的人员,不得申请取得会计人员荣誉证书。

2. 会计从业资格的取得

(1)会计从业资格考试制度。会计从业资格通过考试形式取得,通过考试这种公开、公平的方式进入会计职业的人员应具备与会计工作要求相适应的业务素质、职业道德水平和较高的整体素质。

会计从业资格管理机构授予申请人会计从业资格的主要依据是会计从业资格考试成绩,同时,也要结合《会计法》和《会计从业资格管理办法》中规定的其他法定条件,例如《会计法》第四十条第一款规定:“因有提供虚假财务会计报告,做假账,隐匿或者故意销毁会计凭证、会计账簿、财务会计报告，贪污、挪用公款，职务侵占等与会计职务有关的违法行为被依法追究刑事责任的人员，不得取得或者重新取得会计从业资格证书。”

第一，会计从业资格考试报名条件。申请参加会计从业资格考试的人员，应当符合下列基本条件：①遵守会计和其他财经法律、法规；②具备良好的道德品质；③具备会计专业基础知识和技能。

被依法吊销会计从业资格证书的人员，自被吊销之日起5年内（含5年）不得参加会计从业资格考试，不得重新取得会计从业资格证书。因有提供虚假财务会计报告，做假账，隐匿或者故意销毁会计凭证、会计账簿、财务会计报告，贪污、挪用公款，职务侵占等与会计职务有关的违法行为，被依法追究刑事责任的人员，不得参加会计从业资格考试，不得取得或者重新取得会计从业资格证书。

第二，会计从业资格考试科目与考试大纲。会计从业资格考试包括三个考试科目：财经法规与会计职业道德、会计基础、初级会计电算化（或珠算五级）。考试科目中，突出了会计法规和职业道德内容，强化应试人员对财经法规与会计职业道德的学习，旨在提高会计从业人员法律意识和会计职业道德观念。

申请参加会计从业资格考试的人员，应当一次性通过财经法规与会计职业道德、会计基础、会计电算化（或者珠算）三门考试，才能取得会计从业资格证书。会计从业资格考试科目实行无纸化考试，无纸化考试题库由财政部统一组织建设。

会计从业资格考试大纲由财政部统一制定并公布。目前，会计从业资格考试并未实现全国统一考试，而是由各省会计从业资格管理机构负责，在各省内实现考试统一管理。但是，会计资格从业证书作为一种全国范围通用的会计从业资格证明，必然要求各省的考试具有较高的一致性和可比性，因此，通过财政部制定并发布全国统一的会计从业资格考试大纲来统一各省会计从业资格考试的标准和内容，并要求各地会计从业资格管理机构将会计从业资格考试试题报财政部备案，以此监督并保持全国各地考试标准的一致性。

（2）会计从业资格证书的申领和颁发。会计从业资格管理机构应当在考试结束后及时公布考试结果，通知考试通过人员在考试结果公布之日起6个月内，到指定的会计从业资格管理机构领取会计从业资格证书。通过会计从业资格考试的人员，应当持本人有效身份证件原件，在规定的期限内，到指定的地点领取会计从业资格证书。

会计从业资格证书是具备会计从业资格的证明文件，在全国范围内有效。持有会计从业资格证书的人员不得涂改、出借会计从业资格证书。

3. 会计从业资格管理

（1）会计人员继续教育制度。会计人员继续教育，是指取得会计从业资格证书的人员在完成某一阶段专业学习后，重新接受一定形式、有组织的、知识更新的教育和培训。

已经取得会计从业资格的人员，应当接受继续教育，提高业务素质和会计职业道德水平。继续教育的管理实行学分制。会计从业资格管理机构应当加强对持证人员继续教育工作的监督、指导。单位应当鼓励和支持持证人员参加继续教育，保证学习时间，提供必要的学习条件。

（2）会计从业资格信息化管理制度。会计从业资格管理机构应当建立持证人员从业档案信息系统，及时记载、更新持证人员的信息内容，包括：持证人员的相关基础信息；持证人员从事会计工作情况；持证人员的变更、调转登记情况；持证人员换发会计从业资格证书情况；持证人员接受继续教育情况；持证人员受到表彰奖励情况；持证人员因违反会计法律、法规、规章和会计职业道德被处罚情况。

持有会计从业资格证书的人员，若姓名、有效身份证件及号码、照片、学历或学位、会计专业技术职务资格、开始从事会计工作时间等基础信息，以及持证人员接受继续教育情况、受到表彰奖励情况内容发生变化的，应当持相关有效证明和会计从业资格证书，到所属会计从业资格管理机构办理从业档案信息变更。会计从业资格管理机构应当在核实相关信息后，为持证人员办理从业档案信息变更。

除上述特定信息需要会计管理机构核实后进行办理外，会计人员的其他信息更新可以登录有关网站自行办理。

（3）会计从业资格调转、遗失、定期换证制度。会计从业人员所属会计从业资格管理机构发生变化的，应当及时办理调转登记手续。

会计从业人员所属会计从业资格管理机构在各省级财政部门、新疆生产建设兵团财务局、中央主管单位各自管辖范围内发生变化的，应当持会计从业资格证书、工作证明（或户籍证明、居住证明）到调入地所属会计从业资格管理机构办理调转登记。

会计从业人员所属会计从业资格管理机构在各省级财政部门、新疆生产建设兵团财务局、中央主管单位管辖范围之间发生变化的，应当及时填写调转登记表，持会计从业资格证书，到原会计从业资格管理机构办理调出手续。持证人员应当自办理调出手续之日起3个月内，持会计从业资格证书、调转登记表和在调入地的工作证明（或户籍证明、居住证明），到调入地会计从业资格管理机构办理调入手续。

持证人员应当妥善保管会计从业资格证书。如有遗失，持证人员应当在履行公告程序后，填写补发申请表，持有关证明材料，向所属会计从业资格管理机构申请补发会计从业资格证书。会计从业资格管理机构核实无误后，应当自受理之日起20个工作日内予以补发。

如有毁损,持证人员应当填写补发申请表,持毁损证书原件,向所属会计从业资格管理机构申请补发会计从业资格证书。会计从业资格管理机构核实无误后,应当自受理之日起20个工作日内予以补发。

会计从业资格证书实行6年定期换证制度。持证人员应当在会计从业资格证书到期前6个月内,填写定期换证登记表,持有效身份证件原件和会计从业资格证书,到所属会计从业资格管理机构办理换证手续。

(4)会计从业资格退出机制。具有下列情形之一的,会计从业资格管理机构可以撤销持证人员的会计从业资格:①会计从业资格管理机构工作人员滥用职权、玩忽职守,做出给予持证人员会计从业资格决定的;②超越法定职权或者违反法定程序,做出给予持证人员会计从业资格决定的;③对不具备会计从业资格的人员,做出给予会计从业资格决定的。持证人员以欺骗、贿赂、舞弊等不正当手段取得会计从业资格的,会计从业资格管理机构应当撤销其会计从业资格。

具有下列情形之一的,会计从业资格管理机构应当注销其会计从业资格:①死亡或者丧失行为能力的;②会计从业资格被依法吊销的。

4. 法律责任

参加会计从业资格考试舞弊的,两年内不得参加会计从业资格考试,由会计从业资格管理机构取消其考试成绩,已取得会计从业资格的,由会计从业资格管理机构撤销其会计从业资格。

持有会计从业资格证的人员具有下列情形之一的,由会计从业资格管理机构责令其限期改正:①不参加继续教育或参加继续教育未取得规定学分的;②未按照规定办理调转登记的;③未按照规定进行信息更新的。

会计从业资格管理机构及其工作人员在实施会计从业资格管理中滥用职权、玩忽职守、徇私舞弊的,依法给予处分。构成犯罪的,依法追究刑事责任。

(二)会计人员的基本职责

《会计法》第5条规定:“会计机构、会计人员依照本法规定进行会计核算,实行会计监督。”这是对会计机构、会计人员基本职责的规定。

1. 进行会计核算

会计人员要按照会计制度的规定,认真进行会计核算工作。要认真填制、审核会计凭证,登记各种账簿,记录各种财产、物资的增减变动及使用情况,正确地计算各种收入、支出、成本和费用,正确地计算财务成果;按期核对账目,进行账实比较,确实做到账证相符、账账相符、账实相符和账表相符,保证会计数字真实、准确、完整,对外对内如实反映经济活动情况,这是会计人员最基本的职责。

2. 实行会计监督

通过会计核算工作,对本单位的经济业务及财务收支的合法性、合理性进行监督。会计监督的主要内容包括:对不真实、不合法的原始凭证有权不予受理,并向单位负责人报告,请求查明原因,追究有关当事人的责任;对记载不准确、不完整的原始凭证予以退回,并要求经办人员按照国家统一会计制度的规定进行更正、补充。会计人员如果发现账簿记录与实物、款项不符,应当按照有关规定进行处理;无权进行处理的,会计人员应当及时报请单位负责人做出处理。会计人员有权拒绝办理或纠正违法会计事项。

三、会计专业职务与会计专业技术资格

会计专业职务和会计专业技术资格都是我国用于考核和评价会计人员的专业知识和业务技能的制度,其目的是,通过考核,合理评价会计人员的技术等级,促进会计人员加强业务学习,不断提高业务水平。

(一)会计专业职务

会计专业职务是区别会计人员业务技能的技术等级。根据 1986 年 4 月中央职称改革工作领导小组转发财政部制定的《会计专业职务试行条例》的规定,会计专业职务分为高级会计师、会计师、助理会计师和会计员。高级会计师为高级职务,会计师为中级职务,助理会计师和会计员为初级职务。《会计专业职务试行条例》还对会计专业职务的基本条件、基本职责以及聘(任)用办法等做出了具体规定。

(二)会计专业技术资格

会计专业技术资格是指担任会计专业职务的任职资格。根据 1992 年 3 月财政部、人事部发布的《会计专业技术资格考试暂行规定》以及相关的补充规定,会计师、助理会计师和会计员专业技术资格实行全国统一考试制度。自会计专业技术资格实行全国统一考试制度以来,历经了几次大的调整和改革。2000 年 9 月,财政部、人事部联合印发了《会计专业技术资格考试暂行规定》(以下简称《暂行规定》)及其实施办法,2004 年 8 月,财政部办公厅、人事部办公厅联合印发了《关于调整会计专业技术资格考试科目及有关问题的通知》,对考试级别、考试科目、报名条件、聘任制度、证书管理等做出了规定。

为促进会计专业技术人才队伍建设,积极探索科学、客观、公正的高级会计师资格评价办法,从 2003 年开始,人事部办公厅、财政部办公厅联合印发了《关于高级会计师资格实行考评结合试点工作的通知》,确定高级会计师资格实行考试与评审相结合的评价办法。凡申请参加高级会计师资格评审的人员,须经考试合格方可参加评审。试点考试由国家统一组织,评审工作仍按照现行办法由试点省组织进行。考试科目为

《高级会计实务》，采取开卷笔答形式，主要考核应试者运用会计、财务、税收等相关理论知识、政策法规，对所提供的有关背景资料进行分析、判断和处理业务的综合能力。参加考试并达到国家合格标准的人员，由全国会计专业技术资格考试办公室核发高级会计师资格考试成绩合格证，该证在全国范围内3年有效。试点地区可根据本地区会计专业人员的实际情况，参照国家标准，确定当年参评的使用标准。

1. 会计专业技术资格考试级别

会计专业技术资格分为初级资格、中级资格和高级资格三个级别。现阶段只对初级、中级会计资格实行全国统一考试制度，高级会计师资格实行考试与评审相结合的制度，目前尚在试点。初级、中级会计资格考试实行全国统一组织、统一考试时间、统一考试大纲、统一考试命题、统一合格标准的考试制度。中级会计资格考试成绩以两年为一个周期，单科成绩采取滚动计算的方法；初级会计资格考试未实行单科成绩滚动的方法，实行一年内一次通过全部科目考试的方法。

2. 会计专业技术资格考试报名条件

参加会计专业技术资格考试的人员，必须符合下列基本条件：

(1) 坚持原则，具备良好的职业道德品质。

(2) 认真执行《会计法》和国家统一的会计制度，以及有关财经法律、法规、规章制度，无严重违反财经纪律的行为。

(3) 履行岗位职责，热爱本职工作。

(4) 具备会计从业资格，持有会计从业资格证书。

报考初级会计资格考试的人员，除具备上述基本条件外，还必须具备教育部门认可的高中毕业以上学历。报考中级会计资格考试的人员，除具备基本条件外，还必须具备下列条件之一：①取得大学专科学历，从事会计工作满5年；②取得大学本科学历，从事会计工作满4年；③取得双学士学位或研究生毕业，从事会计工作满2年；④取得硕士学位，从事会计工作满1年；⑤取得博士学位，即可报考。

上述考试报名条件中所说的学历是指国家教育部门承认的学历；会计工作年限是指取得相应学历前、后从事会计工作时间的总和。

对于通过全国统一考试取得的经济、统计、审计专业技术初级、中级资格的人员，在具备《暂行规定》规定的基本条件后，可报考相应级别的会计专业技术资格考试。

3. 会计专业技术资格证书管理

通过会计专业技术资格考试合格者，由省级人事部门颁发由人事部统一印制的会计专业技术资格证书。该证书在全国范围内有效。

对于伪造学历、会计从业资格证书和资历证明，或者在考试期间有违纪行为的，由会计专业技术资格考试管理机构吊销其会计专业技术资格，由发证机关收回其会计专业技术资格证书,两年内不得再参加会计专业技术资格考试。

4. 会计专业技术职务的评聘

通过全国统一考试取得初级或中级会计专业技术资格的会计人员,表明其已具备担任相应级别会计专业技术职务的任职资格。用人单位可根据工作需要和德才兼备的原则,从获得会计专业技术资格的会计人员中择优录取。对于已取得中级会计资格并符合国家有关规定的会计人员,可聘任会计师职务;对于已取得初级会计资格的人员,如具备大专毕业且担任会计员职务满 2 年,或中专毕业担任会计员职务满 4 年,或者不具备规定学历的,担任会计员职务满 5 年并符合国家有关规定的,可聘任助理会计师职务。不符合以上条件的人员,可聘任会计员职务。

四、会计机构负责人或会计主管人员

会计机构负责人或会计主管人员是各单位会计工作的组织者和领导者。根据《会计法》的规定,各单位应当根据业务的需要设置会计机构,或者在有关机构中设置会计人员并指定会计主管人员;担任会计机构负责人或会计主管人员的,除取得会计从业资格证书外,还应当具备会计师以上专业技术职务或者从事会计工作 3 年以上经历。会计机构负责人或会计主管人员应按照国家统一的会计制度,结合本单位的具体情况,主持制定本单位的会计制度实施办法,科学地组织会计工作,并领导、督促会计人员贯彻执行;参与经营决策,主持制定和考核财务计划或预算;经常研究工作,总结经验,不断改进或完善会计工作;组织会计人员学习,不断提高会计人员的素质,考核会计人员的工作,合理调配会计人员。

五、总会计师

总会计师是主管本单位财务会计工作的行政领导。总会计师协助单位主要行政领导人工作,直接对单位主要行政领导人负责。《会计法》和国务院于 1990 年 12 月 31 日发布的《总会计师条例》,对总会计师的设置范围、任职资格、职责权限等做出了规定。

(一)总会计师的设置范围

根据《会计法》的规定,国有和国有资产占控股地位或者主导地位的大、中型企业必须设置总会计师。《会计法》不限制其他单位根据需要设置总会计师,其他单位可以根据业务需要自行决定是否设置总会计师。

(二)总会计师的地位

总会计师是单位行政领导成员,是单位财务会计工作的主要负责人,全面负责财务会计管理和经济核算,参与单位的重大经营决策活动,是单位主要行政领导人的参谋和助手。总会计师依法行使职权。根据《总会计师条例》的规定，凡是设置总会计师的单位，不应当再设置与总会计师职责重叠的行政副职。

（三）总会计师的任职资格

根据《总会计师条例》的规定，担任总会计师应当具备下列条件：

第一，坚持社会主义方向，积极为社会主义建设和改革开放服务。

第二，坚持原则，廉洁奉公。

第三，取得会计师任职资格，主管一个单位或者单位内一个重要方面的财务会计工作的时间不少于3年。

第四，有较高的理论政策水平，熟悉国家财经法律、法规、方针、政策和制度，掌握现代化管理的有关知识。

第五，具备本行业的基本业务知识，熟悉行业情况，有较强的组织领导能力。

第六，身体健康，能胜任本职工作。

（四）总会计师的职责和权限

1. 总会计师的职责

根据《总会计师条例》的规定，总会计师的职责主要有以下几项：

（1）编制和执行预算、财务收支计划、信贷计划，拟订资金筹措和使用方案，开辟财源，有效地使用资金。

（2）进行成本费用预测、计划、控制、核算、分析和考核，督促本单位有关部门降低消耗，节约费用，提高经济效益。

（3）建立健全经济核算制度，利用财务会计资料进行经济活动分析。

（4）负责对本单位财务会计机构的设置和会计人员的配备、会计专业职务的设置和聘任提出方案，组织会计人员的业务培训和考核，支持会计人员依法行使职权。

（5）协助单位主要行政领导人对企业的生产经营、行政事业单位的业务发展以及基本建设投资等问题做出决策，参与重大合同和经济协议的研究、审查。

2. 总会计师的权限

根据《总会计师条例》的规定，总会计师的权限主要有以下几项：

（1）对违反国家财经法律、法规、方针、政策、制度和有可能在经济上造成损失、浪费的行为，有权制止或者纠正；制止或者纠正无效时，提请单位主要行政领导人处理。

（2）有权组织本单位各职能部门、直属基层组织的经济核算、财务会计和成本管理方面的工作。

（3）主管审批财务收支工作。除一般的财务收支可以由总会计师授权的财会机构负责人或者其他指定人员审批外，重大的财务收支须经总会计师审批或者由总会计师报单位主要行政领导人批准。

(4)签署预算、财务收支计划、成本和费用计划、信贷计划、财务专题报告、会计决算报表;涉及财务收支的重大业务计划、合同、经济协议等,在单位内部须经总会计师会签。

(5)会计人员的任用、晋升、调动、奖惩应当事先征求总会计师的意见;财会机构负责人或者会计主管人员的人选,应当由总会计师进行业务考核,依照有关规定审批。

(五)总会计师的任免程序

对于国有大、中型企业,《总会计师条例》规定,总会计师由本单位主要行政领导人提名,政府主管部门任命或者聘任;免职或者解聘程序与任命或者聘任程序相同。对于事业单位和业务主管部门,《总会计师条例》规定,总会计师依照干部管理权限任命或聘任;免职或者解聘程序与任命或者聘任程序相同。城乡集体所有制企业、事业单位任免(包括聘任或解聘)总会计师,可以参照《总会计师条例》的有关规定办理。其他单位的总会计师应当按照有关法律的规定任免(包括聘任或解聘)。

第四节　会计职业道德

一、会计职业道德的含义

会计职业道德是指在会计职业活动中应遵循的、体现会计职业特征的、调整会计职业关系的职业行为准则和规范。会计职业道德包括以下几个方面的含义。

(一)会计职业道德是调整会计职业活动利益关系的手段

在市场经济条件下,会计职业活动中具有复杂的经济关系,这些经济关系的实质是经济利益关系。在社会主义市场经济建设中,各经济主体的利益与国家利益、社会公众利益时常发生冲突,会计职业道德可以配合国家法律制度,调整职业关系中的经济利益关系,维护正常的经济秩序。会计职业道德允许各经济主体和个人获取合法的自身利益,但反对损害国家和社会公众利益而获取违法利益。

(二)会计职业道德具有相对稳定性

会计是一门实用性很强的经济管理学科,是为加强经营管理,提高经济效益,规范市场经济秩序,维护社会公众利益服务的。市场经济的客观性是通过价值规律表现出来的。任何社会和个人都应当在认识客观经济规律的基础上,主动适应、掌握和运用经济规律,而不能违背经济规律。在市场经济活动中,作为对单位经济业务事项进行确认、计量、记录和报告的会计,会计标准的设计、会计政策的制定、会计方法的选择都必须遵循客观经济规律的要求。由于人们面对的是共同的客观经济规律,因此,会计职业道德主要依附于历史继承性和经济规律,在社会经济关系不断的变迁中,保持自己的相对稳定性。没有任何一个社会制度能够容忍虚假会计信息,也没有任何一个经济主体会允许会计人员私自向外界提供或者泄露单位的商业秘密,会计人员在职业活动中诚实守信、客观公正是会计职业的普遍要求。

(三)会计职业道德具有广泛的社会性

会计职业道德是人们对会计职业行为的客观要求。从受托责任观点出发,会计目标决定了会计所承担的社会责任。随着企业产权制度改革的不断深化,会计不仅要为政府机构、企业管理层、金融机构等提供高质量的会计信息,而且要为投资者、债权人及社会公众服务。会计因其服务对象涉及社会各方,提供的会计信息是公共产品,所以会计职业道德的优劣将会影响国家和社会公众利益。在深圳证券交易所上市的广厦(银川)实业股份有限公司(简称银广厦)会计造假丑闻就是一个典型的案例。银广厦通过伪造购销合同、伪造出口报关单、虚开增值税专用发票、伪造免税文件和伪造金融票据等手段,虚构巨额利润7.45亿元。该公司的股票在其会计造假丑闻败露后股价大幅下跌,使广大股东遭受了巨大的损失,严重干扰了社会经济的正常秩序。由此可见,会计信息质量直接影响着社会经济的发展和社会经济秩序的运行,会计职业道德会受到社会关注,具有广泛的社会性。

二、会计职业道德的特征和作用

(一)会计职业道德的特征

会计职业作为社会经济活动中的一种特殊职业,其职业道德与其他职业道德相比具有自身的特征:

1. 具有一定的强制性

一般的职业道德侧重于调整人们的行为动机和内心信念,通常对那些最低限度的要求赋予强制性。会计职业道德具有广泛的社会性,是旨在维护社会经济秩序的职业规范,而不仅是追求内在精神世界的高尚和完善。为了强化会计职业道德的调整职能,我国会计职业道德中的许多内容都直接纳入了会计法律制度。例如,我国《会计法》《会计基础工作规范》等法律法规都规定了会计职业道德的内容和要求。当然,会计职业道德的许多非强制性内容仍然存在,而且也在发挥着作用。例如,会计职业道德中的提高技能、强化服务、参与管理、奉献社会等内容虽然是非强制性要求,但其直接影响到专业胜任能力、会计信息质量和会计职业的声誉,因此也要求会计人员遵守。

2. 较多关注社会公众利益

会计的一个显著特征是会计活动与社会公众利益密切联系。会计人员在会计工作中会受到利益因素的驱动。由于会计人员的利益取决于经济主体的利益，当个人利益、经济主体利益与国家利益和社会公众利益出现矛盾时，如果会计人员忽视国家利益和社会公众利益，便会产生会计职业道德危机。在会计确认、计量、记录和报告的程序和方法的选择和运用等职业行为上的任何变化，都会使会计职业关系中的各方利益受到直接的影响。注册会计师在从事独立审计业务过程中，也容易受到利益因素的影响。因此，会计职业的社会公众利益性要求会计人员客观公正，在会计职业活动中发生道德冲突时要坚持准则，把社会公众利益放在第一位。

（二）会计职业道德的作用

会计职业道德的作用，主要体现在以下几个方面：

1. 会计职业道德是对会计法律制度的重要补充

会计法律制度是会计职业道德的最低要求，会计职业道德是对会计法律规范的重要补充，其作用是其他会计法律制度所不能替代的。例如，会计法律只能对会计人员不得违法的行为作出规定，不宜对他们如何爱岗敬业、提高技能、强化服务等提出具体要求，但是，如果会计人员缺乏爱岗敬业的热情和态度，没有必要的职业技能和服务意识，则很难保证会计信息达到真实、完整的法定要求。会计职业道德可以起到重要的辅助和补充作用。

2. 会计职业道德是规范会计行为的基础

会计行为是由内心信念来支配的，信念的善与恶将导致行为的是与非。会计职业道德对会计的行为动机提出了相应的要求，如诚实守信、客观公正等，引导、规劝、约束会计人员树立正确的职业观念，遵循职业道德要求，从而达到规范会计行为的目的。

3. 会计职业道德是实现会计目标的重要保证

从会计职业关系角度讲，会计的目标就是为会计职业关系中的各个服务对象提供有用的会计信息。能否为这些服务对象及时提供相关的、可靠的会计信息，取决于会计职业者能否严格履行职业行为准则。如果会计职业者故意或非故意地提供了不充分、不可靠的会计信息，会严重背离会计目标，造成会计信息严重失真，使服务对象的决策失误，甚至导致社会经济秩序混乱。因此，会计职业道德规范约束着会计人员的职业行为是实现会计目标的重要保证。

4. 会计职业道德是会计人员提高素质的内在要求

随着社会的进步和发展，对会计职业者的素质要求也越来越高，会计职业道德是会计人员素质的重要体现。一个高素质的会计人员应当做到爱岗敬业、提高专业胜任能力，这不仅是会计职业道德的主要内容，也是会计职业者遵循会计职业道德的可靠保证。加强会计职业道德教育，引导会计人员进一步加强自我修养，提高专业胜任能力，有利于促进会计人员整体素质的提高。

三、会计职业道德的内容

根据我国会计工作和会计人员的实际情况，结合《公民道德建设实施纲要》和国际上会计职业道德的一般要求，我国会计职业道德规范的主要内容包括：爱岗敬业、诚实守信、廉洁自律、客观公正、坚持准则、提高技能、参与管理和强化服务。

会计人员职业道德规范的对象包括单位会计人员和注册会计师，因为两者都是以会计信息为载体从事工作，从广义上说，都是会计人员的一部分。单位会计人员依据我国现行会计准则、会计制度等会计法律、法规和规章制度，经过记账、算账、报账等环节生成会计信息；注册会计师运用独立审计准则等，对单位会计信息的合法性、真实性、完整性进行社会审计。因此，应将单位会计人员和注册会计师都纳入会计职业道德规范调整的范围内。会计职业道德规范的主要内容，许多都是应由单位会计人员和注册会计师共同遵循的，也有侧重单位会计人员的，如参与管理等。至于注册会计师行业，还应遵守中国注册会计师协会发布的《中国注册会计师职业道德基本准则》的有关规定。

会计职业道德规范的内容与会计职业活动有着紧密的联系。随着社会的发展，会计职业活动的内容不断丰富，社会对会计工作的职业技能和职业要求也越来越高，会计职业道德规范的内容也在不断地丰富和发展。有的会计职业道德规范被提升为会计法律制度的内容，有的会计职业道德规范被淘汰，同时一些新的会计职业道德规范被充实进来。同样，有的会计法律制度的内容也可能被纳入会计职业道德规范。

（一）爱岗敬业

"岗"是指会计工作岗位。会计工作可以划分为若干具体的岗位，如总会计师岗位、会计主管、出纳、财产物资核算、成本费用核算、财务成果核算、销售及往来核算、商品库存核算、财务报告编制、稽核、档案管理等。爱岗就是会计人员要热爱本职工作，安心本职岗位，为做好本职工作尽心尽力、尽职尽责。

敬业是指对所从事的会计职业或行业的正确认识和恭敬态度，并用这种严肃恭敬的态度认真地对待本职工作，将身心与本职工作融为一体。会计职业道德中的敬业就是指从事会计职业的人要充分认识到会计工作在国民经济中的地位和作用，以从事会计工作为荣，敬重会计工作，具有献身于会计工作的决心。

会计人员如果没有形成爱岗敬业的观念，不珍惜自己的职业声誉，不忠于职守，甚至私欲膨胀，就很可能无视国家和社会公众的利益，向会计信息使用者提供虚假的会计信息，其后果不仅严重干扰了信息使用者的决策，而且给社会经济生活和会计职业形象及声誉造成极坏的影响。

（二）诚实守信

诚实是指言行跟内心思想一致，不弄虚作假、不欺上瞒下、做老实人、说老实话、办老实事。守信就是遵守自己所做出的承诺，讲信用，重信用，信守诺言，保守秘密。一般来说，诚实即为守信，守信就是诚实，它们是职业道德的两种不同表现形式。有诚无信，道德品质得不到推广和延伸；有信无诚，信就失去了根基，德就失去了依托。诚实必须守信。

市场经济越发达，职业越社会化，道德信誉就越重要。市场经济是“信用经济”“契约经济”，注重的就是“诚实守信”。信用是维护市场经济步入良性发展轨道的前提和基础，是市场经济社会赖以生存的基石。

（三）廉洁自律

廉洁就是不收受贿赂，不贪污钱财。自律是指自律主体按照一定的标准，自己约束自己、自己控制自己的言行和思想的过程。

会计活动直接涉及和影响国家、单位、投资者、债权人等各方的经济利益。如果会计人员不能做到清正廉洁、客观公正，其职业活动必然会损害或影响第三者的利益；如果会计人员在职业活动中不能严格自律、自我约束、抵制不正当的思想和行为，也难以做到客观公正、清正廉洁。廉洁自律是会计职业道德的前提，这既是会计职业道德的内在要求，也是会计职业声誉的“试金石”。

会计职业自律包括两层含义：会计人员自律和会计行业自律。会计人员的自我约束，即会计人员自律，是一个个体概念。会计人员的自律是会计职业自律的基础和保证，每个会计人员如果有很强的自律性，则整个会计行业的自律性也强。目前，中国会计职业的行业自律机制尚不够健全，对违反会计职业道德的会计人员和会计师事务所的惩处力度也很不够。

（四）客观公正

客观是指按照事物的本来面目去反映，不掺杂个人的主观意愿，也不为他人意志所左右，既不夸大，也不缩小。对于会计工作来说，客观主要包括以下含义：一是真实性，即以客观事实为依据，真实地记录和反映实际经济业务事项；二是可靠性，即会计核算要准确，记录要可靠，凭证要合法。对于会计工作来说，公正主要包括以下含义：一是国家统一的会计制度，即会计准则、制度要公正；二是执行会计准则、制度的人，即企业、单位管理层和会计人员不仅应当具备诚实的品质，而且应公正地开展会计核算和会计监督工作，即在履行会计职能时，摒弃单位、个人私利，公平公正、不偏不倚地对待有关利益各方；三是注册会计师在进行审计鉴证时应以超然独立的态度进行公平公正的判断和评价，出具客观、公正的审计意见。

（五）坚持准则

坚持准则就是要求会计人员在处理业务过程中，严格按照会计法律制度办事，不为主观或他人的意志所左右。这里所说的“准则”不仅指会计准则，而且包括会计法律、国家统一的会计制度以及与会计工作相关的法律制度。

会计人员在进行核算和监督的过程中，只有坚持准则，才能以准则作为行动指南，在发生道德冲突时，应坚持准则，以维护国家利益、社会公众利益和正常的经济秩序。注册会计师在进行审计业务时，应严格按照独立审计准则的要求和国家统一会计制度的规定，出具客观公正的审计报告。

（六）提高技能

会计是一门不断发展变化的学科，它与经济发展有着密切的联系。近年来，随着市场经济的发展和经济全球化进程的加快，特别是我国加入世界贸易组织后，会计改革不断深入，会计的专业性和技术性日趋复杂，对会计人员所应具备的职业技能要求也越来越高。新的经济事物的出现，如衍生金融工具、人力资源价值的计量与核算、通货膨胀、经济全球化带来的外币兑换等，都给会计学科的发展注入了新的动力，也对会计服务提出更高的要求。

会计工作的专业性和技术性很强，会计从业人员必须具备一定的会计专业知识和技能才能胜任会计工作，才能勤勉、谨慎地运用知识、技能、经验，根据客观环境做出正确的职业判断，如选择恰当的会计政策、做出合理的会计估计等。社会在前进，经济在发展，科学在进步，作为一名会计工作者，必须不断地提高其业务技能，这不仅是会计人员的义务，也是做好会计工作的需要。

（七）参与管理

参与管理就是间接地参加管理活动，为管理者当参谋，为管理活动服务。管理活动论认为，会计或会计工作本质上就是一种管理活动，它以商品价值运动为管理对象，以货币计量为主要形式，以核算、监督为基本职能，通过收集、处理和利用经济信息，对经济运行过程进行组织、调节和指导工作，促使人们权衡利弊，比较得失，讲求经济效益。信息系统论认为，会计是一个以提供财务信息为主的信息系统，会计人员在企业管理中，为企业管理部门正确地进行决策和经营提供所需数据。无论是管理活动论还是信息系统论，都认为会计或会计工作并不能够直接进行企业生产经营活动的管理或决策。

会计人员在参与管理过程中并不直接从事管理活动，只是尽职尽责地履行会计职责，间接地从事管理活动或者参与管理活动，为管理活动服务。

会计人员一定要树立参与管理的意识，积极主动地当好参谋。要主动地向领导反映经营活动中的情况和存在的问题，提出合理的建议，协助领导决策，参与经营管理活动，不能只是被动地记账、算账和报账。

（八）强化服务

强化服务就是要求会计人员具有文明的服务态度、强烈的服务意识和优良的服务质量。会计人员的服务态度直接关系到会计行业的声誉。如果会计人员服务态度好，工作质量高，做到讲文明、讲礼貌、讲信誉、讲诚实，坚持准则，严格执法，服务周到，就能提高会计职业的信誉，增强会计职业的生命力；反之，就会影响会计职业的声誉，甚至影响全行业的生存和发展。

强化服务的关键是提高服务质量。单位会计人员和注册会计师的服务内容各有侧重，其服务效果的表现也不同。单位会计人员服务的内容就是客观、真实地记录、反映单位的经济业务活动，为管理者提供真实、正确的经济信息，当好参谋；为股东真实地记录财产的变动状况，确保股东资产的完整与增值，当好股东的管家。

注册会计师要以独立、客观、公正的态度接受委托人的委托，提供会计鉴证等服务。注册会计师或会计师事务所与委托人之间是一种服务与被服务的关系。注册会计师不仅要与委托人打交道，还要与在实际工作中接受服务的单位和个人打交道，因而，强化服务的内容就是以客观、公正的态度正确评价委托单位的财务状况，更好地为社会公众及会计信息使用者服务。

第五节　会计档案

会计档案是指会计凭证、会计账簿和财务会计报告等会计核算的专业材料，它是记录和反映经济业务的重要史料和证据。各单位必须加强对会计档案管理工作的领导，建立和健全会计档案归档、保管、调阅和销毁等管理制度，管好会计档案。

一、会计档案的归档和保管

根据财政部、国家档案局联合发布的《会计档案管理办法》，各单位每年形成的会计档案，都应由财务会计部门按照归档的要求，负责整理立卷或装订成册。当年形成的会计档案在会计年度终了，可暂由本单位财务会计部门保管一年。期满之后，原则上应由财务会计部门编造清册，移交本单位的档案部门保管；未设立档案部门的，应当在财务会计部门内部指定专人保管。

档案部门接收保管的会计档案，原则上应当保持原卷册的封装，个别需要拆封重新整理的，应当会同原财务会计部门和经办人共同拆封整理，以分清责任。

各单位对会计档案应当科学管理，做到妥善保管、存放有序、查找方便。同时，严格执行安全和保密制度，不得随意堆放，严防毁损、散失和泄密。

二、会计档案的查阅和复制

各单位应建立健全会计档案的查阅、复制登记制度。各单位保存的会计档案不得借出。如有特殊需要，经本单位负责人批准，可以提供查阅或者复制，并办理登记手续。查阅或者复制会计档案的人员严禁在会计档案上涂画、拆封和抽换。

三、会计档案的保管期限

会计档案的重要程度不同，其保管期限也有所不同。根据其特点，各种会计档案的保管期限分为永久和定期两类。定期保管期限分为3年、5年、10年、15年、25年五种。会计档案的保管期限从会计年度终了后的第一天算起。

《会计档案管理办法》规定了我国企业和其他组织、预算单位等会计档案的保管期限（见表7－1和表7－2）。

表7－1　　企业和其他组织会计档案保管期限表

序号	档案名称	保管期限	备　注
	会计凭证类		
1	原始凭证	15年	
2	记账凭证	15年	
3	汇总凭证	15年	
	会计账簿类		
4	总账	15年	包括日记总账
5	明细账	15年	
6	日记账	15年	现金和银行存款日记账保管25年
7	固定资产卡片		固定资产报废清理后保管5年
8	辅助账簿	15年	

续表

序号	档案名称	保管期限	备　注
	财务报告类		
9	月、季度财务报告	3年	包括文字分析
10	年度财务报告(决算)	永久	包括文字分析
	其他类		
11	会计移交清册	15年	
12	会计档案保管清册	永久	
13	会计档案销毁清册	永久	
14	银行余额调节表	5年	
15	银行对账单	5年	

表7-2　　财政总预算、行政单位、事业单位和税收会计档案保管期限表

序号	档案名称	保管期限			备　注
		财政总预算	行政、事业单位	税收会计	
	会计凭证类				
1	国家金库编送的各种报表及缴库退库凭证	10年	10年		
2	各收入机关编送的报表	10年			
3	行政单位和事业单位的各种会计凭证		15年		包括原始凭证、记账凭证和传票汇总表
4	各种完税凭证和缴库、退库凭证			15年	缴款书存根联在销号后保管2年
5	财政总预算拨款凭证及其他会计凭证	15年			包括拨款凭证和其他会计凭证
6	农牧业税结算凭证			15年	
	会计账簿类				
7	日记账		15年	15年	
8	总账	15年	15年	15年	
9	税收日记账(总账)和税收票证分类出纳账			25年	

续表

序号	档案名称	保管期限			备　注
		财政总预算	行政、事业单位	税收会计	
10	明细分类、分户账或登记簿	15 年	15 年	15 年	
11	现金出纳账、银行存款账		25 年	25 年	
12	行政单位和事业单位固定资产明细账(卡片)				行政单位和事业单位固定资产报废清理后保管 5 年
	财务报表类				
13	财政总预算	永久			
14	行政单位和事业单位决算	10 年	永久		
15	税收年报(决算)	10 年		永久	
16	国家金库年报(决算)	10 年			
17	基本建设拨款、贷款年报(决算)	10 年			
18	财政总预算会计旬报	3 年			所属单位报送的保管 2 年
19	财政总预算会计月、季度报表	5 年			所属单位报送的保管 2 年
20	行政单位和事业单位会计月、季度报表		5 年		所属单位报送的保管 2 年
21	税收会计报表(包括票证报表)			10 年	电报保管 1 年,所属税务机关报送的保管 3 年
	其他类				
22	会计移交清册	15 年	15 年	15 年	
23	会计档案保管清册	永久	永久	永久	
24	会计档案销毁清册	永久	永久	永久	

注:税务机关的税务经费会计档案保管期限,按行政单位会计档案保管期限的规定办理。

四、会计档案的销毁

会计档案保管期满需要销毁时,应由本单位档案部门提出销毁意见,会同财务会计部门共同鉴定和审查,编造会计档案销毁清册。会计档案销毁清册是销毁会计档案的记录和报批文件,一般应包括会计档案的名称、卷号、册数、起止年度和档案编号、应保管期限、已保管期限、销毁日期等内容。单位负责人应当在会计档案销毁清册上签署意见。

对于保管期满但未结清的债权债务以及涉及其他未了事项的原始凭证，不得销毁，应单独抽出，另行立卷，由档案部门保管到未了事项完结时为止。单独抽出立卷的会计档案应当在会计档案销毁清册和会计档案保管清册中列明。

各单位按规定销毁会计档案时，应当由档案部门和会计部门共同派员监销。国家机关销毁会计档案时，还应由同级财政部门、审计部门派员监销。各级财政部门销毁会计档案时，由同级审计机关派员监销。监销人销毁会计档案之前，应当按照会计档案销毁清册所列内容认真进行清点汇兑所要销毁的会计档案，销毁后，应当在销毁清册上签名盖章，并将监销情况报告本单位负责人。

【案例分析】 会计相关法规

【资料】

京天公司是一家国有大型企业。2014 年，公司产品销路不好，面临着亏损的局面，公司董事长指示总经理把财务报表做得好看一些，总经理将此项工作交给总会计师，要求财务部门按照董事长的意见办理。总会计师按照领导的意图，对 2014 年的财务报表进行了技术处理，虚拟了几笔没有交易的销售收入，从而使公司的财务报表由亏损变为盈利。经诚信会计师事务所审计后，公司财务报表对外报出。

2015 年 4 月，当地财政部门发现该公司存在重大会计作假行为，依据《会计法》及相关法规，拟对该公司董事长、总经理、总会计师等相关人员进行行政处罚，并分别下达了行政处罚告知书。但是京天公司的董事长认为：自己虽然在财务报表上签字并盖章，但只是履行会计手续，不能负任何责任。公司总经理认为：自己主要抓生产经营，不懂会计，在财务报表上签字并盖章，也只是履行程序。总会计师认为：公司对外报出的财务报表是经过诚信会计师事务所审计的，会计师事务所出具了无保留意见的审计报告，因此诚信会计师事务所应对本公司财务报表的真实性、完整性负责，承担由此带来的一切责任。

【要求】

根据我国会计法律、法规，分析京天公司董事长、总经理、总会计师的观点是否正确，并说明理由。

教师参考资料

《会计学基础》课程教学大纲

第一部分　总　　则

Ⅰ 课程性质与设置目的

《会计学基础》课程是国内外会计学历教育公认的专业基础课程，是大学本科会计专业学习的关键课程。本课程与有关的专业基础知识联系密切，学习《会计学基础》课程必须具有一定的背景知识，《经济学》《金融学》《管理学》等方面的基础知识尤为重要，这关系到进入《会计学基础》大学本科课程学习的理论起点。设置本课程是为了奠定会计专业大学本科学生学习会计专业知识的基础，帮助学生由非专业学习向专业学习入门。

Ⅱ 教学目的与要求

本课程的教学目的是使学生能够全面了解现代会计学的总体框架和基本理论，熟悉会计核算的基本方法和基本技能，培养适应21世纪经济管理工作需要的通用型专业人才。本课程的教学，一要坚持理论与实际相结合，在讲授会计基础理论和方法的同时，要注意介绍会计工作实务，培养学生的基本技能；二要在讲授系统、全面的会计基础性知识的同时，还要就重点、难点内容详细讲解其基本理论；三要采用“教练式”的教学方式，教师不仅要课堂讲授而且要亲自示范演练，学生不仅要听课还要动手练，从而完善学生专业化学习入门的教学。

Ⅲ 教材以及教学参考文献的选编原则

本课程教材的选编原则：一是基础性，系统地介绍会计学的基本理论、基础知识和基本技能；二是系统性，每一篇章各部分内容之间逻辑连贯、理论协调和知识讲授程度循序渐进，符合教学大纲的基本要求，结构严谨，系统规范；三是实用性，在阐述基本理论、基本知识和基本技能规范性的同时，注重其在实践中的应用性；四是先进性，反映本学科的最新理论研究与理论应用动态。

Ⅳ 教学方法与考核方法

教学方法：坚持教师讲授与指导学生练习相结合，课堂系统规范地讲授本课程内容，全部课程运用多媒体教学手段；实行教师课外辅导与答疑；加强学生的预习与复习环节，模拟案例操作与问题分析的测验环节。

考核方法：实行考教分离；建立考试题库制。

成绩评定：平时的作业和测验占30%，期末考试成绩占70%；采用案例实战等多种考核方式。

Ⅴ 教学内容与课时安排

教学内容与教学时数分配表

章　次	教 学 内 容	教学时数
第一章	总论	4
第二章	会计循环（一）：会计分录与会计凭证	13
第三章	会计循环（二）：账簿登记、调账与结账	10
第四章	会计循环（三）：财务报告	6
第五章	制造业主要经济业务核算和成本计算	12
第六章	内部控制与财产清查	3
第七章	会计规范和会计工作组织	3

第二部分　教学内容

第一章　总　　论

Ⅰ 教学目的和要求

通过本章的学习,熟练掌握会计学基础中最基本的术语及概念,了解会计的产生和历史发展过程,正确理解会计研究的对象、运用的专业方法、所要达到的目标,进而对会计学科有一个总体的框架性认识。理解并掌握会计的定义、会计的对象、会计的职能和目标及会计的基本程序和方法。

本章重点:建立专业性的会计认识。从会计定义出发,建立一个较完整的会计概念。充分理解会计要素的内容、构成及其相互关系;会计核算的工作内容及其相互关系以及在会计中的地位;会计核算方法的组成;会计学的构架。

本章难点:会计的定义、会计的对象、会计核算的工作内容和会计方法。

教学课时:4 课时。

Ⅱ 课程内容

第一节　什么是会计

一、会计的产生和发展

二、会计的定义

第二节　会计的对象

一、会计对象概述

二、会计要素

第三节　会计的职能和目标

一、会计的职能

二、会计目标

第四节　会计核算的工作内容和会计方法

一、会计核算的工作内容

二、会计方法

三、会计核算方法

第五节　会计学和会计学科体系

一、会计学

二、会计学科体系

第二章　会计循环(一):会计分录与会计凭证

Ⅰ 教学目的和要求

通过本章的学习,了解会计循环的步骤,理解会计等式的含义并准确阐述会计恒等式;掌握会计科目、账户、借贷记账法、会计分录及会计凭证的概念;运用借贷记账法编制会计分录和记账凭证。通过一些会计核算方法的学习,掌握深入学习的途径。

本章重点:以会计循环为起点,认识会计核算的过程。充分理解会计恒等式是会计核算的理论基础。掌握设置会计科目和账户是会计核算的一个专门方法。准确认识和掌握复式记账是科学的记账方法,同时,明确借贷记账法的作用、规则,能够准确运用借贷记账法。专业性地认识和掌握会计的记录和记录载体是会计分录及会计凭证。

本章难点:会计恒等式、复式记账、借贷记账法、会计分录及会计凭证。

教学课时:13 课时。

Ⅱ 课程内容

第一节　会计循环

一、收集有关经济业务的数据

二、分析各项经济业务

三、编制会计分录

四、过入有关账簿

五、编制调整前试算表

六、账项调整
七、编制调整后试算表
八、编制结账分录并过入分类账
九、编制结账后试算表
十、编制财务报表

第二节　会计恒等式

一、会计恒等式的含义
二、资产、负债与所有者权益间的数量关系
三、收入、费用与利润间的数量关系
四、资产、负债、所有者权益收入、费用和利润之间的数量关系

第三节　会计科目和账户

一、会计科目的含义、作用、设置原则及分类
二、账户的含义及结构

第四节　复式记账

一、复式记账的含义及基本特征
二、借贷记账法的产生发展、账户结构、记账规则
三、以实例说明借贷记账法的具体运用
四、过账和试算平衡

第五节　会计凭证

一、会计凭证的意义和种类
二、原始凭证的种类、基本内容及填制与审核
三、记账凭证的种类、基本内容及填制与审核
四、会计凭证的传递和保管

第三章　会计循环(二):账簿登记、调账与结账

Ⅰ 教学目的和要求

通过本章的学习,理解账簿的概念、账项调整的原理,以及围绕账簿内容展开的会计循环。掌握账簿登记方法、试算平衡方法、调账和结账方法;熟悉工作底稿的编制与

运用。

本章重点:建立会计账簿体系。掌握账簿的基本问题,如账簿作用、账簿结构、账簿登记、账簿分类、记账规则、总账明细账平行登记。理解和解决账簿的重要问题,包括账簿试算平衡、会计确认与计量基础——权责发生制和收付实现制、账项调整与结账。熟悉记账程序和工作底稿的编制。

本章难点:账簿试算平衡、会计确认与计量基础——权责发生制和收付实现制、账项调整与结账、工作底稿。

教学课时:10 课时。

Ⅱ 课程内容

第一节　账簿登记

一、账簿的概念与作用

二、账簿的分类

三、账簿的设置与登记

四、记账规则与账簿保管

五、试算平衡

六、总分类核算和明细分类核算

七、记账程序

第二节　调账

一、权责发生制与收付实现制

二、账项调整的类型和账项调整的会计处理

第三节　工作底稿

一、试算平衡工作底稿

二、工作底稿的编制

第四节　结账

一、结账的含义和内容

二、结账的方法

三、结账业务的核算

四、结账后试算表

第四章　会计循环(三):财务报告

Ⅰ 教学目的和要求

通过本章的学习,理解财务会计报告、资产负债表、利润表和现金流量表的概念,掌握资产负债表和利润表的编制,了解现金流量表的基本内容。

本章重点:系统地认识财务会计报告的理论构架,财务会计报告定义、构成,财务会计信息的意义,会计报表编制目的、理论依据,会计报表结构及项目间的逻辑关系。熟练掌握简单会计报表的编制、法规下的会计报表格式、会计报表的编制依据及编制程序。

本章难点:会计报表的编制目的和理论依据、会计报表结构及项目间的逻辑关系。

教学课时:6 课时。

Ⅱ 课程内容

第一节　财务报告概述

一、财务会计报告的概念与会计报表分类

二、会计报表的编制目的和编制要求

三、编制财务会计报告的准备工作

第二节　资产负债表

一、资产负债表的作用、内容及结构

二、资产负债表的编制方法及实例

第三节　利润表

一、利润表的意义和格式

二、利润表的编制方法

第四节　现金流量表

一、现金流量表的作用

二、现金流量表的结构

第五节　所有者权益(股东权益)变动表

所有者权益变动表的格式

第六节　财务报表附注

一、财务报表附注的概念和意义

二、财务报表附注的内容

第五章　制造业经济业务核算和成本计算

Ⅰ 教学目的和要求

本章将以制造业为例,讲授了借贷记账法的深入应用,使学生进一步熟悉会计循环。通过本章的学习,要了解制造业经营过程及资金运动过程,掌握采购、生产业务核算及其成本计算,掌握销售业务核算、财务成果计算及核算。

本章重点:掌握会计核算的基本技术,侧重会计的基本理论与会计实践相结合,重点突出会计对经济业务的分类及处理,如设置账户、编制有关会计分录、计算有关成本、财务成果。理解“待摊费用”和“预提费用”的理论依据与实务操作。掌握相关法规对会计实务的约束。

本章难点:会计对制造企业经济业务的分类及处理,如设置有关账户、编制有关会计分录、计算有关成本、财务成果;理解和运用账户的分类。

教学课时:12 课时。

Ⅱ 课程内容

第一节　制造业的生产经营过程和成本计算内容

一、制造业的生产经营过程

二、成本计算的主要内容

第二节　筹资业务的核算

一、筹资业务设置的主要账户

二、筹资阶段主要经济业务核算举例

第三节　供应过程的核算

一、供应过程设置的主要账户

二、供应过程主要经济业务核算举例
三、材料采购成本的计算

第四节　生产过程的核算

一、生产过程设置的主要账户
二、产品生产过程主要经济业务核算举例
三、产品生产成本的计算

第五节　销售过程的核算

一、销售过程设置的主要账户
二、销售过程主要经济业务核算举例

第六节　财务成果的核算

一、财务成果核算设置的主要账户
二、财务成果核算主要经济业务举例

第七节　账户的分类

一、账户分类的意义
二、按经济内容分类
三、按用途和结构的分类

第八节　制造业会计核算案例

第六章　内部控制与财产清查

丨 教学目的和要求

通过本章的学习,掌握内部控制度的基本概念和基本内容,了解内部控制的基本目标及其检查和评价,掌握财产清查的意义和财产物资的盘存制度。

本章重点:强化会计监督的意识,充分理解内部控制原理,掌握财产清查概念及财产物资的盘存制度。

本章难点:会计内部控制原理、永续盘存制、实地盘存制。

教学课时:3 课时。

Ⅱ 课程内容

第一节 内部控制制度

一、内部控制的概念和基本方式

二、内部控制的检查和评价

第二节 内部控制方法的应用

一、货币资金管理的内部控制

二、存货管理的内部控制

第三节 财产清查

一、财产清查的概念和意义

二、财产清查的程序

三、财产清查的种类与盘存制度

四、财产清查的账务处理

第七章 会计规范和会计工作组织

Ⅰ 教学目的和要求

通过本章的学习,掌握会计规范体系的构成,理解和掌握会计假设的内容及会计原则,了解会计机构的设置、会计人员的基本职责和权限、会计职业道德。

本章重点:建立关于会计工作法规的知识体系,会计法与会计工作的关系,会计可依据的标准与规则——会计准则,会计工作的具体规章——会计制度,财务会计基本理论和核算体系的基本前提,会计核算的行为规范——会计原则。

本章难点:会计规范体系、会计基本前提

教学课时:3 课时。

Ⅱ 课程内容

第一节 会计规范

一、会计法

二、会计准则

第二节 会计基本假设和会计信息质量要求

一、会计基本假设

二、会计基础
三、会计信息质量要求

第三节　会计机构和会计人员

一、会计机构
二、会计人员
三、会计专业职务与会计专业技术资格
四、会计机构负责人或会计主管人员
五、总会计师

第四节　会计职业道德

一、会计职业道德的含义
二、会计职业道德的特征和作用
三、会计职业道德的内容

第五节　会计档案

一、会计档案的归档和保管
二、会计档案的查阅和复制
三、会计档案的保管期限

学生学习资料

第一章　总　　论

一、专业术语

会计　会计对象　资产　负债　所有者权益　收入　费用　利润　会计的职能　会计的核算职能　会计的监督职能　会计确认　会计计量　会计记录　会计报告　会计核算方法　会计学

二、思考题

1. 会计是如何产生并发展的？会计的发展可以分为哪几个阶段？
2. 什么是会计？怎样理解会计的基本概念？
3. 什么是会计对象？它与会计要素是什么关系？
4. 什么是会计的职能？现代会计有哪些职能？它们之间的关系如何？
5. 企业编制财务报告的目标是什么？
6. 什么是资产？资产有何特点？它包括哪些内容？
7. 什么是负债？负债有何特点？
8. 什么是所有者权益？所有者权益有何特点？它包括哪些内容？
9. 如何理解收入要素？
10. 如何理解费用要素？
11. 什么是会计核算方法？各种会计核算方法之间有何联系？
12. 会计核算工作包括哪些环节？

13. 什么是会计确认？如何进行会计确认？

14. 什么是会计学？会计学科由哪些分支学科组成？

三、练习题

（一）名词与解释配对判断题

将以下名词与其正确的解释配对：

1. 会计对象、会计职能、会计目标

A. 会计核算和监督的内容，即会计客体。会计一般对象可概括为企业再生产过程中的资金运动，具体对象称为会计要素，包括资产、负债、所有者权益、收入、费用和利润。

B. 会计在经济管理中所具有的功能，是会计的本质属性之一，是客观存在的，不是主观上所赋予的。

C. 会计活动所要达到的目的。会计活动是最高层次的财务会计概念，是财务会计理论研究的起点。

2. 资产、负债、所有者权益、收入、费用、利润

A. 过去的交易、事项形成并由企业拥有或者控制的资源，该资源预期会给企业带来经济利益。

B. 过去的交易、事项形成的现时义务，履行该义务预期会导致经济利益流出企业。

C. 所有者在企业资产中享有的经济利益，其金额为资产减去负债后的余额。

D. 企业在销售商品、提供劳务及让渡资产使用权等日常活动中所形成的经济利益的总流入。

E. 企业在销售商品、提供劳务等日常活动中所发生的经济利益的流出。

F. 企业在一定会计期间的经营成果。

（二）填空题

1. 早期的会计是由生产者在“生产时间之外，附带地把收入、支付等记载下来”，只是“__________”。

2. __________年，卢卡 · 巴其阿勒的著作《算术、几何、比及比例概要》一书问世，标志着近代会计的开始。

3. 1853 年，英国苏格兰的注册会计师成立了第一个会计师协会——__________，标志着会计师从此成为一门专门的职业。

4. __________年，我国颁布了新中国第一部__________，这标志着我国会计工作进入了法制化的新时期。

5. 会计的基本职能可表述为__________和__________。

6. 会计核算的方法包括设置会计科目和账户、填制和审核会计凭证、复式记账、登记账簿、__________、__________和编制会计报表等专门方法。

7. 财务状况是指企业一定日期的资产及权益情况,是资金运动相对静止状态时的表现。反映财务状况的会计要素包括__________、__________、__________。

8. 经营成果是企业在一定时期内从事生产经营活动所取得的最终成果,是资金运动显著变动状态的主要体现。反映经营成果的会计要素包括__________、__________、__________。

9. 会计计量包括__________和__________两个方面的内容。

10. 在会计方法中__________是最基本的方法。

11. 企业资金来源按承担企业经营风险责任和享有企业经营收益权利的不同,分为__________和__________。

12. 所有者权益在数量上等于企业的全部__________减去全部__________以后的净额。

(三)判断题

1. 会计在产生的初期,只是作为“生产职能的附带部分”,随着剩余产品规模的扩大,会计逐渐从生产职能中分离出来,成为独立的职能。(　　)

2. 卢卡·巴其阿勒的著作《算术、几何、比及比例概要》一书问世,标志着近代会计的开始。(　　)

3. 会计是对经济活动进行连续、系统、全面地反映和监督的经济管理工具。(　　)

4. 会计可以反映过去已经发生的经济活动,也可以反映未来可能发生的经济活动。(　　)

5. 会计核算具有连续性,而会计监督只具有强制性。(　　)

6. 没有会计监督,会计核算便失去了存在的意义。(　　)

7. 会计要素是构成会计报表的基本单位。(　　)

8. 会计的对象是企业单位发生的各项经济活动。(　　)

9. 会计是一项旨在提高经济效益的管理活动,会计学应属于自然科学的范畴。(　　)

10. 资产是指企业拥有或控制的经济资源。(　　)

11. 所有者权益在数量上等于企业的全部资产减去净资产以后的净额。(　　)

12. 某一财产物资要成为企业的资产,其所有权必须属于企业。(　　)

13. 未来不能给企业带来经济利益的资源不能作为企业资产。(　　)
14. 资产和权益在金额上始终是相等的。(　　)
15. 任何流入企业的资产都可以定义为企业的收入。(　　)

(四)单项选择题

1. 会计的职能是(　　)。
   A. 随着经济的发展和会计内容作用的不断扩大而发展
   B. 永恒不变
   C. 随着生产关系的变更而发展
   D. 只有在社会主义制度下才发展
2. 会计的核算职能不具有(　　)。
   A. 连续性　　B. 主观性　　C. 系统性　　D. 全面性
3. 会计的基本职能是(　　)。
   A. 控制与监督　　B. 核算与监督　　C. 反映与核算　　D. 核算与分析
4. 会计对经济活动进行综合反映,主要是利用(　　)。
   A. 实物量度　　B. 劳动量度　　C. 货币量度　　D. 工时量度
5. 会计的对象是企业生产经营过程中能够以(　　)表现的各种经济活动。
   A. 实物形态　　B. 货币形式　　C. 资产和负债　　D. 费用和收入
6. 所有者权益是指投资者对企业(　　)的所有权。
   A. 资产　　B. 总资产　　C. 净资产　　D. 财产
7. 会计期间的经营成果要素不包括(　　)。
   A. 收入　　B. 费用　　C. 负债　　D. 利润
8. 在我国,“会计”一职最早出现在(　　)。
   A. 商朝　　B. 西周　　C. 秦汉　　D. 清朝
9. 下列不属于会计核算专门方法的是(　　)。
   A. 成本计算与复式记账　　B. 错账更正与评估预测
   C. 设置账户与填制、审核会计凭证　　D. 编制报表与登记账簿
10. 会计的基本目标是(　　)。
   A. 进行价值管理　　B. 提高经济效益
   C. 向使用者提供决策有用的信息　　D. 控制和指导经济活动
11. 下列各项中属于流动资产的有(　　)。
   A. 现金　　B. 运输设备　　C. 专利权　　D. 预收账款
12. 会计监督主要是通过(　　)来进行的。

A. 数量指标　　B. 价值指标　　C. 实物量指标　　D. 劳动量指标

13. 下列各项中属于所有者权益的有(　　)。

A. 房屋　　B. 银行存款　　C. 短期借款　　D. 未分配利润

14. 资产是企业拥有或控制的资源,该资源预期会给企业带来(　　)。

A. 经济利益　　B. 经济资源　　C. 经济效果　　D. 经济效益

15. 所有者权益是企业所有者在企业资产中享有的经济利益,在数量上等于(　　)。

A. 全部资产减去全部所有者权益　　B. 全部资产减去流动负债

C. 企业的新增利润　　D. 全部资产减去全部负债

16. 负债和所有者权益都是(　　)。

A. 权益的重要组成部分　　B. 利润的重要组成部分

C. 债权人权益的重要组成部分　　D. 长期负债的重要组成部分

17. 股东投入公司的财产形成了公司的(　　)。

A. 负债　　B. 所有者权益　　C. 债务　　D. 债权

18. 为外部信息使用者服务是(　　)的目标。

A. 审计　　B. 管理会计　　C. 财务会计　　D. 财务管理

19. 按我国会计要素的划分,营业外支出属于(　　)要素。

A. 收入　　B. 费用　　C. 所有者权益　　D. 利润

20. 流动资产是指其变现或耗用期在(　　)的资产。

A. 一年以内　　B. 一个营业周期内

C. 一年或预计在一个正常营业周期中变现、出售或耗用

D. 超过一年的一个营业周期

(五)多项选择题

1. 会计的基本职能是(　　)。

A. 会计核算　　B. 会计监督　　C. 会计分析　　D. 会计决策

2. 会计核算职能具有以下特点(　　)。

A. 具有客观性　　B. 以货币为主要计量单位

C. 具有连续性、系统性、全面性　　D. 包括事前反映、事中反映、事后反映

3. 会计方法主要包括(　　)。

A. 会计决策方法　　B. 会计核算方法　　C. 会计分析方法　　D. 会计检查方法

4. 会计核算方法包括(　　)。

A. 成本计算和财产清查　　B. 设置会计科目和复式记账

C. 填制和审核会计凭证　　D. 登记账簿和编制会计报表

5. 有关会计基本职能的关系，正确的说法有（　　）。

A. 核算职能是监督职能的基础

B. 监督职能是核算职能的保证

C. 没有核算职能提供可靠的信息，监督职能就没有客观依据

D. 没有监督职能进行控制，也不可能提供真实可靠的会计信息

6. 下列项目中，属于企业负债的有（　　）。

A. 应付债券　　B. 资本公积　　C. 应收票据　　D. 短期借款

7. 下列项目中，属于企业资产的有（　　）。

A. 应付账款　　B. 在产品

C. 应收账款　　D. 已购未入库的在途材料

8. 下列项目中属于流动资产的有（　　）。

A. 短期借款　　B. 银行存款　　C. 交易性金融资产　　D. 应收账款

9. 负债按偿还期限的长短可以分为（　　）。

A. 短期借款　　B. 长期负债　　C. 流动负债　　D. 或有负债

10. 流动负债是指偿还期限在一年或超过一年的一个营业周期内的债务，包括（　　）。

A. 短期借款　　B. 长期应付款　　C. 应交税费　　D. 应付职工薪酬

11. 所有者权益的内容包括（　　）。

A. 实收资本　　B. 资本公积

C. 注册资本　　D. 盈余公积和未分配利润

12. 收入的取得会直接影响下列哪项要素？（　　）

A. 资产　　B. 负债　　C. 费用　　D. 所有者权益

13. 会计监督的特点是（　　）。

A. 事后监督　　B. 通过价值指标监督

C. 事前监督　　D. 事中监督

14. 会计确认的标准包括（　　）。

A. 定义性　　B. 可靠性　　C. 可计量性　　D. 清晰性

15. 会计计量的属性包括（　　）。

A. 历史成本　　B. 重置成本　　C. 现值　　D. 可变现净值

（六）业务分析处理与计算题

1. [目的]练习资产、负债和所有者权益之间的关系。

[资料]某公司20××年12月31日的资产、负债和所有者权益的情况如下表

所示。

财务状况表

单位:元

资产	金额	负债及所有者权益	金额
库存现金	1 500	短期借款	15 000
银行存款	40 500	应付账款	48 000
应收账款	52 500	应交税费	13 500
材料	78 000	长期借款	B
长期股权投资	A	实收资本	350 000
固定资产	300 000	资本公积	34 500
合　计	562 500	合计	C

［要求］(1)计算表中的 A,B,C 项金额。

(2)计算该公司的流动资产总额。

(3)计算该公司的流动负债总额。

(4)计算该公司的净资产总额。

2.［目的］练习会计要素的划分(资产、负债、所有者权益、收入、费用、利润)。

［资料］

(1)厂部办公大楼。

(2)运输汽车。

(3)未完工产品。

(4)支付的广告费。

(5)应付给供货单位的材料款。

(6)未上交的税金。

(7)预收的货物订金。

(8)存在开户银行的存款。

(9)向银行借入的短期借款。

(10)库存的商品。

(11)应付供货单位的购货款。

(12)已经实现的产品销售取得的收入。

(13)厂部发生的办公费。

(14)生产产品耗用的原材料。
(15)银行借款的利息支出。
(16)发给职工的工资。
(17)从利润当中提取的盈余公积金。
(18)由出纳人员保管的现金。
[要求]指出以上所列项目属于哪个会计要素。

四、参考书目

1. 吴水澎主编. 会计学原理. 沈阳:辽宁人民出版社,1994.
2. 葛家树,刘峰主编. 会计学导论. 第2版. 上海:立信出版社,1998.
3. 莫国强主编. 会计学基础. 第1版. 北京:首都经济贸易大学出版社,1995.
4. 财政部注册会计师考试委员会办公室编. 会计. 第1版. 北京:中国财政经济出版社,2007.
5. 企业会计准则2006. 北京:经济科学出版社,2006.
6. 企业会计准则——应用指南2006. 北京:中国财政经济出版社,2006.
7. 刘文辉,李刚主编. 会计学基础. 第1版. 北京:首都经济贸易大学出版社,2001.

第二章　会计循环(一):会计分录与会计凭证

一、专业术语

会计循环　会计恒等式　会计科目　账户　复式记账法　借贷记账法　会计分录　试算平衡　会计凭证　原始凭证　记账凭证　收款凭证　付款凭证　转账凭证

二、思考题

1. 什么是会计恒等式？它有哪两种表达方式？
2. 将经济业务按其对会计恒等式中诸会计要素增减变动的影响进行分类,可划分为哪几种类型？举例说明。
3. 经济业务的发生是否会影响会计恒等式的成立？为什么？
4. 什么是会计科目？什么是账户？二者有什么区别和联系？
5. 设置会计科目应遵循哪些原则？

6. 会计科目如何进行分类？对会计科目进行分类的意义是什么？
7. 什么是复式记账法？它的理论依据是什么？它与单式记账法相比有何优点？
8. 什么是账户结构？试述借贷记账法的账户结构特点。
9. 借贷记账法的记账规则是什么？
10. 什么是试算平衡？在借贷记账法下如何进行试算平衡？
11. 什么是会计凭证？在会计工作中，填制和审核会计凭证有何作用？
12. 什么是原始凭证？原始凭证应具备哪些基本要素？
13. 如何对原始凭证进行审核？
14. 什么是记账凭证？记账凭证应具备哪些基本内容？
15. 什么是会计凭证的传递？如何正确组织会计凭证的传递工作？
16. 会计凭证的保管方法和要求是什么？

三、练习题

（一）名词与解释配对判断题

1. 将以下名词与其正确解释配对：会计循环、会计恒等式、账户、会计科目、会计分录、试算平衡、复式记账法、借贷记账法

A. 会计信息系统周而复始地对会计信息进行加工处理的过程。

B. 用数学等式形式表示的六个会计要素之间的内在数量关系。

C. 在期末根据记账规则和会计恒等式对所有账户的发生额和余额进行加总，以确定借贷是否相等，从而检查记账、过账过程中是否存在差错的方法。

D. 对会计对象的具体内容进行分类核算的项目。

E. 根据会计科目开设的，用来分类、系统、连续地记录经济业务的一种手段。

F. 对发生的每一笔经济业务所引起的会计要素的增减变动，以相等的金额，同时在两个或两个以上的账户中相互联系地进行记录的一种方法。

G. 以借、贷二字作为记账符号的一种复式记账方法。

H. 按照借贷记账法记账规则的要求，对发生的经济业务列示出应借、应贷的账户和金额的一种记录。

2. 将以下名词与其正确解释配对：会计凭证、记账凭证、原始凭证、转账凭证

A. 用来记录经济业务、明确经济责任的书面证明，是登记账簿的依据。

B. 经办业务的部门和人员在经济业务发生或完成时取得或填制的，用来记录或证明经济业务发生或完成情况的凭证。

C. 会计人员根据审核无误的原始凭证或原始凭证汇总表填制的，用来记载经济业

务的简要内容,明确会计分录,作为登记账簿依据的凭证。

D. 用来记录与现金和银行存款无关的经济业务的记账凭证。

3. 将以下记账凭证与其所属分类配对:自制原始凭证、外来原始凭证、记账凭证、汇总原始凭证

A. 制造费用分配表　　B. 购货发票

C. 转账凭证　　D. 发料凭证汇总表

4. 将以下记账凭证与其分类标准配对:按填制方法的分类、按反映经济业务内容的分类

A. 单式记账凭证　　B. 专用记账凭证

C. 复式记账凭证　　D. 收款凭证

(二) 填空题

1. 体现资产、负债、所有者权益之间数量关系的等式为__________。

2. 体现收入、费用、利润之间数量关系的等式为__________。

3. 期初余额、本期增加发生额、本期减少发生额和期末余额的关系可用下列公式表示:__________。

4. 借贷记账法的记账规则是__________。

5. 借贷记账法发生额试算平衡公式是__________,其依据是__________。

6. 借贷记账法余额试算平衡公式是__________,其依据是__________。

(三) 判断题

1. 对于明细科目较多的会计科目,可在总分类科目下设置二级或多级明细科目。(　　)

2. 为了及时提供会计信息,保证会计信息的质量,会计报表中的项目与会计科目是完全一致的,并以会计科目的本期发生额或余额填列。(　　)

3. 借贷记账法是指以“借”“贷”为记账符号,对每一项经济业务都要在两个或两个以上相互联系的账户中以借贷方相等的金额进行登记的一种记账方法。(　　)

4. 借贷记账法既是世界通用的记账方法,也是目前我国法定的记账方法。(　　)

5. 借贷记账法中的“借”“贷”分别表示债权和债务。(　　)

6. 一般而言,费用(成本)类账户结构与权益类账户相同,收入类账户结构与资产类账户结构相同。(　　)

7. 只要实现了期初余额、本期发生额和期末余额三栏的平衡关系,就说明账户记录正确。(　　)

8. 目前,企业的总分类账户一般根据国家所制定的有关会计制度设置。(　　)

9. 为了满足管理的需要,企业账户的设置越细越好。(　　)

10. 编制会计报表是企业账务处理程序的组成部分。(　　)

11. 所有经济业务的发生都会引起会计恒等式两边发生变化。(　　)

12. 所有的账户都是依据会计科目开设的。(　　)

13. 企业取得收入和发生费用最终会导致所有者权益发生变化。(　　)

14. 会计科目与账户都是对会计对象具体内容科学分类,二者口径一致、性质相同,是同一事物的两种不同称呼。(　　)

15. 某一账户核算的内容具有独立性和排他性。(　　)

16. 会计科目是会计账户的名称,也是设置账户的依据,账户是会计科目的具体应用。(　　)

17. 资产一般是由过去交易或事项形成,但如果发生的可能性很大,也可以根据谈判中交易的经济业务来确认一笔资产。(　　)

18. 收入能导致企业所有者权益增加,但导致所有者权益增加的不一定都是收入。(　　)

19. 如果某项资产不能再为企业带来经济利益,即使是由企业拥有或控制的,也不能作为企业的资产在资产负债表中列示。(　　)

20. 对于明细科目较多的科目,可在总分类科目与二级科目之间设置明细科目。(　　)

21. 会计凭证按其来源不同可以分为外来会计凭证和自制会计凭证两种。(　　)

22. 付款凭证是指用于银行存款付出业务的记账凭证。(　　)

23. 会计凭证按照其填列方法的不同,可以分为原始凭证和记账凭证两大类。(　　)

24. 会计凭证都是登记账簿的依据。(　　)

25. 列有应借应贷科目的自制原始凭证可以代替记账凭证。(　　)

26. 有些自制原始凭证可以累计填制。(　　)

27. 记账凭证是根据账簿记录填制的。(　　)

28. 原始凭证是经办业务的部门和人员在经济业务发生或完成时取得或填制的,载明经济业务的具体内容、明确经济责任、具有法律效力的最初凭证。(　　)

29. 原始凭证的内容中应包括会计分录 。(　　)

30. 限额领料单只限于领用一种材料。(　　)

31. 自制原始凭证都是一次凭证。(　　)

32. 为简化核算,可以将类似的经济业务汇总编制一张汇总原始凭证。(　　)

33. 记账凭证按其所反映的经济业务内容的不同,可以分为原始凭证、汇总凭证和累计凭证。(　　)

34. 记账凭证按其编制方法不同,可以分为单式记账凭证和复式记账凭

证。(　　)

35. 转账凭证是用于不涉及现金和银行存款收付业务的其他转账业务所用的专用记账凭证。(　　)

36. 收款凭证一般按现金和银行存款增加业务分别编制。(　　)

37. 记账凭证一律由会计人员填制。(　　)

38. 从银行提取现金时,可以编制现金收款凭证。(　　)

39. 记账凭证的填制日期应是经济业务发生或完成的日期。(　　)

(四)单项选择题

1. 账户的对应关系是指(　　)。

A. 总分类账户与明细分类账户之间的关系

B. 有关账户之间的应借应贷关系

C. 资产类账户与负债类账户之间的关系

D. 成本类账户与损益类账户之间的关系

2. "库存商品"账户的期初余额为 1 000 元,本期借方发生额为 7 000 元,本期贷方发生额为 6 500 元。该账户的期末余额为(　　)元。

A. 1 500　　B. 500　　C. 8 000　　D. 7 500

3. 下列记账差错中,能通过编制试算平衡表判断的记账差错是(　　)。

A. 漏记了某项经济业务

B. 错误地使用了应借记的会计科目

C. 只登记了会计分录的借方或贷方,漏记了另一方

D. 颠倒了记账方向

4. 复式记账法对每项经济业务都以相等的金额,在(　　)中进行登记。

A. 两个账户　　B. 一个账户

C. 所有账户　　D. 两个或两个以上账户

5. 账户是根据(　　)设置的,具有一定的格式和结构,用于分类反映会计要素增减变动情况及其结果的载体。

A. 会计要素　　B. 会计科目　　C. 会计分录　　D. 会计账簿

6. 存在着对应关系的账户,称为(　　)。

A. 联系账户　　B. 平衡账户　　C. 恒等账户　　D. 对应账户

7. 下列经济业务,引起一项负债减少,而另一项负债增加的经济业务是(　　)。

A. 以银行存款偿还前欠货款　　B. 从银行借款存入银行

C. 从某企业赊购材料　　D. 以银行借款还清所欠货款

8. 会计科目是(　　)。

A. 会计要素　　B. 账户的名称

C. 资产负债表和利润表的项目　　D. 资产负债表的项目

9. 在借贷记账法下,任何账户的结构都分为(　　)。

A. 本期发生额和期末余额两个部分　　B. 期初余额和期末余额两个部分

C. 借方余额和贷方余额两个部分　　D. 借方和贷方两个部分

10. 下列经济业务中,会引起一项所有者权益减少,而另一项所有者权益增加的有(　　)。

A. 所有者投入资金偿还欠款　　B. 所有者向企业投入设备

C. 企业向所有者分配利润　　D. 企业提取盈余公积

11. "生产成本"账户借方余额表示(　　)。

A. 完工产品成本　　B. 期末在产品成本

C. 本期生产费用合计　　D. 库存产成品成本

12. 负债类账户的贷方登记(　　)。

A. 负债的减少　　B. 负债的增加

C. 负债的增加或减少　　D. 负债的增加和减少

13. 收入类账户期末结账后,应是(　　)。

A. 贷方余额　　B. 借方余额　　C. 没有余额　　D. 贷方或借方余额

14. 在借贷记账法下,(　　)。

A. 资产增加记借方,负债和所有者权益减少记贷方

B. 资产减少记借方,负债和所有者权益增加记贷方

C. 资产增加记借方,负债和所有者权益增加记贷方

D. 资产减少记贷方,负债和所有者权益增加记借方

15. 下列各项中,不属于会计核算方法的是(　　)。

A. 登记会计账簿　　B. 编制会计报表

C. 填制会计凭证　　D. 编制财务预算

16. 以下说法不正确的是(　　)。

A. 会计科目是对会计要素的进一步分类

B. 会计科目按其所提供信息的详细程度及其统驭关系不同,可分为总分类科目和明细分类科目

C. 会计科目可以根据各企业的具体情况自行设定

D. 会计科目是复式记账和编制记账凭证的基础

17. 下列会计科目中,不属于损益类科目的是(　　)。

A. 长期待摊费用　B. 管理费用　C. 营业外收入　D. 以前年度损益调整

18. 以下不符合借贷记账法记账规则的是(　　)。

A. 资产与权益同时减少,总额减少　B. 资产与负债一增一减,总额增加

C. 资产与权益同时增加,总额增加　D. 权益内部一增一减,总额不变。

19. 会计科目和账户之间的区别在于(　　)。

A. 记录资产和权益的增减变动情况不同

B. 记录资产和负债的结果不同

C. 反映的经济内容不同

D. 账户有结构而会计科目无结构

20. 在实际工作中,余额试算平衡采用的方式是编制(　　)。

A. 余额表　B. 发生额试算表

C. 资产负债表　D. 试算平衡表

21. "原材料"账户的期初余额为10 000元,本期借方发生额为60 000元,本期贷方发生额为55 000元。该账户的期末余额为(　　)元。

A. 5 000　B. 15 000　C. 70 000　D. 65 000

22. 会计日常核算工作的起点是(　　)。

A. 设置会计科目和账户　B. 填制会计凭证

C. 登记会计账簿　D. 财产清查

23. 会计日常核算工作的终点是(　　)。

A. 成本计算　B. 财产清查　C. 编制会计报表　D. 编制分析报告

24. (　　)不属于会计科目设置的原则。

A. 实用性　B. 相关性　C. 真实性　D. 合法性

25. 下列会计科目中,属于资产类的是(　　)。

A. 预收账款　B. 长期待摊费用　C. 制造费用　D. 应付账款

26. 企业进行年终结转后,可能有余额的账户是(　　)。

A. 利润分配——未分配利润　B. 利润分配——应付股利

C. 利润分配——盈余公积　D. 本年利润

27. 下列账户属于损益类账户的是(　　)。

A. 未确认融资费用B. 制造费用　C. 管理费用　D. 生产成本

28. 与资产类账户具有相同结构的账户有(　　)。

A. 负债类账户　B. 收入类账户　C. 成本类账户　D. 所有者权益类账户

29. 年末结转后,"利润分配"账户的贷方余额表示(　　)。

A. 未弥补亏损　B. 可供分配利润　C. 未分配利润　D. 利润总额

30. 费用类账户期末结账后,应是(　　)。

A. 贷方余额　　B. 借方余额　　C. 没有余额　　D. 贷方或借方余额

31. 向银行提取现金准备发放职工工资的业务,应根据有关原始凭证填制(　　)。

A. 收款凭证　　B. 付款凭证　　C. 转账凭证　　D. 收款和付款凭证

32. 用现金支票支付购货款,应该填制(　　)。

A. 银行付款凭证　　B. 转账凭证　　C. 现金付款凭证　　D. 银行存款收款凭证

33. 下列凭证中,不能作为编制记账凭证依据的是(　　)。

A. 收货单　　B. 发票　　C. 发货单　　D. 购销合同

34. 差旅费报销单属于(　　)。

A. 记账凭证　　B. 自制原始凭证　　C. 外来原始凭证　　D. 累计凭证

35. 会计凭证是(　　)的依据。

A. 编制报表　　B. 业务活动　　C. 登记账簿　　D. 原始凭证

36. 会计凭证按(　　)分类,可分为原始凭证和记账凭证。

A. 用途和填制程序　　B. 形成来源

C. 外观特征　　D. 填制方式

37. 将同类经济业务汇总编制的原始凭证有(　　)。

A. 一次凭证　　B. 累计凭证　　C. 记账编制凭证　　D. 汇总原始凭证

38. 根据连续反映某一时期内不断重复发生而分次进行的特定业务编制的原始凭证有(　　)。

A. 一次凭证　　B. 累计凭证　　C. 记账编制凭证　　D. 汇总原始凭证

39. 记账凭证的填制是由(　　)完成的。

A. 出纳人员　　B. 会计人员　　C. 经办人员　　D. 主管人员

40. 货币收付以外的业务应该填制(　　)。

A. 收款凭证　　B. 付款凭证　　C. 转账凭证　　D. 原始凭证

41. 收到购买方偿付货款的支票,应该填制(　　)。

A. 转账凭证　　B. 收款凭证　　C. 付款凭证　　D. 原始凭证

42. 记账凭证应该根据审核无误的(　　)填列。

A. 收款凭证　　B. 原始凭证　　C. 付款凭证　　D. 转账凭证

43. 原始凭证按其填制的手续不同可以分为(　　)。

A. 通用凭证和专用凭证　　B. 通知凭证和计算凭证

C. 外来凭证和自制凭证　　D. 一次凭证和累计凭证

44. 从银行提取现金,应该填制(　　)。

A. 收款凭证　　B. 付款凭证　　C. 转账凭证　　D. 单式凭证

45. 原始凭证按(　　)分类,分为一次凭证、累计凭证和汇总原始凭证。
A. 用途和填制程序　　B. 形成来源
C. 填制方式　　D. 填制手续
46. “限额领料单”属于(　　)。
A. 累计凭证　　B. 外来凭证　　C. 汇总凭证　　D. 付款凭证
47. 下列原始凭证中,属于外来原始凭证的有(　　)。
A. 提货单　　B. 发料凭证汇总表
C. 购货发货票　　D. 领料单
48. 下列原始凭证中不属于自制原始凭证的有(　　)。
A. 购货发货票　　B. 销售发货票　　C. 制造费用分配表　D. 缴款书
49. 货币之间的收付业务应该编制(　　)。
A. 收款凭证　　B. 付款凭证　　C. 转账凭证　　D. 原始凭证

(五)多项选择题

1. 下列各项属于会计核算方法的有(　　)。
A. 设置会计科目和账户　B. 复式记账　　C. 成本计算　　D. 财产清查
2. 根据借贷记账法的账户结构,账户贷方登记的内容有(　　)。
A. 收入的增加　　B. 所有者权益的增加
C. 费用的增加　　D. 负债的增加
3. 应用借贷记账法登记经济业务时,必须考虑(　　)。
A. 经济业务涉及哪些账户　　B. 所用的账户属于哪一类别
C. 经济业务引起会计要素是增加还是减少　D. 登记账户借方或贷方
4. 在借贷记账法中,账户的贷方用以登记(　　)。
A. 负债的增加　　B. 收入的增加　　C. 费用的增加　　D. 资产的减少
5. 下列经济业务中引起资产和负债同时增加的有(　　)。
A. 赊购材料　　B. 从银行提取现金
C. 用银行存款购入各种材料　　D. 向银行借款存入银行
6. 下列错误中,不能通过试算平衡发现的有(　　)。
A. 只登记借方金额,未登记贷方金额
B. 借贷双方同时多记了发生的金额
C. 漏记了某项经济业务
D. 应借账户和应贷账户中借贷方向登记颠倒
7. 复式记账的优点包括(　　)。

A. 进行试算平衡　　B. 了解经济业务的来龙去脉
C. 简化账簿登记工作　　D. 符合借贷记账法

8. 借方登记本期减少发生额的账户有(　　)。
A. 资产类账户　　B. 负债类账户　　C. 收入类账户　　D. 费用类账户

9. 账户按照会计科目的内容进行分类,分为(　　)。
A. 资产类账户　　B. 负债类账户
C. 所有者权益类账户　　D. 损益类账户

10. 下列账户内部关系中,正确的有:(　　)。
A. 资产类账户的期末余额 = 期初余额 + 本期借方发生额 - 本期贷方发生额
B. 资产类账户的期末余额 = 期初余额 + 本期贷方发生额 - 本期借方发生额
C. 权益类账户的期末余额 = 期初余额 + 本期借方发生额 - 本期贷方发生额
D. 权益类账户的期末余额 = 期初余额 + 本期贷方发生额 - 本期借方发生额

11. 经济业务的类型包括(　　)。
A. 引起资产与权益同时增加的业务
B. 引起资产内部有增有减、总额不变的业务
C. 引起资产与权益同时减少业务
D. 引起权益内部有增有减、总额不变的业务

12. 以下属于负债类科目的会计科目是(　　)。
A. 预收账款　　B. 长期股权投资减值准备
C. 营业税金及附加　　D. 未确认融资费用

13. 借贷记账法试算平衡的方法主要有(　　)。
A. 余额试算平衡法　　B. 总额试算平衡法
C. 发生额试算平衡法　　D. 差额试算平衡法

14. 贷方登记本期减少发生额的账户有(　　)。
A. 资产类账户　　B. 负债类账户　　C. 收入类账户　　D. 费用类账户

15. 关于会计科目的设置,下列说法正确的是(　　)。
A. 企业所设置的会计科目应当符合国家统一的会计制度的规定
B. 在合法性基础上,企业可以根据自身特点,设置符合企业需要的会计科目
C. 会计科目应为有关各方提供所需要的会计信息,满足对外报告与对内管理的要求
D. 在设置会计科目的过程中应努力做到科学、合理、适用

16. 账户按照会计科目的内容进行分类,分为(　　)。
A. 资产类账户　　B. 共同类账户

C. 负债与所有者权益类账户　　　　D. 成本类和损益类账户

17. 下列账户期末余额计算中,正确的是(　　)。

A. 资产类账户的期末余额 = 期初余额 + 本期借方发生额 - 本期贷方发生额

B. 资产类账户的期末余额 = 期初余额 + 本期贷方发生额 - 本期借方发生额

C. 负债类账户的期末余额 = 期初余额 + 本期借方发生额 - 本期贷方发生额

D. 负债类账户的期末余额 = 期初余额 + 本期贷方发生额 - 本期借方发生额

18. 账户结构应包括的具体内容有(　　)。

A. 账户名称　　　　B. 记录经济业务的日期

C. 所依据原始凭证的编号　　　　D. 所依据记账凭证的编号

19. 下列账户中,其结构与负债类账户相同的有(　　)。

A. 收入类账户　　　　B. 资产类账户

C. 所有者权益类账户　　　　D. 费用类账户

20. 下列错误中,并不会影响试算平衡表中的借贷双方平衡关系的有(　　)。

A. 漏记某项经济业务　　　　B. 重记某项经济业务

C. 某项经济业务记错有关账户,但分录中借贷相等

D. 某项经济业务颠倒了记账方向

21. 流动资产包括以下(　　)等项目。

A. 银行存款　　B. 现金　　C. 长期股权投资　　D. 应收账款

22. 反映企业财务状况的会计要素包括(　　)。

A. 资产　　B. 负债　　C. 收入　　D. 所有者权益

23. 原始凭证的审核主要包括(　　)。

A. 合规性　　B. 完整性　　C. 技术性　　D. 科学性

24. 会计凭证可以(　　)。

A. 记录经济业务　　B. 明确经济责任　　C. 编制报表　　D. 登记账簿

25. 填制和审核会计凭证具有的作用为(　　)。

A. 提供会计信息　　　　B. 监督经济活动

C. 提供记账依据　　　　D. 加强岗位责任制

26. 会计凭证按用途和填制程序分类,分为(　　)。

A. 原始凭证　　B. 累计凭证　　C. 记账凭证　　D. 转账凭证

27. 下列凭证中,属于原始凭证的有(　　)。

A. 产品成本计算表　　　　B. 发出材料汇总表

C. 发货票　　　　D. 提货单

28. 自制原始凭证可以是(　　)。

A. 一次凭证　B. 累计凭证　C. 转账凭证　D. 汇总原始凭证

29. 原始凭证的基本要素包括(　　　)。

A. 凭证名称　B. 经济业务内容

C. 经办人员的签名和盖章　D. 数量、单价和金额

30. 原始凭证的填制要求包括(　　　)。

A. 符合实际情况　B. 科目运用准确　C. 填写内容齐全　D. 书写格式规范

31. 记账凭证按与货币收付业务是否有关,分为(　　　)。

A. 汇总记账凭证　B. 收款凭证　C. 付款凭证　D. 转账凭证

32. 收款凭证可以作为出纳人员(　　　)的依据。

A. 登记有关明细账　B. 付出货币资金

C. 登记现金日记账　D. 登记银行存款日记账

33. 记账凭证按填制方式分类,可以分为(　　　)。

A. 收款凭证　B. 付款凭证　C. 单式记账凭证　D. 复式记账凭证

34. 下列凭证中属于记账凭证的有(　　　)。

A. 收款凭证　B. 汇总收款凭证　C. 科目汇总表　D. 转账凭证

35. 记账凭证的基本要素包括(　　　)。

A. 会计科目　B. 所附原始凭证张数

C. 记账金额　D. 凭证编号

36. 记账凭证的审核包括(　　　)。

A. 记账凭证记录的经济内容与所附原始凭证是否一致

B. 记账凭证中应借应贷会计科目、金额是否正确

C. 记账凭证中有关项目是否齐全

D. 记账凭证有无按顺序编号

37. 会计凭证的传递应该结合企业(　　　)特点。

A. 经济业务　B. 内部机构组织　C. 人员分工　D. 经营管理

38. 会计凭证传递的具体内容包括(　　　)。

A. 传递时间　B. 传递程序　C. 传递过程　D. 传递速度

39. 保管会计凭证要实现的目的有(　　　)。

A. 确保会计凭证的安全完整　B. 便于事后查阅

C. 便于总结考核企业的经济效益　D. 便于预测未来

(六)业务分析处理与计算题

1. [目的]练习会计要素的分类。

[资料]利民美发店属于股份制企业,20××年8月31日,其资产、负债、所有者权益项目如下:

(1)存放在银行的款项	80 000 元
(2)从银行借入的短期借款	55 000 元
(3)出纳员保管的现款	600 元
(4)从银行借入的长期借款	60 000 元
(5)应付光明商店的款项	25 000 元
(6)库存材料	52 900 元
(7)理发工具	60 000 元
(8)营业用房	200 000 元
(9)办公用房	30 000 元
(10)汽车	200 000 元
(11)暂付职工差旅费	1 500 元
(12)应收客户货款	30 000 元
(13)未交的税金	5 000 元
(14)投资者投入的资本	410 000 元
(15)未付的利润	100 000 元

[要求]说明以上项目所属的会计科目,并将相同项目金额加总,编制期初试算平衡表。

2.[目的]分析会计要素的变动与会计恒等式的关系。

[资料]接习题1,利民美发店20××年9月份发生以下经济业务:

(1) 投资者投入货币50 000元,存入银行。

(2) 投资者投入固定资产20 000元。

(3) 收回客户欠款30 000元,存入银行。

(4) 从光明商店购入理发用材料6 000元,货款尚未支付。

(5) 从银行提取现金1 000元。

(6) 向银行借款10 000元,偿还光明商店货款。

(7) 用银行存款支付各种费用7 000元。

(8) 用现金800元暂付职工差旅费。

(9) 用银行存款偿还光明商店货款15 000元。

(10)营业收入共计15 000元,存入银行。

[要求](1)根据以上经济业务编制会计分录。

(2)根据习题1所给资料开设总分类账户，并登记期初余额，根据编制的会计分录登记有关的总分类账户，并结出各账户的本期发生额和期末余额。

(3)根据总分类账户登记的结果编制利民美发店20××年9月30日试算平衡表。

3. [目的]练习借贷记账法。

[资料]晨光旅馆20××年3月发生以下经济业务：

(1)向银行借入短期借款5 000元。

(2)用银行存款支付各种费用2 000元。

(3)从佳佳商店购入日用品3 500元，用银行存款支付2 100元，其余尚未支付。

(4)本月营业收入共计6 500元，存入银行。

(5)从银行存款户提取现金800元，准备发放工资。

(6)发放职工工资800元。

(7)购入床具、桌椅等用品2 300元，用银行存款支付。

(8)用银行存款偿还短期借款2 000元，并支付银行借款利息120元。

(9)用银行存款支付前欠佳佳商店1 400元。

(10)用银行存款支付房屋租金800元。

(11)用银行存款支付本月电费1 500元，水费200元。

(12)用现金购入日用品280元。

[要求]根据上述资料编制会计分录。

4. [目的]练习编制记账凭证。

[资料]开开公司20××年6月发生如下经济业务。

(1)4日，售出办公用打印纸10包，每包60元，共计600元；销售墨盒5个，每个260元，共计1 300元，收到货款并存入银行。

(2)6日，用现金支付本月水电费350元。

(3)10日，业务员预借差旅费2 000元，以现金支付。

(4)15日，向银行借入为期3个月的贷款50 000元，存入银行。

(5)18日，用银行存款支付下季度的房屋租金3 000元。

(6)20日，采购员报销差旅费1 800元，余款退回。

(7)23日，收到A单位预付的货款1 000元，存入银行。

(8)25日，从银行提现金5 000元，以备发工资。

(9)26 日,用现金发放本月职工工资 5 000 元。

(10)30 日,收到外商投入的电脑一台,价值 16 000 元。

[要求]根据上述经济业务,编制收款凭证、付款凭证和转账凭证。

四、参考书目

1. 吴水澎主编. 会计学原理. 沈阳:辽宁人民出版社,1994.

2. 葛家树,刘峰主编. 会计学导论. 第 2 版. 上海:立信出版社,1998.

3. 莫国强主编. 会计学基础. 第 1 版. 北京:首都经济贸易大学出版社,1995.

4. 财政部会计资格评价中心编. 中级会计实务. 第 1 版. 北京:经济科学出版社,2007.

5. 财政部注册会计师考试委员会办公室编. 会计. 第 1 版. 北京:中国财政经济出版社,2004.

6. 刘文辉,李刚主编. 会计学基础. 第 1 版. 北京:首都经济贸易大学出版社,2001.

第三章　会计循环(二):账簿登记、调账与结账

一、专业术语

账簿　序时账簿　分类账簿　备查账簿　总分类账　明细分类账　库存现金日记账　银行存款日记账　划线更正法　红字更正法　补充登记法　平行登记　账务处理程序　记账凭证处理程序　科目汇总表　汇总记账凭证　汇总转账凭证　权责发生制　收付实现制　账项调整　待摊费用　预提费用　工作底稿　结账　虚账户　实账户

二、思考题

1. 什么是账簿? 为什么要设置账簿?
2. 账簿的主要作用有哪些?
3. 设置账簿应遵循哪些原则?
4. 账簿按其外观特征分为哪几种? 各有什么优缺点? 各适用于哪些账簿?
5. 描述明细账格式的几种形式,并举例说明其适用的科目。
6. 会计上常用的更正错账的方法有几种? 各适用于什么条件?
7. 什么是结账? 结账的工作内容有哪些?
8. 简述各单位应如何管理账簿?

9. 简述记账凭证账务处理程序的特点、优缺点及其适用范围。
10. 绘制科目汇总表账务处理程序图,并说明其优缺点和适用范围。
11. 说明科目汇总表与汇总记账凭证的编制方法和各自的优势。
12. 简述权责发生制与收付实现制的关系。
13. 说明总分类账户与明细分类账户的关系。
14. 什么是平行登记?平行登记应遵循的规则有哪些?
15. 说明期末账项调整及其原因。
16. 什么是调整分录?试举例说明在什么情况下要编制调整分录。
17. 什么是工作底稿?简述工作底稿的作用。
18. 简述工作底稿的编制步骤。

三、练习题

(一) 名词与解释配对判断题

1. 将以下名词与其正确解释配对:账簿、序时账簿、分类账簿、订本账簿

A. 以会计凭证为依据,连续、系统、全面地记录经济业务的簿籍。

B. 把全部经济业务按照总分类账户和明细分类账户分别进行登记的账簿。

C. 账簿启用前,将账页按编号顺序装订成册的账簿。

D. 按照经济业务发生的时间先后顺序,逐日逐笔进行登记的账簿。

2. 将以下名词与其正确解释配对:总分类账、联合账簿、备查账簿、卡片式账簿

A. 将序时账和总分类账的记录结合起来,在同一账簿中反映的账簿。

B. 将经济业务按总分类账户进行分类登记的账簿。

C. 补充登记日记账和分类账中未能记录的经济业务的账簿。

D. 利用印有账户格式的卡片进行登记的账簿。

3. 将以下更正方法与其使用范围配对:划线更正法、赤字冲账法、补充登记法

A. 在每月结账之前,如果发现账簿记录的文字或数字出现错误,而所依据的记账凭证没有错误而采用的更正方法。

B. 登账之后,由于记账凭证中使用了错误的应借应贷的会计科目应采用的更正方法。

C. 登账之后,发现账簿记录有错误,出错原因仅在于记账凭证中的金额大于应记的正确金额,且记账凭证中应借应贷会计科目是正确,应采用的更正方法。

D. 登账之后,发现账簿记录有错误,这种错误是由于记账凭证所写金额小于正确金额所引起的,而记账凭证中应借应贷会计科目是正确的,应采用的更正方法。

4. 将以下账务处理程序与其适用范围配对：记账凭证账务处理程序、科目汇总表账务处理程序、汇总记账凭证账务处理程序、多栏式日记账账务处理程序

A. 适用于经营规模小、业务量少、记账凭证不多的单位使用。

B. 适用于经营规模较大、业务量较大、记账凭证较多的单位使用。

C. 适用于规模较大且业务量大、记账凭证多的单位使用。

D. 适用于货币资金收付业务较多而转账业务相对较少的单位使用。

5. 将以下名词与其正确解释配对：权责发生制、收付实现制、平行登记、账项调整

A. 对各项收入与费用的确定，以款项（现金或银行存款）的实际收付期为标准的原则。

B. 为准确计量当期收入、费用以及资产、负债，在会计期末，按照权责发生制对有关的会计事项进行调整的过程。

C. 对各项收入与费用的确定，以其实际发生期（即归属期）为标准的原则。

D. 经济业务发生后，根据会计凭证，以相等的金额，既要登记有关总分类账户，也要登记该总分类账户所属的各有关明细分类账户。

（二）判断题

1. 账簿按用途可以分为日记账、分类账和备查账三种。（　　）

2. 记账以后，发现所记金额小于应记金额，但是记账凭证正确，应该采用红字更正法进行更正。（　　）

3. 多栏式明细账一般适用于资产类账户。（　　）

4. 库存现金日记账必须采用订本式账簿。（　　）

5. 库存商品明细账应该采用三栏式账簿，以反映其收入、发出和结存金额。（　　）

6. 按经济业务发生的时间先后顺序逐日逐笔登记的账簿称之为日记账。（　　）

7. 备查账簿是对某些在日记账和分类账中未能记录或记录不全的经济业务进行补充登记的账簿，因此，各单位必须设置。（　　）

8. 日记账、分类账都必须采用订本式账簿。（　　）

9. 记账凭证是登记各种明细账的唯一依据。（　　）

10. 各种明细账的登记，可以逐日逐笔登记，也可以在月末汇总登记。（　　）

11. 登记账簿必须用蓝、黑墨水书写，不得使用圆珠笔、铅笔书写，更不得用红色墨水书写。（　　）

12. 凡设有明细分类账户的总分类账户，均是统驭账户。（　　）

13. 总分类账和明细分类账户必须在同一会计期间内登记。（　　）

14. 总分类账户和明细分类账户登记方向必须相同。(　　)

15. 新的会计年度开始时,必须更换全部账簿,不得只更换分类账簿和库存现金日记账、银行存款日记账。(　　)

16. 汇总记账凭证账务处理程序的主要优点,在于保持科目之间的相对应关系。(　　)

17. 同一个企业可以同时采用几种不同的账务处理程序。(　　)

18. 在汇总记账凭证核算程序下,若某一贷方科目的转账凭证数量不多,可以根据转账凭证登记总分类账。(　　)

19. 不论是应计制还是现金制,在会计期末都必须进行账项调整。(　　)

20. 企业如果编制工作底稿,就不必再编制记账凭证。(　　)

(三) 单项选择题

1. 将账簿划分为订本式、活页式、卡片式的标准是(　　)。

A. 账簿用途　B. 账簿结构　C. 账簿格式　D. 账簿的外观特征

2. 按账簿的用途分类,现金日记账属于(　　)。

A. 序时账簿　B. 分类账簿　C. 备查账簿　D. 活页式账簿

3. 对于经营性租入的固定资产,应登记的账簿是(　　)。

A. 总分类账　B. 日记账　C. 备查账　D. 明细分类账

4. 账簿记录发生差错,但所依据的记账凭证没有错误,更正错账应采用的方法是(　　)。

A. 红字更正法　B. 划线更正法　C. 补充登记法　D. 平行登记法

5. "原材料"明细账的格式一般采用(　　)。

A. 三栏式　B. 多栏式　C. 数量金额式　D. 贷方多栏式

6. 下列账簿,必须逐日逐笔进行登记的是(　　)。

A. 银行存款总账　B. 银行存款日记账

C. 库存商品明细账　D. 销售费用明细账

7. "本年利润" 明细账一般采用的账页格式是(　　)。

A. 三栏式　B. 借方多栏式　C. 数量金额式　D. 借方贷方多栏式

8. 一页账页登记完毕需要在下页连续登记时,须在下页第一行的摘要栏中写明(　　)。

A. 结转次页　B. 承前页　C. 过次页　D. 期初余额

9. 账簿按用途可以划分为(　　)。

A. 总分类账 、明细账、日记账　B. 分类账、日记账、备查账

C. 序时账、总分类账、卡片账　　D. 明细账、序时账、备查账

10. 下列账簿,企业不必设置的有(　　)。

A. 总分类账　　B. 明细账　　C. 日记账　　D. 备查账

11. 登记账簿时,如果出现跳行、隔页,可以采用的处理办法为(　　)。

A. 用红色墨水画线注销　　B. 用蓝色墨水画线注销

C. 用红色墨水画线注销,并由记账员签章

D. 用红色墨水画线注销,注明“此行空白”并由记账员签章

12. 总账与所属明细账的平行登记原理依据的理论依据是(　　)。

A. 账户的结构　　B. 复式记账法

C. 记账规则　　D. 总账和明细账的内在关系

13. 不必在每一个会计年度进行更换的账簿有(　　)。

A. 总账　　B. 银行存款日记账

C. 固定资产卡片　　D. 销售费用明细账

14. 不能作为登记总账依据的有(　　)。

A. 原始凭证　　B. 记账凭证　　C. 汇总记账凭证　D. 科目汇总表

15. 记账后,发现记账凭证科目正确,但所记金额小于应记金额,应采用的更正方法为(　　)。

A. 红字更正法　　B. 划线更正法　　C. 补充登记法　　D. 平行登记法

16. 用来记录某一类经济业务发生情况的账簿是(　　)。

A. 特种日记账　　B. 普通日记账　　C. 分类日记账　　D. 日记总账

17. 登记现金日记账的借方要依据的会计凭证是(　　)。

A. 现金付款凭证　　B. 银行存款付款凭证

C. 收款凭证　　D. 付款凭证

18. 总账和明细账均可以采用的格式有(　　)。

A. 三栏式　　B. 多栏式　　C. 数量金额式　　D. 活页式

19. 各种账务处理程序的区别标志是(　　)。

A. 凭证组织不同　　B. 记账方法不同

C. 记账方法程序不同　　D. 登记总账的依据和方法不同

20. 各种账务处理程序中,最基本的是(　　)。

A. 记账凭证账务处理程序　　B. 科目汇总表账务处理程序

C. 汇总记账凭证账务处理程序　　D. 多栏式日记账务处理程序

21. 科目汇总表账务处理程序的优点是(　　)。

A. 能够分类反映经济业务　　B. 可以了解经济业务的来龙去脉

C. 便于了解账户之间的对应关系　　D. 可以减轻登记总账的工作量

22. 科目汇总表中"汇总"是按(　　)。

A. 全部账户的借方发生额　　B. 各类账户的借方发生额

C. 全部账户的贷方发生额　　D. 各类账户的借贷方发生额

23. 科目汇总表的编制依据是(　　)。

A. 原始凭证　　B. 记账凭证

C. 原始凭证汇总表　　D. 记账凭证汇总表

24. 编制汇总收款凭证的依据是(　　)。

A. 原始凭证　　B. 记账凭证　　C. 收款凭证　　D. 付款凭证

25. 权责发生制与收付实现制的主要区别是(　　)。

A. 确认收入与费用的时间不同　　B. 确认收入与费用的标准不同

C. 确认收入与费用的对象不同　　D. 确认收入与费用的计价不同

26. 下列货款应属于权责发生制下的收入有(　　)。

A. 本月的货款　　B. 预收的订货款

C. 收回的上月货款　　D. 收回的预付货款

27. 期末确认应付借款利息这项业务属于(　　)。

A. 应计收入　　B. 应计费用　　C. 分配收入　　D. 分配费用

28. 下列账户属于虚账户的有(　　)。

A. 原材料　　B. 库存现金　　C. 管理费用　　D. 待摊费用

29. 对于收入、费用的发生期与支付期不一致的业务,企业单位应采用的处理原则是(　　)。

A. 复式记账　　B. 收付实现制　　C. 试算平衡　　D. 权责发生制

30. 编制会计工作底稿是会计工作的(　　)。

A. 正式环节　　B. 非正式环节　　C. 报告环节　　D. 非报告环节

(四)多项选择题

1. 账簿按其用途分类,可以分为(　　　)。

A. 序时账簿　　B. 订本式账簿　　C. 分类账簿　　D. 活页式账簿

2. 任何会计主体必须设置的账簿有(　　　)。

A. 库存现金日记账　　B. 银行存款日记账

C. 总分类账　　D. 备查账

3. 下列可以用来登记现金日记账的会计凭证有(　　　)。

A. 银行存款付款凭证　　B. 银行存款收款凭证

C. 现金付款凭证　　D. 现金收款凭证

4. 总账与明细账之间的登记要做到(　　)。

A. 登记的方向相同　　B. 登记的金额相等

C. 登记的时期相同　　D. 登记的依据相同

5. 年度结束后,要妥善保管账簿,保管内容包括(　　)。

A. 装订成册　　B. 统一编号　　C. 加具封面　　D. 定期销毁

6. 登记账簿时,要遵循的要求有(　　)。

A. 所有账簿必须逐日逐笔登记

B. 可以使用钢笔、圆珠笔、铅笔登记

C. 要逐页逐行登记,不得跳行隔页

D. 账簿出现错误,不得任意涂改,应选用恰当的方法更正

7. 下列错误类型中,可用红字更正方法更正的是(　　)。

A. 在结账前发现记账凭证无误,但账簿记录中的文字或数字有误

B. 结账后发现的一切账簿错误

C. 发现记账凭证中的会计科目错误,并已登记入账

D. 发现记账凭证中的会计科目和金额均有错误,并已登记入账

8. 各种常用的账务处理程序的基本相同点是(　　)。

A. 编制记账凭证的依据相同　　B. 登记明细账的方法相同

C. 登记总账的依据相同　　D. 编制会计报表的方法相同

9. 科目汇总表的作用包括(　　)。

A. 试算平衡　　B. 核对账簿

C. 登记总账　　D. 减轻登记明细账的工作量

10. 在汇总记账凭证账务处理程序下,可以用来登记明细账的依据有(　　)。

A. 汇总收款凭证　　B. 汇总原始凭证　　C. 原始凭证　　D. 收款凭证

11. 在各种账务处理程序中,能够减轻登记总账工作量的账务处理程序是(　　)。

A. 汇总记账凭证账务处理程序　　B. 科目汇总表账务处理程序

C. 记账凭证账务处理程序　　D. 多栏式日记账账务处理程序

12. 采用汇总记账凭证账务处理程序时,应编制的记账凭证是(　　)。

A. 一借一贷　　B. 一借多贷　　C. 多借一贷　　D. 多借多贷

13. 下列项目中,属于账项调整的有(　　)。

A. 销售货物取得货款　　B. 确认应计的借款利息

C. 计提固定资产折旧　　D. 摊销本期负担的保险费

14. 用红色墨水登记账簿的适用情况有(　　)。

A. 按红字冲减账簿的记账凭证,冲销错误记录
B. 在不设借贷栏的多栏式账页中登记减少金额
C. 在期末结账时,用红色墨水笔划通栏红线
D. 三栏式账户的余额栏前,如未注明余额方向,在余额栏内登记负数余额

15. 结账的工作内容包括(   )。
A. 按权责发生制原则进行账项调整
B. 计算和记录各账户的本期发生额和期末余额
C. 期末结清损益类账户的余额
D. 将本期发生的经济业务登记入账

(五)业务分析处理与计算题

1. [目的]练习登记账簿。

[资料]大铭公司20××年10月1日现金日记账余额1 850元,银行存款日记账余额22 350元。本月发生下列业务:

(1)3日,签发现金支票3 000元,以备日常活动所用。
(2)4日,以银行存款6 800元缴纳上月的税金。
(3)5日,收回购货单位偿还上月所欠的货款5 000元。
(4)6日,取得银行一年期借款100 000元,款已存入银行。
(5)7日,公司管理部门用现金购买办公品1 250元,经审核,予以报销。
(6)7日,采购员李迪报销差旅费1 870元,原借2 000元,余款退回。
(7)10日,签发转账支票25 600元,支付上月所欠货款。
(8)10日,以现金300元,支付灯箱广告费。
(9)10日,销售产品一批,计5 600元存入银行。
(10)10日,将现金260元送存银行。

[要求](1)编制会计分录。
(2)根据会计分录登记三栏式现金日记账和银行存款日记账,并结出余额。

库存现金日记账

年		凭证		摘要	对方科目	收入	支出	余额
月	日	字	号					

银行存款日记账

年		凭证		摘要	结算凭证		对方科目	收入	支出	余额
月	日	字	号		种类	号数				
					（略）	（略）	（略）			

2.［目的］练习错账更正的方法。

［资料］大新公司20××年9月30日对账时发现下列错误，并均已登记入账。

(1)开出转账支票一张，金额3 100元，用于缴纳上月应交税金，原记账凭证为：

借：利润分配　　3 100

　贷：银行存款　　3 100

(2)管理部门领用修理材料760元，原记账凭证为：

借：制造费用　　760

　贷：原材料　　760

(3)以银行存款支付明年保险费600元，原记账凭证为：

借：长期待摊费用　　600

　贷：银行存款　　600

登账在银行存款日记账的金额为6 000元。

(4)收到财务公司的短期贷款35 000元。原记账凭证为：

借：银行存款　　3 500

　贷：短期借款　　3 500

(5)收到投资人投资款439 800元，原记账凭证为：

借：银行存款　　489 800

　贷：实收资本　　489 800

［要求］选择适当的更正方法，改正上述错误。

3.［目的］练习总分类账和明细分类账平行登记及相互核对的方法。

［资料］长玲公司20××年5月份有关总账和明细账的月末余额如下。

(1)总账：原材料22 000元，应付账款8 700元。

(2)明细账：

应付账款明细账

应付账款单位名称	金　额(元)
光正公司	5 000
明太工厂	2 700
新都工厂	1 000
合　计	8 700

原材料明细账

材料品种	计量单位	数　量	单　价	金　额(元)
甲材料	千克	1 000	8	8 000
乙材料	千克	500	6	3 000
丙材料	千克	800	5	4 000
丁材料	千克	700	10	7 000
合　计		3 000		22 000

(3)6 月份发生下列经济业务：

①企业购进材料一批，货款共计 30 000 元。其中：甲材料 500 千克，单价 8 元/千克；乙材料 1 000 千克，单价 6 元/千克；丁材料 2 000 千克，单价 10 元/千克。货款已由银行存款支付。

②用银行存款偿还以前欠正大公司货款 5 000 元。

③向新都工厂购进丙材料 900 千克，单价 5 元/千克，货款尚未支付。

④本月制造产品消耗材料一批，其中，领用甲材料 600 千克，单价 8 元/千克；乙材料 200 千克，单价 6 元/千克；丙材料 1 200 千克，单价 5 元/千克；丁材料 1 000 千克，单价 10 元/千克。

⑤以银行存款支付以前欠明太工厂货款 2 500 元。

⑥向光正公司购进甲材料 800 千克，单价 8 元/千克；向明太工厂购进乙材料 600 千克，单价 6 元/千克。货款未付。

[要求](1)开设“应付账款”总账和明细账，并登记期初余额。“应付账款”明细账采用三栏式。

(2)根据上述资料编制会计分录，并登记有关总分类账和明细分类账。

(3)结出总账和明细账的本期发生额和期末余额。

4. [目的]练习权责发生制和收付实现制下收入和费用的确定。

[资料]某公司 20××年 7 月份发生如下经济业务：

(1) 收到投资人追加的投资 100 000 元。

(2) 预付下半年财产保险费 12 000 元。

(3) 收到应收账款 20 000 元,该款项系上月赊销款。

(4) 完成客户的设计任务,并开出发票 40 000 元,客户承诺下月 1 日付款。

(5) 支付 5 月份的咨询费 5 000 元。

(6) 确认本月的银行存款利息 300 元,但银行未支付第三季度的利息。

[要求]根据以上资料,在下表中按权责发生制和收付实现制计算填列本月的收入与费用。

业务号	权责发生制		收付实现制	
	收入	费用	收入	费用
(1)				
(2)				
(3)				
(4)				
(5)				
(6)				
合计				

5. [目的]练习账项调整的账务处理。

[资料]希望公司 20××年 12 月份按照权责发生制原则应对以下事项进行调整。

(1) 销售商品 10 000 元,该笔货款已于 10 月份预收。

(2) 1 月份支付全年财产保险费 24 000 元。

(3) 5 月 1 日向银行贷款 100 000 元,期限为 2 年,年利率 6%,计提本月的利息费用。

(4) 计提本月的办公设备折旧费 3 000 元。

(5) 本月 1 日,出租办公室两间,租约规定:租期自本年 12 月份至次年的 12 月份,租金共 36 000 元,每半年收取租金。

[要求]根据上述资料,编制调整分录。

6. [目的]练习工作底稿的编制。

[资料]大众公司 20××年 10 月 31 日,调账前有关账户的余额如下:

账户名称	借方金额	贷方金额
库存现金	1 540	
银行存款	36 360	
库存商品	1 060	
固定资产	177 750	
累计折旧	(46 925)	
长期待摊费用	1 200	
应付账款		3 170
预收账款		29 860
实收资本		50 000
未分配利润		49 745
主营业务收入		80 600
销售费用	42 390	
合　计	213 375	213 375

当月需要调整的事项有:

(1)本月应承担预付保险费300元。

(2)本月应承担折旧额3 535元。

(3)本月发出上月已预收款的商品15 500元。

(4)月末确认应付销售人员工资1 750元。

[要求](1)对上述调整事项编制会计分录。

(2)根据上述资料编制工作底稿。

四、参考书目

1. 吴水澎主编. 会计学原理. 沈阳:辽宁人民出版社,1994.

2. 葛家树,刘峰主编. 会计学导论. 第2版. 上海:立信出版社,1999.

3. 莫国强主编. 会计学基础. 第1版. 北京:首都经济贸易大学出版社,1995.

4. 财政部会计资格评价中心编. 中级会计实务. 第1版. 北京:经济科学出版社,2004.

5. 财政部注册会计师考试委员会办公室编. 会计. 第1版. 北京. 中国财政经济出版社,2007.

6. 刘文辉,李刚主编. 会计学基础. 第1版. 北京:首都经济贸易大学出版社,2001.

第四章　会计循环(三):财务报告

一、专业术语

财务会计报告　财务报表　单位财务报表　汇总财务报表　个别财务报表　合并财务报表　内部报表　外部报表　资产负债表　利润表　现金流量表　现金　现金等价物　现金流量　附注

二、思考题

1. 什么是财务报表？编制财务报表的目的是什么？
2. 试述财务报表按不同标准的分类。
3. 编制财务报表的要求有哪些？
4. 试述资产负债表的概念、项目的分类和排列及格式。
5. 试述利润表的概念、格式、项目及内容。
6. 试述现金流量表的作用和基本内容。
7. 试述所有者权益变动表的概念和作用。
8. 财务报表附注的概念和意义？
9. 财务报表附注的主要内容有哪些？

三、练习题

(一)名词与解释配对判断题

1. 将以下名词与其正确解释配对:汇总财务报表、单位财务报表、合并财务报表、个别财务报表、外部报表、内部报表

A. 独立核算的企业根据本企业的账簿和有关核算资料编制的财务报表,它主要用以反映企业自身的财务状况、经营成果和现金流动情况。

B. 按照隶属关系由上级主管部门根据所属企业的单位财务报表和汇总单位本身的财务报表汇总编制而成的报表,主要用来总括反映一个部门或一个地区的综合经济情况。

C. 投资企业或接受投资企业编制的,只反映投资企业或接受投资企业本身的财务状况和经营成果的财务报表。

D. 投资企业在对外投资占被投资企业的资本总额半数以上（或者实质上拥有被投资企业控制权）的情况下，根据本企业和被投资企业的个别财务报表编制的，反映投资企业与被投资企业整体的财务状况和经营成果的财务报表。

E. 为适应企业内部经营管理需要而编制的不对外公布的财务报表，它一般不需要规定统一的格式，也没有统一的指标体系。

F. 企业向外提供的财务报表，主要供投资者、债权人、政府部门和社会公众等有关方面使用，它通常有统一的格式和规定的指标体系，其主要有资产负债表及其附表、利润表及其附表、现金流量表等。

2. 将以下名词与其正确解释配对：资产负债表、利润表、现金流量表、所有者权益（股东权益）变动表

A. 用以反映企业在一定时期（如年度、季度、月份）内经营成果的报表。

B. 以现金为基础编制的财务状况变动表，反映企业一定会计期间现金和现金等价物流入和流出信息的报表，表明企业获得现金和现金等价物的能力。

C. 反映企业年末所有者权益（或股东权益）变动的情况的报表。

D. 反映企业在某一特定日期财务状况，即企业月末、年末全部资产、负债和所有者权益情况的财务报表。

（二）填空题

1. 财务报告分为__________和__________。

2. 财务报表按编报时间的不同，可以分为______________、______________、______________、______________。

3. 按财务报表反映内容的不同，可以分为__________、__________、__________。

4. 按财务报表编制单位的不同，可以分为__________、__________。

5. 按财务报表编制主体，可以分为__________、__________。

6. 按照财务报表服务对象的不同，可以分为__________、__________。

7. 编制财务报表的要求有：____________、____________、____________、____________、____________。

8. 资产负债表中的资产和负债应当分别__________和__________、__________和__________列示。

9. 资产负债表的格式分为__________、__________两种。

10. 利润表的格式有__________、__________两种。

11. 营业利润 = ____。

12. 利润总额 = ____。

13. 净利润 = ____。

14. 按照企业经营活动发生的性质,可以将企业一定期间内产生的现金流量归为以下三类:__________、__________、__________。

15. 现金流量表是以现金为基础编制的,这里的现金具体包括:__________、__________、__________、__________。

16. 财务报表附注的内容包括:__________、__________、__________、__________、__________、__________、__________、__________、__________。

(三)判断题

1. 编制会计报表的主要目的是为会计报表使用者决策提供信息。(　　)

2. "利润分配"总账的年末余额不一定与相应的资产负债表中未分配利润项目的数额一致。(　　)

3. 资产负债表中的"应收账款"项目应根据"应收账款"和"预收账款"科目所属的各明细科目的期末借方余额合计数填列。(　　)

4. 资产负债表中的"长期待摊费用"项目应根据"长期待摊费用"科目的余额直接填列。(　　)

5. 财务报表包括资产负债表、利润表、现金流量表和所有者权益变动表。(　　)

6. 将年报中的净利润数字与"本年利润"科目结转到"利润分配——未分配利润"科目的数字相核对,可以检查报表编制和账簿记录的正确性。(　　)

7. 在现金流量表中,固定资产购建过程中发生的增值税,应在经营活动中的"支付的各项税费"中反映。(　　)

8. 当企业的资产或负债项目出现异常余额时,企业一般需要对有关的报表项目做出注释。(　　)

9. 在现金流量表中,企业为购建固定资产而借入的专门借款发生的应予以资本化的借款利息应作为筹资活动的现金流量反映。(　　)

10. 现金流量表对于不涉及现金收支的投资和筹资活动均不予反映。(　　)

11. 利润表中的"营业利润"项目如为亏损,应以"－"号表示。(　　)

12. 资产负债表和现金流量表属于静态会计报表,利润表属于动态会计报表。(　　)

13. 资产负债表中确认的资产都是企业拥有的。(　　)

14. 资产负债表中的"固定资产"项目应包括融资租入固定资产。(　　)

15. 企业必须对外提供资产负债表、利润表和现金流量表,财务报表附注不属于企业必须对外提供的资料。(　　)

16. 资产负债表中“应付账款”“预付账款”“预收账款”项目应直接根据该科目的总账余额填列。(　　)

17. 资产负债表中“无形资产”项目反映各项无形资产的原价。(　　)

18. 代销商品款应作为流动负债在资产负债表中列示。(　　)

19. 待处理流动资产净损失应作为流动资产列示。(　　)

20. 利润表中的营业收入反映的是主营业务收入和其他业务收入。(　　)

21. 营业外收入和营业外支出应反映在利润表的营业利润中。(　　)

22. 现金流量表是资产负债表的补充报表,用于补充说明各项资产增减变动的原因以及股东变动的原因。(　　)

23. 现金流量表除了反映企业与现金有关的经营活动、投资活动和筹资活动外,还能够反映不涉及现金的投资和筹资活动。(　　)

24. 发行债券收到的现金属于筹资活动产生的现金流量。(　　)

25. 资产负债表的资产方是按资产的流动性排列的。(　　)

26. “应收账款”科目所属明细科目的贷方余额应列入资产负债表中的“预收账款”中。(　　)

27. 一年内将要到期的长期借款仍列在资产负债表中的“长期负债”中。(　　)

28. 利润表是一张动态会计报表。(　　)

29. 国际通行的利润表格式有“报告式”和“账户式”。(　　)

30. 资产负债表中的“应收账款”项目是根据“应收账款”科目借方余额填列的。(　　)

31. 资产负债表中的“长期待摊费用”项目反映企业长期待摊费用尚未摊销的余额。(　　)

32. “货币资金”和“长期借款”都可以通过总账科目计算填列。(　　)

33. 财务报表所提供的财务会计信息并不能完全满足各个不同的财务报表使用者进行经济决策所需要的信息。(　　)

34. 投资者最关注的是通过财务报表了解企业的内在风险和投资报酬的高低。(　　)

35. 财务报表按其反映的内容可分为对内报表和对外报表。(　　)

36. 资产负债表中的“应付利息”项目应根据“应付利息”科目的余额直接填列。(　　)

37. 目前,我国企业资产负债表采用多步式结构,利润表采用账户式结构。(　　)

38. 资产负债表“应付账款”项目中的金额包括“应收账款”科目所属明细科目的期末贷方余额。(　　)

39. 长期债券投资中将于一年内到期的部分应在“交易性金融资产”科目核算，在编制资产负债表时，应填列在“流动资产”有关项目内。(　　)

40. 企业年末资产负债表中的未分配利润的金额一定等于“利润分配”科目的年末余额。(　　)

(四)单项选择题

1. 会计报表最主要的服务对象是(　　)。

A. 股东和债权人　B. 企业管理层　C. 政府机构　D. 企业职工

2. 最关心企业的盈利能力和利润分配政策的会计报表使用者是(　　)。

A. 股东　B. 供货商　C. 潜在投资者　D. 企业职工

3. 财务报表中没有规定统一格式的报表是(　　)。

A. 合并报表　B. 动态报表　C. 内部报表　D. 静态报表

4. 资产负债表中资产的排列顺序是(　　)。

A. 项目收益性　B. 项目重要性

C. 项目流动性　D. 项目时间性

5. 下列资产负债表项目中，应根据相应总账账户期末余额直接填列的项目是(　　)。

A. 存货　B. 应收票据　C. 长期借款　D. 预付账款

6. 下列资产负债表项目中，不可以直接根据总账账户期末余额填列的项目是(　　)。

A. 资本公积　B. 短期借款　C. 应付债券　D. 应付股利

7. 随商品销售而向购买者收取的增值税属于(　　)。

A. 经营活动产生的现金流量　B. 投资活动产生的现金流量

C. 筹资活动产生的现金流量　D. 不涉及现金收支的筹资活动

8. 某企业“应收账款”明细账借方余额合计为 280 000 元，贷方余额合计为 73 000 元。针对应收账款计提的坏账准备贷方余额为 680 元，则资产负债表的“应收账款”项目为(　　)元。

A. 280 000　B. 206 320　C. 279 320　D. 207 000

9. 现金流量表中的现金流量的正确分类方法是(　　)。

A. 经营活动、投资活动和筹资活动

B. 现金流入、现金流出和非现金活动

C. 直接现金流量和间接现金流量

D. 经营活动、投资活动和收款活动

10. 企业某会计期间“固定资产”账户期末借方余额为1 000 000元，“累计折旧”账户期末贷方余额为400 000元，“固定资产减值准备”账户期末贷方余额为150 000元。资产负债表中“固定资产”项目应填列(　　)元。

A. 600 000　　B. 1 000 000　　C. 850 000　　D. 450 000

11. 企业于2000年12月31日分别借入两年期200 000元借款，三年期400 000元借款。该企业在2001年度资产负债表中，“长期借款”项目应为(　　)元。

A. 600 000　　B. 200 000　　C. 400 000　　D. 0

12. “预付账款”科目明细账中若有贷方余额，应将其记入资产负债表中的(　　)项目。

A. 应收账款　　B. 预收账款　　C. 应付账款　　D. 其他应付款

13. 资产负债表中的“未分配利润”项目，应根据(　　)填列。

A. “利润分配”科目余额

B. “本年利润”科目余额

C. “本年利润”和“利润分配”科目的余额计算后

D. “盈余公积”科目余额

14. 利润表中营业利润的正确计算公式是(　　)。

A. 营业利润 = 营业收入 - 营业成本 - 营业税金及附加 - 销售费用 - 管理费用 - 财务费用 - 资产减值损失

B. 营业利润 = 营业收入 - 营业成本 - 营业税金及附加 - 销售费用 - 管理费用 - 财务费用 - 资产减值损失 + 公允价值变动收益 + 投资收益

C. 营业利润 = 营业收入 - 营业成本 - 营业税金及附加

D. 营业利润 = 营业收入 - 营业成本 - 营业税金及附加 - 销售费用 - 管理费用 - 财务费用 - 资产减值损失 + 投资收益

15. 某企业“应付账款”科目月末贷方余额20 000元，其中，“应付甲公司账款”明细科目贷方余额15 000元，“应付乙公司账款”明细科目贷方余额5 000元，“预付账款”科目月末贷方余额30 000元，其中，“预付A工厂账款”明细科目贷方余额40 000元，“预付B工厂账款”明细科目借方余额10 000元。该企业月末资产负债表中“预付账款”项目的金额为(　　)元。

A. 10 000　　B. 30 000　　C. -30 000　　D. -10 000

16. 资产负债表的下列项目中，只需要根据一个总分类账账户就能填列的项目是(　　)。

A. 货币资金　　B. 短期借款　　C. 预付账款　　D. 预收账款

17. 以下项目中,属于资产负债表中流动负债项目的是(　　)。

A. 长期借款　　B. 递延所得税负债　　C. 应付股利　　D. 应付债券

18. 利润表中,只需根据有关科目的借方发生额填列的项目是(　　)。

A. 营业税金及附加　　B. 主营业务收入　　C. 营业利润　　D. 投资收益

19. 能够提供有关资金的流动性和偿债能力的资料,分析企业偿债能力的报表是(　　)。

A. 利润表　　B. 所有者权益变动表

C. 现金流量表　　D. 资产负债表

20. 处置固定资产影响的现金流量属于(　　)产生的现金流量。

A. 筹资活动　　B. 投资活动　　C. 经营活动　　D. 汇率变动

21. 引起现金流量净额变动的项目是(　　)。

A. 将现金存入银行

B. 用银行存款购买一个月到期的债券

C. 用固定资产抵偿债务

D. 用银行存款清偿 20 万元债务

22. 下列项目中,符合现金流量表中现金概念的是(　　)。

A. 企业销售商品收到为期 1 个月的商业汇票

B. 企业存在银行两年的定期存款

C. 不能随时用于支付的存款

D. 从购入日开始计算 3 个月内到期的国债

23. 资产负债表的下列项目中,不是由科目余额减去其备抵项目后净额填列的是(　　)。

A. 无形资产　　B. 存货　　C. 应收票据　　D. 固定资产

24. 反映企业一定时点财务状况的报表是(　　)。

A. 资产负债表　　B. 利润表

C. 现金流量表　　D. 所有者权益变动表

25. 以下会计报表中,(　　)是一张静态会计报表。

A. 利润表　　B. 所有者权益变动表　　C. 资产负债表　　D. 现金流量表

26. 我国的利润表是(　　)。

A. 多步式　　B. 单步式　　C. 多栏式　　D. 单栏式

27. “预收账款”科目期末如有借方余额,应在(　　)项目内反映。

A. 应付账款　　B. 应收账款　　C. 预付账款　　D. 预收账款

28. 资产负债表中,资产项目(　　)。

A. 按其价值大小的顺序排列　　B. 按资产的取得时间顺序排列
C. 按其变现能力从强到弱的顺序排列　　D. 按生产的时间顺序排列

29. 一年内偿还的长期借款在资产负债表上的列示方式是(　　)。
A. 在其他流动负债中列示　　B. 在短期借款中列示
C. 在其他非流动负债中列示
D. 在一年内到期的非流动负债中列示

30. 会计报表按(　　)的不同,可以分为单位报表和汇总报表。
A. 报表反映的内容　　B. 报表编制的服务对象
C. 报表编制的单位　　D. 报表编制的时间

31. 某企业 2014 年 12 月 31 日"长期借款"科目的余额为 20 000 元,一年内到期的长期借款为 10 000 元,则资产负债表"长期借款"项目,应填列(　　)元。
A. 20 000　　B. 10 000　　C. －10 000　　D. －20 000

32. 下列资产负债表项目,可直接根据有关总账余额填列的是(　　)。
A. 货币资金　　B. 应收票据　　C. 存货　　D. 应收账款

33. 下列各项应在现金流量表"投资活动产生的现金流量"中列示的是(　　)。
A. 以经营租赁方式租出固定资产所收到的现金
B. 出售固定资产所收到的现金
C. 以经营租赁方式租入固定资产所支付的现金
D. 以融资租赁方式租入固定资产所支付的现金

34. 甲工业企业期末"原材料"科目余额为 100 万元,"生产成本"科目余额为 65 万元,"库存商品"科目余额为 150 万元,"工程物资"科目余额为 200 万元,则甲工业企业期末资产负债表中"存货"项目的金额为(　　)万元。
A. 245　　B. 315　　C. 325　　D. 515

(五)多项选择题

1. 会计报表按其反映的内容分类,可以分为(　　　)。
A. 财务状况报表　　B. 经营成果报表　　C. 资金变化报表　　D. 偿债情况报表

2. 会计报表的基本编制要求包括(　　　)。
A. 真实可靠、相关可比　　B. 全面完整、编报及时
C. 便于理解　　D. 反映资产的公允价值

3. 资产负债表中的存货项目反映的内容包括(　　　)。
A. 发出商品　　B. 委托代销商品　　C. 委托加工物资　　D. 生产成本

4. 下列各项中,属于筹资活动产生的现金流量有(　　　)。

A. 购买固定资产所支付的现金
B. 工程达到预定可使用状态前发生的利息支出
C. 融资租赁所支付的现金
D. 经营租赁所支付的现金

5. 关于所有者权益变动表,说法正确的有(　　)。
A. 它是财务报表中的主表　　B. 它是资产负债表的附表
C. 该表包含最终属于所有者权益变动的净利润
D. 反映企业年末所有者权益(或股东权益)变动的情况

6. 下列各项中,属于不能直接根据总账余额填列的项目有(　　)。
A. 应收账款　　B. 固定资产　　C. 应收票据　　D. 在建工程

7. 资产负债表中的"货币资金"项目,应根据(　　)科目期末余额的合计数填列。
A. 委托贷款　　B. 库存现金　　C. 银行存款　　D. 其他货币资金

8. 企业会计政策、会计估计发生变动时,应在会计报表附注中特别披露的有,(　　)。
A. 会计政策、会计估计变更的内容
B. 会计政策、会计估计变更的理由
C. 会计政策、会计估计变更的影响数
D. 会计政策、会计估计变更对公司经营活动所产生的影响

9. (　　)应当在附注中单独披露,不作为报表附表。
A. 资产减值准备明细　　B. 分部报表
C. 现金流量表补充资料　　D. 所有者权益变动表

10. 资产负债表的数据来源,可以通过以下几种方式获得(　　)。
A. 直接从总账科目的余额获得　　B. 根据明细科目的余额分析获得
C. 根据几个总账科目的余额合计获得　　D. 根据有关科目的余额分析获得

11. 下列资产减值准备相关科目余额,哪些不在资产负债表上单独列示(　　)。
A. 坏账准备　　B. 无形资产减值准备
C. 存货跌价准备　　D. 固定资产减值准备

12. 下列资产负债表项目中,根据总账余额计算填列的有(　　)。
A. 存货　　B. 货币资金　　C. 无形资产　　D. 应付账款

13. 下列资产负债表项目中,根据明细科目余额计算填列的有(　　)。
A. 预收账款　　B. 预付账款　　C. 短期借款　　D. 资本公积

14. 下列资产负债表项目中,根据总账科目和明细科目余额分析计算填列的

有(　　　　)。

A. 长期借款　　B. 预收账款　　C. 应收账款　　D. 应付账款

15. 现金流量表中的现金是指(　　　　)。

A. 库存现金　　B. 定期存款

C. 通知存款　　D. 可随时支用的银行存款

16. 下列属于投资活动产生的现金流量的项目有(　　　　)。

A. 固定资产的购置与处置　　B. 支付在建工程人员工资

C. 债权性投资的利息收入　　D. 以现金购买办公用品

17. 不涉及现金收支的投资和筹资活动的项目有(　　　　)。

A. 债务转为资本　　B. 一年内到期的可转换公司债券

C. 融资租入固定资产　　D. 以现金偿还债务

18. 企业对外报送的主要财务报表是(　　　　)。

A. 资产负债表　　B. 成本报表　　C. 利润表　　D. 现金流量表

19. 企业编制财务报表的要求是(　　　　)。

A. 真实性　　B. 及时性　　C. 可比性　　D. 完整性

20. 会计报表提供的会计信息主要有关(　　　　)等方面。

A. 企业的财务状况　　B. 企业的经营成果

C. 企业的现金流量　　D. 企业的盈利模式

21. 资产负债表中,应根据多个总账科目的期末余额分析填列的有(　　　　)。

A. 货币资金　　B. 预付账款

C. 存货　　D. 一年内到期的非流动负债

22. "存货"项目中包括(　　　　)等内容。

A. "材料采购"借方余额　　B. "原材料"借方余额

C. "库存商品"借方余额　　D. "生产成本"借方余额

23. 影响营业利润的因素有(　　　　)。

A. 营业外收入　　B. 投资收益　　C. 营业外支出　　D. 资产减值损失

24. 某企业 2015 年 12 月 31 日结账后有关科目余额如下表:

科目名称	借方金额(元)	贷方金额(元)
应收账款	700 000	600
预收账款	300	40 000
应付账款	8 000	160 000
预付账款	5 000	200

则该企业 2015 年资产负债表中,正确的列示为(　　　　)。

A. 应收账款 700 300 元　　B. 应付账款 160 600 元

C. 预收账款 40 600 元　　D. 预付账款 13 000 元

25. 我国财务报表中,属于动态财务报表的是(　　)。

A. 资产负债表　　B. 利润表

C. 所有者权益变动表　　D. 现金流量表

26. 资产负债表下列项目中,若期末余额在借方,应以"-"号填列的有(　　)。

A. 应付职工薪酬　B. 应付账款　C. 应交税费　D. 预收账款

27. 对投资者来说,财务报表反映的(　　)等内容是他们格外关注的。

A. 企业的利润分配政策是否合理、是否发生了变动

B. 企业的资本结构如何

C. 企业的盈利能力是大是小

D. 企业的资源及其运用、分配方面的情况

28. 在资产负债表中,有备抵项目的报表项目是(　　)。

A. 长期股权投资　B. 固定资产　C. 存货　D. 无形资产

29. 下列项目的增减变动,会影响利润表中营业利润金额的有(　　)。

A. 管理费用　　B. 投资收益

C. 资产减值损失　　D. 公允价值变动收益

30. "应收账款"项目是用来反映企业因销售商品和提供劳务而应向购买单位收取的各种款项,在资产负债表上该项目填列的合计数应包括(　　)。

A. "应收账款"科目所属明细科目的借方余额

B. "应收账款"科目所属明细科目的贷方余额

C. "预收账款"科目所属明细科目的借方余额

D. "预收账款"科目所属明细科目的贷方余额

31. 在利润表上列示的项目有(　　)。

A. 其他业务利润　B. 营业收入　C. 营业成本　D. 资产减值损失

32. 关于年度利润表,以下说法正确的有(　　)。

A. 12 月份利润表的"本期累计数",就是年度利润表的"本年累计数",可以直接转抄。

B. 利润表中"利润总额"即为应计算所得税的应纳所得税的所得额。

C. 资产负债表中的"未分配利润"与利润表中的"净利润"虽然名称不同,但意义相同。

D. 年报中的"净利润",应与"本年利润"科目转到"利润分配——未分配利润"科目的数字核对相符

33. 关于不同时期的财务报表,说法正确的有(　　　　)。

A. 按会计报表编报时间的不同,可以分为月报、季报、半年报和年报

B. 中期财务报告仅包括半年报

C. 中期财务报告不仅包括半年报,还包括季报、月报

D. 中期财务报告都要求披露财务报表附注

34. 企业的会计期间包括(　　　　)。

A. 年度　　B. 半年度　　C. 季度　　D. 月度

35. 构成企业营业利润项目的有(　　　　)。

A. 营业成本　　B. 投资收益

C. 公允价值变动收益　　D. 罚款净收入

36. 下列各项不会引起资产负债表中负债金额增加的有(　　　　)。

A. 计提坏账准备　　B. 计提累计折旧

C. 计提应付债券利息　　D. 计提长期借款利息

37. 资产负债表中"存货"项目应根据(　　　　)科目的余额计算填列。

A. 原材料　　B. 周转材料　　C. 库存商品　　D. 材料成本差异

(六)业务分析处理与计算题

1. [目的]练习资产负债表的编制。

[资料]甲企业20××年12月31日有关账户余额如表1所示。

表1　　　　单位:元

账户名称	借方金额	贷方金额
库存现金	850	
银行存款	220 760	
应收账款	47 210	
其他应收款	800	
原材料	135 000	
库存商品	138 000	
长期待摊费用	7 200	
生产成本	29 050	
固定资产	2 433 000	
短期借款		512 500
应付账款		89 120
其他应付款		11 100
应交税费		7 950
坏账准备		720

续表

账户名称	借方金额	贷方金额
应付利息		14 320
实收资本		1 100 000
盈余公积		302 160
本年利润		234 520
利润分配	234 520	
累计折旧		974 000
合　计	3 246 390	3 246 390

[要求]根据表1的资料编制甲企业20××年12月31日的资产负债表。

2. [目的]练习利润表的编制。

[资料]乙企业20××年9月有关账户本期发生额如表2所示。

表2

账户名称	借方本期发生额	贷方本期发生额
主营业务收入		293 000
主营业务成本	162 000	
营业税金及附加	9 100	
销售费用	8 000	
管理费用	17 000	
财务费用	18 200	
营业外收入		1 400
营业外支出	1 300	
所得税费用	26 004	

[要求]编制乙企业20××年9月利润表(见表3)。

表3　　**利润表**

编制单位:乙企业　　20××年9月

项　目	本期金额	上期金额
一、营业收入		略
减:营业成本		
营业税金及附加		
销售费用		

续表

项　　目	本期金额	上期金额
管理费用		
财务费用		
资产减值损失		
加:公允价值变动收益(损失以"－"号填列)		
投资收益(损失以"－"号填列)		
其中:对联营企业和合营企业的投资收益		
二、营业利润(亏损以"－"号填列)		
加:营业外收入		
减:营业外支出		
其中:非流动资产处置损失		
三、利润总额(亏损总额以"－"号填列)		
减:所得税费用		
四、净利润(净亏损以"－"号填列)		
五、每股收益		
(一)基本每股收益		
(二)稀释每股收益		

3.[目的]练习资产负债表的编制。

[资料]丙企业有关资料如下:

(1)2015 年 12 月 31 日,有关科目余额如表 4 所示。

表 4　　　　2015 年 12 月 31 日科目余额

科目名称	借方余额	贷方余额
银行存款	56 600	
应收票据	0	
应收账款	100 000	
坏账准备		600
原材料	260 000	
库存商品	260 000	
长期待摊费用	16 000	

续表

科目名称	借方余额	贷方余额
持有至到期投资	220 000	
固定资产	940 000	
累计折旧		134 000
无形资产	120 000	
短期借款		140 000
应付账款		114 000
预收账款		100 000
应交税费	3 600	
长期借款		460 000
实收资本		800 000
资本公积		124 000
盈余公积		90 000
利润分配		13 600

(2)丙企业2016年发生如下经济业务。

①购进原材料价款80 000元,款项未付。

②取得商品销售收入320 000元,已预收账款100 000元,其余部分以支票结清,销售成本为收入的80%(不考虑税金)。

③按面值购入债券,准备持有至到期,债券价格42 800元,另支付手续费400元(计入当期损益),全部款项均以银行存款支付。

④本期提取固定资产折旧18 000元(销售部门占40%,管理部门占60%)。

⑤本期摊销已计入长期待摊费用的办公设备租赁费4 000元。

⑥支付短期借款利息560元。

⑦本期偿还长期借款100 000元(未归还的借款中,2014年11月30日借入160 000元,期限2年;2014年5月10日借入200 000元,期限3年)。

⑧本期购入专利权一项计120 000元,有效年限5年,当月摊销2 000元。

⑨将各收支科目结转本年利润,假定该企业当年无须交纳所得税,将净利润转入"利润分配——未分配利润"科目。

⑩从实现净利润中提取法定盈余公积12 000元。

[要求](1)根据上述资料编制会计分录。

(2)编制丙企业2016年12月31日的科目余额表。

（3）编制丙企业 2016 年 12 月 31 日的资产负债表。

4.［目的］练习资产负债表和利润表的编制。

［资料］丁企业 2015 年各科目的期初余额和 2015 年度发生的经济业务如下。

（1）2015 年 1 月 1 日有关科目余额如表 5 所示。

表 5　　2015 年 1 月 1 日科目余额表

科目名称	借方余额	贷方余额
银行存款	6 000	
交易性金融资产	3 000	
应收账款	6 000	
原材料	12 000	
固定资产	21 000	
累计折旧		6 000
在建工程	15 000	
应交税费		6 000
长期借款		21 000
实收资本		18 000
盈余公积		12 000

（2）丁企业 2015 年度发生的经济业务如下。

①用银行存款支付购入原材料货款 3 000 元，材料已验收入库。

②2015 年度，企业的长期借款发生利息费用 1 500 元，计算出工程应负担的长期借款利息费用 600 元，其他利息费用 900 元，利息尚未支付。

③企业将账面价值为 3 000 元的交易性金融资产出售，获得价款 6 000 元，存入银行。

④购入不需安装的设备一台，设备价款 9 000 元，全部款项已用银行存款支付，设备已交付使用。

⑤本年计提固定资产折旧 4 500 元，其中，厂房及生产设备折旧 3 000 元，办公用房及设备折旧 1 500 元。

⑥提取现金并发放职工工资 6 000 元，并将其分配计入相关成本费用项目。其中，生产人员工资 3 000 元，厂部管理人员工资 1 500 元，销售人员工资 1 500 元。

本年产品生产耗用原材料 12 000 元。

计算产品生产成本并将其结转库存商品科目。假设2014年度生产成本科目无年初及年末余额。

⑦销售产品一批，销售价款30 000元，已收取15 000元，余款尚未收取。结转已销产品成本18 000元。假设本年库存商品无期初及期末余额。

⑧将各收支科目结转本年利润。

⑨企业所得税税率25%，计算、结转并交纳所得税。

⑩按税后利润的10%提取法定盈余公积；年终结转“利润分配——未分配利润”。

[要求](1)编制上述各项经济业务的会计分录。

(2)编制丁企业2015年度的资产负债表和利润表。

5. [目的]练习利润表的编制。

[资料]戊企业为增值税一般纳税企业，有关资料如下。

(1)2015年1月至11月30日有关损益类科目的累计发生额如表6所示：

表6　　2015年度利润表科目本年1~11月累计发生额

项目名称	借方发生额	贷方发生额
主营业务收入		1 400 000
主营业务成本	980 000	
营业税金及附加	20 000	
销售费用	25 000	
管理费用	80 000	
财务费用	90 000	
其他业务收入		47 000
其他业务成本	28 000	
营业外收入		12 000
营业外支出	19 000	
投资收益	3 000	
所得税费用	70 620	

(2)戊企业2015年12月发生如下经济业务：

①购进一批原材料，价款80 000元，款项已用银行存款支付，原材料已验收入库。

②生产产品领用原材料，实际成本34 000元。

③本期商品销售收入460 000元，企业收到一张银行承兑汇票，结转商品销售成本320 000元。

④以银行存款支付本月发生的管理费用 10 500 元,销售费用 12 700 元。

⑤购入 2 年期公司债券(持有至到期投资)80 000 元,手续费用 1 000 元(直接计入当期损益),以银行存款支付。

⑥收到兑付的 4 年期国库券(持有至到期投资)本金 18 000 元,利息收入 1 800 元(该国库券每年 12 月兑付当年利息,企业在收到利息时确认当年投资收益),全部款项已存入银行。

⑦计算应交纳营业税金 1 862 元,教育费附加 798 元。

⑧盘亏设备一台,原值 20 000 元,已提折旧 16 000 元,查明原因,由有关人员赔偿 200 元,盘亏净损失转入营业外支出。

⑨支付环境污染罚款 1 300 元。

⑩按 25% 的税率计算 12 月份应纳所得税,以银行存款交纳全年应交未交的所得税。

⑪将全年净利润转入“利润分配——未分配利润”科目。

⑫按净利润的 10% 提取法定盈余公积。

⑬按可向投资者分配利润的 80% 向投资者分配利润(上年度末未分配利润的贷方余额为 54 000 元)。

⑭将“利润分配”科目下其他明细科目的余额转入“未分配利润”明细科目。

[要求](1)编制有关经济业务的会计分录。

(2)编制戊企业 2015 年 12 月份的利润表。

四、参考书目

1. 吴水澎主编. 会计学原理. 沈阳:辽宁人民出版社,1994.

2. 葛家树,刘峰主编. 会计学导论. 第 2 版. 上海:立信出版社,1999.

3. 莫国强主编. 会计学基础. 第 1 版. 北京:首都经济贸易大学出版社,1995.

4. 财政部会计资格评价中心编. 中级会计实务. 第 1 版. 北京:经济科学出版社,2007.

5. 财政部注册会计师考试委员会办公室编. 会计. 第 1 版. 北京:中国财政经济出版社,2004.

第五章　制造业经济业务核算和成本计算

一、专业术语

成本计算　　生产成本　　期间费用　　制造费用　　管理费用　　财务费用

长期待摊费用　　预提费用　　固定资产　　资产类账户　　负债类账户　　所有者权益类账户　　成本类账户　　损益类账户　　盘存账户　　债权结算账户　　债务结算账户　　债权债务结算账户　　跨期摊配账户　　集合分配账户　　成本计算账户　　调整账户　　备抵账户　　附加账户　　备抵附加账户　　待处理账户　　双重性账户　　营业利润　　营业外收入　　营业外支出

二、思考题

1. 制造业的经营活动有何特点？

2. 什么是成本计算？成本计算包括哪些内容？

3. 企业怎样核算筹资业务？

4. 简述材料采购成本的核算方法。

5. 材料采购成本包括哪些内容？

6. 简述产品生产成本核算的方法。

7. 什么是权责发生制？什么是收付实现制？试说明两者确定收益和费用的归属期。

8. 什么是固定资产折旧？计算固定资产折旧时应考虑哪些因素？

9. 固定资产的计价标准有哪些？各反映了什么内容？

10. 为什么要进行待摊费用和预提费用的核算？

11. 什么是调整账户？为什么要设置调整账户？请举例说明。

12. 为什么要设置“累计折旧”账户？

13. 为什么要设置“利润分配”账户？

14. 什么是营业外收支？企业营业外收支包括哪些内容？如何进行核算？

15. 什么是利润分配？如何进行核算？

三、练习题

（一）名词与解释配对判断题

1. 将以下名词与其正确解释配对：成本计算、生产成本、期间费用、制造费用、管理费用、财务费用。

A. 会计核算专门方法之一，是指对生产经营过程中发生的费用，按照成本计算对象和各个成本项目进行归集，以确定各该对象总成本和单位成本的一种专门方法。

B. 企业为生产一定种类、一定数量的产品所发生的直接材料、直接人工和间接制造费用的总和。

C. 不能直接归属于某个特定产品成本的费用，包括销售费用、管理费用和财务费用。

D. 企业生产车间为生产产品和提供劳务而发生的不能直接计入产品成本的各项费用，包括生产车间耗用的消耗性材料、车间管理人员的薪酬等。

E. 企业行政管理部门为组织和管理生产经营活动而产生的管理费用，主要包括管理人员的薪酬、折旧费、工会经费和计提的坏账准备等。

F. 企业为筹集生产经营所需资金而发生的费用，包括利息支出(减利息收入)、汇兑损失及相关的手续等。

2. 将以下名词与其正确解释配对：盘存账户、跨期摊配账户、集合分配账户、成本计算账户、调整账户、债权结算账户、债务结算账户。

A. 用来反映和监督各项财产物资和货币资金的增减变动及其结存情况的账户。它都可以通过财产清查的方法确定其实有数，核对其实际结存数与账面结存数是否相符；除“现金”和“银行存款”账户以外，其他盘存账户都可以通过设置明细账，提供实物数量和金额两种指标。

B. 用来核算应由各个成本计算期共同负担的费用(支出)，并将这些费用(支出)在各期进行摊配，借以正确计算各期盈亏的账户，主要包括“待摊费用”和“预提费用”账户。

C. 用来归集和分配经营过程中某一阶段所发生的某种费用的账户。由于某些费用虽然是成本的组成部分，但又不便直接计入有关成本计算对象，因此需要对这些费用进行归集，再按一定标准分配计入各成本计算对象。

D. 用来核算经营过程中某一阶段或某种工程所发生的全部费用，并确定各该成本计算对象实际成本的账户。例如，“生产成本”“材料采购”等账户。

E. 用于调整被调整账户的账面余额，以保持被调整账户原来提供的指标，并在调整后产生新指标的账户。

F. 用来反映和监督企业同各债务单位或个人之间的债权结算业务的账户。这类账户包括“应收账款”“预付账款”和“其他应收款”等账户。

G. 用来反映和监督企业同债权单位和个人之间的债务结算业务的账户。这类账户包括“应付账款”“预收账款”“短期借款”等账户。

(二)填空题

1. 固定资产一般应同时具备以下两个条件：(1)__________；(2)__________。

2. 为了反映使用中固定资产价值的损耗情况，企业应设置__________账户。

3. 为了总括反映固定资产原始价值的增减变动及其结存情况，企业应设置

__________账户。

4. 费用按其用途不同,可分为__________和__________两大类。

5. 期间费用包括__________、__________和__________等。

6. 按照制造成本法的计算要求,产品成本的基本构成内容包括__________、__________、其他直接费用和__________。

7. 费用是指企业在__________中发生的、会导致所有者权益减少的、与向所有者分配利润无关的经济利益的总流出。

8. 收入是指企业在__________中形成的、会导致所有者权益增加的、与所有者投入资本无关的经济利益的总流入。

9. 所有者权益的来源包括所有者__________、直接计入所有者权益的__________、__________等。

10. 利得是指由企业__________所形成的、会导致所有者权益增加的、与所有者投入资本无关的经济利益的流入。

11. 损失是指由企业__________所发生的、会导致所有者权益减少的、与向所有者分配利润无关的经济利益的流出。

12. 直接计入当期利润的利得和损失,是指应当计入__________、会导致发生增减变动的、与所有者__________或者向所有者分配利润无关的利得或者损失。

(三)判断题

1. 按照权责发生制的要求,凡属本期已收到的收入和支付的费用,不论其是否应归属本期,都作为本期的收入和费用处理。(　　)

2. 收付实现制是以款项的实际收付为标准来确定本期收入和费用的一种方法。(　　)

3. 我国《企业会计准则》规定,企业会计核算应当以权责发生制为基础。(　　)

4. “固定资产”账户登记企业所有的固定资产的原价以及固定资产的增减变动和结存情况,包括折旧的增减变动。(　　)

5. 对于预收货款业务不多的企业,可以不单独设置“预收账款”账户,其发生的预收货款通过“应收账款”账户核算。(　　)

6. 企业的未分配利润等于当期实现的净利润减去提取法定盈余公积金后的余额。(　　)

7. 企业在经营过程中所产生的各种利息收入都属于投资收益,应在“投资收益”账户进行核算。(　　)

8. 企业在经营过程中发生的某项费用计入制造费用和计入管理费用对当期经营成果的影响是不同的。(　　)

9. 企业分给投资人的利润在实际支付给投资人之前形成企业的一项流动负债。(　　)

10. 如果账户按经济内容属于一类,按用途和结构也属于一类。(　　)

11. “主营业务收入”账户是反映营业收入的账户,“其他业务收入”账户是反映非营业收入的账户。(　　)

12. 损益类账户是指核算内容与损益的计算确定直接相关的账户,包括反映企业收入和费用的账户。(　　)

13. “本年利润”账户和“利润分配”账户按用途结构分类属于同一个类别。(　　)

14. 调整账户按其调整的方式不同,可分为备抵账户、附加账户和备抵附加账户。(　　)

15. 企业实现的利润在未分配之前属于所有者权益,所有者权益应反映在资产负债表中,因而“本年利润”和“利润分配”账户均属于资产负债表账户。(　　)

16. 被调整账户的余额与备抵账户的余额方向必定相同。(　　)

17. 备抵附加账户的期末余额方向不是固定的,当其余额在借方时,起着备抵作用,当其余额在贷方时,起着附加作用。(　　)

18. “累计折旧”账户按其经济内容分类属于备抵类账户。(　　)

19. 账户的用途是指设置和运用账户的目的,即通过账户记录提供什么样的核算指标。(　　)

20. 为了简化核算,对于采购人员的旅差费、市内采购材料的运杂费等,可以不计入材料采购成本。(　　)

21. “管理费用”账户的借方发生额应于期末时采用一定的方法分配计入产品成本。(　　)

22. 用盈余公积转增资本不影响所有者权益总额的变化,但会使所有者权益内部结构发生变化。(　　)

23. “应交税费”账户的期末余额若在借方,表示多交的税费;若在贷方,表示未交的税费。(　　)

24. 凡不能分清具体属于哪种材料的采购费用,应按照一定的分配标准,分摊计入材料采购成本中去。(　　)

25. “生产成本”账户期末若有余额,表示的是尚未生产完工的在产品成本。(　　)

(四)单项选择题

1.“累计折旧”账户贷方余额表示(　　)。

A. 折旧的增加数　B. 折旧的减少数　C. 折旧的累计数　D. 折旧的转销数

2. 会计核算设置“应收账款”和“应付账款”两个账户,是遵循(　　)要求。

A. 历史成本原则　B. 权责发生制

C. 谨慎性原则　D. 可理解性原则

3. 在权责发生制下,预付两年的保险费应作为(　　)处理。

A. 长期待摊费用　B. 本期费用　C. 下期费用　D. 上期费用

4. 根据权责发生制原则,为了正确划分期间费用的界限而设置的账户是(　　)。

A.“财务费用”账户　B.“管理费用”账户

C.“长期待摊费用”账户　D.“制造费用”账户

5. 下列账户中,属于调整账户的是(　　)。

A. 固定资产　B. 累计折旧　C. 本年利润　D. 原材料

6. 在供应过程中,用来归集材料买价和采购费用,计算材料采购成本的账户是(　　)。

A.“原材料”　B.“材料采购”　C.“生产成本”　D.“管理费用”

7.“利润分配”账户在年终结算后出现借方余额,表示(　　)。

A. 未分配的利润额　B. 已分配的利润额

C. 未弥补的亏损额　D. 已实现的利润额

8. 某企业购进材料一批,买价 15 000 元,运输费 600 元,入库前整理挑选费 400 元。该批材料的采购成本是(　　)。

A. 15 400 元　B. 15 600 元　C. 16 000 元　D. 15 000 元

9. 6 月 30 日,“本年利润”账户有借方余额 200 000 元,表示(　　)。

A. 1 月 1 日到 6 月 30 日累计实现利润 200 000 元

B. 6 月 30 日实现利润 200 000 元

C. 1 月 1 日至 6 月 30 日累计发生亏损 200 000 元

D. 6 月 30 日发生亏损 200 000 元

10. 下列不应当直接计入当期损益的是(　　)。

A. 管理费用　B. 财务费用　C. 所得税费用　D. 制造费用

11. 按经济内容分类,“制造费用”账户属于(　　)账户。

A. 资产类　B. 负债类　C. 损益类　D. 成本类

12.“利润分配”账户是(　　)。

A.“本年利润”账户的备抵账户　B.“本年利润”账户的附加账户

C.“本年利润”账户的备抵附加账户　D.资产备抵账户

13.“本年利润”账户年内的贷方余额表示(　　)。

A.利润分配额　B.未分配利润额　C.实现的净利润额 D.发生的亏损额

14.下列经济业务中,能引起资产和负债同时增加的业务是,(　　)。

A.用银行存款购买原材料　B.预收销货款存入银行

C.提取盈余公积金　D.年终结转净利润

15.企业年初所有者权益总额为2 000万元,年内接受捐赠资产160万元,本年实现利润总额500万元,所得税税率25%,按10%提取盈余公积金,决定向投资人分配利润100万元,则企业年末的所有者权益总额为(　　)。

A.2 460万元　B.2 275万元　C.2 660万元　D.2 560万元

16.按权责发生制原则的要求,下列货款应确认为本期主营业务收入的是,(　　)。

A.本月销售产品款未收到　B.上月销货款本月收存银行

C.本月预收下月货款存入银行　D.收到本月仓库租金存入银行

17.企业6月份发生下列业务:①支付上个月水电费2 400元;②预付下半年的房租1 500元;③预提本月借款利息600元;④计提本月折旧480元。按权责发生制和收付实现制原则计算的本月费用分别为(　　)。

A.4 980元和3 900元　B.3 900元和2 580元

C.1 080元和3 900元　D.3 480元和1 080元

18.某台生产用设备,原价为80 000元,预计使用10年,预计净残值率为4%,按平均年限法计算每年计提折旧为(　　)。

A.8 000元　B.4 800元　C.7 680元　D.3 200元

19.企业发生的管理费用、财务费用和销售费用作为期间费用,应(　　)。

A.直接计入当期损益　B.直接计入产品成本

C.按一定标准分配计入产品成本　D.按一定标准分配计入各期损益

20 通过“制造费用”账户归集的各项费用,属于计入产品成本的(　　)。

A.直接费用　B.间接费用　C.期间费用　D.跨期费用

21.基本生产车间为生产产品发生的共同性费用,应当(　　)计入生产成本。

A.直接　B.作为管理费用　C.按一定标准分配 D.作为财务费用

22.产品销售成本是指企业出售产品的(　　)。

A.制造成本　B.完全成本

C.制造成本加销售费用　D.计划成本

23.企业年末计算应交所得税时,应(　　)。

A.借记“所得税费用”,贷记“应交税费”

B. 借记“利润分配”,贷记“所得税费用”

C. 借记“利润分配”,贷记“应交税费”

D. 借记“所得税费用”,贷记“本年利润”

24. 企业计提盈余公积时,应(　　)。

A. 借记“盈余公积”,贷记“利润分配”　B. 借记“利润分配”,贷记“盈余公积”

C. 借记“盈余公积”,贷记“本年利润”　D. 借记“本年利润”,贷记“盈余公积”

25. “库存现金”账户按用途和结构分类,属于(　　)。

A. 结算账户　B. 盘存账户　C. 资本账户　D. 财务成果账户

26. “生产成本”账户如有借方余额时,按其用途结构分类属于(　　)。

A. 资产类账户　B. 盘存类账户

C. 集合分配类账户　D. 跨期摊配类账户

27. 结算类账户的期末余额(　　)。

A. 在借方　B. 在贷方

C. 可能在借方,也可能在贷方　D. 以上都不对

28. 在企业不单设“预付账款”账户时,对于预付款业务可在(　　)。

A. “应收账款”账户反映　B. “预收账款”账户反映

C. “应付账款”账户反映　D. “其他往来”账户反映

29. 债权债务结算账户的贷方登记(　　)。

A. 债权的增加　B. 债务的增加,债权的减少

C. 债务的增加　D. 债务的减少,债权的增加

30. 盘盈的固定资产,应通过(　　)科目核算。

A. 待处理财产损溢　B. 以前年度损益调整

C. 营业外支出　D. 累计折旧

(五)多项选择题

1. 下列能引起资产和所有者权益同时增加的业务有,(　　　　)。

A. 收到国家投资存入银行　B. 提取盈余公积金

C. 收到外商投入设备一台　D. 收到外单位捐赠设备一台

2. 企业的资本金按其投资主体的不同,可以分为(　　　　)。

A. 国家投资　B. 法人投资　C. 个人投资　D. 货币资金投资

3. 关于“本年利润”账户,下列说法中正确的有(　　　　)。

A. 贷方登记期末转入的各项收入数;借方登记期末转入的各项支出数

B. 贷方余额为年内累计实现的净利润

C. 借方余额为年内发生的亏损

D. 年末结转后该账户无余额

4. 按照权责发生制原则要求而设立的账户有(　　　　)。

A. 应付利息　　B. 固定资产　　C. 长期待摊费用　D. 长期投资

5. 根据权责发生制原则,下列应作为本期费用的有(　　　　)。

A. 预付明年的车辆保险费　　B. 摊销上一年度支付的报刊费

C. 尚未支付的本月借款利息　　D. 采购员报销差旅费

6. 与营业收入相配比,确定营业利润的成本、费用包括(　　　　)。

A. 主营业务成本　　B. 销售费用、管理费用、财务费用

C. 营业税金及附加　　D. 制造费用

7. 对于共同性采购费用,应分配计入材料采购成本,作为分配采购费用标准的有(　　　　)。

A. 材料的买价　　B. 材料的种类　　C. 材料的体积　　D. 材料的重量

8. 资本公积金是投资者投入到企业、所有权归属投资者、并且金额上超过法定资本部分的资本,其形成的主要来源有(　　　　)。

A. 股本溢价　　B. 接受投资　　C. 接受捐赠　　D. 税后利润中提取

9. 下列内容构成材料采购成本的有(　　　　)。

A. 材料的买价　　B. 采购费用　　C. 增值税进项税额 D. 采购机构经费

10. 账户的用途是指通过账户记录(　　　　)。

A. 能提供什么核算指标　　B. 怎样记录经济业务

C. 表明开设和运用账户的目的　　D. 观察借贷方登记的内容

11. 下列属于盘存账户的有(　　　　)。

A. 材料采购　　B. 长期股权投资　　C. 银行存款　　D. 固定资产

12. 下列账户期末如有余额,在借方的有(　　　　)。

A. 债权结算账户　B. 债务结算账户　　C. 盘存账户　　D. 成本计算账户

13. 下列账户期末一般没有余额的是(　　　　)。

A. 收入类账户　　B. 费用类账户　　C. 盘存类账户　　D. 集合分配类账户

14. 下列账户属于债权结算账户的有(　　　　)。

A. 预付账款　　B. 应付账款　　C. 应收账款　　D. 应收票据

15. 按不同标准分类,“材料采购”账户可能属于(　　　　)。

A. 资产类账户　　B. 盘存类账户　　C. 费用账户　　D. 成本计算类账户

16. 在生产过程中,用来归集制造产品的生产费用,并据以计算产品生产成本的账户有(　　　　)。

A. 制造费用　　B. 库存商品　　C. 主营业务成本　D. 生产成本

17. 下列盘存账户中,可以提供数量和金额两种指标的账户有(　　)。

A. 银行存款　　B. 库存现金　　C. 原材料　　D. 库存商品

18. 外购存货的实际采购成本,包括(　　)。

A. 买价　　B. 运输途中的合理损耗

C. 外地运杂费　　D. 入库前的挑选整理费

19. 影响固定资产折旧额的因素有(　　)。

A. 原值　　B. 预计使用年限

C. 计提折旧的方法　　D. 预计变价收入和预计清理费用

20. 企业的利润包括(　　)。

A. 营业利润　　B. 接受捐赠收入　　C. 投资收益　　D. 营业外支出

21. 利润分配的一般内容包括(　　)。

A. 归还贷款　　B. 缴纳所得税

C. 提取盈余公积　　D. 向投资者分配利润

22. 盈余公积是从净利润中提取的用于(　　)方面的一种所有者权益。

A. 转增资本　　B. 职工个人福利　　C. 弥补亏损　　D. 管理费用

23. 备抵账户与被调整账户之间(　　)。

A. 用途不同　　B. 用途相同　　C. 结构不同　　D. 余额方向相反

24. 企业取得收入会表现为(　　)。

A. 增加资产　　B. 减少资产　　C. 增加负债　　D. 减少负债

(六)业务分析处理与计算题

1. [目的]练习材料采购成本的计算。

[资料]某企业本期购入甲、乙两种材料,其中,甲材料 1 000 千克,乙材料 500 千克,材料买价分别为甲材料 8 000 元,乙材料 3 000 元;甲乙两种材料共同发生的运费 750 元,按重量比例分摊。甲材料运输途中损耗 100 千克,其中 20 千克为定额内合理损耗,80 千克应由运输部门赔偿。

[要求]列式计算已入库甲、乙两种材料的总成本和单位成本。

2. [目的]练习生产成本的计算和核算。

[资料]某企业 20××年 12 月份发生的部分经济业务如下。

(1)本月制造费用总额 12 600 元,其中,甲产品生产工时 4 000 小时,乙产品生产工时 2 300 小时,该企业本月只生产甲、乙两种产品。要求按工时比例计算分配制造费用并编制会计分录。

(2)本月甲、乙两种产品耗用的材料费及人工费如表1所示。

表1

成本项目	甲产品(3 000 件)	乙产品(2 000 件)
直接材料费用	42 000 元	26 000 元
直接人工费	13 000 元	9 000 元

甲、乙两种产品全部生产完工验收入库。

[要求]计算甲、乙两种产品总成本并编制会计分录。

(3)本月向外销售甲产品2 000件,每件售价40元;乙产品1 500件,每件售价35元,货款总计132 500元,扣除预收账款100 000元后由购货方补付货款计32 500元存入银行。

[要求]编制会计分录。

(4)根据本月产品销售业务资料按本月单位产品生产成本计算、结转本月已销售产品的实际成本。

[要求]计算本月销售成本并编制会计分录。

(5)根据上列有关资料及本月管理费用15 000元,财务费用337.50元,销售费用2 300元,营业税金662.50元。

[要求]计算该企业本月应缴纳所得税(税率为25%),并编制会计分录。

3.[目的]练习固定资产折旧额、折旧率的计算。

[资料]甲企业某项固定资产的原始价值为80 000元,预计使用年限为10年,预计残值为3 500元,预计清理费用为500元。

[要求]采用“平均年限法”计算该项固定资产的年折旧率、年折旧额、月折旧率、月折旧额。

4.[目的]练习权责发生制和收付实现制的运用。

[资料]某公司20××年6月份发生下列经济业务:

(1)销售商品260 000元,其中200 000元当即收款,存入银行;另60 000元尚未收到。

(2)收到上个月提供劳务的款项50 000元,存入银行。

(3)用银行存款支付本月份的水电费3 600元。

(4)用现金15 000元预付下半年的房租。

(5)用银行存款3 000元支付本季度银行借款利息(其中本月1 000元)。

(6)本月提供劳务获得收入 24 000 元,款项未收到。

(7)按照合同规定预收客户的订货款 100 000 元,存入银行。

(8)本月负担年初已付款的保险费 500 元。

(9)上个月已经预收货款的产品本月发货,价款 140 000 元。

(10)本月负担的修理费 2 500 元(款项在下个月支付)。

[要求](1)按收付实现制计算公司本月的收入、费用和利润各是多少?

(2)按权责发生制计算公司本月的收入、费用和利润各是多少?

(3)对两种原则下确定的经营成果进行简要说明。

5. [目的]练习制造费用的分配和生产成本的计算。

[资料]京丰工厂生产 A、B 两种产品,20 × ×年 9 月份有关 A,B 产品的资料如下。

(1)月初在产品成本如表 2 所示。

表 2 **月初在产品成本** 单位:元

在产品名称	数量(件)	直接材料	直接人工	制造费用	合 计
A 产品	300	72 000	18 000	9 750	99 750
B 产品	90	48 000	12 000	4 950	64 950
合计		120 000	30 000	14 700	164 700

(2)本月发生的生产费用如下:

A 产品的直接材料费 247 500 元,直接人工费 87 600 元;B 产品的直接材料费 189 000元,直接人工费 53 400 元;本月共发生制造费用 105 750 元。

(3)月末 A 产品完工 750 件,B 产品完工 450 件。

(4)月末 A 产品未完工 60 件,其中,直接材料 9 750 元,直接人工费 6 300 元,制造费用 4 500 元,合计为 20 550 元;B 产品没有月末在产品。

[要求]以直接人工费为标准分配制造费用,并分别计算 A,B 完工产品的总成本和单位成本。

6. [目的]练习利润的计算。

[资料]京海公司 20 × ×年“利润分配”账户的有关记录如下:

“利润分配”总账账户年初贷方余额为 341 000 元,本年借方全年发生额(包括年末结账发生额)为 1 551 750 元,年末贷方余额(结账后)为 737 625 元。公司“利润分配”账户下设三个明细科目:“提取法定盈余公积”、“应付股利”、“未分配利润”,年末,除

“未分配利润”明细科目有余额外，其他各明细科目均无余额。

［要求］计算公司本年实现的净利润是多少？

7.［目的］练习生产成本、营业成本、利润的计算。

［资料］京丰工厂生产一种产品，20××年9月份的有关资料如下：

（1）原材料月初余额368 000元，月末余额672 000元；在产品月初余额125 000元，月末余额158 000元；库存商品月初余额567 800元，月末余额852 000元。

（2）本月有关项目的发生额分别为：生产工人工资320 000元，车间管理人员工资100 000元，厂部行政管理人员工资60 000元；本月购入材料460 000元，车间一般性消耗材料72 000元（本月发出的材料均用于车间产品的生产和一般性消耗）；本月销售产品的收入1 280 000元；本月发生的折旧费计32 800元，其中，机器设备折旧费16 000元，车间用房的折旧费12 000元，厂部办公用房折旧费4 800元；本月发生的利息费用3 000元；本月发生的销售产品的广告费20 000元；本月销售产品应缴纳的税金64 000元；本月发生的保险费等计为10 000元。

公司适用的所得税税率为25%。

［要求］计算本月完工入库产品的生产成本、本月销售产品的成本和本月的利润总额以及净利润额各是多少？

8.［目的］练习材料采购业务的核算。

［资料］大华厂20××年4月份有关材料采购的经济业务如下：

（1）向A工厂购入甲材料15 000千克，每千克1.00元；购入乙材料2 500千克，每千克2.00元，货款共计20 000元，尚未支付。

（2）以现金350元支付甲、乙材料的装卸费，按购入甲、乙材料的重量比例分配装卸费用。

（3）向B工厂购进甲材料5 000千克，每千克1.00元，用银行存款5 000元支付材料价款。

（4）以银行存款10 000元预付C公司乙材料款。

（5）以银行存款支付以前欠A工厂材料款15 000元。

（6）预付给C公司货款的乙材料到货，数量5 000千克，每千克2.00元，材料验收入库。

（7）向A工厂购进甲材料20 000千克，每千克1.00元；乙材料5 000千克，每千克2.00元，货款30 000元以银行存款支付。

（8）以银行存款支付甲、乙材料的运费1 000元，按购入甲、乙材料的重量比例分配运费。

(9)向B工厂购进甲材料1 000千克,每千克1.00元,货款尚未支付。

(10)月末计算并结转甲、乙材料的实际采购成本。

[要求]根据经济业务编制会计分录。

9.[目的]练习生产业务的核算。

[资料]大华工厂20××年4月份有关生产业务如下:

(1)生产产品领用材料一批,其中,A产品耗用30 000元,B产品耗用12 000元,车间一般耗用10 000元,共计耗用材料52 000元。

(2)以现金1 500元支付行政管理部门办公费用。

(3)以银行存款支付车间购买劳保用品费用6 000元。

(4)从银行提取现金58 000元。

(5)以现金58 000元发放本月工资。

(6)提取本月固定资产折旧费60 000元,其中,车间折旧费35 000元,管理部门折旧费25 000元。

(7)以银行存款支付厂运输队第二季度车辆保险费21 000元。

(8)支付本月车间电费3 000元。

(9)以银行存款支付本月电费8 500元。其中:生产A产品用电4 000元,生产B产品用电2 500元;车间照明用电500元;管理部门用电1 500元。

(10)以银行存款支付车间水费500元。

(11)月末分配本月份工资费用。其中,生产A产品工人工资30 000元,生产B产品工人工资10 000元;车间管理人员工资5 000元;管理部门人员工资13 000元。

(12)摊销应由本月负担的车辆保险费7 000元。

(13)将本月发生的制造费用分配计入A、B两种产品成本(按生产工人工资比例分配)。

(14)月末,本月生产的A产品1 000件全部完工入库,计算并结转A产品的实际生产成本。

[要求]根据上述经济业务编制会计分录。

10.[目的]练习销售及财务成果业务的核算。

[资料]利业公司20××年12月份有关销售及财务成果的经济业务如下:

(1)销售给A工厂甲产品100件,每件售价180元,货款计18 000元,存入银行。

(2)以银行存款支付销售甲产品的运费700元。

(3)销售给B公司甲产品50件,每件售价180元,货款9 000元尚未收到。

(4)以现金支付销售给B公司的包装费250元。

(5)销售给 A 工厂甲产品 70 件,每件售价 180 元,货款共计 12 600 元,收到后存入银行。

(6)以银行存款支付广告费 1 050 元。

(7)月末结转销售甲产品的生产成本,甲产品单位生产成本 80 元。

(8)按 5% 的税率计提本月产品销售税金。

(9)取得罚款收入 300 元,存入银行。

(10)以银行存款支付税收滞纳金 1 000 元。

(11)将本月各收入类账户的余额转入本年利润账户。

(12)将本月各支出类账户的余额转入本年利润账户。其中:管理费用账户借方余额 5 600 元,财务费用账户借方余额 1 200 元。

(13)按 25% 的税率计提本月应缴所得税,并结转到"本年利润"账户。

(14)按税后利润的 10% 提取盈余公积金。

(15)计提本年应付利润 2 000 元。

[要求]根据上述经济业务编制会计分录。

11. [目的]练习长期待摊费用和应付利息的核算。

[资料]天河工厂 20 × ×年 4 月份发生下列经济业务如下。

(1)4 月 1 日开出转账支票预付第二季度保险费 12 000 元。

(2)4 月末摊销应由本月负担的保险费 4 000 元。

(3)4 月末预提应由本月负担的银行借款利息 3 200 元。

[要求]编制本月业务的会计分录。

12. [目的]练习双重性账户的应用。

[资料]京通机械厂设置"应付账款"和"预付账款"两个账户,20 × ×年 8 月份"应付账款"和"预付账款"账户及其所属明细账户的期初余额如下。

"应付账款"贷方余额 125 000 元,其中,"应付账款——A 工厂"78 000 元,"应付账款——B 工厂"47 000 元;

"预付账款"借方余额 65 000 元,其中,"预付账款——C 工厂"35 000 元,"预付账款——D 工厂"30 000 元。

该企业 8 月份发生下列业务。

(1)用银行存款 50 000 元归还所欠 A 工厂的货款。

(2)收到 C 工厂发来的材料 41 200 元,其中,材料价款 40 000 元,代垫外地运杂费 1 200元,材料验收入库,款项上个月已经预付 35 000 元,差额部分暂未支付。

(3)从 B 工厂购买材料价款 10 000 元,款项未付,材料尚未入库。

(4)通过银行补付所欠C工厂的差额款。

[要求]编制本月有关业务的会计分录。

四、参考书目

1. 吴水澎主编. 会计学原理. 沈阳:辽宁人民出版社,1994.

2. 葛家树,刘峰主编. 会计学导论. 第2版. 上海:立信出版社,1999.

3. 莫国强主编. 会计学基础. 第1版. 北京:首都经济贸易大学出版社,1995.

4. 财政部会计资格评价中心编. 中级会计实务. 第1版. 北京:经济科学出版社,2004.

5. 财政部注册会计师考试委员会办公室编. 会计. 第1版. 北京:中国财政经济出版社,2007.

6. 刘文辉,李刚主编. 会计学基础. 第1版. 北京:首都经济贸易大学出版社,2001.

第六章　内部控制与财产清查

一、专业术语

内部控制　　财产清查　　永续盘存制　　实地盘存制

二、思考题

1. 什么是内部控制?
2. 简述内部控制制度的基本方式。
3. 内部控制的目标是什么?
4. 简述现金管理内部控制制度的基本内容。
5. 简述存货管理内部控制制度的基本内容。
6. 什么是财产清查? 造成账实不符的原因有哪些? 进行财产清查有何意义?
7. 试述财产清查的种类、程序以及清查方法。
8. 什么是永续盘存制? 什么是实地盘存制? 它们各有何优缺点?

三、练习题

(一)名词与解释配对判断题

将以下名词与其正确解释配对:内部控制、财产清查、永续盘存制、实地盘存制

A. 通过对存货的定期清查、盘点结果来确定存货期末数量的盘存核算方法。

B. 根据存货的收发业务进行账簿增减变动记录，由此来确定存货期末数量的盘存核算方法。

C. 通过对各项财产的盘点与核对，查明财产在一定时期的实存数额，并与账面结存数进行核对，确定账实是否相符的一种专门方法。

D. 以任何个人或部门不能单独控制任何一项或一部分业务权力的方式进行组织上的责任分工，从而使该项业务权力通过发挥其他个人或部门的职能进行交叉检查或交叉控制。

（二）填空题

1. 内部控制的基本方式包括：________、________、________、________、________、________、________、________。

2. 会计记录控制包括________、________、________、________、________。

3. 货币资金的管理和控制应遵循的原则是________、________、________、________。

4. 存货的内部控制制度包括________、________、________、________。

5. 财产清查包括________、________、________三个阶段。

6. 财产清查按清查的对象和范围，分为________、________。

7. 财产清查按照财产清查的时间，分为________、________。

8. 存货的盘存制度包括________、________。

（三）判断题

1. 银行存款余额调节表是调整企业银行存款账面余额的原始凭证。（　　）

2. 一般情况下，企业即使发生少量零星支出，也不可以直接从本单位的现金收入中支付。（　　）

3. 银行存款的清查是指企业银行存款日记账的账面余额与银行存款总账的账面余额进行的核对。（　　）

4. 临时存款账户与基本存款账户相同，都可以存取现金。（　　）

5. 企业进行现金清查时发现现金长款或短款，应及时查找原因，并按照有关规定处理，不能擅自用盘点的长款抵补以前的短款。（　　）

6. 企业的一般存款账户可以办理转账结算手续和现金缴存，但不能办理现金支取。（　　）

7. 盘盈盘亏的固定资产先记入“待处理财产损溢”科目，经过主管财政机关批准后才能处理。（　　）

8. 盘盈盘亏的固定资产经股东大会或董事会，或经理（厂长）会议，或类似机构批准后，在期末结账前处理完毕。（　　）

9. 为了简化现金收支手续，企业可以随时坐支现金。（　　）

10. 库存现金的清查包括出纳人员每日的清点核对和清查小组定期和不定期的清查。（　　）

11. 企业可以根据需要，在一家或几家银行开立基本存款账户。（　　）

12. 对于因未达账项而引起的银行存款日记账与银行对账单余额的差异，不必在账面上进行调整。（　　）

13. 企业不得在同一家银行的几个分支机构开立一般存款账户。（　　）

14. 盘亏的存货按规定手续报经批准后，可能冲减营业外支出。（　　）

15. 属于非常损失造成的存货毁损，应按该存货的实际成本计入营业外支出。（　　）

16. 盘盈的固定资产应按其重置完全价值作为入账价值。（　　）

17. 对财产的局部清查，主要是对货币资金、存货等流动性大的财产的清查，包括现金、银行存款、存货、债权和债务等。（　　）

18. 不定期财产清查和定期财产清查都可以是全面清查，也可以是局部清查。（　　）

19. 银行存款日记账与开户银行对账单的余额不一致的唯一原因，就是存在未达账项。（　　）

20. 财产清查是指通过对货币资金、实物资产和往来款项的盘点或核对，确定其实存数，查明账存数与实存数是否相符的一种专门方法。（　　）

21. 一个企业可以在几家银行机构同时开立基本存款账户。（　　）

22. 企业只能开立一个基本存款账户。（　　）

23. 企业可以将银行存款账户出借给其他单位暂时使用。（　　）

24. 签发的支票金额可以超过企业银行存款余额。（　　）

25. 库存现金实有数中包含借条、收据等的金额。（　　）

26. 企业不能以银行存款余额调节表作为记账依据。（　　）

27. 企业无法查明原因的现金短缺，经批准后记入“营业外支出”科目。（　　）

28. 企业无法查明原因的现金溢余，经批准后记入“营业外收入”科目。（　　）

29. 属于自然损耗产生的定额内合理损耗而引起的存货盘亏应转做营业外支出。（　　）

30. 所谓未达账项，是指企业出纳人员未及时根据有关凭证登记入账的款项。（　　）

31. 企业进行现金清查时，发现现金长款或短款，应及时查找原因，并按照规定处理，不能擅自用盘点的长款抵补以前的短款。（　　）

32. 盘盈的固定资产按重置完全价值记账。(　　)

33. 银行存款的清查是指企业银行存款日记账的账面余额与库存现金总账的账面余额进行的核对。(　　)

34. 企业的销货款可以转入企业的专用存款账户。(　　)

35. 银行存款余额调节表只是为了核对账目,并不能作为调整银行存款账面余额的原始凭证。(　　)

(四)单项选择题

1. 对各项财产物资的盘点结果编制并据以调整账面记录的原始凭证是(　　)。

A. 入库单　　B. 出库单　　C. 领料单　　D. 实存账存对比表

2. 在下列有关账项核对中,不属于账账核对的内容是(　　)。

A. 银行存款日记账余额与银行对账单余额的核对

B. 银行存款日记账余额与其总账余额的核对

C. 总账账户借方发生额合计与其明细账借方发生额合计的核对

D. 总账账户贷方余额合计与其明细账贷方余额合计的核对

3. 某企业遭受洪灾后,对其受损的财产物资进行的清查,属于(　　)。

A. 局部清查和定期清查　　B. 全面清查和定期清查

C. 局部清查和不定期清查　　D. 全面清查和不定期清查

4. 对库存现金的清查应采用的方法是(　　)。

A. 技术推算法　　B. 实地盘点法　　C. 函证法　　D. 倒挤法

5. 对应收账款进行清查时应采用的方法是(　　)。

A. 与记账凭证核对　B. 实地盘点法　　C. 函证法　　D. 技术推算法

6. 企业为发放工资支取现金,应通过的账户是(　　)。

A. 基本存款账户　　B. 一般存款账户　　C. 临时存款账户　D. 专项存款账户

7. 企业在进行现金清查中发现溢余的现金,在未经批准处理之前,应借记"库存现金"科目,贷记(　　)科目。

A. 其他业务收入　　B. 营业外收入　　C. 待处理财产损溢　D. 其他应付款

8. 对于银行已经入账而企业尚未入账的未达账项,企业应当(　　)。

A. 在编制"银行存款余额调节表"的同时入账

B. 根据"银行对账单"记录的金额入账

C. 根据"银行对账单"编制自制凭证入账

D. 待结算凭证到达后入账

9. 企业进行材料清查盘点中,盘盈的材料在报经批准后应该(　　)。

A. 作为其他业务收入处理　　B. 作为营业外收入处理
C. 作为冲减管理费用处理　　D. 作为冲减营业费用处理

10. 下列事项中属于账实核对的是（　　）。
A. 现金日记账与库存现金的核对　　B. 总分类账与明细分类账的核对
C. 原始凭证与记账凭证的核对　　D. 会计报表与会计账簿的核对

11.（　　）的目的是为了保证账簿记录的正确性和完整性，做到账证相符、账账相符、账实相符。
A. 过账　　B. 结账　　C. 转账　　D. 对账

12. 企业一般不得从本单位的现金收入中直接支付现金，因特殊情况需要支付现金的，应事先报经（　　）审查批准。
A. 本企业单位负责人　　B. 上级主管部门
C. 开户银行　　D. 财税部门

13. 按照国家《银行账户管理办法》规定，企业的工资、奖金、津贴等的支取，只能通过（　　）。
A. 基本存款账户办理　　B. 一般存款账户办理
C. 临时存款账户办理　　D. 专业存款账户办理

14. 企业发生的原材料盘亏或毁损损失中，不应作为管理费用列支的是（　　）。
A. 自然灾害造成的毁损净损失　　B. 保管中发生的定额内自然损耗
C. 收发计量造成的盘亏损失　　D. 管理不善造成的盘亏损失

15. 下列（　　）不办理现金支取。
A. 基本存款账户　　B. 一般存款账户
C. 专用存款账户　　D. 临时存款账户

16. 在存货清理过程中，有关会计处理不涉及"待处理财产损溢"的业务有（　　）。
A. 存货盘盈　　B. 存货毁损　　C. 存货盘亏　　D. 存货出售

17. 某企业职工小李由于工作失职造成材料被盗，按公司规定应由小李赔偿，对该赔偿款进行核算的会计科目为（　　）。
A. 营业外收入　　B. 其他业务收入　　C. 应收账款　　D. 其他应收款

18. 对无法查明原因的现金长款，应（　　）。
A. 冲减营业外支出　　B. 计入营业外收入
C. 冲减管理费用　　D. 挂账继续查找原因

19. 盘盈的固定资产应按（　　）作为原值入账。
A. 评估价值　　B. 历史成本
C. 类似固定资产市场价减去价值损耗后的余额

D. 账面价值

20. 盘盈的固定资产按同类固定资产市场价与估计折旧之差额批准前转入(　　)科目。

A. 以前年度损益调整　　B. 资本公积

C. 盈余公积　　D. 其他业务收入

21. 以下各项业务中,不能计入“营业外收入”的有(　　)。

A. 现金盘盈　　B. 接受现金捐赠

C. 存货盘盈　　D. 无法偿付的应付账款

22. 下列原材料损失项目中,应记入“营业外支出”的是(　　)。

A. 计量差错引起的原材料盘亏　　B. 原材料运输途中发生的合理损耗

C. 自然灾害造成的原材料净损失　　D. 人为责任造成的原材料损失

23. 企业生产经营期间发生的固定资产盘亏应记入(　　)科目。

A. 其他业务支出　B. 主营业务成本　C. 资本公积　D. 营业外支出

24. 下列资产中,能够采用实地盘点法的有(　　)。

A. 应付票据　B. 低值易耗品　C. 应收账款　D. 银行存款

25. 下列各种情况不需进行全面检查的有(　　)。

A. 更换仓库保管人员时　　B. 企业股份制改造时

C. 公司总经理调离工作时　　D. 企业改变隶属关系时

26. 盘盈的存货,经批准处理后,转入(　　)科目。

A. 营业外收入　B. 管理费用　C. 其他应付款　D. 其他应收款

(五)多项选择题

1. 正确合理地组织财产清查的意义在于(　　　)。

A. 挖掘财产物资潜力,加速资金周转

B. 保护各项财产的安全完整

C. 建立健全各项规章制度,提高企业的管理水平

D. 保证会计信息的真实性、可靠性

2. 下列情况中,需要进行全面清查的有(　　　)。

A. 年终决算前　　B. 中外合资、国内合资前

C. 清产核资时　　D. 企业改变隶属关系时

3. 造成账实不符的原因主要有(　　　)。

A. 财产物资的自然损耗　　B. 财产物资收发计量错误

C. 财产物资的毁损、被盗　　D. 账簿的漏记、重记

4. 企业发生的下列支出中，按规定可以用库存现金支付的有(　　)。

A. 支付职工李新差旅费 2 000 元　　B. 支付银行承兑汇票手续费 1 000 元

C. 职工刘洋领取取暖费 100 元　　D. 支付购置碎纸机款 3 000 元

5. 企业发生的未达账项通常有(　　)。

A. 银行已收款入账，企业尚未收款入账

B. 企业已收款入账，银行尚未收款入账

C. 银行已付款入账，企业尚未付款入账

D. 企业已付款入账，银行尚未付款入账

6. 企业现金清查的主要内容有(　　)。

A. 是否存在贪污或挪用　　B. 是否存在“白条顶库”

C. 是否存在未达账项　　D. 是否存在超限额库存现金

7. 企业进行存货清查时，对于盘亏的存货，应先记入“待处理财产损溢”科目，报经批准后根据不同的原因可分别转入(　　)科目。

A. 管理费用　　B. 销售费用　　C. 营业外支出　　D. 其他应收款

8. 在(　　)的情况下，企业银行存款日记账余额会小于银行对账单余额。

A. 企业开出支票，对方未到银行兑现

B. 银行误将其他公司的存款记入本企业银行存款账户

C. 银行代扣水电费，企业尚未接到通知

D. 银行收到委托收款结算方式下结算款项，企业尚未收到通知

9. 下列可以用现金结算的有(　　)。

A. 支付离退休人员工资　　B. 企业职工出差预借差旅费 2 000 元

C. 购买办公用品 280 元　　D. 向农村合作社收购物资 20 000 元

10.《银行账户核算办法》将企业的存款账户分为(　　)。

A. 一般存款账户　B. 基本存款账户　C. 临时存款账户　D. 专用存款账户

11. 银行结算账户的开立和使用应当遵守法律、行政法规，不得(　　)。

A. 利用银行结算账户进行偷逃税款、逃废债务、套取现金及其他违法犯罪活动

B. 不得出租、出借银行结算账户

C. 不得利用银行结算账户套取银行信用

D. 不得将单位款项转入个人银行结算账户

12. 按照财产清查的范围，财产清查包括(　　)。

A. 全面清查　　B. 局部清查　　C. 定期清查　　D. 不定期清查

13. 盘亏及毁损的存货针对不同情况可以记入(　　)科目。

A. 原材料　　B. 其他应收款
C. 管理费用　　D. 营业外支出

14. 企业清查(　　)的损溢,如果期末结账前尚未经批准的,在对外提供财务会计报告时先按规定处理,并在会计报表附注中说明。

A. 库存商品　　B. 在途物资
C. 低值易耗品　　D. 机器设备

15. 对于实物资产的清查,可采用的清查方法有(　　)。

A. 实地盘点法　　B. 发函询证法
C. 对账单核对法　　D. 技术推算法

16. 下列事项中,(　　)符合现金管理的有关规定。

A. 企业对于当日送存现金有困难的,由开户银行确定送存时间
B. 因特殊情况需要坐支现金的,应当事先报经开户银行审批
C. 企业从开户银行提取现金,应由本单位出纳人员签字盖章
D. 如果现金长短款是由于单据丢失或记账产生的差错,应补办手续入账或更正错误

17. 局部清查主要是对(　　)进行清查。

A. 流动性较大的财产　　B. 资本公积
C. 现金和银行存款　　D. 债权、债务

18. 实地盘点法一般适用于(　　)清查。

A. 各项实物财产物资　　B. 银行存款
C. 库存现金　　D. 应付账款

(六)业务分析处理与计算题

1. [目的]练习现金清查的会计处理。

[资料]20××年6月2日,A公司对现金进行清查,发现库存现金较账面余额多出30元。经反复查核,其长款原因不明,经批准后已作相应处理。

[要求]编制有关业务的会计分录。

2. [目的]练习银行存款的清查。

[资料]某公司20××年6月25日至6月30日银行存款日记账和银行送来的对账单内容如表1和表2所示。

表1　　银行存款日记账

20××年 月	日	凭证号数	摘要	结算凭证 种类	号数	对方科目	收入	支出	余额
6	25	（略）	余额			（略）			20 000
	26		收立夏厂销货款	转支	762 114		1 396		21 396
	27		支付进货款	转支	8 064			1 692	19 704
	27		由京西进货	转支	8 065			7 500	12 204
	28		收大华销货款	转支	30 236		2 280		14 484
	28		收四通公司货款	现支	21 425		1 000		15 484
	29		支付水费					830	14 654
	30		由华阳厂进货	转支	8 067			2 400	12 254

表2　　中国工商银行×××分理处对账单

户名:某公司　　账号:2611421—21

20××年 月	日	摘要	结算凭证 种类	号数	存入	支出	余额
6	25	余额					20 000
	26	存入销货款	转支	762 114	1 396		21 396
	27	收海云公司货款	委收	7 621	11 800		33 196
	28	代付电话费				1 290	31 906
	29	支付货款	转支	8 064		1 692	30 214
	29	支付水费				830	29 384
	30	存款利息			350		29 734
	30	由华阳厂进货	转支	8 067		2 400	27 334

[要求]根据上述资料核对银行存款日记账和银行对账单,确定未达账项,编制6月30日银行存款余额调节表。

3.[目的]练习存货清查。

[资料]某公司月末盘点材料,A材料账面余额11 500元,全部毁损,只能作为废料,价值为76元,经查是因数日前仓库发生火灾所至,其损失批准作为非常损失处理;B材料账面价值26 400元,实存材料价值为26 000元,经查明100元为定额内损耗,已经批准处理,其余盘亏则为保管员失职丢失,经批准责令赔偿。

[要求]根据上述资料编制会计分录。

4. [目的]:练习固定资产清查的会计处理。

[资料]:某企业年末盘点固定资产,发现下列账实不符的会计事项。

(1)账外设备一台,同类固定资产市场价格46 000元,估计七成新(注:所得税率25%,法定盈余公积提取率为10%)。

(2)盘亏机器一台,其账面价值26 000元,已提折旧14 500元,净值批准作为营业外支出处理。

[要求]根据上述资料编制会计分录。

四、参考书目

1. 吴水澎主编. 会计学原理. 沈阳:辽宁人民出版社,1994.

2. 葛家树,刘峰主编. 会计学导论. 第2版. 上海:立信出版社,1999.

3. 莫国强主编. 会计学基础. 第1版. 北京:首都经济贸易大学出版社,1995.

4. 财政部会计资格评价中心编. 中级会计实务. 第1版. 北京:经济科学出版社,2004.

5. 财政部注册会计师考试委员会办公室编. 会计. 第1版. 北京:中国财政经济出版社,2007.

6. 刘文辉,李刚主编. 会计学基础. 第1版. 北京:首都经济贸易大学出版社,2001.

第七章　会计规范和会计工作组织

一、专业术语

会计规范　会计法律　会计基本假设　会计主体　持续经营　会计分期假设　货币计量假设　可靠性　相关性　可比性　实质重于形式　重要性　谨慎性　及时性　权责发生制　历史成本　会计机构　集中核算形式　分散核算形式　报账制单位　内部稽核制度　内部牵制制度　会计职业道德　会计档案

二、思考题

1. 什么是会计规范？我国会计规范包括哪些内容？

2. 什么是会计基本假设？我国会计基本假设包括哪几方面的内容？

3. 什么是会计主体？提出会计主体假设有何意义？试说明会计主体与法律主体的

关系。

4. 什么是持续经营和会计分期？简述两者的关系。

5. 什么是货币计量假设？简述其局限性。

6. 我国会计信息有哪些质量方面的要求？

7. 什么是可靠性原则？

8. 什么是相关性原则？我国企业会计准则对会计信息相关性有何要求？

9. 什么是可比性原则？可比性原则有哪些要求？

10. 什么是权责发生制？

11. 什么是收付实现制？

12. 什么是历史成本？简述采用历史成本计价的优缺点。

13. 什么是重置成本计量？

14. 什么是可变现净值计量？

15. 什么是现值计量？

16. 什么是公允价值计量？

17. 什么是谨慎性原则？举例说明谨慎性原则的应用。

18. 什么是重要性原则？举例说明重要性原则的应用。

19. 什么是会计职业道德？会计职业道德包括哪些内容？

20. 会计职业道德有何作用？

21. 什么是集中核算形式？

22. 什么是非集中核算形式？

三、练习题

（一）名词与解释配对判断题

1. 将以下名词与其正确解释配对：会计规范、会计法律、会计基本假设

A. 关于会计工作的法律、行政法规、制度的总称，是会计行为的标准，是经济规范体系的一个重要组成部分，包括会计法、会计准则和会计制度。

B. 是从事会计工作、办理会计事务的法律规范。一是专门针对会计工作而制定的、独立的会计法，是指导会计工作的最高准则，也是制定其他会计法规的依据。二是其他法律中包含的规范会计工作的法律规定，例如公司法、税法、证券法等。

C. 是指对那些未被确切认识的事物，根据客观的、正确的情况或趋势所作出的一种合理判断。其内容一般包括会计主体假设、持续经营假设、会计分期假设和货币计量假设。

2. 将以下名词与其正确解释配对：会计主体、持续经营、会计分期、货币计量

A. 是指会计工作为之服务的一个特定单位，可以是企业，也可以事业单位、机关团体，这些单位在经济上应是独立或相对独立的。这些单位应拥有一定数量的资产，能独立进行生产经营或业务活动，能独立编制财务会计报表。

B. 是假设会计主体的经营活动在可以预见的未来，按照现在的形式和目标，无限期地继续下去，不会进行破产清算。如果没有该假设，会计上的权责发生制原则和历史成本原则都无法成立。

C. 将企业持续不断的经营过程人为地划分为一定的时间段落，以便核算和报告会计主体的财务状况和经营成果。

D. 在会计核算中，要以货币作为统一的尺度，计量、记录和报告企业的经营活动及其结果。它包括两层含义，一是要求会计主要提供的是可以用货币计量的信息，二是规定会计核算采用名义货币单位，并假定其稳定不变。

3. 将以下名词与其正确解释配对：可靠性、相关性、可比性、可理解性、实质重于形式、重要性、谨慎性

A. 企业应当以实际发生的交易或者事项为依据进行会计确认、计量和报告，如实反映符合确认和计量要求的各项会计要素及其他相关信息，保证会计信息真实可靠、内容完整。

B. 企业提供的会计信息应当与财务会计报告使用者的经济决策需要相关，有助于财务会计报告使用者对企业过去、现在或者未来的情况做出评价或者预测。

C. 同一企业不同时期发生的相同或者相似的交易或者事项，应当采用一致的会计政策，不得随意变更，确需变更的，应当在附注中说明。不同企业发生的相同或者相似的交易或者事项，应当采用规定的会计政策，确保会计信息口径一致、相互可比。

D. 企业提供的会计信息应当清晰明了，便于财务会计报告使用者理解和使用。

E. 企业应当按照交易或者事项的经济实质进行会计确认、计量和报告，不应仅以交易或者事项的法律形式为依据。

F. 企业提供的会计信息应当反映与企业财务状况、经营成果和现金流量等有关的所有重要交易或者事项。

G. 企业对交易或者事项进行会计确认、计量和报告时，应当保持应有的谨慎，不应高估资产或者收益、低估负债或者费用。

(二) 填空题

1. 会计规范就是关于会计工作的__________、__________、__________的总称，是

会计行为的标准。

2. 我国企业会计准则体系包括__________和__________两个层次。

3. 我国会计基本假设包括__________、__________、__________、__________。

4. 可靠性是指企业应当以实际发生的交易或者事项为依据进行会计确认、计量和报告，__________符合确认和计量要求的各项会计要素及其他相关信息，保证会计信息__________、__________。

5. 企业提供的会计信息应当与财务会计报告使用者的__________需要相关，有助于财务会计报告使用者对企业__________、__________的情况做出评价或者预测。

6. __________不同时期发生的相同或者相似的交易或者事项，应当采用__________会计政策，不得随意变更。

7. 费用与收入的配比有三种方式：__________、__________和__________。

8. 企业应当按照交易或者事项的__________进行会计确认、计量和报告，不应仅以交易或者事项的__________为依据。

9. 谨慎性原则是指对某些会计事项有不同处理方法可供选择时，应尽量选择不虚增企业__________和不夸大__________的程序和方法，合理核算企业可能发生的__________。

10. 出纳人员不得兼任__________、__________和__________、__________、__________、__________账目的登记工作。

（三）判断题

1. 会计主体就是指企业法人。（　　）

2. 会计计量单位只有一种，即货币计量单位。（　　）

3. 我国所有企业的会计核算都必须以人民币作为记账本位币。（　　）

4. 谨慎性原则要求会计核算工作中做到不夸大企业资产，不虚增企业费用。（　　）

5. 在实际工作中，企业可以对某些业务采用集中核算，而对另外一些业务采用非集中核算。（　　）

6. 内部牵制制度是指凡是涉及款项和财物收付、结算及登记的任何一件工作，必须由两人或两人以上分工办理，以起到相互制约作用的一种制度。（　　）

7. 企业会计工作的组织形式是统一领导、分级管理。（　　）

8. 根据《会计法》的规定，对本单位的会计工作和会计资料的真实性、完整性负责的是单位会计人员。（　　）

9. 会计职业道德是一种强制性规范。（　　）

10. 银行对账单不属于会计档案。(　　)

11. 任何企业单位都必须设置总会计师,其任职资格、任免程序、职责权限由国务院统一规定。(　　)

12. 会计职业道德是一定社会调节人际关系的行为规范的总和,属于上层建筑的范畴。(　　)

13. 会计工作交接之后,监交人员应当对所移交的会计资料的真实性、完整性负责。(　　)

14. 对于不具备设置会计机构条件的单位,应由代理记账机构完成其会计工作。(　　)

15.《会计法》明确规定,国务院主管全国的会计工作。(　　)

(四)单项选择题

1. 强调经营成果计算的企业应采用(　　)。

A. 收付实现制　B. 实地盘存制　C. 权责发生制　D. 永续盘存制

2. 会计核算提供的信息应当以实际发生的经济业务为依据,如实反映财务状况和经营成果,这符合(　　)。

A. 历史成本原则　B. 重要性原则　C. 可靠性原则　D. 可比性原则

3. 确定会计核算工作空间范围的会计假设是(　　)。

A. 会计主体　B. 持续经营　C. 会计分期　D. 货币计量

4. 货币计量是建立在(　　)假设之上的。

A. 会计主体　B. 会计分期　C. 权责发生制　D. 币值稳定的假设

5. 在权责发生制下,下列货款中应作为本期收入的是(　　)。

A. 本月销售产品,货款尚未收到　B. 上月销售产品,货款本月收存银行

C. 本月预收下月货款存入银行

D. 本月收回上月多付给购货方的预付款存入银行

6. 在权责发生制下,预付的下年度保险费应作为(　　)。

A. 待摊费用处理　B. 本期费用处理　C. 预提费用处理　D. 上期费用处理

7. 企业进行会计核算采用权责发生制原则,依据的会计核算基本前提是(　　)。

A. 会计分期　B. 会计主体　C. 持续经营　D. 货币计量

8. 下列各项中,属于我国会计工作中最高层次法律规范是(　　)。

A. 行业会计制度　B. 会计准则　C. 会计法　D. 企业会计制度

9. 固定资产采用快速折旧法,主要是体现会计的(　　)。

A. 配比原则　B. 权责发生制　C. 谨慎性原则　D. 及时性原则

10.《会计法》明确规定由(　　)管理全国的会计工作。

A. 国务院　　B. 财政部

C. 全国人民代表大会　　D. 中国注册会计师协会

11. 下列单位不是《会计法》规范和调整对象的是(　　)。

A. 国家机关　　B. 社会团体

C. 公司、企业和事业单位　　D. 个体工商户

12. 公司、企业存在的下列会计行为不违反国家统一会计制度的是(　　)。

A. 随意改变所有者权益的确认标准　　B. 推迟确认收入

C. 随意调整利润分配方法　　D. 变更会计政策

13. 根据《会计档案管理办法》规定,企业记账凭证的保管期限是(　　)。

A. 3 年　　B. 5 年　　C. 15 年　　D. 永久

14. 关于非集中核算组织形式,下列说法中正确的是,(　　)。

A. 总分类核算和对外报表应由厂级会计部门集中进行

B. 车间会计部门负责独立组织本车间的会计循环

C. 车间会计部门只负责登记原始记录和填制原始凭证

D. 以上说法都不对

15. 关于会计部门内部的岗位责任制,下列说法中错误的是,(　　)。

A. 必须贯彻钱账分设、内部牵制的原则

B. 人员分工可以一岗一人,也可以一岗多人或一人多岗

C. 会计人员合理分工,能划小核算单位,缩小会计主体,简化会计工作

D. 应保证每一项会计工作都有专人负责

16. 会计人员对不真实、不合法的原始凭证应(　　)。

A. 予以退回　　B. 更正补充　　C. 不予受理　　D. 无权自行处理

17. 企业年度会计报表的保管期限为(　　)。

A. 5 年　　B. 15 年　　C. 25 年　　D. 永久

18. 企业的现金日记账和银行存款日记账的保管期限为(　　)。

A. 15 年　　B. 3 年　　C. 25 年　　D. 永久

19. 会计职业道德是一种(　　)。

A. 强制性规范　　B. 法律规范　　C. 非强制性规范　　D. 职业道德

20. 融资租入固定资产的所有权属于出租人,但承租人作为本单位固定资产核算,遵循的是(　　)。

A. 谨慎性原则　　B. 重要性原则

C. 相关性原则　　D. 实质重于形式原则

21. 会计核算的基本前提是对会计领域中的某些不确定因素所做的合乎常理的判断，所以又称为(　　)。

A. 会计基础　　B. 会计循环　　C. 会计对象　　D. 会计假设

22. 某企业的固定资产折旧方法，前年采用了直线法，去年采用双倍余额递减法，今年又改用年数总和法，这种做法主要违背了(　　)。

A. 重要性原则　　B. 相关性原则　　C. 可比性原则　　D. 谨慎性原则

(五)多项选择题

1. 下列经济业务中，根据权责发生制，应记入本期收入和费用的有(　　　)。

A. 预收货款 30 000 元

B. 销售产品价款 20 000 元，款项未收到

C. 销售产品价款 10 000 元，款项已于上月预收

D. 预付下半年财产保险费 1 500 元

2. 下列经济业务中，按照权责发生制不应计入当期损益的是(　　　)。

A. 预收购买单位货款　　B. 预提短期借款利息

C. 摊销本期负担的报刊费　　D. 预付购料款

3. 按照收付实现制的要求，下列收入或费用应计入本期的有(　　　)。

A. 本期提供劳务已收款　　B. 本期支付上期的费用

C. 本期欠付的费用　　D. 本期预付后期的费用

4. 当某一经济业务有多种处理方法可以选择时，遵循谨慎性原则的做法是采取(　　　)。

A. 不导致夸大资产的方法　　B. 可导致夸大资产的方法

C. 不导致虚增利润的方法　　D. 可导致虚增利润的方法

5. 会计核算的前提条件包括(　　　)。

A. 会计主体　　B. 货币计量　　C. 持续经营　　D. 会计分期

6. 我国会计准则体系包括(　　　)。

A. 基本会计准则　　B. 具体会计准则　　C. 会计假设　　D. 会计原则

7. 会计工作的组织形式包括(　　　)。

A. 科目汇总表核算形式　　B. 集中核算形式

C. 汇总记账凭证核算形式　　D. 非集中核算形式

8. 会计档案是指按照规定归档保管的(　　　)等会计核算资料。

A. 购销合同　　B. 会计凭证　　C. 会计报表　　D. 会计账簿

9. 会计档案的定期保管期限有(　　　)。

A. 3 年　　B. 5 年　　C. 10 年　　D. 15 年、25 年

10. 无论采用集中核算还是非集中核算,都应由厂部财务会计部门集中办理的业务有(　　)。

A. 企业对外的现金往来　　B. 材料的明细核算

C. 物资购销　　D. 债权债务的结算

(六)业务分析处理与计算题

[目的]练习会计原则的应用。

[资料]某企业某月发生如下经济业务。

(1)以银行存款支付全年的书报杂志费 1 200 元(按月平摊)。

(2)销售产品一批总计 30 000 元,货款已经收到。

(3)收回上月销货款 20 000 元。

(4)预收下月销售定金 10 000 元。

(5)用现金支付本月工资 20 000 元。

(6)销售产品一批 15 000 元,还未收到货款。

(7)提取本月应承担的借款利息 500 元。

(8)用现金支付本月的清洁费 100 元。

(9)用银行存款购买一台机器设备价值 30 000 元。

(10)用银行存款支付上个季度提取的利息费用 1 500 元。

[要求](1)试分别用权责发生制和现金收付制计算该月的收入和费用。

(2)请指出哪些属于资本性支出,哪些属于收益性支出。

四、参考书目

1. 企业会计准则. 北京:经济科学出版社,2006.

2. 吴水澎主编. 会计学原理. 沈阳:辽宁人民出版社,1994.

3. 葛家树,刘峰主编. 会计学导论. 第 2 版. 上海:立信出版社,1999.

4. 莫国强主编. 会计学基础. 第 1 版. 北京:首都经济贸易大学出版社,1995.

5. 财政部会计资格评价中心编. 中级会计实务. 第 1 版. 北京:经济科学出版社,2004.

6. 财政部注册会计师考试委员会办公室编. 会计. 第 1 版. 北京:中国财政经济出版社,2007.

7. 刘文辉,李刚主编. 会计学基础. 第 1 版. 北京:首都经济贸易大学出版社,2001.

练习题参考答案

第一章

（一）名词与解释配对判断题

1. A. 会计对象　B. 会计职能　C. 会计目标

2. A. 资产　B. 负债　C. 所有者权益　D. 收入　E. 费用　F. 利润

（二）填空题

1. 生产职能的附带部分　2. 1494　3. 爱丁堡会计师公会　4. 1985《会计法》　5. 会计核算,会计监督　6. 成本计算,财产清查　7. 资产,负债,所有者权益　8. 收入,费用,利润　9. 计量单位,计量属性　10. 会计核算方法　11. 负债,所有者权益　12. 资产,负债

（三）判断题

1. √　2. √　3. ×　4. √　5. ×　6. √　7. √　8. ×　9. ×　10. ×　11. ×　12. ×　13√　14. √　15. ×

（四）单项选择题

1. A　2. B　3. B　4. C　5. B　6. C　7. C　8. B　9. B　10. C　11. A　12. B　13. D　14. A　15. D　16. A　17. B　18. C　19. D　20. C

（五）多项选择题

1. AB　2. ABCD　3. ABCD　4. ABCD　5. ABCD　6. AD　7. BCD　8. BCD　9. BC　10. ACD　11. ABD　12. ABD　13. ABCD　14. ABC　15. ABCD

（六）业务分析处理与计算题

1.（1）A = 562 500 − 300 000 − 78 000 − 52 500 − 40 500 − 1 500 = 90 000（元）

B = 562 500 − 15 000 − 48 000 − 13 500 − 350 000 − 34 500 = 101 500（元）

C = 562 500（元）

（2）流动资产总额 = 1 500 + 40 500 + 52 500 + 78 000 = 172 500（元）

（3）流动负债总额 = 15 000 + 48 000 + 13 500 = 76 500（元）

（4）净资产总额 = 350 000 + 34 500 = 384 500（元）

2.（1）资产:1,2,3,8,10,14,18

（2）负债:5,6,7,9,11

（3）所有者权益:17

（4）收入:12

（5）费用:4,13,15,16

第二章

（一）名词与解释配对判断题

1. A. 会计循环　B. 会计恒等式　C. 试算平衡　D. 会计科目　E. 账户　F. 复式记账法　G. 借贷记账法　H. 会计分录

2. A. 会计凭证　B. 原始凭证　C. 记账凭证　D. 转账凭证

3. A. 自制原始凭证　B. 外来原始凭证　C. 记账凭证　D. 汇总原始凭证

4. A. 按填制方法的分类　B. 按反映经济业务内容的分类　C. 按填制方法的分类　D. 按反映经济业务内容的分类

（二）填空题

1. 资产 = 负债 + 所有者权益　2. 利润 = 收入 − 费用　3. 期末余额 = 期初余额 + 本期增加发生额 − 本期减少发生额　4. 有借必有贷，借贷必相等　5. 所有账户本期借方发生额合计 = 所有账户本期贷方发生额合计，记账规则　6. 所有账户借方余额合计 = 所有账户贷方余额合计，会计恒等式

（三）判断题

1. √　2. ×　3. √　4. √　5. ×　6. ×　7. ×　8. √　9. ×　10. √　11. ×　12. √　13. √　14. ×　15. √　16. √　17. ×　18. √　19. √　20. ×　21. ×

22. × 23. × 24. × 25. √ 26. √ 27. × 28. √ 29. × 30. √ 31. × 32. √
33. × 34. √ 35. √ 36. √ 37. √ 38. × 39. ×

（四）单项选择题

1. B 2. A 3. C 4. D 5. B 6. D 7. D 8. B 9. D 10. D 11. B 12. B
13. C 14. C 15. D 16. C 17. A 18. B 19. D 20. D 21. B 22. A 23. C
24. C 25. B 26. A 27. C 28. C 29. C 30. C 31. B 32. A 33. D 34. B
35. C 36. A 37. D 38. B 39. B 40. C 41. B 42. B 43. D 44. B 45. D
46. A 47. C 48. A 49. B

（五）多项选择题

1. ABCD 2. ABD 3. ABCD 4. ABD 5. AD 6. BCD 7. AB 8. BC
9. ABCD 10. AD 11. ABCD 12. AD 13. AC 14. AD 15. ABCD 16. ABCD
17. AD 18. ABD 19. AC 20. ABCD 21. ABD 22. ABD 23. ABC 24. ABD
25. ABCD 26. AC 27. ABCD 28. ABD 29. ABCD 30. ACD 31. BCD 32. CD
33. CD 34. ABCD 35. ABCD 36. ABCD 37. ABCD 38. AB 39. AB

（六）业务分析处理与计算题

1.（1）银行存款 80 000 元；（2）短期借款 55 000 元；（3）库存现金 600 元；
（4）长期借款 60 000 元；（5）应付账款 25 000 元；（6）原材料 52 900 元；
（7）周转材料（低值易耗品）60 000 元；（8）固定资产 200 000 元；
（9）固定资产 30 000 元；（10）固定资产 200 000 元；（11）其他应收款 1 500 元；
（12）应收账款 30 000 元；（13）应交税费 5 000 元；（14）股本 410 000 元；
（15）应付股利 100 000 元。

资产负债表

20××年 8 月 31 日　　单位：元

资　产		负　债	
库存现金	600	短期借款	55 000
银行存款	80 000	应付账款	25 000
应收账款	30 000	应交税费	5 000
其他应收款	1 500	长期借款	60 000
原材料	52 900	应付股利	100 000
周转材料（低值易耗品）	60 000	所有者权益	
固定资产	430 000	股本	410 000
合　计	655 000	合　计	655 000

2.(1)编制会计分录：

①借：银行存款 50 000
　　贷：股本 50 000

②借：固定资产 20 000
　　贷：股本 20 000

③借：银行存款 30 000
　　贷：应收账款 30 000

④借：原材料 6 000
　　贷：应付账款 6 000

⑤借：库存现金 1 000
　　贷：银行存款 1 000

⑥借：应付账款 10 000
　　贷：短期借款 10 000

⑦借：销售费用 7 000
　　贷：银行存款 7 000

⑧借：其他应收款 800
　　贷：库存现金 800

⑨借：应付账款 15 000
　　贷：银行存款 15 000

⑩借：银行存款 15 000
　　贷：主营业务收入 15 000

(2)登记总分类账户：

借方　库存现金　贷方

借方		贷方	
期初余额	600	(8)	800
(5)	1 000		
本期发生额	1 000	本期发生额 800	
期末余额	800		

借方　银行存款　贷方

借方		贷方	
期初余额	80 000	(5)	1 000
(1)	50 000	(7)	7 000
(3)	30 000	(9)	15 000
(10)	15 000		
本期发生额	95 000	本期发生额	23 000
期末余额	152 000		

借方　应收账款　贷方

借方		贷方	
期初余额	30 000	(3)	30 000
		本期发生额	30 000

借方　其他应收款　贷方

借方		贷方	
期初余额	1 500		
(8)	800		
本期发生额	800		
期末余额	2 300		

借方	固定资产		贷方
期初余额	430 000		
(2)	20 000		
本期发生额	20 000		
期末余额	450 000		

借方	原材料		贷方
期初余额	52 900		
(4)	6 000		
本期发生额	6 000		
期末余额	58 900		

借方	周转材料		贷方
期初余额	60 000		
本期发生额	0		
期末余额	60 000		

借方	应付账款		贷方
		期初余额	25 000
(6)	10 000	(4)	6 000
(9)	15 000		
本期发生额	25 000	本期发生额	6 000
		期末余额	6 000

借方	短期借款		贷方
		期初余额	55 000
		(6)	10 000
		本期发生额	10 000
		期末余额	65 000

借方	应交税费		贷方
		期初余额	5 000
		本期发生额	0
		期末余额	5 000

借方	长期借款		贷方
		期初余额	60 000
		本期发生额	0
		期末余额	60 000

借方	股本		贷方
		期初余额	410 000
		(1)	50 000
		(2)	20 000
		本期发生额	70 000
		期末余额	480 000

借方	应付股利		贷方
		期初余额	100 000
		本期发生额	0
		期末余额	100 000

借方	主营业务收入		贷方
		(10)	15 000
		本期发生额	15 000
		期末余额	15 000

借方	销售费用		贷方
(7)	7 000		
本期发生额	7 000		
期末余额	7 000		

(3)编制试算平衡表：

利民美发店试算平衡表

20××年9月30日

账户名称	期初余额		本期发生额		期末余额	
	借方	贷方	借方	贷方	借方	贷方
库存现金	600		1 000	800	800	
银行存款	80 000		95 000	23 000	152 000	
应收账款	30 000			30 000	0	
其他应收款	1 500		800		2 300	

续表

账户名称	期初余额		本期发生额		期末余额	
	借方	贷方	借方	贷方	借方	贷方
原材料	52 900		6 000		58 900	
周转材料	60 000		20 000		60 000	
固定资产	430 000				450 000	
短期借款		55 000		10 000		65 000
应付账款		25 000	25 000	6 000		6 000
长期借款		60 000				60 000
应交税金		5 000				5 000
应付利润		100 000				100 000
股本		410 000		70 000		480 000
主营业务收入				15 000		15 000
销售费用			7 000		7 000	
合　计	655 000	655 000	154 800	154 800	731 000	731 000

3.(1)借:银行存款　5 000
　　贷:短期借款　5 000
(2)借:销售费用　2 000
　　贷:银行存款　2 000
(3)借:周转材料　3 500
　　贷:银行存款　2 100
　　　应付账款　1 400
(4)借:银行存款　6 500
　　贷:主营业务收入　6 500
(5)借:库存现金　800
　　贷:银行存款　800
(6)借:销售费用　800
　　贷:库存现金　800
(7)借:周转材料　2 300
　　贷:银行存款　2 300
(8)借:短期借款　2 000
　　财务费用　120
　　贷:银行存款　2 120
(9)借:应付账款　1 400

贷:银行存款　　　　1 400

(10)借:销售费用　　　　800

　　贷:银行存款　　　　800

(11)借:销售费用　　　　1 700

　　贷:银行存款　　　　1 700

(12)借:周转材料　　　　280

　　贷:库存现金　　　　280

4. 如表 1 至表 10 所示:

表 1　　　　**收款凭证**

借方科目:银行存款　　　　20××年 6 月 4 日　　　　银收字第 1 号

摘　要	贷方总账科目	明细科目	记账符号	金额									
				千	百	十	万	千	百	十	元	角	分
销售打印	主营业务收入	打印纸							6	0	0	0	0
纸、墨盒		墨盒						1	3	0	0	0	0
合　计							¥	1	9	0	0	0	0

附单据 2 张

财务主管:　　记账:　　出纳:　　审核:　　制单:×××

表 2　　　　**付款凭证**

贷方科目:库存现金　　　　20××年 6 月 6 日　　　　现付字第 1 号

摘　要	借方总账科目	明细科目	记账符号	金额									
				千	百	十	万	千	百	十	元	角	分
支付水	销售费用								3	5	0	0	0
电费													
合　计								¥	3	5	0	0	0

附单据 1 张

财务主管:　　记账:　　出纳:　　审核:　　制单:×××

表 3

付款凭证

贷方科目：库存现金　　　　20××年6月10日　　　　现付字第1号

摘要	借方总账科目	明细科目	记账符号	金额									
				千	百	十	万	千	百	十	元	角	分
预付差旅费	其他应收款							2	0	0	0	0	0
合计							¥	2	0	0	0	0	0

附单据1张

财务主管：　　记账：　　出纳：　　审核：　　制单：×××

表 4

收款凭证

借方科目：银行存款　　　　20××年6月15日　　　　银收字第2号

摘要	贷方总账科目	明细科目	记账符号	金额									
				千	百	十	万	千	百	十	元	角	分
取得银行	短期借款						5	0	0	0	0	0	0
借款													
合计						¥	5	0	0	0	0	0	0

附单据2张

财务主管：　　记账：　　出纳：　　审核：　　制单：×××

表 5

付款凭证

贷方科目：银行存款　　　　20××年6月18日　　　　银付字第1号

摘要	借方总账科目	明细科目	记账符号	金额									
				千	百	十	万	千	百	十	元	角	分
支付下季	待摊费用							3	0	0	0	0	0
度租金													
合计							¥	3	0	0	0	0	0

附单据2张

财务主管：　　记账：　　出纳：　　审核：　　制单：×××

表 6－1 **转账凭证**

20××年 6 月 20 日 转字第 1 号

摘要	总账科目	明细科目	√	借方金额										√	贷方金额									
				千	百	十	万	千	百	十	元	角	分		千	百	十	万	千	百	十	元	角	分
报销差旅费	销售费用							1	8	0	0	0	0											
	其他应收款																		1	8	0	0	0	0
合计							¥	1	8	0	0	0	0					¥	1	8	0	0	0	0

附单据 1 张

财务主管： 记账： 出纳： 审核： 制单：×××

表 6－2 **收款凭证**

借方科目：<u>库存现金</u> 20××年 6 月 20 日 现收字第 1 号

摘要	贷方总账科目	明细科目	记账符号	金额									
				千	百	十	万	千	百	十	元	角	分
差旅费余	其他应收款								2	0	0	0	0
款退回													
合计								¥	2	0	0	0	0

附单据 1 张

财务主管： 记账： 出纳： 审核： 制单：×××

表 7 **收款凭证**

借方科目：<u>银行存款</u> 20××年 6 月 23 日 银收字第 3 号

摘要	贷方总账科目	明细科目	记账符号	金额									
				千	百	十	万	千	百	十	元	角	分
收到 A 预	预收账款							1	0	0	0	0	0
付货款													
合计							¥	1	0	0	0	0	0

附单据 2 张

财务主管： 记账： 出纳： 审核： 制单：×××

表 8　　**付款凭证**

贷方科目:银行存款　　20××年6月25日　　现付字第3号

摘要	借方总账科目	明细科目	记账符号	金额									
				千	百	十	万	千	百	十	元	角	分
提取现金	库存现金							5	0	0	0	0	0
合计							¥	5	0	0	0	0	0

附单据1张

财务主管:　记账:　出纳:　审核:　制单:×××

表 9　　**付款凭证**

贷方科目:库存现金　　20××年6月26日　　现付字第4号

摘要	借方总账科目	明细科目	记账符号	金额									
				千	百	十	万	千	百	十	元	角	分
发放工资	销售费用							5	0	0	0	0	0
合计							¥	5	0	0	0	0	0

附单据1张

财务主管:　记账:　出纳:　审核:　制单:×××

表 10　　**转账凭证**

20××年6月30日　　转字第2号

摘要	总账科目	明细科目	√	借方金额										√	贷方金额									
				千	百	十	万	千	百	十	元	角	分		千	百	十	万	千	百	十	元	角	分
收到投入	固定资产	设备					1	6	0	0	0	0	0											
设备	实收资本																	1	6	0	0	0	0	0
合计						¥	1	6	0	0	0	0	0				¥	1	6	0	0	0	0	0

附单据2张

财务主管:　记账:　出纳:　审核:　制单:×××

第三章

（一）名词与解释配对判断题

1. A. 账簿 B. 分类账簿 C. 订本账簿 D. 序时账簿
2. A. 联合账簿 B. 总分类账 C. 备查账簿 D. 卡片式账簿
3. A. 划线更正法 B. 赤字冲账法 C. 赤字冲账法 D. 补充登记法
4. A. 记账凭证账务处理程序 B. 科目汇总表账务处理程序
 C. 汇总记账凭证账务处理程序 D. 多栏式日记账账务处理程序
5. A. 收付实现制 B. 账项调整 C. 权责发生制 D. 平行登记

（二）判断题

1. √ 2. × 3. × 4. √ 5. × 6. √ 7. × 8. × 9. × 10. × 11. × 12. √ 13. √ 14. √ 15. × 16. √ 17. × 18. √ 19. × 20. ×

（三）单项选择题

1. D. 2. A. 3. C. 4. B. 5. C. 6. B. 7. D. 8. B. 9. B 10. D. 11. D. 12. D. 13. C. 14. A. 15. C. 16. A. 17. B 18. A. 19. D. 20. A. 21. D. 22. D. 23. B. 24. C. 25. B. 26. A. 27. B. 28. C. 29. D. 30. B.

（四）多项选择题

1. AC 2. ABC. 3. ACD 4. ABCD 5. ABCD 6. CD 7. CD 8. ABD 9. AC 10. BCD 11. AB 12. AC 13. BCD 14. ABCD 15. BC.

（五）业务分析处理与计算题

1.（1）借:库存现金　3 000
　　贷:银行存款　3 000
（银行存款付款凭证,银付字第 1 号）
（2）借:应交税费　6 800
　　贷:银行存款　6 800
（银行存款付款凭证,银付字第 2 号）
（3）借:银行存款　5 000
　　贷:应收账款　5 000
（银行存款收款凭证,银收字第 1 号）

(4)借:银行存款　　100 000
　　贷:短期借款　　100 000
(银行存款收款凭证,银收字第 2 号)
(5)借:销售费用　　1 250
　　贷:库存现金　　1 250
(库存现金付款凭证,现付字第 1 号)
(6)借:销售费用　　1 870
　　贷:其他应收款　　1 870
(转账凭证,转字第 1 号)
借:库存现金　　130
　贷:其他应收款　　130
(库存现金收款凭证,现收字第 1 号)
(7)借:应付账款　　25 600
　　贷:银行存款　　25 600
(银行存款付款凭证,银付字第 3 号)
(8)借:销售费用　　300
　　贷:库存现金　　300
(库存现金付款凭证,现付字第 2 号)
(9)借:银行存款　　5 600
　　贷:主营业务收入　　5 600
(银行存款收款凭证,银收字第 3 号)
(10)借:银行存款　　260
　　贷:库存现金　　260
(现金付款凭证,现付第 3 号)

库存现金日记账

年		凭证		摘要	对方科目	收入	支出	余额
月	日	字	号					
10	1			期初余额				1 850
	3	银付	1	提库存现金	银行存款	3 000		4 850
	7	现付	1	购买办公品	销售费用		1 250	3 600
		现收	1	余款退回	其他应收款	130		3 730
	10	现付	2	支付广告费	销售费用		300	3 430
		现付	3	送存银行	银行存款		260	3 170
	31			本月合计		3 130	1 810	3 170

银行存款日记账

年		凭证		摘要	结算凭证		对方科目	收入	支出	余额
月	日	字	号		种类	号数				
10	1			期初余额	（略）	（略）	（略）			22 350
	3	银付	1	提现金					3 000	19 350
	4	银付	2	缴纳税金					6 800	12 550
	6	银收	1	收回货款				5 000		17 550
	10	银收	2	借款存入				100 000		117 550
		银付	3	支付欠款					25 600	91 950
		银收	3	销售产品				5 600		97 550
		银收	4	送存银行				260		97 810
				本月合计				110 860	35 400	97 810

2.（1）采用红字更正法更正如下：

借：利润分配　　3 100

　　贷：银行存款　　3 100

借：应交税费　　3 100

　　贷：银行存款　　3 100

（2）采用红字更正法更正如下：

借：制造费用　　760

　　贷：原材料　　760

借：管理费用　　760

　　贷：原材料　　760

（3）采用划线更正法，在银行存款日记账中该笔金额 6 000 元的中间画一条红线，并将正确的金额 600 元写在其上面，同时要加盖更正人员印章。

（4）采用补充登记法更正如下：

借：银行存款　　31 500

　　贷：短期借款　　31 500

（5）采用红字更正法更正如下：

借：银行存款　　50 000

贷:实收资本　　50 000

3. 会计分录:(1)借:原材料——甲材料　　4 000
——乙材料　　6 000
——丁材料　　20 000
贷:银行存款　　30 000
(2)借:应付账款——光正公司　　5 000
贷:银行存款　　5 000
(3)借:原材料——丙材料　　4 500
贷:应付账款——新都工厂　　4 500
(4)借:生产成本　　22 000
贷:原材料——甲材料　　4 800
——乙材料　　1 200
——丙材料　　6 000
——丁材料　　10 000
(5)借:应付账款——明太工厂　　2 500
贷:银行存款　　2 500
(6)借:原材料——甲材料　　6 400
——乙材料　　3 600
贷:应付账款——光正公司　　6 400
——明太工厂　　3 600

总分类账

账户名称:应付账款　　第 5 页

20××年		凭证号数	摘　要	借方金额	贷方金额	借或贷	余　额
月	日						
6	1		期初余额			贷	8 700
		(2)	偿还欠款	5 000		贷	3 700
		(3)	购入材料		4 500	贷	8 200
		(5)	偿还欠款	2 500		贷	5 700
		(6)	购入材料		10 000	贷	15 700
			本期发生额及余额	7 500	14 500	贷	15 700

应付账款明细账

明细科目:光正公司

20××年		凭证号数	摘要	借方金额	贷方金额	借或贷	余额
月	日						
6	1		期初余额			贷	5 000
		(2)	偿还欠款	5 000		平	0
		(6)	购入材料		6 400	贷	6 400
			本期发生额及余额	5 000	6 400	贷	6 400

应付账款明细账

明细科目:明太工厂

20××年		凭证号数	摘要	借方金额	贷方金额	借或贷	余额
月	日						
6	1		期初余额			贷	2 700
		(5)	偿还欠款	2 500		贷	200
		(6)	购入材料		3 600	贷	3 800
			本期发生额及余额	2 500	3 600	贷	3 800

应付账款明细账

明细科目:新都工厂

20××年		凭证号数	摘要	借方金额	贷方金额	借或贷	余额
月	日						
6	1		期初余额			贷	1 000
		(3)	偿还欠款		4 500	贷	5 500
			本期发生额及余额		4 500	贷	5 500

4.

业务号	权责发生制		收付实现制	
	收入	费用	收入	费用
(1)				
(2)		2 000		12 000
(3)			20 000	
(4)	40 000			
(5)				5 000
(6)	300			
合 计	40 300	2 000	20 000	17 000

5. (1)借:预收账款 10 000
贷:主营业务收入 10 000
(2)借:销售费用 2 000
贷:长期待摊费用 2 000
(3)借:财务费用 500
贷:应付利息 500
(4)借:销售费用 3 000
贷:累计折旧 3 000
(5)借:其他应收款 3 000
贷:其他业务收入 3 000

6. (1)调整事项会计分录如下:
①借:销售费用 300
贷:长期待摊费用 300
②借:销售费用 3 535
贷:累计折旧 3 535
③借:预收账款 15 500
贷:主营业务收入 15 500
④借:销售费用 1 750
贷:应付职工薪酬 1 750

(2)

大众公司工作底稿

20××年10月31日

账户名称	调整前试算表		调整分录		调整后试算表		利润表		资产负债表	
	借方	贷方	借方	贷方	借方	贷方	借方	贷方	借方	贷方
库存现金	1 540				1 540				1 540	
银行存款	36 360				36 360				36 360	
库存商品	1 060				1 060				1 060	
固定资产	177 750				177 750				177 750	
累计折旧	(46 925)			调②3 535	(50 460)				(50 460)	
长期待摊费用	1 200			调①300	900				900	
应付账款		3 170				3 170				3 170
预收账款		29 860	调③ 15 500			14 360				14 360
应付职工薪酬				调④1 750		1 750				1 750
实收资本		50 000				50 000				50 000
未分配利润		49 745				49 745				49 745
主营业务收入		80 600		调③15 500		96 100		96 100		
销售费用	42 390		调④1 750 调①300 调②3 535		47 975		47 975			
	213 375	213 375	21 085	21 085	215 125	215 125	47 975	96 100		
							48 125			48 125
							96 100	96 100	167 150	167 150

第四章

(一)名词与解释配对判断题

1. A. 单位财务报表　B. 汇总财务报表　C. 个别财务报表　D. 合并财务报表　E. 内部报表　F. 外部报表。

2. A. 利润表　B. 现金流量表　C. 所有者权益(股东权益)变动表　D. 资产负债表

(二)填空题

1. 会计报表,会计报表附注　2. 年度财务会计报告,半年度财务会计报告,季度财务会计报告,月度财务会计报告　3. 反映财务状况的报表,反映经营成果的报表,反映资金变化的报表　4. 单位报表,汇总报表　5. 个别会计报表,合并会计报表　6. 内部报表,外部报表。　7. 真实可靠,相关可比,全面完整,编报及时,便于理解　8. 流动资产,非流动资产,流动负债,非流动负债。　9. 账户式,报告式　10. 多步式,单步式　11. 营业利润 = 营业收入 - 营业成本 - 营业税金及附加 - 销售费用 - 管理费用 - 财务费用 - 资产减值损失 + 公允价值变动收益 + 投资收益　12. 利润总额 = 营业利润 + 营业外收入 - 营业外支出　13. 净利润 = 利润总额 - 所得税费用　14. 经营活动产生的现金流量,投资活动产生的现金流量,筹资活动产生的现金流量　15. 库存现金,银行存款,其他货币资金,现金等价物。　16. 企业的基本情况,财务报表的编制基础,遵循企业会计准则的声明,重要会计政策和会计估计的说明,会计政策和会计估计变更以及差错更正的说明,报表重要项目说明,或有事项,资产负债表日后事项,关联方关系及其交易。

(三)判断题

1. √　2. ×　3. ×　4. ×　5. √　6. √　7. ×　8. √　9. √　10. ×　11. √　12. ×　13. ×　14. √　15. ×　16. ×　17. ×　18. ×　19. ×　20. √　21. ×　22. ×　23. √　24. √　25. √　26. √　27. ×　28. √　29. ×　30. ×　31. √　32. ×　33. √　34. √　35. ×　36. √　37. ×　38. ×　39. ×　40. √

(四)单项选择题

1. A　2. A　3. C　4. C　5. B　6. C　7. A　8. C　9. A　10. D　11. C　12. C　13. C　14. B　15. A　16. B　17. C　18. A　19. D　20. B　21. D　22. D　23. C　24. A　25. C　26. A　27. B　28. C　29. D　30. C　31. B　32. B　33. B　34. B

(五)多项选择题

1. ABC　2. ABC　3. ABCD　4. BC　5. ACD　6. ABD　7. BCD　8. ABC　9. ABC　10. ABCD　11. ABCD　12. ABC　13. AB　14. AC　15. ACD　16. ABC　17. ABC　18. ACD　19. ABCD　20. ABC　21. AC　22. ABCD　23. BD　24. ACD　25. BCD　26. AC　27. ABC　28. ABCD　29. ABCD　30. AC　31. BCD　32. AD　33. AC　34. ABCD　35. ABC　36. AB　37. ABCD

(六)业务分析处理与计算题

1.

资产负债表

编制单位:甲企业　　　　20××年12月31日　　　　金额单位:元

资　　产	期末余额	年初余额	负债及所有者权益	期末余额	年初余额
流动资产:			流动负债:		
货币资金	221 610		短期借款	512 500	
应收票据			应付账款	89 120	
应收账款	46 490		预收款项		
预付款项			其他应付款	11 100	
其他应收款	800		应付职工薪酬		
存货	302 050		应交税费	7 950	
			应付股利		
流动资产合计	570 950		应付利息	14 320	
非流动资产:			流动负债合计	634 990	
持有至到期投资			非流动负债:		
长期股权投资			长期借款		
长期投资合计			应付债券		
固定资产	1 459 000		非流动负债合计		
在建工程			所有者权益:		
工程物资			实收资本	1 100 000	
固定资产清理			资本公积		
无形资产			减:库存股		
长期待摊费用	7 200		盈余公积	302 160	
非流动资产合计	1 466 200		未分配利润	0	
			所有者权益合计	1 402 160	
资产总计	2 037 150		负债及所有者权益总计	2 037 150	

2.

利润表

编制单位:乙企业　　　　20××年9月

项　　目	本期金额	上期金额
一、营业收入	293 000	略
减:营业成本	162 000	
营业税金及附加	9 100	
销售费用	8 000	

续表

项　　目	本期金额	上期金额
管理费用	17 000	
财务费用	18 200	
资产减值损失		
加:公允价值变动收益(损失以"－"号填列)		
投资收益(损失以"－"号填列)		
其中:对联营企业和合营企业的投资收益		
二、营业利润(亏损以"－"号填列)	78 700	
加:营业外收入	1 400	
减:营业外支出	1 300	
其中:非流动资产处置损失		
三、利润总额	78 800	
减:所得税费用	26 004	
四、净利润	52 796	
五、每股收益:		
(一)基本每股收益		
(二)稀释每股收益		

3.(1)①借:原材料　80 000
　　贷:应付账款　80 000
②借:银行存款　220 000
　　预收账款　100 000
　　贷:主营业务收入　320 000
借:主营业务成本　(320 000×80%)256 000
　　贷:库存商品　256 000
③借:持有至到期投资　42 800
　　投资收益　400
　　贷:银行存款　43 200
④借:销售费用　7 200
　　管理费用　10 800
　　贷:累计折旧　18 000
⑤借:管理费用　4 000

贷:长期待摊费用 4 000

⑥借:财务费用 560

贷:银行存款 560

⑦借:长期借款 100 000

贷;银行存款 100 000

⑧借:无形资产 120 000

贷:银行存款 120 000

借:管理费用 2 000

贷:累计摊销 2 000

⑨借:主营业务收入 320 000

贷:本年利润 320 000

借:本年利润 280 960

贷:主营业务成本 256 000

投资收益 400

销售费用 7 200

财务费用 560

管理费用 16 800

借:本年利润 39 040

贷:利润分配——未分配利润 39 040

⑩借:利润分配——提取盈余公积 12 000

贷:盈余公积——法定盈余公积 12 000

借:利润分配——未分配利润 12 000

贷:利润分配——提取盈余公积 12 000

(2)丙企业 2016 年 12 月 31 日的科目余额表如下:

2016 年 12 月 31 日科目余额

科目名称	借方余额	贷方余额
银行存款	12 840	
应收票据	0	
应收账款	100 000	
坏账准备		600
原材料	340 000	
库存商品	4 000	

续表

科目名称	借方余额	贷方余额
持有至到期投资	262 800	
固定资产	940 000	
累计折旧		152 000
无形资产	240 000	
累计摊销		2 000
长期待摊费用	12 000	
短期借款		140 000
应付账款		194 000
预收账款		0
应交税费	3 600	
长期借款		360 000
实收资本		800 000
资本公积		124 000
盈余公积		102 000
利润分配		40 640

(3)丙企业 2016 年 12 月 31 日的资产负债表编制如下：

资产负债表

编制单位:丙企业　　　　2016 年 12 月 31 日　　　　金额单位:元

资　　产	期末余额	年初余额	负债及所有者权益	期末余额	年初余额
流动资产:			流动负债:		
货币资金	12 840	56 600	短期借款	140 000	140 000
交易性金融资产			交易性金融负债		
应收票据			应付票据		
应收股利			应付账款	194 000	114 000
应收利息			预收款项	0	100 000
应收账款	99 400	99 400	应付职工薪酬		
其他应收款			应交税费	-3 600	-3 600
预付款项			应付利息		
存货	344 000	520 000	应付股利		
			其他应付款		
一年内到期的非流动资产					

续表

资　　产	期末余额	年初余额	负债及所有者权益	期末余额	年初余额
流动资产合计	456 240	676 000	一年内到期的非流动负债	160 000	
非流动资产:			流动负债合计	490 400	350 400
持有至到期投资	262 800	220 000	非流动负债:		
长期股权投资			长期借款	200 000	460 000
固定资产	788 000	806 000	应付债券		
工程物资			长期应付款		
在建工程			专项应付款		
			预计负债		
固定资产清理			递延所得税负债		
无形资产	238 000	120 000	非流动负债合计	200 000	460 000
长期待摊费用	12 000	16 000	负债合计	690 400	810 400
递延所得税资产			所有者权益:		
非流动资产合计	1 300 800	1 162 000	实收资本	800 000	800 000
			资本公积	124 000	124 000
			盈余公积	102 000	90 000
			未分配利润	40 640	13 600
			所有者权益合计	1 066 640	1 027 600
资产总计	1 757 040	1 838 000	负债及所有者权益总计	1 757 040	1 838 000

4.(1)①借:原材料　　3 000

　　贷:银行存款　　3 000

②借:在建工程　　600

　　财务费用　　900

　　贷:应付利息　　1 500

③借:银行存款　　6 000

　　贷:交易性金融资产　　3 000

　　　投资收益　　3 000

④借:固定资产　　9 000

　　贷:银行存款　　9 000

⑤借:制造费用　　3 000

　　管理费用　　1 500

　　贷:累计折旧　　4 500

⑥借:库存现金　　6 000

贷:银行存款　6 000

借:应付职工薪酬　6 000

　贷:库存现金　6 000

借:生产成本　3 000

　管理费用　1 500

　销售费用　1 500

　贷:应付职工薪酬　6 000

借:生产成本　12 000

　贷:原材料　12 000

借:生产成本　3 000

　贷:制造费用　3 000

借:库存商品　18 000

　贷:生产成本　18 000

⑦借:银行存款　15 000

　应收账款　15 000

　贷:主营业务收入　30 000

借:主营业务成本　18 000

　贷:库存商品　18 000

⑧借:主营业务收入　30 000

　投资收益　3 000

　贷:本年利润　33 000

借:本年利润　23 400

　贷:主营业务成本　18 000

　　管理费用　3 000

　　销售费用　1 500

　　财务费用　900

⑨所得税 = (33 000 - 23 400) × 25% = 9 600 × 25% = 2 400(元)

借:所得税费用　2 400

　贷:应交税费——应交所得税　2 400

借:应交税费——应交所得税　2 400

　贷:银行存款　2 400

借:本年利润　2 400

　贷:所得税费用　2 400

⑩税后净利润 =9 600 - 2 400 =7 200(元)

借:利润分配——提取盈余公积　(7 200 ×10%)720

　贷:盈余公积——法定盈余公积　(7 200 ×10%)720

借:本年利润　7 200

　贷:利润分配——未分配利润　7 200

借:利润分配——未分配利润　7 200

　贷:利润分配——提取盈余公积　7 200

(2)编制丁企业 2015 年度的资产负债表和利润表。

将有关科目期末余额计算如下表:

2015 年 12 月 31 日科目余额表

科目名称	借方余额	贷方余额
银行存款	6 600	
交易性金融资产	0	
应收账款	21 000	
原材料	3 000	
固定资产	30 000	
累计折旧		10 500
在建工程	15 600	
应交税费		6 000
应付利息		1 500
长期借款		21 000
实收资本		18 000
盈余公积		12 720
未分配利润		6 480

编制 2015 年 12 月 31 日资产负债表如下表:

资产负债表

编制单位:丁企业　2015 年 12 月 31 日　金额单位:元

资　　产	期末余额	年初余额	负债及所有者权益	期末余额	年初余额
流动资产:			流动负债:		
货币资金	6 600	6 000	短期借款		
交易性金融资产	0	3 000	交易性金融负债		
应收票据			应付票据		
应收股利			应付账款		
应收利息			预收款项		

续表

资　　产	期末余额	年初余额	负债及所有者权益	期末余额	年初余额
应收账款	21 000	6 000	应付职工薪酬		
其他应收款			应交税费	6 000	6 000
预付款项			应付利息	1 500	
存货	3 000	12 000	应付股利		
			其他应付款		
流动资产合计	30 600	27 000	一年内到期的非流动负债		
非流动资产：			其他流动负债		
持有至到期投资			流动负债合计	7 500	6 000
长期股权投资			非流动负债：		
固定资产	19 500	15 000	长期借款	21 000	21 000
工程物资			非流动负债合计	21 000	21 000
在建工程	15 600	15 000	负债合计	28 500	27 000
固定资产清理			所有者权益：		
无形资产			实收资本	18 000	18 000
长期待摊费用			资本公积		
递延所得税资产			盈余公积	12 720	12 000
非流动资产合计	35 100	30 000	未分配利润	6 480	
			所有者权益合计	37 200	30 000
资产总计	65 700	57 000	负债及所有者权益总计	65 700	57 000

丁企业2015年损益类账户发生额如下表：

账户名称	借方发生额	贷方发生额
主营业务收入		30 000
投资收益		3 000
主营业务成本	18 000	
销售费用	1 500	
管理费用	3 000	
财务费用	900	
所得税费用	2 400	

根据以上资料编制丁企业2015年度利润表如下表：

利润表

编制单位:丁企业　　2015 年　　单位:元

项　　目	本期金额	上期金额
一、营业收入	30 000	略
减:营业成本	18 000	
营业税金及附加	0	
销售费用	1 500	
管理费用	3 000	
财务费用	900	
资产减值损失		
加:公允价值变动收益(损失以"－"号填列)		
投资收益(损失以"－"号填列)	3 000	
其中:对联营企业和合营企业的投资收益		
二、营业利润(亏损以"－"号填列)	9 600	
加:营业外收入	0	
减:营业外支出	0	
其中:非流动资产处置损失		
三、利润总额(亏损总额以"－"号填列)	9 600	
减:所得税费用	2 400	
四、净利润(净亏损以"－"号填列)	7 200	
五、每股收益:		
(一)基本每股收益		
(二)稀释每股收益		

5.(1)有关经济业务的会计分录:

①借:原材料　80 000
　　贷:银行存款　80 000
②借:生产成本　34 000
　　贷:原材料　34 000
③借:应收票据　460 000
　　贷:主营业务收入　460 000
　借:主营业务成本　320 000
　　贷:库存商品　320 000
④借:管理费用　10 500
　　销售费用　12 700
　　贷:银行存款　23 200

⑤借:持有至到期投资　80 000
　投资收益　1 000
　贷:银行存款　81 000
⑥借:银行存款　19 800
　贷:持有至到期投资　18 000
　　投资收益　1 800
⑦借:营业税金及附加　2 660
　贷:应交税费　2 660
⑧借:待处理财产损溢　4 000
　累计折旧　16 000
　贷:固定资产　20 000
借:其他应收款　200
　营业外支出　3 800
　贷:待处理财产损溢　4 000
⑨借:营业外支出　1 300
　贷:银行存款　1 300

⑩12 月应纳税所得额 = 460 000 - 320 000 - 10 500 - 12 700 - 1 000 - 2 660 - 3 800 = 109 340(元)

注:其中国库券利息 1 800 元免交所得税,环境污染罚款 1 300 元不能抵减收入,仍应交纳所得税。

12 月应交所得税 = 109 340 × 25% = 27 335(元)

年末应交所得税 = 70 620 + 27 335 = 97 955(元)

借:所得税费用　27 335
　贷:应交税费——应交所得税　27 335
借:应交税费——应交所得税　97 955
　贷:银行存款　97 955
⑪借:本年利润　225 885
　贷:利润分配——未分配利润　225 885

⑫根据已编制的 12 月份利润表的年末净利润计算应提取的法定盈余公积:

应提取的法定盈余公积 = 225 885 × 10% = 22 588.50(元)

借:利润分配——提取盈余公积　22 588.50
　贷:盈余公积——法定盈余公积　22 588.50

⑬可供投资者分配利润 = 225 885 - 22 588.50 + 54 000 = 257 296.50(元)

应向投资者分配利润 = 257 296.50 × 80% = 205 837.20(元)

借:利润分配——应付股利 205 837.20

贷:应付股利 205 837.20

⑭借:利润分配——未分配利润 228 425.70

贷:利润分配——提取盈余公积 22 588.50

利润分配——应付股利 205 837.20

(2)编制利润表:

利润表

编制单位:戊企业　　2015 年 12 月　　单位:元

项　　目	本年金额	本月金额
一、营业收入	1 907 000	460 000
减:营业成本	1 328 000	320 000
营业税金及附加	22 660	2 660
销售费用	37 700	12 700
管理费用	90 500	10 500
财务费用	90 000	0
资产减值损失		
加:公允价值变动收益(损失以"-"号填列)		
投资收益(损失以"-"号填列)	-2 200	800
其中:对联营企业和合营企业的投资收益		
二、营业利润(亏损以"-"号填列)	335 940	114 940
营业外收入	12 000	
减:营业外支出	24 100	5 100
其中:非流动资产处置损失		
四、利润总额(亏损总额以"-"号填列)	323 840	109 840
减:所得税费用	97 955	27 335
五、净利润(净亏损以"-"号填列)	225 885	82 505
六、每股收益:		
(一)基本每股收益		
(二)稀释每股收益		

第五章

(一)名词与解释配对判断题

1. A. 成本计算　B. 生产成本　C. 期间费用　D. 制造费用　E. 管理费用　F. 财务

费用

2. A. 盘存账户　B. 跨期摊配账户　C. 集合分配账户　D. 成本计算账户　E. 调整账户　F. 债权结算账户　G. 债务结算账户

（二）填空题

1. 使用年限在一年以上，单位价值较高　2.“累计折旧”　3.“固定资产”　4. 生产成本，期间费用　5. 销售费用，管理费用，财务费用　6. 直接材料，直接人工，制造费用　7. 日常活动　8. 日常活动　9. 投入的资本，利得和损失，留存收益　10. 非日常活动　11. 非日常活动　12. 当期损益，投入资本

（三）判断题

1. ×　2. √　3. √　4. ×　5. √　6. ×　7. ×　8. √　9. √　10. √　11. ×　12. √　13. √　14. √　15. ×　16. ×　17. ×　18. ×　19. √　20. √　21. ×　22. √　23. √　24. √　25. √

（四）单项选择题

1. C　2. B　3. A　4. C　5. B　6. B　7. C　8. C　9. C　10. D　11. D　12. A　13. C　14. B　15. B　16. A　17. C　18. C　19. A　20. B　21. C　22. A　23. A　24. B　25. B　26. B　27. C　28. C　29. B　30. B

（五）多项选择题

1. AC　2. ABC　3. ABCD　4. AC　5. BCD　6. ABC　7. ACD　8. AB　9. AB　10. ABD　11. ACD　12. ACD　13. AB　14. ACD　15. ABD　16. AD　17. CD　18. ABCD　19. ABCD　20. ABCD　21. CD　22. AC　23. ACD　24. AD

（六）业务分析处理与计算题

1. 分配率 = 750 ÷ (1 000 + 500) = 0.5

甲材料运费：0.5 × 1 000 = 500（元）

乙材料运费：0.5 × 500 = 250（元）

甲材料总成本 = 8 000 + 500 − 8 000 ÷ 1 000 × 80 = 8 500 − 640 = 7 860（元）

单位成本 = 7 860 ÷ (1 000 − 100) = 8.73（元）

乙材料总成本 = 3 000 + 250 = 3 250（元）

单位成本 = 3 250 ÷ 500 = 6.50（元）

2. (1) 计算：

①制造费用分摊率 = 12 600 ÷ (4 000 + 2 300) = 2

甲产品应摊制造费用 = 4 000 × 2 = 8 000（元）

乙产品应摊制造费用 = 2 300 × 2 = 4 600（元）

②会计分录：借：生产成本——甲产品　8 000

　　　　　　　　——乙产品　4 600

　　　　　贷：制造费用　12 600

（2）①计算：

甲产品生产成本 = 42 000 + 13 000 + 8 000 = 63 000（元）

甲产品单位成本 = 63 000 ÷ 3 000 = 21（元）

乙产品生产成本 = 26 000 + 9 000 + 4 600 = 39 600（元）

乙产品单位成本 = 39 600 ÷ 2 000 = 19.80（元）

②会计分录：

借：库存商品——甲产品　63 000

　　　　——乙产品　39 600

　贷：生产成本　102 600

（3）会计分录：

借：银行存款　32 500

　　预收账款　100 000

　贷：主营业务收入　132 500

（4）①计算：

甲产品销售成本 = 2 000 × 21 = 42 000（元）

乙产品销售成本 = 1 500 × 19.80 = 29 700（元）

②会计分录：

借：主营业务成本　71 700

　贷：库存商品——甲产品　42 000

　　　　——乙产品　29 700

（5）①计算：

本月实现利润总额 = 132 500 − 662.50 − 71 700 − 15 000 − 337.50 − 2 300 = 42 500（元）

应纳所得税 = 42 500 × 25% = 10 625（元）

②会计分录：

借：所得税费用　10 625

　贷：应交税费——应交所得税　10 625

3.（1）年折旧额 = [80 000 − (3 500 − 500)] ÷ 10 = 7 700 元

（2）年折旧率 = 7 700 ÷ 8 000 = 9.625%

(3)月折旧额 = 7 700 ÷ 12 = 641.67(元)

(4)月折旧率 = 9.625% ÷ 12 = 0.8%

4.(1)收付实现制:

收入 = 200 000 + 50 000 + 100 000 = 350 000(元)

费用 = 3 600 + 15 000 + 3 000 = 21 600(元)

利润 = 350 000 - 21 600 = 328 400(元)

(2)权责发生制:

收入 = 260 000 + 24 000 + 140 000 = 424 000(元)

费用 = 3 600 + 1 000 + 500 + 2 500 = 7 600(元)

利润 = 424 000 - 7 600 = 416 400(元)

(3)通过以上计算可以看出,同一个公司同样的经济业务,按照权责发生制和收付实现制两种不同的处理原则,计算出的结果是不同的。原因是权责发生制和收付实现制确定收入、费用的标准不同,确定的利润也不同。收付实现制是以实际收到或付出的现金为标准确定本期的收入和费用;权责发生制则以应收到或应付出现金为标准确定本期的收入和费用。

5.制造费用分配率 = 105 750 ÷ (87 600 + 53 400) = 0.75

A 产品应摊制造费用 = 0.75 × 87 600 = 65 700(元)

B 产品应摊制造费用 = 0.75 × 53 400 = 40 050(元)

A 完工产品的总成本 = 247 500 + 87 600 + 65 700 + 99 750 - 20 550 = 480 000(元)

A 完工产品的单位成本 = 480 000 ÷ 750 = 640(元)

B 完工产品的总成本 = 189 000 + 53 400 + 40 050 + 64 950 = 347 400(元)

B 完工产品的单位成本 = 347 400 ÷ 450 = 772(元)

6.本年实现的净利润 = 1 551 750 + 737 625 - 341 000 = 1 948 375(元)

7.(1)本月完工入库产品的生产成本 = 125 000 + 320 000 + (368 000 + 460 000 - 672 000) - 158 000 + 100 000 + 12 000 + 16 000 = 571 000(元)

(2)本月销售产品成本 = 567 800 + 571 000 - 852 000 = 286 800(元)

(3)本月利润总额 = 1 280 000 - 286 800 - 64 000 - 20 000 - 10 000 - 60 000 - 4 800 - 3 000 = 831 400(元)

(4)本月净利润 = 831 400 × (1 - 25%) = 623 550(元)

8.(1)借:材料采购——甲材料　　15 000

　　　　　——乙材料　　5 000

　　贷:应付账款——A 工厂　　20 000

(2)借:材料采购——甲材料　　300

——乙材料 50

贷:库存现金 350

分配率 = 350 ÷ (150 00 + 2 500) = 0.02(元/千克)

甲材料 = 15 000 × 0.02 = 300(元)

乙材料 = 2 500 × 0.02 = 50(元)

(3)借:材料采购——甲材料 5 000

贷:银行存款 5 000

(4)借:预付账款 10 000

贷:银行存款 10 000

(5)借:应付账款——A 工厂 15 000

贷:银行存款 15 000

(6)借:材料采购——乙材料 10 000

贷:预付账款——C 公司 10 000

(7)借:材料采购——甲材料 20 000

——乙材料 10 000

贷:银行存款 30 000

(8)分配率 = 1 000 ÷ (20 000 + 5 000) = 0.04(元/千克)

甲材料 = 20 000 × 0.04 = 800(元)

乙材料 = 5 000 × 0.04 = 200(元)

借:材料采购——甲材料 800

——乙材料 200

贷:银行存款 1 000

(9)借:材料采购——甲材料 1 000

贷:应付账款 1 000

材料采购成本计算表

成本项目	甲材料(共计 41 000 千克)		乙材料(共计 12 500 千克)	
买价	41 000	1.00	25 000	2.00
各种费用	1 100	0.03	250	0.02
采购成本合计	42 100	1.03	25 250	2.02

甲材料购入数量 = (1)15 000 + (3)5 000 + (7)20 000 + (9)1 000 = 41 000(千克)

乙材料购入数量 = (1)2 500 + (6)5 000 + (7)5 000 = 12 500(千克)

(10)借:原材料——甲材料 42 100

——乙材料 25 250

贷:材料采购——甲材料	42 100
——乙材料	25 250
9.(1)借:生产成本——A 产品	30 000
——B 产品	12 000
制造费用	10 000
贷:原材料	52 000
(2)借:管理费用	1 500
贷:库存现金	1 500
(3)借:制造费用	6 000
贷:银行存款	6 000
(4)借:库存现金	58 000
贷:银行存款	58 000
(5)借:应付职工薪酬	58 000
贷:库存现金	58 000
(6)借:制造费用	35 000
管理费用	25 000
贷:累计折旧	60 000
(7)借:长期待摊费用——保险费	21 000
贷:银行存款	21 000
(8)借:制造费用	3 000
贷:银行存款	3 000
(9)借:生产成本——A 产品	4 000
——B 产品	2 500
制造费用	500
管理费用	1 500
贷:银行存款	8 500
(10)借:制造费用	500
贷:银行存款	500
(11)借:生产成本——A 产品	30 000
——B 产品	10 000
制造费用	5 000
管理费用	13 000
贷:应付职工薪酬	58 000

(12)借:管理费用　　7 000

　　贷:长期待摊费用　　7 000

(13)制造费用总额 = (1)10 000 + (3)6 000 + (6)35 000 + (8)3 000 + (9)500 + (10)500 + (11)5 000 = 60 000(元)

分配率 = 60 000 ÷ (30 000 + 10 000) = 1.5

A 产品应负担的制造费用 = 1.5 × 30 000 = 45 000(元)

B 产品应负担的制造费用 = 1.5 × 10 000 = 15 000(元)

借:生产成本——A 产品　　45 000

　　　　——B 产品　　15 000

　　贷:制造费用　　60 000

(14)实际成本 = (1)30 000 + (9)4 000 + (11)30 000 + (13)45 000 = 109 000(元)

借:库存商品——A 产品　　109 000

　　贷:生产成本——A 产品　　109 000

生产成本——A 产品

(1)	30 000	(14)	109 000
(9)	4 000		
(11)	30 000		
(13)	45 000		
本月发生额	109 000	本月发生额	109 000

生产成本——B 产品

(1)	12 000		
(9)	2 500		
(11)	10 000		
(13)	15 000		
本月发生额	39 500		

制造费用

(1)	10 000	(13)	60 000
(3)	6 000		
(6)	35 000		
(8)	3 000		
(9)	500		
(10)	500		
(11)	5 000		
本月发生额	60 000	本月发生额	60 000

10. (1)借:银行存款　　18 000

　　贷:主营业务收入——甲产品　　18 000

(2)借:销售费用　　700

　　贷:银行存款　　700

(3)借:应收账款——B 公司　　9 000

　　贷:主营业务收入——甲产品　　9 000

(4)借:销售费用——包装费　　250

　　贷:库存现金　　250

(5)借:银行存款　　12 600

贷:主营业务收入——甲产品 12 600

(6)借:销售费用——广告费 1 050

贷:银行存款 1 050

(7)甲产品生产成本 = 80 × (100 + 50 + 70) = 17 600(元)

借:主营业务成本——甲产品 17 600

贷:库存商品——甲产品 17 600

(8)借:营业税金及附加 1 980

贷:应交税费 1 980

产品销售税金 = (18 000 + 9 000 + 12 600) × 5% = 1 980(元)

(9)借:银行存款 300

贷:营业外收入 300

(10)借:营业外支出 1 000

贷:银行存款 1 000

(11)借:主营业务收入 39 600

营业外收入 300

贷:本年利润 39 900

(12)借:本年利润 29 380

贷:销售费用 2 000

主营业务成本 17 600

营业税金及附加 1 980

管理费用 5 600

财务费用 1 200

营业外支出 1 000

(13)(39 900 − 29 380) × 25% = 2 630(元)

借:所得税费用 2 630

贷:应交税费 2 630

借:本年利润 2 630

贷:所得税费用 2 630

(14)(39 900 − 29 380 − 2 630) × 10% = 789(元)

借:利润分配——提取法定盈余公积 789

贷:盈余公积——法定盈余公积 789

(15)借:利润分配——应付股利 2 000

贷:应付股利 2 000

11.(1)借:长期待摊费用 12 000
贷:银行存款 12 000
(2)借:管理费用 4 000
贷:长期待摊费用 4 000
(3)借:财务费用 3 200
贷:应付利息 3 200
12.(1)借:应付账款——A 工厂 50 000
贷:银行存款 50 000
(2)借:材料采购——材料 41 200
贷:预付账款——C 工厂 41 200
借:预付账款——C 工厂 6 200
贷:应付账款——C 工厂 6 200
借:原材料 41 200
贷:材料采购——材料 41 200
(3)借:材料采购——材料 10 000
贷:应付账款——B 工厂 10 000
(4)借:应付账款——C 工厂 6 200
贷:银行存款 6 200

第六章

(一)名词与解释配对判断题

A. 实地盘存制　B. 永续盘存制　C. 财产清查　D. 内部控制

(二)填空题

1. 组织结构控制,授权批准控制,会计记录控制,资产保护控制,职工素质控制,预算控制,风险控制,编制业绩报告控制　2. 建立岗位责任制,对会计凭证进行编号,进行复式记账和科学的凭证传递程序,总账及编制财务会计报告,定额备用金制度　3. 严格职责分工,实行交易分开,实施内部稽核,实施定期轮岗制度　4. 存货业务中的职务分离制度,存货的储存保管制度,存货盘存控制制度、存货计价方法的控制制度　5. 财产清查的准备阶段,财产清查的实施阶段,财产清查的终结阶段。　6. 全面清查,局部清查　7. 定期清查,不定期清查　8. 永续盘存制,实地盘存制

(三)判断题

1. × 2. √ 3. × 4. √ 5. √ 6. √ 7. × 8. √ 9. × 10. √ 11. × 12. √ 13. √ 14. × 15. × 16. × 17. √ 18. × 19. × 20. √ 21. × 22. √ 23. × 24. × 25. × 26. √ 27. × 28. √ 29. × 30. × 31. √ 32. × 33. × 34. × 35. √

(四)单项选择题

1. D 2. A 3. C 4. B 5. C 6. A 7. C 8. D 9. C 10. A 11. D 12. C 13. A 14. A 15. B 16. D 17. D 18. B 19. C 20. A 21. C 22. C 23. D 24. B 25. A 26. B

(五)多项选择题

1. ABCD 2. ABCD 3. ABCD 4. AC 5. ABCD 6. ABD 7. ACD 8. ABD 9. ABC 10. ABCD 11. ABCD 12. AB 13. ABCD 14. ABCD 15. AD 16. ABD 17. ACD 18. AC

(六)业务处理与计算题

1. (1)发现现金溢余时:

借:库存现金 30

　　贷:待处理财产损溢——待处理流动资产损溢 30

(2)经批准处理时:

借:待处理财产损溢——待处理流动资产损溢 30

　　贷:营业外收入——盘盈利得 30

2.

银行存款余额调节表

户名:结算户存款

账号:9671164－29　　20××年6月30日　　编号:×××

项　目	金　额	项　目	金　额
银行存款日记账余额	12 254	银行对账单余额	27 334
加:银行已收企业未收款项		加:企业已收银行未收款项	
银行代收销货款	11 800	企业送存银行转账支票	2 280
银行结算存款利息	350	企业送存银行现金支票	1 000
减:银行已付企业未付款项		减:企业已付银行未付款项	
银行代付电话费	1 290	企业开出转账支票	7 500
调整后余额	23 114	调整后余额	23 114

3.(1)借:待处理财产损溢——待处理流动资产损溢	11 500
贷:原材料——A 材料	11 500
借:原材料——A 材料	76
营业外支出	11 424
贷:待处理财产损溢——待处理流动资产损溢	11 500
(2)借:待处理财产损溢——待处理流动资产损溢	26 400
贷:原材料——B 材料	26 400
借:原材料——B 材料	26 000
管理费用	100
其他应收款	300
贷:待处理财产损溢——待处理流动资产损溢	26 400
4.(1)①借:固定资产 (46 000×70%)	32 200
贷:以前年度损益调整	32 200
②借:以前年度损益调整	8 050
贷:应交税费——应交所得税	8 050
③借:以前年度损益调整	24 150
贷:盈余公积——法定盈余公积	2 415
利润分配——未分配利润	21 735
(2)借:待处理财产损溢——待处理固定资产损溢	11 500
累计折旧	14 500
贷:固定资产	26 000
借:营业外支出——盘亏损失	11 500
贷:待处理财产损溢——待处理固定资产损溢	11 500

第七章

(一)名词与解释配对判断题

1. A. 会计规范　B. 会计法律　C. 会计基本假设

2. A. 会计主体假设　B. 持续经营假设　C. 会计分期假设　D. 货币计量假设

3. A. 可靠性　B. 相关性　C. 可比性　D. 明晰性　E. 实质重于形式　F. 重要性　G. 谨慎性

(二)填空题

1. 法律,行政法规,规章制度　2. 基本会计准则,具体会计准则　3. 会计主体假设,持续经营假设,会计分期假设,货币计量假设　4. 如实反映,真实可靠,内容完整　5. 经济决策,过去,现在或者未来　6. 同一企业,一致　7. 直接配比,间接配比,期间配比　8. 经济实质,法律形式　9. 利润,所有者权益,损失和费用　10. 稽核,会计档案保管,收入,支出,费用,债权债务

(三)判断题

1. ×　2. ×　3. √　4. ×　5. √　6. √　7. ×　8. ×　9. ×　10. √　11. ×　12. ×　13. ×　14. √　15. ×

(四)单项选择题

1. C　2. C　3. A　4. D　5. A　6. A　7. A　8. C　9. C　10. B　11. D　12. D　13. C　14. A　15. D　16. C　17. D　18. C　19. C　20. D　21. D　22. C

(五)多项选择题

1. BC　2. AD　3. BD　4. AC　5. ABCD　6. AB　7. BD　8. BCD　9. ABCD　10. ACD

(六)业务处理与计算题参考答案

(1)权责发生制:

收入 = 30 000 + 15 000 = 45 000(元)

费用 = 100 + 20 000 + 500 + 100 = 20 700(元)

现金收付制:

收入 = 30 000 + 20 000 + 10 000 = 60 000(元)

费用 = 1 200 + 20 000 + 500 + 100 + 1 500 = 23 300(元)

(2)资本性支出:(9)

收益性支出:(5)(7)(8)(10)